总主编 刘国深
副总主编 邓孔昭 邓利娟

台湾研究新跨越·两岸观察

主编 彭莉

九州出版社

图书在版编目(CIP)数据

台湾研究新跨越·两岸观察/彭莉主编. —北京：九州出版社，2010.4

ISBN 978-7-5108-0443-4

Ⅰ.①台… Ⅱ.①彭… Ⅲ.①台湾问题—文集 Ⅳ.①D618—53

中国版本图书馆CIP数据核字(2010)第058351号

台湾研究新跨越·两岸观察

作　　者	彭　莉　主编
出版发行	九州出版社
出 版 人	徐尚定
地　　址	北京市西城区阜外大街甲35号(100037)
发行电话	(010)68992190/2/3/5/6
网　　址	www.jiuzhoupress.com
电子信箱	jiuzhou@jiuzhoupress.com
印　　刷	三河市东方印刷厂
开　　本	720毫米×1020毫米　16开
印　　张	27
字　　数	322千字
版　　次	2010年6月第1版
印　　次	2010年6月第1次印刷
书　　号	ISBN 978-7-5108-0443-4
定　　价	56.00元

总　序

厦门大学台湾研究院（台湾研究所）成立30年来，我们先后在10周年庆典、20周年庆典和25周年庆典前出版了《台湾研究十年》、《台湾研究论文集》和《台湾研究25年精粹》，这次又集结出版了“台湾研究新跨越”系列文集，作为30周年庆典的献礼。本系列文集的出版，一方面是为了继续传承厦门大学台湾研究院的团队精神，将过去5年来较具学术创见的研究成果汇总起来，进行集中展示，以便于关心厦门大学台湾研究院发展的领导、学界同仁在短时期内了解本院五年来的研究成果和思想前沿；另一方面则是希望借此有一个新的开始，激励全体师生在台湾研究的学术征程中确立新坐标，找到跨越研究难题新的着力点和方向。

多学科交叉融合是厦门大学台湾研究院相对来说比较明显的优势。2006年12月24日，中共中央政治局常委、全国政协主席贾庆林一行前来视察，在向他做简报时，我谈到了自己在研究中的一点感想：“对于我们这些研究台湾问题的学者来说，如果不知道台湾的历史，我们的研究是不会有深度的；如果不知道台湾的文学，我们的研究是缺少人文关怀的；如果不知道台湾的经济，我们的研究是不能说有深度的；如果不知道台湾的政治，我们的研究是很难有高度的。”这段话是个人在对台交流交往和研究工作中比较强烈的感受，对于任何研究者来说，要跨越这么多学科去认识台湾问题实属不易，但是，不跨越学科藩篱又不行！

1895年清政府被迫割让台湾，进一步激发了中国人变法图强的坚定意志。115年以来，两岸中国人为此不懈努力，经历了无数的挫折，也走了许多弯路。回顾过去的历史，我们可以总结出许多经验和教训，其中知识的偏颇和缺乏系统性的思维可能是值得检讨的众多问题之一。作为政治精英个体，两岸的许多前辈先贤，他们各自都有对国家和民族问题极其深刻的洞察和体会，他们提出的主张也都有一定的合理性。但是，在如何吸纳其他人的观点，如何采纳其他政党的合理主张方面，我们太需要够调和鼎鼐、博采众长的精英。学会欣赏对方的优点，真正做到有容乃大，其实并非易事，除了要有高尚的道德精神外，更需要有全面的知识和能力。这一点对于从事台湾研究的专家学者来说同样是适用的，当我们的国家拥有一大批知识渊博且胸怀宽广的两岸关系研究精英群体时，我们就有可能实现115年来的梦想。

厦门大学台湾研究院30位研究人员，分别隶属5个研究所和政治、经济、历史、文学、法律、教育6个不同学科。虽然平时有不少机会一起工作和生活，但跨学科知识整合和合作研究的机会仍然很有限。期待这一系列文集的出版，将再触动全体师生研究观念的变革和跨越，或许5年、10年之后，多学科的知识整合将给我们的研究带来新的收获和喜悦。

感谢所有关心我们的人，感谢全院教职工不懈的努力和奉献！

刘国深

2010年5月8日于厦大海滨寓所

目　录

第一篇　两岸和平发展的理论研究

第二篇　台海安全战略考察

第三篇　两岸产业与区域合作

第四篇　两岸关系中的法律问题

第五篇　两岸文化关系研究

第一篇　两岸和平发展的理论研究

试论和平发展背景下的两岸共同治理*

刘国深

两岸关系和平发展，不可避免地要面对两岸政治关系的定位问题。笔者认为，1949年以来的两岸政治关系，本质上就是中国境内两个对立政权竞争中国代表权的矛盾关系，两个中国人政权既对立又统一。基于两岸双方所各自皈依的最高法源都规定“两岸一国”的法理事实，笔者认为国家领土意义上的一个中国不需要我们去追求，需要的是两岸双方共同去落实和维护。在两岸关系和平发展的大背景下，两个竞争性政权能否在相当长时间内实现共存和双赢？站在人民整体利益的高度看，两岸各自控制区域内的事务之和并非中国利益的全部，因为还存在着大量跨两岸的权力、利益和责任，这些两岸共同事务既是共同的国家事务，也是双方内部事务的延伸。然而，在过去相当长时期里，两岸对抗多于合作，有些共同事务被忽视了，有些则呈现出各行其是或各说各话状态，结果导致国家资源严重流失，两岸同蒙其害。经过“李登辉执政中后期”和陈水扁在台8年执政，两岸历经风雨考验，终于迎来了和平发展的历史性机遇期。本文拟探讨双方如何在两岸关系和平发展的大背景下，把握机遇，以共同治理的理念维护两岸人民交流交往秩序，为最终实现国家的完全统一奠定坚实的基础。

一、两岸共同治理的知识基础

回顾过去20年，两岸关系之所以起伏不定，除了政治因素干扰外，政治文化差异的环境因素也是重要原因。在两岸政治认知方面，双方因知识结

* 本文原载于《台湾研究集刊》，2009年第5期。

构不同，常常出现所谓“鸡同鸭讲”的情况，交集和共识很难形成。笔者认为，两岸民众在政治知识方面的差异，是两岸政治关系难以平稳发展的环境因素，也是少数政客得以玩弄权术、火中取栗的政治温床。

1992年两岸两会接触商谈之前，两岸双方曾经就相互身份定位问题展开谈判，这就是著名的“香港会谈”。当年10月28－30日，大陆“海协会”的代表与台湾“海基会”的代表在香港举行会谈。会谈过程中，台湾方面的代表主动邀请大陆方面代表现场记录台湾方面对一个中国涵义的口头表述：“在海峡两岸共同努力谋求国家统一的过程中，双方虽均坚持一个中国原则，但对于一个中国的含义，认知各有不同。”11月16日，“海协会”将大陆方面的表述文本正式致函台湾“海基会”，并将台湾方面在香港会谈中提出的最后一个版本附在大陆方面的版本后面，以示认可并赞赏台湾方面坚持一个中国原则的相关表述。大陆方面的正式表述是：“海峡两岸都坚持一个中国的原则，努力谋求国家的统一。但在海峡两岸事务性商谈中，不涉及‘一个中国’的政治含义”。很明显，这就是后来苏起所归纳的“九二共识”的来由。尽管后来台湾内部有些人对“九二共识”这四个字的概括有不同意见，但从当年两岸的表述内容来看，双方对“一个中国原则”确实是有共识的，这也是随后两岸两会展开“汪辜会谈”的政治基础。

必须指出的是，尽管双方达成了一定的共识，但双方对政治现状的认知、对“一个中国”的含义仍然存在分歧，这也是新加坡会谈后双方关系仍然跌宕起伏的原因之一。而台湾内部对“九二共识”的认知分歧成了蓝绿双方政治攻防的焦点，进而也影响了两岸关系的稳定。

2008年5月20日以来，两岸关系步入和平发展的快车道，两岸关系发展迅速，这一成果与国共双方重申两岸两会达成的“九二共识”不无直接关系。但是，回归“九二共识”只是让两岸关系重新回到和平发展的起点，17年以后，两岸关系的内外环境发生了很大的变化，“九二共识”的知识基础不足以支持新形势下的两岸关系和平发展。当前的两岸共同事务无论从层级还是类型来看，已大大超出90年代初的水平，两岸不仅基本上实现了“三通”、开放大陆游客进入台湾、大陆资金进入台湾投资，而且已经在国际参与领域展开合作，开始联手打击犯罪，开始探讨建立军事安全互信关系的可能性。实际上，双方的共同事务早已超出了 1992 年两岸两会所达成的与“民间性、功能性、经济性、事务性”商谈的范畴。

从一年来双方领导人的相关讲话来看，双方都对进一步深化两岸政治互信有很高的期待，两岸共同事务合作的政治共识基础的确还有待强化。2008 年 4 月，萧万长在“博鳌论坛”上提出了“正视现实、开创未来，搁置争议、追求双赢”的主张，其中“正视现实”的主张触及了两岸政治定位的敏感问题。2008 年 4 月 29 日下午中共中央总书记胡锦涛会见中国国民党荣誉主席连战时指出，“两岸双方应当共同努力，建立互信、搁置争议、求同存异，共创双赢，切实为两岸同胞谋福祉、为台海地区谋和平，开创两岸关系和平发展新局面”，这里的“建立互信”呼吁直接强调了大陆方面对“深化政治互信”的期待。2008 年 11 月 6 日马英九在台北会见“海协会”会长陈云林时再次提出了“正视现实，互不否认，为民兴利，两岸和平”这一新的 16 字箴言，其中“正视现实，互不否认”更进一步提出两岸要以“互不否认”的方式确立政治关系的主张。2008 年 12 月 31 日，胡锦涛在“纪念《告台湾同胞书》发表 30 周年座谈会”上提出的“六点意见”中，开宗明义就提出“恪守一个中国，增进政治互信”的呼吁，足见大陆方面对双方“恪守一个中国”的强烈关切，以及对双方进一步“增进政治互信”的深切期待。

由此，我们可以看出，两岸双方虽然已经有了一定的政治共识，但这样的共识基础还很脆弱，而且双方都有意增进政治共识。摆在两岸之间的问题是，双方对两岸政治现状的认知存在很大的分歧，无论是“正视现实”还是“互不否认”，无论是大陆方面对“恪守一个中国”的坚持还是台湾方面对“中华民国”名称的关切，背后都涉及政治认知——政治知识的歧义问题。因此，笔者认为，两岸双方有必要进一步重建两岸人民之间有关中国政治知识的共同基础。

1949 年 10 月 1 日，毛泽东在北京天安门城楼宣布中华人民共和国中央人民政府成立，一个中国境内出现了“中华民国政府”与中华人民共和国政府两个政权分庭抗礼的局面，这一局面延续至今。1990 年代之前，由于双方均坚持“汉贼不两立”的立场，各自都以中国中央政府自居，中华人民共和国与“中华民国”两个不同的政治符号并没有成为影响两岸领土主权关系的问题。其实，明眼人都清楚，中国共产党建立新中国的主张是以推翻勾结帝国主义的反动派政权、以解放全中国为目的，使用新国号的目的是为了显示推翻旧政权的决心，并非为了割裂中国的领土和主权，中国的领土主权范围也并没有变更问题。但恰恰是这一新政权新国号问题，成为台湾岛内少数别有用心之徒挑拨两岸人民关系的借口。某些政客甚至把两岸政权之争歪曲成“两国之争”。

60 年来两岸双方虽然在国际场合各自主张代表中国，而且分别得到数量不等的国际社会成员的承认，但是，中国代表权之争与中国的领土主权客观属性是两个层面上的问题，在两岸之间的场合，中国仍然是两岸人民的共同符号。10 年前，笔者曾经提出以“国家球体理论”① 来诠释两岸政治关系现状定位的主张。在今天的条件下，这一理论仍然是笔者探寻两岸事务共同治理的知识基础之一。

我们可以把国际社会比作由 200 个左右的“国家球体”构成的“国际星系”，各“国家球体”拥有特定的领土、人民和政府，按照联合国宪章规定的国家关系轨道运行。各“国家球体”必须保持领土和主权完整性，以避免因球体崩解而出现颠簸甚至逸出轨道，造成“国际星系”的动荡不安。在政治学意义上，政权（政府）就是附着于“国家球体”表面的保护层，行使对内镇压与管理、对外保护所在球体不受外来侵害的职能。

中国是现代“国际星系”中一个重要的“国家球体”，同样是由土地、人民、政府、主权构成的一个整体。世界上绝大多数“国家球体”只有一个政权代表这个国家，而中国这一“国家球体”的球面是由中华人民共和国和“中华民国”两个竞争中的政权构成，她们分别在背靠背的空间和场合代表着中国，双方形成了事实上“ 体两面”的关系。尽管两块球面附着的球体大小悬殊，却在各自的空间里行使着对内镇压与管理，对外保护的功能。由于敌对关系的性质尚未正式改变，两者之间的关系是一种“零和”的不稳定

① 《两岸政治僵局的概念性解析》，《台湾研究集刊》，1999 年第 1 期。

状态。无论台湾方面是否愿心平气和地接受，在目前的国际政治现实中，中国大陆方面在绝大多数场合代表着中国。同样地，无论大陆方面承认与否，台湾方面所坚持的“中华民国”这一政权符号在一些特定的场合事实上依然行使着“代表中国”的政治功能。

如果笔者以上阐述的两岸政治关系现状的知识基础言之成理，那么，所谓的“正视现实”、“互不否认”要求就不难得到满意的答案，“一个中国”原则也就不难被双方接受，“中华民国”符号问题也可以迎刃而解。在这样的知识基础之上，两岸之间当前要面对的就是如何进行共同治理，实现和平发展背景下的“两岸善治”的问题。

二、两岸共同治理的法理基础

两岸共同治理的思维来自现代公共管理和公共行政理论。为了达到各利益攸关者之间的利益平衡，实现各方利益最大化的目标，利益关系人根据各自的权利份额分配到相应的权力，并且以契约的方式获得利益保障并参与共同治理。参与共同治理的各方，应搁置定于一尊的要求，超越垄断、强制、上下等级关系的传统思想藩篱，为了共同的利益，各擅所长，通力合作。

两岸和平发展其实也是相对地维持两岸政治关系现状，搁置高阶政治争议，积极推动两岸共同事务的共同治理的过程。在两岸共同治理的思维里，两岸双方应搁置一时难以解决的争议，根据自身综合实力，以综合协议的方式保障己方权利。双方平等相待，着眼于共同的利益进行合作，共同处理两岸民间性、事务性、经济性事务。在条件成熟时，逐步提升合作的领域和层级，最终达成双赢的目标。或许有人会提出疑问：两个尚未结束敌对关系的政权能否进行合作？两岸之间搁置争议，进行共同治理是否有法理依据？是否会造成“两个中国”、“一中一台”的问题？

长期以来，在人们的观念中，由于内战及其遗留政治对立的特殊背景，展现在我们面前的，更多的是你死我活的敌对场景，双方内在的交集和共识往往被“一叶障目”了。事实上，历史上长期敌对的国共双方曾经有过多次经典的合作范例："西安事变"后的国共联手抗日，中国人民最终苦尽甘来，迎来抗战的胜利；两蒋在台统治时期两岸共同拒绝少数西方国家提出的"两个中国"图谋，避免了更大的民族灾难；1974 年 1 月的西沙保卫战和 1988 年 3 月的南沙保卫战期间，两岸双方的合作默契①，捍卫了两岸的共同利益。"台独"势力坐大期间，双方共同"反独"，有效地遏阻了"台湾独立"图谋。2008 年 5 月的"汶川大地震"、2009 年 8 月上旬的"莫拉克风灾"，两岸双方携手并肩、彼此协助，为两岸人民带来极大的物质和精神财富。这些事例所展现出的深刻意义就在于，两岸双方除了政权对立之外，还潜藏着更高的共同价值和共同利益。

1998 年 8 月，前民进党"立法委员"郭正亮在厦门对笔者说："其实，中华人民共和国和'中华民国'的领土主权是完全重叠的!"郭正亮的这句话无疑是发人深省的。"中华民国宪法"本身就是"一中宪法"，这一点连民进党的主要领导人也很清楚。1992 年 8 月 1 日，李登辉主导下成立的"国家统一委员会"通过了"关于一个中国含义的解释"："海峡两岸均坚持'一个中国'之原则，但双方所赋予之含义有所不同……我方则认为'一个中国'应指 1912 年成立迄今之'中华民国'，其主权及于整个中国，但目前之治权，则仅及于台澎金马。台湾固为中国之一部分，但大陆亦为中国之一部分。"② 即使民进党在台执政后，台湾当局依然不得不公开表示："依照'中华民国宪法'增进两岸关系，处理两岸争议及回应对岸'一个中国'的主张"③，甚至陈水扁本人在 2000 年 12 月 31 日发表的"元旦祝辞"中也表示"依据'中华民国宪法'，'一个中国'原本并不是问题"④。直到 2005 年 2 月 24 日的"扁宋会"，陈水扁还信誓旦旦地向宋楚瑜保证"两岸关系原则遵守宪法"。从李登辉主导下制定的"关于一个中国含义的解释"，从陈水扁所主张过的"宪法一中"都可以看出，两岸之间只是政权之争，并非真正意义上的"国与国"之争。正是因为同属一个国家，两岸除了各自内部事

---

① 马嫈：《两岸关系中的东南亚因素》，《东南亚研究》，2002 年第 3 期。
② 台湾"行政院大陆委员会"：《台海两岸关系说明书》，1994 年 7 月，第 47 - 49 页。
③ "跨党派两岸小组"结论：《三个认知，四个建议》，台湾《联合报》2000 年 11 月 27 日。
④ 刘国深：《民进党意识形态研究》，九州出版社，2005 年版，第 154 页。

务外，还存在更加广泛的政治共同项，两岸寻求共同事务合作，并不违背双方所遵循的“两岸一国”法理精神。

胡锦涛总书记在2008年12月31日的“六点意见”中指出：“1949年以来，大陆和台湾尽管尚未统一，但不是中国领土和主权的分裂，而是上个世纪40年代中后期中国内战遗留并延续的政治对立”。笔者认为，“六点意见”的提出展现出大陆方面在两岸共同事务合作方面的积极态度。两岸之间的分歧并非领土和主权层面的问题，而是早日正式结束敌状态，达成和平协议，在此基础上追求“两岸善治”的问题。台湾方面提出的“正视现实、互不否认”要求也有可能经过具体协商达成双方均能接受的共识。

必须引起我们注意的是，尽管学术上和理论上可以证明两岸之间不存在主权和领土再造的问题，但在现实政治层面，并非所有的人都能接受这样的结论。在台湾，长期的、错误的政治社会化已经使岛内不少人形成了“中华民国”（或台湾）与中华人民共和国是“两个国家”的政治虚像，他们既不能否认中华人民共和国是主权独立的国家，又不愿放弃“中华民国”（或台湾）是“主权独立的国家”，情感问题与法理问题矛盾纠结，剪不断，理还乱。对此，我们一方面要理解这部分台湾同胞的情感要求，另一方面，也要从法理上耐心地引导这些朋友们理性地面对两岸“法理一中”的历史和政治现实。笔者认为，部分台湾同胞的认同异化只是特定时空环境下的政治表象，不能夸大为多数台湾人对中国认同的背离，更不应过度纠缠在这个难题上。实际上，部分人的国家认同异化影响不了两岸进行共同事务层面的合作。我们可以暂时搁置争议，透过日益增长的交流交往，透过共同的生活和内外环境的改变逐渐取得“适度的融合”，相信时间和空间的改变终将使两岸双方建立起共同的知识基础。

两岸共同治理不仅可行，而且十分必要。与其虚耗大量资源争论根本就不存在的领土主权问题，还不如遵循两岸共同的“法理一中”原则，把精力投入两岸共同治理上。过去正面的经验和负面的教训告诉人们，如果两岸双方能够以中华民族的长远利益和根本利益这一大局为重，在两岸共同事务上进行主动而又具体的合作，两岸中国人在国际上的话语权将进一步提升，两岸和平发展的双赢愿景将在善意合作和共同利益的不断累积过程中实现。

三、两岸共同治理的游戏规则

随着内外环境的变化，两岸敌对关系开始缓和，经济合作、人员交往、文化交流日益活跃，两岸互动关系迅速增加，以往关起门来单独治理或自行其是的模式已满足不了人民的要求，两岸不得不面对共同的利益、共同的风险、共同的责任和共同的要求，开始寻求共同治理的可行性。海峡两岸两会的先后成立并随即展开接触就是最明显的例证。但是，两岸两会的功能有限，远远满足不了民众的需求。2008 年春天以来，两岸关系和平发展的愿景得到双方高层的认同，更好地谋划海峡两岸共同事务问题成为可能。专业的研究人员开始有条件以最大的耐心和智慧梳理两岸共同事务，寻找两岸共同治理的共识基础、路径和模式。

在当代台湾政坛，最可悲的就是与民生相关的、复杂多元的两岸议题被简化或异化后成为岛内权力斗争最廉价的工具。“爱台湾”与“反共产”的喧嚣和煽情迷惑了人们的视线，连民进党前主席许信良也在任内因提出“大胆西进”的务实主张被扣上“卖台”的罪名。90 年代中后期以来的 15 年时间里，深化两岸敌对，升高与中国大陆对抗的氛围弥漫全台湾，两岸关系伤痕累累，台湾工商资本和外资大量出走，国际社会对台湾的信心荡到谷底。事实已经证明，对抗的选择是一条走不通的死胡同。“两国论”和“台湾独立”的主张不仅不为岛内多数人接受，而且受到中国大陆和国际社会强烈反对，这样的主张甚至也与台湾内部的政治逻辑和法理主张相抵触。

两岸共同事务的概念内涵非常丰富，除了两岸各自境内事务之外，与两岸相关的所有事务都可以称为“两岸共同事务”。两岸共同事务的具体内容包括两岸经济事务、法律事务、文教事务、卫生事务等，甚至包括两岸相关的涉外事务、安全事务等敏感领域事务。从层次上看，这些共同事务大致可以分为国家事务、政权事务、人民事务三个不同层面。从类型上看，这些共同事务可分为两岸双方“面对面的共同事务”、“背对背的共同事务”、“肩并肩的共同事务”三个不同类型。

过去20多年来的两岸交流产生了大量的两岸民间共同事务，每年近1300多亿美元的贸易量，台湾工商企业界近千亿美元的大陆投资，每年数百万的人员往来……两岸民间性共同事务已到了无远弗界的状态。从层次上看，这些事务大多属于人民事务，而人民事务的发展必然会向公权力提出要求，两岸政权层面的共同事务也就应运而生。过去17年来，除了两岸民间团体自发进行的共同事务合作外，两岸政权层面的共同事务合作主要是以“白手套”的方式进行。2005年以来，两岸政党平台成为两岸共同事务合作的新途径，而且成效显著。但是，随着两岸交流的深入，政权层面的共同事务合作（如两岸高级领导人交往、两岸共同打击犯罪等），甚至国家层面的共同事务合作（如台湾参与国际活动问题、两岸军事安全互信机制建立问题等）将提上议事日程，两岸双方都必须为此预做准备。

从类型上看，迄今为止的两岸共同事务合作主要是“面对面”类型，也就是两岸交流交往过程中产生的各种问题。未来两岸共同事务合作还将扩及“背对背”类型（如在双方各自“邦交国”全面保护两岸人民利益问题）。甚至双方有必要主动作为，在“肩并肩”类型的共同事务（如钓鱼岛问题和南海问题等）方面采取积极行动。双方可以考虑成立“两岸共同事务委员会”，共同策划、组织、协调、控制和监督两岸共同事务的合作问题。

此次台湾水灾发生后，中国大陆方面应台湾方面的要求向台湾中南部灾区提供活动板房，但由于两岸知识基础差异和岛内政客挑拨等原因，一度出现“抵制”的情况，理由是大陆的活动板房未经台湾方面检验，可能含有致癌成分甲醇等问题。后来虽经查验证明大陆产活动板房不存在安全问题，但是，类似的两岸共同事务管理制度稀缺情况在两岸交流中其实经常发生。因此，两岸双方需要共同商讨建立涉及民生问题的相关管理规范，以确保两岸民间交流的有序和高效进行。这些管理规范的建立，最终一定会涉及行政层面的公权力行使问题，这就需要双方在共同治理的游戏规则方面进行制度创新和公权力行使的合作。

四、结语

摆在两岸双方面前的难题是，一旦涉及公权力，就会产生敏感的政治联想，再好、再急的案子也不得不搁置下来。笔者认为，我们可能要思考将公权力的行使区分为政治性事务和行政性事务，两岸搁置争议的部分应该严格限制在高阶政治议题方面，低阶的行政层面的问题可以逐步展开交流合作，可以逐步地走向共同治理。西方政治学理论中的文官制度、技术官僚制度设立，对于两岸共同治理是有启发的。台湾方面的文官制度比较健全，政务官随选举成败决定去留，事务官则保持相对稳定，这样的设计有助于我们区分两岸交流交往的事务。两岸和平发展过程中，双方关系也是分中有合，合中有分，面对与民生相关的共同事务，可以考虑由事务层级的专业官员去处理，两岸共同治理可以不受高阶政治的影响，相对独立地建立制度化的合作机制。

我们也可以引进时下流行的公共治理思维。在公共治理的话语系统中，统治的主体则必定是政府，而治理的主体可以是政府、民间的或非政府组织。两岸共同治理的思维模式具有治理主体广泛性的优势，而两岸民间社会也是治理两岸共同事务的合适主体之一。治理是政府、公民及一些民间社会组织通过合作、协商的方式进行管理，而统治是政府运用政治权威的方式进行管理，局限性较大。治理以自愿为主，兼有强制，但是主要还是公民的认同和共识。现阶段，两岸公权力部门在处理两岸事务过程中不可避免地会遇到一些困难，笔者建议双方可以考虑在两岸事务层面对公权力的活动领域进行主动的战略收缩，让两岸民间社会的力量走到前台，发挥民间社会内在的创造力和自我约束力，处理目前公权力部门尚不便直接治理或难以直接治理的民间事务，以免出现因公权力不及造成的真空和失序。

两岸行政层级的共同治理和民间社会力的运作虽然不同于高阶政治层级的事务，但也涉及许多复杂而具体的问题，本文仅仅是提出初步的设想，仅供读者进一步研究时的参考。

两岸关系和平发展的机制化需求与建构*

李　鹏

2008 年 12 月 31 日，胡锦涛总书记在纪念《告台湾同胞书》发表三十周年座谈会上发表重要讲话，首次全面系统地阐述了两岸关系和平发展的思想，提出了推动两岸关系和平发展的六点意见，科学地回答了为什么要推动两岸关系和平发展、怎样推动两岸关系和平发展的重大问题。他在讲话中还具体提出“要建立具有两岸特色的经济合作机制，愿意协商两岸文化教育交流协议，探讨建立军事安全互信机制，协商正式结束两岸敌对状态，达成和平协议，构建两岸关系和平发展框架”等明显带有机制化建构倾向的意见。因此，如何在两岸关系和平发展的大背景下加强机制化建设，成为值得探讨的课题。从某种意义上说，两岸关系的和平发展与最终实现完全统一的过程，就是两岸关系不断实现机制化，最终形成两岸都能够接受的机制性安排的过程。本文将从和平发展的视角对两岸关系机制化建构的意涵、需求、路径、挑战和机遇作一浅析。

两岸关系机制化的理论意涵

在社会科学研究中，人们经常会将“机制”和“制度”混用。美国政治学者约翰·米尔斯海默就明确指出，机制和制度可以被视为完全同义的概念。其实，“机制”与“制度”是两个既有密切联系又有细微差别的词汇。斯蒂芬·克拉斯诺认为，机制指的是“在特定领域里行为体愿望汇聚而成的

* 本文原载于《台湾研究集刊》，2009 年第 2 期。

一整套明示或默示的原则、规范、规则和决策程序”①。罗伯特·基欧汉认为，“制度”是有可能涉及行为的一般模式、范畴或特殊的人为安排，而不论这种安排是正式的还是非正式的，这可能会有助于我们对某些令人烦恼的混乱现象进行选择。②因此，“机制”可以是原则、规则、准则、协议、机构、过程或决策程序，它是一个比“制度”更宏观、更宽泛的概念。“机制”更强调各要素之间彼此依存，有机结合和自动调节所形成的内在关联和运行方式，它包含制度的内容，更包括各种监督的手段和方法，即工具性的功能。“机制化”就是建立机制的程序和过程，它们是一种动态的概念。机制化的形成是各种关系发展到一定程度，并产生某种需求后的产物，它首先需要各方在促进共同利益或解决利益冲突的驱使下产生建立各种规则、制度的客观需求和主观意愿，以降低交往过程中的交易成本，获取更大的利益。机制化的过程就是各方进行协商或沟通，并相互妥协达成一致的过程；机制化的成果一般需要通过达成协议或成立相关机构来体现和落实。

两岸关系机制化的需求是两岸关系发展到一定程度的产物，在两岸隔绝和军事对峙时期，任何形式的机制化都不可能。两岸关系的机制化需求是在两岸开放之后，是经贸合作和民间交流发展到一定程度才出现的。可以说，机制是合作的产物，机制反过来又可以促进合作。但对两岸关系而言，由于历史上长期的隔阂与政治僵局的存在，合作并不一定就能够导致机制化的建立。从某种意义上说，机制的建立首先必须要有潜在的好处，双方都可以从建立机制、遵守机制中获得共同利益，如果没有益处，就不会有建立机制的需求。有学者观察到，“两岸协商议题的确定以及协商能否取得预期的成果，取决于双方是否存在共同的需求或利益。在双方对于相关问题的解决均有迫切需求的情况下，相关议题的商谈和协议的达成就比较顺利。相反，在一方对商谈的议题需求不明显的情况下，即使议题已经纳入商谈的议程，缺乏需求的一方也往往会以解决相关问题为筹码，要求另一方接受不合理的条件，

① Stephen Krasner, “Structural Causes and Regime Consequences: Regimes As Intervening Variables,” International Organization, Vol. 36, 1982, p. 186.

② ［美］罗伯特·基欧汉著，门洪华译：《局部自由化世界中的自由主义、权力与治理》，北京：北京大学出版社，2004年版，第135、172－173页。

而导致问题的久拖不决"。① 在两岸关系和平发展的背景下，两岸合作的意愿会更强烈，合作的空间会更大，合作所带来的好处也会更多。但合作也不是一件容易的事情，如果合作太容易，不需付出任何成本就可以获得好处，那也不需要建立任何机制来促进合作。机制的最终结果总是协议的签字价值与达成协议的困难之间的某种平衡的结果。或者说，"任何合作的实现，任何机制的建立，都是反复讨价还价和理性选择基础上博弈的结果"②。

两岸关系的机制化主要体现在政治、经贸和民间交往等方面。两岸政治关系机制化，是指两岸在政治上形成某种共识、规则或安排，为缓和与化解两岸政治僵局，促进两岸关系和平发展，最终解决台湾问题、实现国家完全统一创造制度性条件。两岸经贸关系机制化，是指两岸在经贸关系正常化过程中，在解决功能性议题的同时，对两岸经济活动进行制度性安排。两岸民间交往制度化是指两岸通过建立一系列的制度、规章或达成协议，保障两岸民众在民间交往中的正当合法权益，解决他们在民间交往过程中遇到的问题。两岸关系的机制化可以分成多个层次，可以是两岸当局或当局授权的特别机构之间的机制化，可以是政党或其他政治团体之间的机制化，也可以是两岸民间行业协会、非政府组织之间的机制化，还可以是公司、企业、学校等部门之间的机制化。一般认为，两岸之间机制化安排的主体主要还是政府或当局，但随着两岸"三通"的基本实现，两岸"大交流、大合作、大发展"局面的逐渐形成，民间社会在两岸关系机制化进程中的作用日益凸显。刘国深教授认为，"两岸关系和平发展的内涵不仅只包括政治层面的和平发展问题，而且还包括经济、社会、文化等层面的和平发展等问题。"③ 在两岸关系和平发展的背景下，民间社会的力量完全可以、也理应成为的两岸机制化建构主体之一，成为两岸政府或当局进行机制化建构的重要推动力。

---

① 王建源：《两岸授权民间团体的协议行为研究》，《台湾研究集刊》，2005 年第 2 期，第 39 页。

② 王逸舟：《西方国际政治学：历史与理论》，上海人民出版社，1998 年版，第 401、406 页。

③ 刘国深：《两岸关系和平发展新课题浅析》，《台湾研究集刊》，2008 年第 4 期，第 4 页。

两岸关系机制化的现实需求

机制化是两岸关系和平发展的必然选择，源于两岸交流交往的强大需求，是建立在对增进共同利益的认知和化解利益分歧的需求基础上的。两岸关系经过二十多年的发展，各项交流日益增多和人员往来日趋密切，各种政治性、经济性、事务性问题层出不穷，仅仅靠临时性的接触已经无法应付和妥善解决这些问题，两岸制度化的协商谈判不可避免，两岸关系的机制化亦是大势所趋。

第一，机制化是促进两岸关系和平稳定，预防意外和控制突发事态的需要。机制化的一个重要功能就是塑造结果预期，建立和维护秩序，并促进和谐稳定。两岸关系的发展历史表明，两岸关系在机制化建立和运作期间，两岸关系会比较缓和与稳定，在协商机制被破坏期间，两岸关系会比较紧张，并数度处于危险边缘。笔者在回顾和分析两岸关系发展历程后曾得出结论，两岸关系在过去二十多年的时间里经常是跌宕起伏，徘徊在“危机”、“紧张”、“缓和”、“改善”之间，始终无法取得“突破”，其中一个重要的原因就是机制化的缺失。①刘国深教授在九年前就观察到，“系统的无序与高度的不稳定仍是两岸关系的最大特征，在这种无序与不稳定状态之下，两岸双方难以进行建设性的制度创新”②。而制度化的缺失使双方缺乏最起码的互信，多数时候都是从质疑和防范的角度理解对方的政策意图。无论对祖国大陆还是台湾当局来说，如果一方的政策得不到对方的理解或接受，或遭到对方的歪曲和反对，两岸关系就很难得到改善；反之，如果两岸之间有顺畅的沟通机制，双方的政策疑虑就会大大降低，两岸关系就可能进入一个和平稳定的良性循环轨道。当前两岸关系已经迈入和平发展的新时期，更需要通过机制化来保障这种局面，为可持续的和平发展奠定坚实的基础。

机制化的另一个重要功能是控制功能，它可以规范和内化机制内成员的

---

① 李鹏：《台海安全考察》，九州出版社，2005年版，第118页。

② 刘国深：《两岸关系不稳定态与制度创新》，《台湾研究集刊》，2000年第3期，第5页。

某些行为。即使在两岸关系的和平发展过程中，不可避免地会遭遇各种意外或突发事件，如何尽可能地预防突发事件的发生，在突发事件发生后如何尽可能控制事态的发展，避免给两岸关系造成伤害，就成为两岸都需要面对的问题。两岸尚未结束敌对状态，两岸官方仍然互信不足，如果没有一定的预防性机制，这些意外或突发事件就很可能会导致两岸关系局势的恶化。在两岸关系的发展历史中，经常会有一些意外或突发事件发生，这些事件有些是刑事治安案件，有的是社会经济事件，当然也有某些政治力量蓄意制造的“台独”挑衅等政治事件。从这些事件最终的处理结果和造成的影响来看，两岸之间有协商联系机制的，往往会处理得比较平顺，机制的缺失则容易导致事态的恶化。

第二，机制化是两岸应对经济全球化和区域经济一体化，促进两岸经贸关系和两岸自身经济发展的需要。祖国大陆和台湾的经济基本特征决定了两岸都不可能自外于经济全球化和区域经济一体化的浪潮。经过二十多年的发展，两岸经贸已经不再仅仅是两岸之间的事情，面对经济全球化和区域经济一体化的趋势，两岸如果能够善用已有的国际经济合作机制，并建立和加强两岸之间经济合作机制，就能够为两岸经济合作提供新的历史机遇。在面临经济全球化和区域经济一体化的挑战时，台湾所面临的机制化需求比大陆要高。两岸之间经济合作机制的建立有助于创造台湾参与更多的国际或地区经济合作机制的可能性，也有利于两岸在国际或地区机制中制度性合作的开展。殷存毅就指出，“在东亚经济区域化的过程中，中国大陆已经成为推动和主导东亚经济一体化的引领者，对形成新的区域化经济秩序有着不可替代的重要影响力，这已经或正在改变着东亚区域内主要国家和地区经济增长的依赖路径，也迫使台湾不可避免地要赶搭上大陆这部具有很强外部性的经济高速列车，不能置身于方兴未艾的区域化浪潮之外。”①

在两岸经贸竞合关系发展的过程中，一直存在着机制化缺失的问题。萧万长曾表示，“两岸经济合作未能建立一个制度性的互动架构，使得一些长期性的合作受到限制。由于缺乏制度规范，没有法律保障，资讯不完全，交

① 宁骚主编：《2006－2008 年台湾局势研究报告》，九州出版社，2006 年版，第 74 页。

易成本与障碍过高，资源未能有效配置。这些问题增加了投资的风险，阻碍了大规模、长期投资的进行，尤其一些知识产权、高科技开放的共同合作，更需要双方建构出共同接受的规范。”①由此可见，两岸经贸合作需要机制化的保障，两岸经贸竞争更需要通过机制化来规范。一旦双方建立起经贸合作机制，两岸经贸关系发展中的很多机会会从机制化合作中产生，很多的问题会通过机制内的途径来解决，从而避免形成恶性竞争。机制化比较容易建立在互利的基础之上，既然两岸经贸关系的发展是大陆和台湾自身经济发展的需要，那么两岸经贸关系机制化的建立也自然有利于两岸各自经济的发展。当前国际经济形势复杂，国际金融危机对大陆和台湾的经济发展都产生了一定的影响，大陆面临着产业结构调整和全面建设小康社会的压力，马英九当局也面临着在短期内改善经济状况，兑现竞选承诺的压力，两岸建立机制化的经贸联系有助于双方共同应对经济危机所带来的挑战，通过两岸经贸合作在一定程度上来降低或补偿国际经济危机给两岸经济所带来的损失，同时可以为双方各自经济的可持续发展创造更多的机会和条件。

第三，机制化是两岸民众便捷往来，解决交往中的具体问题和强化两岸民间纽带的需要。两岸民间往来是沟通两岸同胞情感的桥梁和纽带，是促进两岸关系和平发展的重要因素。便捷往来是两岸民间交往正常顺利开展的前提条件。但在过去的二十多年时间里，两岸民众的往来既不便利也不快捷，两岸人员往来受到台湾当局种种不合理的限制，两岸无法建立正常的民间交流交往机制。2008 年以来，两岸共签署了九项协议，两岸同胞盼望已久的两岸直接通航、通邮基本实现，让两岸人民之间的便捷往来往前迈进了一大步，这恰恰是两岸制度化协商恢复的结果。机制化还有解决两岸交流交往中衍生问题的功能，随着两岸和平发展的推进，民间交往的加深，所产生的各种具体问题会越来越多。问题密度的增加将导致对机制需求的增加，如果这些问题不通过适当的渠道和途径得到处理，就可能会给两岸关系带来损害。两岸最初都是采取单方面立法的形式处理，但由于涉台事务和法律问题有相

① 萧万长：《一加一大于二：迈向两岸共同市场之路》，台北：天下远见出版股份有限公司，2005 年版，第 133 页。

当的敏感性和复杂性，有些问题可以单方面规范，有些问题仅通过单方面的行为难以处理。

两岸民间交流交往的另一功能是要接续两岸曾经中断的纽带，促使两岸人民之间相互了解、相互理解、增进互信，最终实现两岸社会融合，迈向两岸社会一体化。这种融合和一体化在很大程度上就是民间社会在交流交往过程中，逐渐自发形成机制化的过程。因为机制化的一个重要功能就是将组织内各成员的命运与机制紧密联系在一起，加强内在的凝聚力。只有实现了民间交往的机制化，才能够使得两岸人民在共同的文化背景下，通过实现两岸同胞的便捷往来，扩大两岸各领域各界人士的交流，将“两岸同属一个中国”落实到两岸交流交往的方方面面，让两岸同胞从日常生活中就切实感受到我们是命运共同体，我们生活在同一个国家，生活在属于两岸中国人的共同家园。

两岸关系机制化的路径选择

任何机制化的建立都不是一蹴而就的，而是在一定的目标指引下，遵循一定的原则，透过适当的程序或路径，经过各方努力达成一定的成果。两岸关系机制化的目标是指在一段时期内，运用各方面的条件和力量，在建立、完善和发展两岸政治、经济、民间交往机制方面所要达到的结果和所要承担的总任务，它是指导两岸关系中各种机制朝向哪个方向发展的核心和关键所在。两岸关系机制化的目标可以分为多种层次，有阶段性目标和终极目标，短期目标和长期目标，部分目标和整体目标之分。两岸关系机制化既是一种手段、一种过程，也是一种结果。无论作为手段、过程还是结果，它都是围绕着一定的目标进行的。作为手段，两岸关系机制化的目标可以是建立起两岸政治、经济、民间交往关系中各种交流、沟通、协调机制；作为过程，两岸关系机制化的目标可以是促使两岸建立的各种机制充分发挥效用，达成制度性安排或协议；作为结果，两岸关系机制化的最终目标是要服从和服务于两岸关系发展的阶段性和整体性目标。某一时期的两岸关系机制化目标是与当时的两岸关系形势和政策任务密切联系的。就当前而言，两岸关系机制化的目标，就是要促进两岸关系和平发展框架的形成，为国家的最终完全统一创造条件。

任何机制和制度的建立都需要一定的共同基础，两岸关系要实现机制化，首先必须确定一个中国原则和“九二共识”的政治基础。一个中国原则是发展两岸关系和实现和平统一的基石，也是两岸关系任何机制建立和维持的基础和前提。换言之，体现一个中国原则的“九二共识”是两岸关系机制化的起点和立足点。在此基础上，两岸关系的机制化建构要务实体现原则性、包容性和灵活性的有机结合，既要立足于当前，也要着眼长远，既要体现特定领域的特点，也要适应两岸关系发展的需要。这样做的目的和好处，一方面是体会到台湾岛内特殊的政治环境和两岸关系特殊的历史背景，使大陆的对台政策主张，尽可能地被台湾民众所了解、理解和接受；另一方面，也是为了在两岸接触商谈时，为台湾当局和两岸政治关系的处理留下余地，以便在维护中国的主权和领土完整不容分割的前提下，争取两岸互利双赢的结果。①

两岸关系机制化的首要任务是要搭建沟通、协商或谈判的平台，这就需要明确参与机制化的两岸双方的角色定位以及建立协商制度和机构。一般来说，协商平台的建立往往有两种途径，一种是在明确双方定位后，直接在此基础上搭建协商平台，如在国际政治、经济合作中，直接在国家与国家之间或国家与地区之间建立双边或多边的合作机制；另一种是各方经过协商谈判后，在某些专业领域建立会议制度和协调机构。这两种途径其实并不矛盾，前一种途径所建立的机制化往往比较宏观，后一种途径则是在前一种途径基础上的延伸。两岸关系是一种相对比较特殊的情况，两岸的当局要想直接搭建机制化平台有一定的难度，20 世纪 90 年代中期以前，大陆主张中国共产党与国民党的“党对党谈判”；而台湾当局则主张“政府对政府”、“国家对

① 唐树备：《两岸在政治关系定位上的冲突和建立两岸和平稳定的政治关系的前瞻》，载北京联合大学台湾研究院编：《北京台研论坛》（第一辑），香港：香港社会科学出版社有限公司，2006 年版，第 343 页。

国家”的谈判，分歧的根本点就在于双方的政治定位分歧，无法在此基础上进行制度性接触协商。政治问题在短时期内无法完全解决，双方只能务实采取建立某些会议制度和协调机构的方式，来间接搭建协商交流平台，两会机制、党对党沟通平台机制、民间对民间协商机制就是在两岸关系发展处于特殊情况下的机制化产物。

在建立起相关机构，搭建好机制化的平台后，下一步就是如何在这个平台上进行机制化协商，解决两岸关系中存在的种种问题。建立制度性的两岸合作机制，需要两岸进行充分对话与沟通，凝聚共识。两岸关系的机制化无论最终是何种形式，其核心都是一种制度安排。任何机制的建立，都必须确立正确的发展目标，制定具体的实施方案，规划相应的推进步骤。除了政治障碍需要超越与突破外，更重要的是如何在两岸敌对状态尚未结束，两岸经贸文化和人员往来尚未完全正常化的情况下，建立规范有效的沟通协商制度，并在此制度下按照双方都认可的程序进行协商。两岸关系机制化的成果最终要通过一定的形式表现出来。两岸关系机制化旨在达成但并不必然达成某种加强两岸合作、解决各种问题的制度安排或协议，其表现方式有很多。它可以是某种原则或准则，即“对事物的信念、因果关系和忠诚的行为”、“行为的标准、权利与义务”；也可以是某种决策程序，即“做出和贯彻集体决定的主导实践”①；也可以是经过协商后达成的一致意见后，签署同意遵循的文件；还可以是双方共同参与组建和加入的制度化机构。具体来说，两岸关系机制化的成果可以是已经达成的类似“九二共识”的双方共同接受的原则，可以是“两会”或其他民间团体已经进行的一系列制度化的商谈，可以是类似“两会”商谈后签署的各项协议，党对党沟通后达成的《新闻公报》、《会谈公报》；也可以是两岸民间社会在交流交往过程中形成的带有制度化特点的安排等。这些成果既是两岸制度化的结果，也为今后进一步深化两岸关系的机制化提供了基础和借鉴。

同时我们也应该看到，制度化的沟通协商机制并不必然保证能够达成一致或协议。因为“机制的本义是权衡，即对各种利益的规范之间进行权衡的

① 倪世雄：《当代西方国际关系理论》，复旦大学出版社，2001 年版，第 363 页。

结果，妥协性是机制本身固有的属性"①。机制化在某种程度上代表了两岸的共同利益需求，但两岸关系中所涉及的利益包罗万象，有时候会涉及利益的放弃和牺牲，有些利益比较容易妥协，有些利益不容易妥协，有些利益可以通过机制化协调达到妥协，有些利益仅仅透过机制化协商无法达成妥协。机制化有助于促进两岸共同利益的增长与协调，但并不能解决两岸关系中的所有问题。李非就认为，"两岸制度性经济一体化的过程，就是一个两岸各自经济权力在一定意义上的弱化、让渡和延伸的过程，但两岸开始制度性经济一体化进程时，意味着两岸开始制定或接受某种共同的规则，在某种程度上放弃某种原先单独制定对外经济政策和干预措施的权力，去服从共同的规则"②。如果一方不愿意放弃原先的权力而服从共同的规则，就难以达成协议。因此，对通过机制化可以达成协议的方面，两岸需要加强沟通和协商，争取尽快达成协议；对于暂时还存在较大分歧，不容易达成协议的方面，双方可以暂时搁置，等条件成熟时再行协商；两岸的官方难以达成协议的，可以允许民间社会先行形成机制化安排。因此，祖国大陆才提出在实现两岸关系机制化的进程中，应"遵循秉持'建立互信、搁置争议、求同存异、共创双赢'的精神，先易后难，先经济后政治，循序渐进，才能够务实解决两岸同胞关心的问题，推动两岸协商谈判不断取得进展，在两岸关系发展中发挥积极作用"③。

两岸关系机制化的挑战与机遇

从当前两岸关系发展的实践来看，两岸关系机制化的程度并不高，基本上还是处在一种机制化的初级阶段，还存在着一些亟须克服的问题。主要表现在机制化的层次和范围有限、对机制化的保障约束能力不足等几个方面。

首先，两岸关系目前的机制化安排还是处于民间层次，最多是两岸当局

---

① 门洪华：《国际机制的有效性与局限性》，《美国研究》，2001 年第 4 期，第 17 页。

② 李非：《21 世纪初期海峡两岸经济关系走向与对策》，九州出版社，2002 年版，第 142 页。

③ 贾庆林：《两会商谈要先易后难、先经济后政治》，http：//www.gwytb.gov.cn/zyjh/zyjh0.asp?zyjh_ m_ id = 1575。

授权的民间层次，所能够触及的范围和发挥的效力有限。王建源曾总结两岸在已有协商机制下所达成的协议的特点为："协议主体的民间性、协议内容的事务性、协议作用的功能性"①。早在2000年，刘国深就注意到，"尽管两岸两会在共同建立两岸交流交往游戏规则方面达成了一些协议，但是就在这些协议的谈判过程中，两岸两会这种'民间性'制度创新模式严重的局限性已展露无遗。两岸制度创新仍停留在消极被动的'头痛医头、脚痛医脚'的低层次上，这种有限的'制度创新模式'不能完全满足两岸人民对发展两岸关系的要求"②。刘国深提出，"两岸制度创新，无论从民间社会的实际需求，还是从现有创新模式面临的困境来看，一再表明已不可能继续孤立地在所谓的'民间性、事务性、经济性、功能性'议题上原地打转了，两岸必须尽快展开政治性的对话，以为两岸全方位制度创新奠定基础"③。刘国深教授的上述看法对当前两岸关系和平发展背景下的机制化建构仍然有一定的现实意义。除了继续在民间社会层次加强机制化的建构以外，我们也需要提升两岸在非民间层次的机制化创新。

其次，两岸关系机制化对规范两岸关系各行为体违反机制行为的惩戒功能有限。虽然制度带有强制性和规范性功能，但这种强制并没有相应的惩罚措施来保障和实现。两岸到目前为止所有的机制化建设都无法强迫自己或对方接受其中的原则和规范，只能在顺应两岸共同利益的基础上来推动机制目标的实现。对违背机制可能带来的惩罚也只限于道义上的谴责和利益上的损失。一旦机制中的一方对共同利益的判断出现偏差，并不在乎道义的约束，就可能出现损害机制的行为。机制化在两岸关系发展中很大程度上只是一种中介因素，我们不是为了建立机制而建立机制，而是希望机制化的成果最终能够落实于两岸关系的和平发展中。因此，两岸关系机制化的成果重在落实，没有落实，再完善的机制也是一纸空文；再重要的协议也不会发挥应有的作用，再美好的目标也没有办法实现。在影响两岸关系机制化成果落实的

① 王建源：《两岸授权民间团体的协议行为研究》，《台湾研究集刊》，2005年第2期，第39页。

② 刘国深：《两岸关系不稳定态与制度创新》，《台湾研究集刊》，2000年第3期，第4页。

③ 同上，第6页。

诸多因素中，政治干扰是最主要的因素。而政治干扰又首先来自于“台独”分裂活动对两岸关系机制化基础和原则的破坏。在约束机制缺失的情况下，自然就有人会担心，如果台湾在今后的选举中再度出现“政权更迭”或“政党轮替”，万一新上台的台湾当局再度不承认或不接受当前两会协商恢复后所达成的共识和协议，两岸关系可能又会面临新的困境。

第三，两岸关系机制化还会遭到来自台湾岛内和国际上某些势力的阻挠和干扰。一项制度要得以延续和稳定，高度的运作绩效和强有力的维护者当属必要，但制度是否能够赢得各自内部政治系统中大多数成员的支持，也直接决定着制度的生命力。祖国大陆无论是政府还是普通民众对发展两岸关系有高度的共识，绝大多数人都希望机制化能够促进两岸关系的和平发展。但是，两岸问题在台湾岛内并没有形成完全的共识，虽然多数台湾民众都意识到两岸关系的和平稳定健康发展对台湾的重要性，但由于“台独”分裂势力多年蛊惑和煽动，仍然有部分民众对两岸关系的机制化尚有疑虑，某些政党仍然顽固坚持“台独”的意识形态，对两岸的机制化交流抱持反对的立场。民进党在台湾执政时，就坚决反对在“九二共识”的基础上恢复两会制度化协商，成为在野党后，仍然坚持反对两岸以“九二共识”为前提，签署两岸协议。除了岛内某些政治势力外，美国、日本等国际势力也对可能导致两岸“过度密切”的机制化有所疑虑，担心两岸关系因此“走得太快、走得太近”，不符合其“不统、不独、不战”的战略考虑。一旦两岸的机制化步伐让美、日等国产生疑虑，不排除他们会采取牵制和杯葛的动作。

虽然两岸关系的机制化过去一段时间遭受了种种挫折，今后还面临着种种问题，但我们应该看到，无论是何种两岸关系机制化的构想，要想最终实现，都需要一定的时空背景，两岸关系机制化的方向已经是的大势所趋。2008年以来，台湾岛内政治发生了重大积极变化，两岸关系面临着难得的历史机遇。在和平发展的大背景下，两岸关系机制化也面临着新的历史机遇。主要表现在：

首先，两岸多数民意的普遍支持为两岸关系机制化奠定了坚实的基础。大陆民众对有利于两岸关系和平发展的举措向来是持支持的态度。经过十几年两岸关系波折和紧张，越来越多的台湾民众意识逐渐到发展两岸关系的重要性，对两岸恢复协商对话以及建立经贸合作和民间交往机制也持正面和积极的态度。其次，两岸当局的意愿为两岸关系机制化提供了动力。大陆一直致力于推动两岸关系的机制化进程，胡锦涛总书记2008年12月31日的讲话就充分显示了大陆推动两岸制度化协商的诚意。马英九当局虽然对有些议题的机制化还有疑虑，但基本上也认为“未来长远的两岸关系，要奠定一个非常坚实的基础，建立制度性的协商管道，才能够做到”①。最后，两岸关系和平发展早已是大势所趋，是任何势力都无法阻挡的。在过去的二十多年时间里，李登辉和陈水扁当局不断制造两岸政治上的对立，对两岸经贸合作和人员往来设置种种障碍，阻碍两岸关系制度化的建构，但这些动作并没有从根本上影响到两岸关系的大趋势。经过二十多年的发展，两岸关系已经形成了一些根深蒂固、难以改变的内在结构和规律，两岸政治僵局迟早会被打破，两岸经贸合作已经不可逆转，两岸民间往来已经深入人心，这些都是促进两岸关系和平发展和机制化建构的重要因素。两岸关系一旦开创和平发展新局面，两岸关系发展的广度和深度就会大大拓展，两岸关系机制化也会面临更多的机会，实现起来也有更大的可能。

① 《马英九期两岸建制度性协商》，香港《大公报》网络版，http：//www.takungpao.com/news/08/06/10/MW－917220.htm。

构建两岸关系和平发展框架的再思考*

李　鹏

从2004年5月17日中台办、国台办在受权发表的声明中首次提出“共同构造两岸关系和平稳定发展的框架”，到2008年12月31日胡锦涛总书记在纪念《告台湾同胞书》发表三十周年的讲话中，正式提出推动两岸关系和平发展的六点意见，重申“构建两岸关系和平发展框架”的近五年时间里，“两岸关系和平发展框架”的概念经历了一个从酝酿、形成、提出到深化的过程。这期间，如何“构建两岸关系和平发展框架，开创两岸关系和平发展新局面”成为海内外学者热议的课题，很多学者从各种不同的角度探讨构建两岸关系和平发展框架的意义、目的、基础、途径、前景等。本文将在胡锦涛总书记去年12月31日最新讲话精神的指导下，在海内外学者已经提出各种思考的基础上，就在当前构建两岸关系和平发展框架的内涵、构成、挑战和前景作进一步思考。

一、两岸关系和平发展的内涵

讨论两岸关系和平发展框架首先要讨论两岸关系和平发展的内涵，即回答“什么是两岸关系和平发展”的问题。要回答这个问题，就必须回顾两岸关系六十年来发展的历程，总结两岸关系发展过程中的基本规律，从规律中找寻最契合当前两岸关系和平发展的战略思维。两岸关系和平发展主题的提出，绝不是偶然的，它是在深刻认识复杂的国内外背景，深入思考两岸关系

* 本文原载于《台湾研究》，2009年第4期。

发展的历史经验和教训的基础上总结出来的。中国党和政府在不同历史时期所提出的对台方针政策，处理台湾问题的战略和策略，都对两岸关系和平发展主题的最终提出有着重要影响。无论是上个世纪五十年代毛泽东、周恩来等提出的和平解放台湾的倡议、“一纲四目”的对台政策主张，还是《告台湾同胞书》中所宣示的“和平统一”的大政方针，以及“采取合情合理的政策和办法，不使台湾人民蒙受损失”的思想；无论是邓小平的提出“和平统一、一国两制”的伟大构想，还是江泽民提出的现阶段发展两岸关系、推进祖国和平统一进程的八项主张，都极大地丰富和发展了祖国大陆的对台方针政策，有效地指导了大陆对台工作实践，为胡锦涛总书记在两岸关系形势发生新的变化的情况下，确立两岸关系和平发展的主题，构建两岸关系和平发展框架，奠定了丰厚的理论和现实基础。

对两岸关系和平发展内涵的理解需要从“和平”与“发展”这两个词本身涵义的理解出发，从和平与发展之间辩证关系的理解开始。黄嘉树认为，和平是人类群体之间人为建构的一种秩序或关系状态，不仅是指一般人类群体之间的“没有战争”，更是指存在着利益冲突乃至敌对关系的不同人类群体之间的一种关系状态，即可能发生战争但却“没有战争”的状态。①在两岸关系中，和平既是一种手段的选择，也可以是一种价值的追求。周恩来在1955年5月曾经表示，“中国人民解放台湾有两种可能的方式，即战争的方式和和平的方式，中国人民愿意在可能的条件下，争取用和平的方式解放台湾”。邓小平也曾表示，“我们不能把自己的手捆起来，如果我们把自己的手捆起来，反而妨碍和平解决台湾问题这个良好愿望”，“不能排除使用武力，这是一种战略考虑”。《反分裂国家法》中也规定了“国家得采取非和平方式及其他必要措施，捍卫国家主权和领土完整”的条款。上述提法都强调的是和平作为解决台湾问题选择手段之一的一面，同时，大陆也非常重视和平作为两岸同胞共同追求和珍视的价值的一面。和平是人类最持久最朴实的追求，是两岸同胞生存、发展、繁荣、交往的必要环境和条件。两岸关系和平发展主题的提出，说明祖国大陆在如何维护台海地区和平稳定的问题

① 黄嘉树：《两岸和平问题研究》，《教学与研究》，2007年第7期，第23－24页。

上，已经不仅仅只是将“和平”作为与“非和平”相对的概念、当做解决台湾问题的手段选择之一来看待，而是更加重视“和平”的价值涵义，是真心实意地希望以最大诚意、尽最大努力去追求、去实现的一种价值，是从“追求包括两岸同胞在内的全体中华儿女的幸福”和“最符合包括台湾同胞在内的中华民族根本利益”的角度去思考两岸和平的问题。维护和平的局面也是两岸关系发展的必然要求，随着两岸在经贸、社会、文化等方面的交流越来越密切，越来越趋向整合与融合，两岸以非和平的方式解决分歧或争端的代价也会随着增加，使得两岸相互依赖的敏感性和脆弱性都有所增加，促使双方都要以和平的手段，通过协商谈判来解决彼此的歧见。①

“发展”不仅仅是由小到大，由简到繁，由低级到高级的运动变化过程，也强调优化自身及与相关事物之间关系的要素与结构，提高自身适应环境、促进和谐的功能。两岸关系的发展绝对不仅仅是指大陆或台湾自身经济、社会的繁荣，而是两岸政治、经济、社会等各领域关系的全面提升，以及对两岸同胞共同尊严、情感、利益、福祉的关心、维护和促进，使两岸关系达到通过发展来保障和平，实现稳定和和谐的境界。祖国大陆一直非常关注两岸关系中的发展问题，将中华民族的发展、台湾经济的繁荣、台湾同胞的利益，放在优先考虑的位置。在《告台湾同胞书》中就提到“每一个中国人都对中华民族的生存、发展和繁荣负有不可推诿的责任”，解决统一问题时“采取合情合理的政策和方法，不使台湾人民蒙受损失”。②江泽民同志在八项主张中也提到，“要充分尊重台湾同胞的生活方式和当家做主的愿望，保护台湾同胞一切正当权益”，“我们希望台湾岛内社会安定、经济发展、生活富裕”。③胡锦涛总书记更是进一步表示，我们要坚持以人为本，把寄希望于台湾人民的方针贯彻到各项对台工作中去，理解、信赖、关心台湾同胞，体察他们的意愿，了解他们的诉求，为他们排忧解难，满腔热情为台湾同胞多办好事、多办实事，依法保护台湾同胞正当权益，最广泛地团结台湾同胞一

---

① 林文程：《中共谈判的理论与实务：兼论台海两岸谈判》，丽文文化事业股份有限公司，2000年版，第248－249页。

② 全国人大常委会：《告台湾同胞书》，《人民日报》，1979年1月1日。

③ 江泽民：《为促进祖国统一大业的完成而继续奋斗》，《人民日报》，1995年1月31日。

道推动两岸关系和平发展。①

从对“和平”与“发展”的理解中，笔者总结出，两岸关系和平发展框架的内涵应该涵括两岸关系的各个方面，应该包括主观和客观、宏观与微观、战略与策略等各个层面，基本上可以理解为：首先要在两岸关系发展中确立“和平”作为两岸同胞共同追求的一种价值观念，消除破坏台海地区和平稳定的根本威胁，消除可能导致使用非和平手段或发生冲突、战争的隐患；在此基础上，通过扩大交流、加强合作、增进互信、建立机制等各种途径，逐步解决两岸之间存在的政治、经济、社会、安全、外交等各方面的利益分歧，扩大两岸在各领域的共同利益基础，实现两岸关系在和平的基础上实现发展，以发展的成就来保障和平的良性循环过程，使两岸关系朝着有利于国家最终统一的方向迈进。

二、两岸关系和平发展框架的构成

“框架”原本是建筑学和设计学中的概念，指的是一个可复用的设计构件，它规定了应用的体系结构，阐明了整个设计、协作构件之间的稳定的交互依赖关系、责任分配和控制流程。从这个定义中可以看出，“框架”所具备的基本特点应包括复用性、协作性和稳定性。也就是说，框架的设计和建立一定是要考虑到其长期、重复使用的功能，组成框架的各要素之间要相互关联，搭配合理，共同支撑框架的建立，实现框架的稳定。将这个概念运用到两岸关系和平发展中，就是要求海峡两岸能够在一定的政治基础上，依照一定的原则或规则，通过对影响两岸关系和平发展各要素之间关系的合理安排，建立起一种能够保证两岸关系稳定、长期有序运行的一种架构。

笔者认为，两岸关系和平发展框架设计思路应该是着眼长远，顾全大局，站在全民族发展的高度，从中华民族伟大复兴宏伟战略出发，在体现一个中国原则的“九二共识”的政治基础上，遵循“建立互信、搁置争议、

① 胡锦涛：《携手推动两岸关系和平发展 同心实现中华民族伟大复兴》，新华网北京2008年12月31日电。

求同存异、共创双赢”、“先易后难、先经济后政治、循序渐进”等原则，对两岸之间的利益分歧和共同利益进行合理的协调与安排，形成一种两岸“政治共识、经济互赖、社会融合”的稳定结构，而这种结构必须是有利于维护和确保国家主权和领土完整，有利于台湾同胞在内的全体中华儿女追求幸福，有利于抵御外部外力的侵蚀和破坏，有利于实现中华民族伟大复兴的，长期稳定的战略架构。在构建两岸关系和平稳定框架时，我们不仅应该看到其结构性，还需要关注其进程性，不仅要注意到影响两岸关系合作发展中长期性、结构性因素，还要注意适时根据形势的变化与时俱进地，在保持框架整体稳定的情况下对其进行局部调整。

两岸关系和平发展框架是一种带有“蓝图”性质的战略规划，这个框架一旦建立，两岸关系的基本秩序即可确定，即使今后再有什么惊涛骇浪，也撼动不了和平发展的大局，是功在当代、利在千秋的带有战略远见的，可能影响到中华民族伟大复兴的“顶层设计”。①这个框架的规划和设计思路就不能仅仅着眼于为发展两岸关系而发展两岸关系，不能着眼于为解决台湾问题而解决台湾问题，而是要将两岸关系的和平发展、台湾问题的解决和国家的统一置于实现中华民族伟大复兴的大格局下来考虑。因此，对两岸关系和平发展框架的建构要跳脱两岸长期以来形成的僵化或惯性思维，跳脱“大陆”和“台湾”各自的利益计较，跳脱“大陆人”、“台湾人”或者“你们”、“我们”的认同区隔，跳脱将“统一”或“独立”简单“二分法”的认知逻辑，而是要用创新的思维，用创意的设计，创造性地提出从有利于全体中国人的幸福和福祉，有利于中华民族的整体利益，有利于中华民族复兴的角度，来勾勒两岸关系和平发展的“蓝图”。

任何框架都不可能没有基础，两岸关系和平发展框架亦是如此，不然就会成为“空中楼阁”。基础是否牢固，决定框架能否稳固。体现一个中国原则的“九二共识”就是当前两岸建立和平发展框架的政治基础。胡锦涛总书记多次强调，反对“台独”、坚持“九二共识”，是国共双方建立互信的根

---

① 刘国深：《两岸关系和平发展新课题浅析》，《台湾研究集刊》，2008 年第 4 期，第 3 页。

本基础。只要在这个核心问题上立场一致，其他事情都好商量。[①]两岸在事关维护一个中国框架这一原则问题上形成共同认知和一致立场，就有了构筑政治互信的基石，什么事情都好商量。[②] 任何框架的建构都不是无序的，有了基础之后，还必须确定规则。由于两岸关系的复杂性，还存在着一些结构性的新问题和老问题，有的分歧和矛盾比较尖锐，一时难以解决，有的分歧比较单纯，也比较容易解决。双方在构建和平发展架构的过程中，本着实事求是的态度，务实面对，妥善处理尤为重要。大陆和台湾分别提出了"建立互信、搁置争议、求同存异、共创双赢"和"正视现实、开创未来、搁置争议、追求双赢"的主张，双方也同意"先易后难、先经济后政治、循序渐进"地来处理两岸关系发展中的问题，这就使得两岸在构建和平发展框架过程中有了共同遵循的规则。

笔者认为，两岸关系和平发展框架的核心内容应该是"政治共识、经济互赖和社会融合"，这是支撑两岸关系和平发展框架最重要的三根支柱。所谓的"政治共识"就是两岸之间需要对政治领域所存在的问题和分歧有起码的认知交汇。这些问题至少包括台湾当局的政治定位问题、台湾的"国际活动空间"问题、台湾方面的安全顾虑问题、两岸结束敌对状态、签署和平协议等问题。这些是两岸关系中分歧或对立比较严重的问题，有些是涉及核心或重要利益，解决起来难度比较大的问题。对于这些问题，在解决时机不成熟的情况下，为了避免凸显分歧、激化矛盾，在一定时期内可以考虑暂时搁置，但从长期来看，两岸之间需要通过接触、协商、谈判创造解决问题的氛围，争取达成一定的共识，才能够有利于构建两岸关系和平发展的框架。这种共识既包括两岸之间通过深入探讨，找到解决问题的办法，达成一定的默契，形成一定的安排或签署一定协议，也可以包括双方对处理此类问题的原则、程序、路径和方法的共同认知。

所谓"经济互赖"是指大陆与台湾之间通过经济关系正常化和机制化，

---

① 《中共中央总书记胡锦涛同中国国民党主席吴伯雄举行会谈》，新华网北京 2008 年 5 月 28 日电。

② 胡锦涛：《携手推动两岸关系和平发展 同心实现中华民族伟大复兴》，新华网北京 2008 年 12 月 31 日电。

形成一种的相互影响、相互制约和相互作用，“你中有我、我中有你”、“你离不开我、我离不开你”的双向互动的经济整合关系。两岸经济上的这种依赖必须是双向的、相互的，不是台湾单方面依赖大陆，或者大陆单方面依赖台湾。需要强调的是，依赖不等于依附，相互依赖强调“一荣俱荣，一损俱损”，双方都从这种关系中获益，虽然这种获益的水平和程度可能是不平衡的。理解相互依赖概念的关键在于，行为体之间的互动是否带来了需要付出代价的结果，如果交往并没有带来显著的需要各方都付出代价的结果，则它只不过是相互联系而已，“相互依赖关系之所以总包含着代价，是因为相互依赖限制行为体的自主权”。①当两岸经贸关系发展到一定程度时，大陆或台湾任何一方都不能单方面中止这种经济关系，或者以中止经济关系为要挟，因为中止这种关系要付出经济、政治等各方面的巨大代价，而这些代价是双方都不愿意付出的。两岸经贸关系已经形成了某种程度的相互依赖，但相互依赖的水平和程度还可以继续提升，最终可以通过机制化的方式朝着一体化的方向发展，成为构建两岸和平发展框架的另一支柱。

所谓“社会融合”是指两岸民间社会的一体化。两岸关系的和平发展、国家的最终统一并不仅仅是两岸当局、政党和政治人物的事情，更重要的还是要尊重两岸人民需求与想法。两岸同胞是血脉相连的命运共同体。包括大陆和台湾在内的中国是两岸同胞的共同家园，两岸同胞有责任把她维护好、建设好。刘国深认为，以往人民过于注重两岸政治层面的问题，对两岸经济、社会、文化发展的意义没有予以足够的重视，先从解决经济基础和社会文化等方面的融合入手，或许是解决两岸政治歧见的必经之路。②两岸交往虽然已经开放二十多年，但两岸的人民之间依然了解不够、互信不足，导致在一些问题上不能设身处地地尊重对方、理解对方、化解误会，反而容易受到某些势力的误导，甚至产生一些扭曲的认识。两岸的社会融合，就是要在两岸人民共同的文化背景下，通过实现两岸同胞的便捷往来，扩大两岸各领域

---

① ［美］罗伯特·基欧汉、约瑟夫·奈著，门洪华译：《权力与相互依赖》（第 3 版），北京大学出版社，2002 年版，第 10 页。

② 刘国深：《两岸关系和平发展新课题浅析》，《台湾研究集刊》，2008 年第 4 期，第 4 页。

各界人士的交流，将“两岸同属一个中国”落实到两岸交流交往的方方面面，让两岸同胞从日常生活中就切实感受到我们是命运共同体，我们生活在同一个国家，生活在属于两岸中国人的共同家园。

综上所述，两岸关系和平发展的框架需要从“政治共识、经济互赖、社会融合”三个层面着手推动，这三个方面是相辅相成、缺一不可的，任何一个支柱的缺失都可能会导致框架的不稳或者坍塌，三根支柱的建设有先后顺序的问题，但没有孰重孰轻的问题，任何一根支柱的受力不均也会导致整个框架的不稳定。除此之外，两岸关系和平发展框架还必须具有抵御内部和外力破坏和侵蚀的能力。“台独”分裂势力不会心甘情愿地接受两岸关系和平发展的框架，国际社会的敌对势力对此也不会没有任何的疑虑，他们还会通过各种手段来影响、制约甚至破坏两岸关系和平发展框架的建构。两岸同胞在努力建构和平发展框架的过程中，还必须不断强化框架的抗破坏性，增强其稳固性，提高防护能力，使这个框架做到即使经受风吹雨打也能够屹立不倒。

要想提高两岸关系和平发展框架的稳定性和抗御力，机制化是必然要求。它是两岸“政治共识、经济互赖、社会融合”最终能够成为框架的“粘合剂”。从某种意义上说，两岸建构和平发展框架的过程，就是两岸在政治、经济、社会、文化等各领域实现机制化的过程，只有机制化才能够提供两岸进行沟通协商的管道和安排，才能够建立起经常性和持续性的合作，才能够及时有效处理两岸关系发展过程中可能遇到的各种意外或突发事件，才能够保障两岸和平发展框架的稳定性和持久性。在两岸关系和平发展的政治、经济、社会领域的机制化建设中，经济领域的机制化是基础，社会领域的机制化是根本，政治领域的机制化是关键。政治领域的机制化就是要建立有助于解决两岸之间各种政治关切、各种政治分歧，有助于两岸针对国家尚未统一的特殊情况下的政治关系展开务实探讨的制度安排。两岸经济关系是一种竞合关系，两岸经贸合作需要机制化的保障，两岸经贸竞争更需要通过机制化来规范。如果没有社会领域的机制化保障，各种交流交往活动就可能会面临“再而衰、三而竭”、半途而废的情况，就难以解决两岸民间社会交流过程中所遇到的种种现实问题。

三、构建两岸关系和平发展的难题与挑战

由于两岸关系历史背景和现实情况的复杂性，加上会受到各种内部和外部因素的影响，两岸关系和平发展框架的建构不可能是一帆风顺的，它一定会遇到种种阻力，必须要解决前进道路上的各种问题。对两岸关系和平发展道路上可能遇到的障碍、风险或难题是什么，学者们给出了不同的答案。刘国深认为，当前两岸关系和平发展的最大难题还是政治互信的建立与过渡性政治框架的建构。①吴能远则认为，两岸关系和平发展面临的一个基本分歧是，大陆和台湾在目标上的差异，此种分歧自然会引发两岸关系和平发展是走向两岸和平统一，抑或是两岸和平分裂的争议。②在两岸关系和平发展所面临的诸多挑战中，笔者认为最大的难题之一是：如何让构建两岸关系和平发展框架在台湾岛内成为各种政治势力、不同政治倾向的民众能够普遍接受的共识。

机制要得以延续和稳定，高度的运作绩效和强有力的维护者当属必要，但机制化的过程和结果是否能够赢得政治系统中大多数成员的支持也直接决定着制度的生命力。③ 祖国大陆从党和政府到普通民众，对两岸关系和平发展的主题、对构建两岸关系和平发展框架都一致拥护，有着广泛的共识。但两岸关系不只是简单地大陆与台湾的双边关系问题，不只是过去的国共关系问题，而是大陆同台湾的执政党、台在野党三方互动关系问题。④在台湾岛内，还有一些党派、政治势力以及他们的支持民众，在各种因素的影响下，对两岸关系和平发展还抱有种种疑虑，他们不见得会反对“两岸关系和平发展”的提法，但可能会反对各种推动两岸关系和平发展的政策和措施。在这些党派中，尤其值得注意的是依然坚持“台独”主张，曾经在台湾执政的民

---

① 刘国深：《两岸关系和平发展新课题浅析》，《台湾研究集刊》，2008 年第 4 期，第 5 页。

② 吴能远：《关于两岸关系和平发展的战略思考》，《台湾研究》，2008 年第 6 期，第 17 页。

③ 刘宏松：《机制合法性与国际机制的维持》，《学术探索》，2005 年第 2 期，第 87 页。

④ 王建民：《关于两岸和平发展框架建构问题的几点讨论》，载周志怀主编《新时期对台政策与两岸关系和平发展》，华艺出版社，2009 年版，第 220 页。

进党。虽然经历了2008年两次重大选举的挫败，又被陈水扁的弊案拖累，但民进党在台湾仍有一定的社会基础，仍是不容小觑的一股政治势力，它会不断地用统“独”问题攻击政治对手，挑起两岸矛盾。特别是在“政党轮替”已经成为台湾政治发展常态的情况下，不能完全排除民进党重新执政的可能性，在其“台独”政治立场没有改变的情况下，他们也可能不承认大陆与国民党当局签署的和平协议，拆毁两岸的和平发展框架，两岸关系的和平发展就有可能面临新的危机。而且，在台湾选举政治的氛围下，即使主张推动两岸关系和平发展的马英九和国民党当局有时候也会不得不顾忌到选举和施政的需要，对两岸关系和平发展的表述、内涵、政策和措施进行调整。

因此，如何转化民进党及其支持者，破除他们的“台独”魔障，对大陆和希望两岸关系和平发展的人来说依然是一大挑战，此工作其艰巨性恐一时难以改变。①胡锦涛总书记表示，实现中华民族伟大复兴要靠两岸同胞共同奋斗，两岸关系和平发展新局面要靠两岸同胞共同开创，两岸关系和平发展成果由两岸同胞共同享有。要把寄希望于台湾人民的方针贯彻到各项对台工作中去。②这里面所提的“两岸同胞”和“台湾人民”自然也包括那些对两岸关系和平发展尚有成见、持有疑虑的台湾同胞。对这部分台湾同胞，包容、沟通、理解是最重要的，陈孔立指出，大陆与他们接触，实际上不会有什么障碍，千万不要贬低他们，不要忽视他们，千万不要把他们推到“独”的方向去，把他们变成我们的对立面。③ 在接触中化解两岸同胞的歧见，促使民进党改变“台独”立场，是应有的策略和选择。因此，大陆才提出，对于那些对祖国大陆缺乏了解甚至存在误解、对发展两岸关系持有疑虑的台湾同胞，我们愿意以最大的包容和耐心加以化解和疏导；对于那些曾经主张过、从事过、追随过“台独”的人，我们也热诚欢迎他们回到推动两岸关系和平发展的正确方向上来。只要民进党改变“台独”分裂立场，我们愿意作出正

---

① 章念驰：《两岸难得的机遇与新的挑战》，香港《中国评论》，2008年8月号，总第128期，第25页。

② 胡锦涛：《携手推动两岸关系和平发展 同心实现中华民族伟大复兴》，新华网北京2008年12月31日电。

③ 陈孔立：《观察台湾》，华艺出版社，2003年版，第186－187页。

面回应。①

四、构建两岸关系和平发展框架的愿景

两岸关系的和平发展是一项系统工程，是一个长期、复杂、艰巨的过程。无论是它的内涵、架构、重点、难点，都值得从事两岸关系研究的大陆、台湾和海外学者继续深入探讨，充分论证，为两岸关系和平发展提供理论支撑；同时，两岸关系和平发展的框架要在两岸关系的实践中去建构，它需要两岸官方、政党、团体、民众的共同参与。当前，两岸关系和平发展之所以成为海峡两岸同胞孜孜以求的主题，主要是人们已经看到了两岸关系和平发展的美好愿景：

首先，两岸关系发展的历史表明，只有和平发展最有利于达到解决台湾问题的目的。过去几十年的两岸关系虽然历经坎坷，但总体的发展方向是不断前进的，是朝着有利于解决台湾问题，有利于国家统一的方向迈进的。即使在两岸关系发展遇到困难时期，两岸同胞也没有放弃谋求台海和平和两岸共同发展的努力。而且，正是因为两岸关系曾经经历过坎坷沧桑的年代，才使得两岸的有识之士真正认识到和平发展对两岸关系的重要意义，使得越来越多的人认同、理解和接受两岸关系和平发展，投身于实现两岸关系和平发展的事业中。

其次，当前两岸关系的和平发展面临着难得的历史机遇，是两岸同胞携手开创和平发展新局面的最好时机。海协会副会长张铭清认为，2008 年以来，民进党“台独”政权的终结，“台独”的现实危险性下降，台海局势趋于稳定，两岸关系形势比以往任何时候都具备更好的条件，两岸比以往任何时候都更有条件携手合作、共同发展。②当前，两岸关系在恢复协商、实现“三通”、搁置政治争议等一系列问题上达成共识，这些都为两岸关系继续朝

① 胡锦涛：《携手推动两岸关系和平发展 同心实现中华民族伟大复兴》，新华网北京 2008 年 12 月 31 日电。

② 张铭清：《紧紧抓住来之不易的历史机遇》，香港《中国评论》，2009 年 1 月号，总第 133 期，第 7 页。

向和平发展的方向前进奠定了基础，积累了经验、坚定了信心，成为人们相信两岸关系和平发展框架和新局面最终能够形成的重要理由。

最后，两岸关系和平发展是大势所趋，任何人都无法改变这个趋势。两岸关系和平发展是顺应时代潮流和历史趋势的产物。和平发展是当今世界的主题，也中华民族实现复兴和中国现代化建设的必由之路。正是由于大陆顺应了世界发展的时代潮流，把握了历史趋势，才取得了改革开放的重大成就，为推动两岸关系发展、实现祖国和平统一提供了雄厚基础和可靠的保障，决定了两岸关系的基本格局和发展方向。虽然在一定时期内台湾岛内可能会有部分杂音，但祖国大陆推动两岸关系和平发展有着坚定意志和决心，有着越来越雄厚的实力，加上台湾岛内有识之士的支持，两岸主流民意的殷切期待，以两岸中国人的智慧，最终一定能够构建起两岸关系和平发展框架。

两岸关系和平发展的机遇与挑战*

孙　云

马英九上台后，两岸关系出现了近年来难得的发展契机，推进两岸关系的和平发展有了更加现实的可能性。两岸和平、合作与融合，建立互信、增加互动、彼此互惠将是两岸关系的主旋律。但是，两岸关系在深化、发展的过程中，也面临不少风险、危机与挑战。

一、两岸关系和平发展的意涵与可能性

胡锦涛说，和平发展是两岸关系的主题，要牢牢抓住这个主题。所谓两岸关系的和平发展，简单说，就是要构建和平、合作、融合与共赢的两岸关系。

1. 和平（peace），对于人类来说，是一种渴望，一种追求。和平，意味着没有威胁、不武力相向、没有战争。对两岸来说，过去60年，有过太多的对峙与对抗，甚至战争。近年来，许多人都把台海视为亚太地区危机的一个热点，战争的风险甚高。随着两岸关系新局面的出现，两岸要构建一个和平的两岸关系，大家结束敌对，和平相处，和谐发展。这就需要两岸结束敌对状态、建立军事互信机制，达成和平协议。和平是两岸人民的共同期盼，符合两岸中国人的利益，也会给两岸关系的发展创造一个良好的环境。

2. 两岸不但要合作，而且要深化合作。随着两岸关系出现新的形势，两岸合作要扩大与深化。当前，区域合作与区域一体化加速发展，一些区域经济合作机制正在逐步形成。例如在东亚，东盟国家分别跟中国大陆、日本、韩国逐步建立“10+1”的经济合作。中国计划在2010年建成中国东盟

* 本文原载于《新时代、新契机——2008新“总统”就任后两岸关系发展研讨会》论文集。

自由贸易区。但在这个制度建设过程当中，台湾游离于这个体制建设之外，这将会使台湾经济的长远发展受到很大影响。因此，台湾必须要融入到东亚的经济合作机制当中，首先是必须跟大陆建立这种经济合作的机制。尤其面对全球金融海啸，两岸更有必要加强合作，以应对危机与挑战。两岸建立紧密的经济合作机制，是对两岸人民都有利的事情。

3. 推动两岸的融合。从 1895 年台湾被迫割让给日本以来的 113 年当中，两岸除了在 1945 到 1949 年有过短暂的复合之外，其他大多数时间都处于割裂的状态中。两岸之间，从制度、理念到历史认知都有许多分歧。① 随着两岸关系出现新形势，有必要探索推进两岸社会在政治、经济、文化等各方面全面交流、合作与融合的可行途径，以促进两岸在各个层面的制度性交流、合作与一体化发展，有助于实现两岸社会的全面融合，推动两岸关系的和平发展。

4. 两岸交流与合作及两岸关系的和平发展，是一种共赢关系，而不是一种零和关系。也就是说，两岸之间的合作，不能只有利于一方而不利于另一方，而必须是对双方有利的事情，是一种互惠关系，是对两岸中国人都有利的事情。这种有利，不只是体现在利益上，也体现在情感上的相互了解，增加共识上。

马英九上台后，两岸关系展开新的一页，两岸关系的和平发展有了更加现实的可能性。一方面，马英九承诺不搞“台独”、不搞“两国论”，并提出在“九二共识”前提下，和大陆恢复协商，签署“和平协议”，建立互信机制，结束两岸敌对状态等，这样，两岸的互动就有了较为现实的基础。另一方面，不同于陈水扁对抗冲撞的两岸政策，马英九的两岸政策是务实和开放的，尤其希望搁置争议，扩展对大陆经贸关系，建立共同市场；希望在不搞对抗的基础上，务实拓展台湾的“国际空间”；希望扩大和大陆的文化与教育关系，尤其是年轻人的交流等。这些都与大陆有着较多的共识与交集。

马英九上台后，外遇国际金融海啸，内有过去陈水扁执政 8 年所留下的烂摊子，要有效提升岛内经济，也需要两岸更密切的经济合作，构建两岸经

---

① 张麟征：《两岸关系和平发展的前瞻》，http：//www. adanstar. com/FF/212 - 7265. html。

济合作框架。唯有两岸经贸关系的大发展，唯有两岸经济合作，唯有两岸和平发展架构的建立，才能造福于两岸人民。

从大陆的情况看，近年来，随着大陆国力的不断跃升，大陆在台湾问题上的政策思路越来越显示出自信、稳健和成熟。在政策思维上，展现出雍容大度、兼容并包的宽广胸襟。中共总书记胡锦涛强调，要牢牢把握两岸关系和平发展的主题，真诚为两岸同胞谋福祉、为台海地区谋和平。实现两岸关系和平发展，基础是坚持一个中国原则，目的是为两岸同胞谋福祉，途径是深化互利双赢的交流合作。“凡是对台湾同胞有利的事情，凡是对维护台海和平有利的事情，凡是对促进祖国和平统一有利的事情，我们都会尽最大努力做好。”这些将成为今后一个时期指导对台工作的根本出发点。随着马英九的上台，大陆在政策的落实面与推动上有了良好的机遇。

陈水扁执政8年，基本上是以对抗思维来处理两岸关系，或者把两岸关系当做操弄的工具，以服务于陈水扁与民进党的选举与政治利益。所以，其在政策上推动改变台海现状的“法理台独”，在经济上搞限制两岸交流的“积极管理，有效开放”，在国际上搞劳民伤财的“烽火外交”，使两岸关系不断出现危机。所以，大陆更多的是把反对与遏制“台独”作为重中之重。马英九上台后，大陆希望抓住难得的两岸关系发展的契机，更善意、更灵活地推动两岸关系的和平发展。

改革开放30年，大陆对台湾问题的认识也在不断深化。如同对社会主义的认识一样，中共对台湾问题的认识也曾存在急于求成的心理，在16大报告中还曾提出“台湾问题不能无限期拖延下去”。但是经过摸索与探索，中国大陆更加深刻地体认到台湾问题的复杂性及解决台湾问题的渐进性与长期性。两岸关系和平发展论断的提出，是对台湾问题认识更客观、更贴近实际的表现。

尤其重要的是，在两岸的政治分歧上，两岸都努力搁置争议，求同存异，先从经济面、文化面入手，推动两岸关系的良性互动，增进互信、扩大共识、累积善意，使两岸关系能够健康发展，也使两岸的人民能够受惠于两岸关系的发展。所以，马英九上台后，从实现周末包机、大陆观光客来台，以及11月初的大陆海协会会长陈云林到台湾访问，两岸关系的发展已经迈向一个新的台阶，构建和平、和谐、合作的两岸关系有了一个良好的开端。

二、两岸关系发展的若干挑战

虽然由于岛内政治生态的变化，两岸关系的发展出现了多年来难得的良好机遇，但由于各种因素的制约，两岸关系在深化、发展的过程中，也面临不少风险与挑战。

1. 台湾内部的严重分歧

从台湾内部来看，近年来，台湾形成泛蓝、泛绿两股不同的政治力量。在早期，泛蓝与泛绿在公共政策的差异并不明显，可是在最近5年以来，他们的政策歧见越来越清楚。[①] 尤其在大陆政策方面，这种差异更加明显。泛蓝认为两岸经贸应该由市场决定，这是典型的自由主义的想法，而民进党则强调国家安全的重要性，是现实主义的观点。在政治方面，国民党长期主张“一中各表”，而民进党则是“台湾主权”。[②] 近来对马英九的两岸开放政策，尤其陈云林来台，导致民进党的激烈的抗争。这样，台湾在处理两岸关系时就遇到了两股综合了政治、社会及经济的力量，蓝绿阵营对于国家认同的分歧、统独意识形态的争辩，夹杂着围绕权力与政治利益的激烈缠斗，导致蓝绿对立加剧，政党斗争激烈。一些人用“一个台湾，两个世界”来形容台湾蓝绿之间的差异。这反映出台湾社会多元的一面，但也成为台湾统合发展、社会和谐的最大隐忧，也成为稳定台海两岸局势最主要的因素之一。

从民众的情况看，台湾民众对执政者两岸政策的看法也呈现出两级化的情况。以《中国时报》2008年10月24日公布的民调为例，民调显示，认为马政府目前推动两岸交流太快的有27.9%，认为刚刚好的为29.7%；认为马政府推动的两岸政策，已经伤害到台湾“主权”的有38.6%，认为没有伤害到台湾“主权”的有38.2%。[③] 民众的认知影响政党选票的取向，进而

---

① 吴介民等：《两岸开放二十年回顾与展望》，台北：远景基金会，2007年版，第316页。

② 同上。

③ 台湾《中国时报》，2008年10月24日。

影响执政者的政策决定，如果民众的认知严重对立，导致各阵营缺乏互信，一方面给一些人为了各种利益伤害两岸关系以操作的空间，另一方面，也影响执政者在两岸关系方面的应有作为。

2. 两岸关系仍存在一些结构性的困境。如关于两岸的定位问题。马英九胜选后表示，他上任后将以三步骤改善两岸关系：首要工作是与大陆协商两岸经贸关系正常化，同步协商两岸直航与大陆观光客来台；接下来再推动两岸和平。① 从这可以看出，马英九将循着先经济后政治、先易后难的思路来推展两岸关系。而且两岸也都表示要"搁置争议"，不想先碰触敏感的政治议题，但从长远看，两岸关系无法回避如何定位"中华民国"问题，这也是两岸领导人打交道面临的最棘手的问题。民进党当局一贯强调所谓台湾主体性，认为台湾是一个"主权独立的国家"，一个中国就是中国大陆，而台湾和在陆是两个不同的"国家"。马英九也坚持的"一个中国"就是"中华民国"。所以，如何处理好这个问题，的确需要很高的政治智慧，也是影响两岸关系的一大困境。

关于台湾的"国际空间"问题，也是两岸和解与合作面临的另一个较为棘手的问题。一方面，保持和拓展一定的"国际生存空间"，在台湾有非常广泛的民意基础。根据2006年3月31日到4月1日台湾"陆委会"委托台湾政治大学选举研究中心所做的民调显示，即使发展对外关系会造成两岸关系的紧张，仍然有63.5%人赞成继续发展外交关系，不赞成的仅有20.9%。② 马英九也说过，台湾必须需要一定的"国际空间"，这是全部台湾人的心愿。③在马萧竞选的"外交政策白皮书"中提出，要以"维护主权"、"经济实力"、"弹性务实"、"平等尊严"的原则走出"外交"的活路，并以重返"世界银行"、"国际货币基金"和"世界卫生组织"为首要目标。也就是说，台湾拓展"国际生存空间"的努力，争取加入国际组织，是马英九选举的重要政见之一，自然不会放弃，仍会继续推动。因此，马英

① http://www.nihaotw.com/zt/ztkb/200803/t20080323_339835.htm.

② 台湾政治大学选举研究中心民调。

③ http://ido.3mt.com.cn/Article/200705/show733531c30p1.html.

九上台后，大陆如何面对国民党当局拓展“国际生存空间”，确实对两岸的良性互动是一个很大的挑战。这一问题处理得好坏，会影响到两岸之间的互信、互动与两岸关系的改善。

3．外部因素仍然是制约两岸关系发展的重要因素与障碍。在陈水扁执政的8年，由于担心被“台独”势力拉下水，从而影响其全球战略利益，美国不断出面遏制“台独”势力的发展，约束陈水扁的激进行为。基本上，美国希望能够维持现状，两岸“不统、不独、不武”，这有利于美国的利益。但是我们也要看到，以美国为首的西方国家实行“以台制华”的战略没有改变，希望用台湾牵制中国大陆的图谋也没有改变。从两岸关系过去的发展来看，常常受到外部因素的干扰，导致猜疑、情绪化和敌意的升高，使两岸关系出现曲折。所以，在新的形势下，两岸要增加对话，建立互信，建立各种对话管道与机制。

4．随着两岸交流的扩大与经贸合作的深化，在这过程中，也面临各种危机与风险，如近来的毒奶粉事件，对岛内民众对大陆的认知，有很大的伤害。所以有必要建立与评估各种危机预防与处理机制，维护两岸安全，保障两岸关系的顺利与健康发展，如食品安全，卫生防疫，跨境犯罪。包括地震、台风等，要有一套有效的通报，管控机制，建立若干热线。总之，出现危机后，很快就有一个反应机制运作起来。

总之，两岸之间还有许多问题有待磨合、有待协商、有待解决。毕竟台湾与大陆之间是两个不同的政权，不同的制度，而且在法理上仍处于“敌对状态”，两岸之间缺乏互信。海峡两岸在寻求和解中、在寻求共同发展中，在政治立场、解决问题的方式上存在着矛盾，甚至可能是长期内难以调和的矛盾。但两岸关系的缓和与发展是未来的主流，两岸关系的和平发展是未来的大趋势，也是两岸人民的共同心愿。马英九上台后，随着两岸政策的开放，岛内将出现新一波“大陆热”。相信未来两岸民间互动将更为频繁和深入，两岸交流的议题会越来越多、越来越丰富，越来越广泛。随着往来的密切，理解的增加，共识的增多，尤其共同利益的把两岸人民紧紧连在一起，定能推动着两岸关系和平发展新局面的不断深入发展。

第三次国共合作解读*

陈孔立

自从2005年连战访问大陆，“胡锦涛与连战会谈新闻公报”发表以后，大陆民间盛传“第三次国共合作”即将到来。到了2008年吴伯雄访问大陆后，更有人认为“第三次国共合作”“呼之欲出”、“第三次国共合作”的态势已经成形，甚至有人欢呼“第三次国共合作已经开始了”！

网络上对此发表的意见已达10多万条，用的都是“期待”、“呼吁”、“祈愿”、“见证”、“促成”、“预祝”、“真诚希望”“第三次国共合作”成功的字眼，急迫的心情跃然纸上。与此同时，一些发表的论文也认为“第三次国共合作”具有必要性，是“历史的必然”，现在已经有了“实质性的进展”，并且对于实现祖国统一、民族复兴具有重大意义。有人甚至把“胡连会”公报“解读”为“实现国共两党第三次合作是中华民族根本利益的体现”。

当然，也有人对此表示怀疑，他们提出：国民党真的愿意并能够与共产党合作解决台湾问题、实现祖国统一吗?

国民党一再强调，绝无“第三次国共合作”。当有人把连战、吴伯雄、江丙坤来大陆说成是“第三次国共合作”时，国民党马上给予澄清，强调这与“国共合作”毫无关系。2005年3月江丙坤前来大陆访问，台湾就有“第三次国共合作”的说法。中国国民党发言人张荣恭立即指出：国民党由副主席江丙坤率领的大陆参访团，定位是“缅怀之旅和经贸之旅”，与所谓“国共合作”毫无关系，希望外界不要误解或刻意歪曲。他还强调，纵使国

---

* 本文原载于《台湾研究集刊》，2008年第4期。

民党主席连战未来访问大陆，也是基于台湾优先的原则，绝无所谓“国共合作”。与此同时，国民党主席连战前往日本时在机场表示，“讲‘国共合作’这种话是侮辱绝大多数台湾人民。”

值得注意的是，共产党现在也不提“第三次国共合作”。

这是什么原因呢？应当怎样看待“第三次国共合作”呢？

一、国民党的历史记忆：不敢

大家知道，在现代历史上出现过两次“国共合作”。第一次在1924－1927年，国共合作打败了北洋军阀；第二次在1937－1945年，国共合作打败了日本侵略者。许多人都从正面意义上看待这两个历史事件。当然，两次合作都以破裂告终，可见国共合作中的问题是相当严重的。由于国民党在大陆遭到失败，他们到台湾以后，曾经认真地总结过失败的教训。总的来说，他们认为两次合作，国民党都吃了亏。

1956年蒋介石在《苏俄在中国》一书中总结了国共关系的历史教训，他说：“我政府对共党谈判和对共党收编乃是政策和战略上的一个根本错误。”“我们在共匪的战争威胁之下，自陷于动摇与恐怖之中，接受他的和谈，而以为从此可以获致和平，这才是百分之百的失败。”他把“收编共军”和“与共党和谈”作为导致失败的根本原因，① 也就从根本上否定了两次“国共合作”。

正因如此，1949年以后国民党一贯拒绝与共产党谈判，直至把“不接触，不妥协，不谈判”作为基本的政策，同时从不再提“国共合作”，也始终拒绝“第三次国共合作”的建议。1981年蒋经国明确表示反对“第三次国共合作”，他说：近来中共“要搞什么‘第三次合作’。实则在近六十年的历程中，只有两次共匪是以伪装输诚的姿态，渗入国民革命行列，而终于窃发坐大的事实，根本就没有所谓两党‘合作’之可言”。第一次，“共党延用时机制造暴动”。第二次“一分抗日，两分应付，七分发展”，扩张坐

① 蒋中正：《苏俄在中国》，台北：黎明文化事业公司，1985年版，第193，199页。

大，结果整个大陆沦于共党。第三次国共合作是要“内部分化，外部孤立”。因此，他的结论是：“与共匪谈判，无异自取灭亡。”①

1984年宋美龄断然拒绝“第三次国共合作”。她说：“第一次我总理宽大容共，遂使原不过五十余人之共产党徒，经中国国民党襁褓鞠育后造成骚乱，凡十四年。及再次容共，乃当中日战争国家存亡关头，先总裁不咎既往，诚恕相待，原望其回心转意，以抵御外侮为重，岂知共党以怨报德，趁火打劫，铸成大陆之沉沦”。她的结论是：“二次惨痛，殷鉴昭昭，一而再之为已甚，其可三乎？”②

以上不仅是蒋宋二人的看法，实际上国民党败退台湾以后，就针对导致丧失政权的原因进行全面的检讨，总结历史教训。对于两次国共合作，他们提出了以下看法：

1. 第一次国共合作时期，“清党”具有重大意义，否则国民党早就失败了。黄季陆说：“民国十六年（1927）的清党运动是十分成功的，否则中国的共祸或将提早20多年，不必待至民国三十八年（1949）的大陆沦陷。”③

2. 第二次国共合作导致中共的扩张。关中说：“中共事实上利用日本之侵华，全力进行扩张。由于中共之扩张多是由袭击国军或抢夺政府地区而来，故双方不时发生冲突。”④ 项乃光说：中共提出抗日民族统一战线的目的是“一以瓦解剿共战争，挽救其偈处陕北之灭亡命运；二以推动抗日运动，促进中日战争，牵制日本北进；三则利用抗战以发展势力，为扩大赤化运动、夺取政权创造条件。”⑤

3. 要吸取失败的惨痛教训。黄季陆说：“抗战初期，中共可使它自己投

---

① 《蒋经国表示与中共谈判无异自取灭亡》，1981年10月7日，《一个中国论述史料汇编史料文件（一）》，台北：“国史馆”印行，2000年版，第440页。

② 《宋美龄致邓颖超公开信》，1984年2月16日，《一个中国论述史料汇编史料文件（一）》，台北：“国史馆”印行，2000年版，第457页。

③ 黄季陆：《清党运动始末及其历史意义》，《中国现代史专题研究报告》，第七辑，“中华民国史料研究中心”，1976年版，第102页。

④ 关中：《抗战期间国共和谈的再认识》，《中国现代史专题研究报告》，第五辑，“中华民国史料研究中心”，1976年版，第280页。

⑤ 项乃光：《中共对抗日战争之利用及其势力之发展》，《“中华民国”建国史讨论集》，第四册，“中华民国史料研究中心”，1976年版，第209页。

降，这是它最弱的时候，后来他们渐渐成长起来，它就要争平等，得到平等之后，便使用各种手段方法来孤立你、打倒你，这是共产党策略的使用。”① 沈云龙说：1945 年重庆谈判后，“毛返延安不到一个月，所有协议及其他诺言都被各地共军的实际行动彻底破坏无余了”，严重的教训是：中共“得陇望蜀，得步进步，不达目的不休；而且它的诺言便是谎言，如果相信它，很容易步步坠入它的陷阱，愈陷愈深”。②

蒋经国总结沉痛的历史经验，把“不与中共谈判”作为“基本国策”。他说：“我们不会忘记过去上当的经验，因为在大陆时我们也曾同中共谈判过，结果多谈一次便多失败一次。因此，即使在最困难的情况下，我们也不会再和中共谈判。这是‘中华民国’最基本的国策。”③

在相当长的时间里，国民党一直留下这样的历史记忆：“绝对不能与中共谈判，否则只要一坐上谈判桌，你就输定了。”一提“国共合作”就触到它的痛处。应当指出：前两次国共合作是在国民党占据主导地位的条件下进行的，可是他们总认为“吃了亏”。现在面对处于优势的共产党，国民党一直对两岸关系的发展存在种种猜疑，在这样的条件下，在双方尚未建立互信之前，国民党怎么可能对“国共合作”有信心，而不产生任何担心、顾虑和犹豫？他们岂能轻易地忘记党内前辈所总结的“历史教训”，而敢于做“第三次”的尝试呢？

二、台湾的政治体制：不能

在两蒋时代，处在威权主义的“党国体制”下，国民党“一党独大”、“以党领政”，政权掌握在它的手中，它可以代表台湾当局作出重大决策，其

① 《中国现代史专题研究报告》，第五辑，黄季陆综合评论，“中华民国史料研究中心”，1976 年版，第 330 页。

② 沈云龙：《“民国”史事及人物论丛》，台北：传记文学出版社，1981 年版，第 401 页。

③ 蒋经国：《“中华民国政府”绝不与中共政权谈判》，《台海两岸关系实录（1979 – 1997）》（下）蒋经国大陆政策言论集，“国家建设文教基金会”台海两岸关系研究中心，1998 年版，第 2 页。

他政治势力无法干预。那时候，国民党可以支配台湾当局，要解决台湾问题，只能找执政的国民党谈。如果国民党或两蒋同意，通过“国共合作”，实现“和平解放”、“和平统一”的可能性是存在的。但是，实践证明，国民党最终拒绝了“第三次国共合作”的建议。

上个世纪80年代后期台湾政治体制发生变化，政党政治逐渐成型，“政党支配政府”、“以党领政”甚至“以党代政”的局面不复存在。在现行政治体制中，按照实权大小的排列，第一是府（即所谓“总统府”），第二是院（即所谓“立法院”），第三才是党。党中央不是权力中心，不可能对“立法院”以及由“总统”领导的“政府”发号施令，也不能介入政府的行政运作。这就决定了国民党已经不能代表台湾当局，即使作为“执政党”他们也不敢代表台湾来与大陆谈判解决台湾问题。因为按照台湾现行的体制，政党没有这样的权力，而必须由“政府”出面才行。换言之，不论是国民党或民进党执政，由共产党与台湾任何一个“执政党”谈判解决台湾问题的时代已经过去了。

2005年国民党还处在在野党的地位，既没有掌握公权力，又不可能得到台湾当局的授权，要通过“国共合作”解决台湾问题，是完全不可能的，甚至大陆要把熊猫送给台湾，国民党也无权接受。所以当时连战办公室的人员声称：“连战非常清楚自己的角色与定位，没有公权力或授权，能签什么?”

现在尽管国民党重新成为“执政党”，它仍然无权与共产党谈判解决台湾问题。近来国民党内出现是“以党领政”还是“以党辅政”、是“党政分离”还是“党政分际”的争议。大家认为“以党领政”的时代已经过去，马英九与吴伯雄都声称不会再走“以党领政”的老路。① 吴伯雄提出“以党辅政”的说法，似乎没有得到马英九的认同，所以马英九办公室曾经传出：“党政分离”的说法，引起国民党内极端不满，以致要由马英九亲自表态：“党政分离违背政党政治的理念”，最后经过党政协商提出“党政分际”的说法，② 是初步化解了内部的争议。由此可见，从国民党的立场来看，“以

---

① 台湾《联合报》，2008年7月1日。

② 台湾《中国时报》，2008年6月28日。

党领政”已经不可能存在了，也就是说，国民党不能代替台湾当局做出任何涉及“公权力”的事。

国民党不仅不能代表台湾当局，而且它还要为“国民党执政团队”即“政府”的一切作为负责。马英九怎么做，国民党只好“认了”，他们“别无选择”。最近吴伯雄表示：“对国民党来说，全面执政就得全面负责，在政党政治下国民党无法推卸责任，执政同志表现的好坏都由国民党概括承受，国民党没有别的选择，只有全力支持马英九，全力支持从政同志在岗位上有好的表现。”①

正因为这样，马英九表示，国民党过去三年来，与中共建立了许多党与党的联系沟通，未来他会将工作焦点由加强党与党之间的联系转为推动更多两岸之间的官方沟通渠道。他又说，“国共平台”只是两岸沟通的第二轨道，而海基会与海协会才是“两岸正式协商管道”。② 这意味着“两会”是经过“政府”授权的，是“正式”的管道，而“国共平台”只是政党之间的沟通管道，是未经“政府”授权的、“非正式”的管道，因而不能签订任何涉及“公权力”的协议。

由此可见，大权掌握在“执政团队”手中，国民党不能以党的名义与共产党合作解决台湾问题。

三、国民党的转型：不愿

2000年国民党丧失政权以后，加速了“本土化”的进程，党内逐渐出现“不提一中，不反‘台独’，维持现状”、“不否认‘一边一国’，不排除‘台独’选项”、“现在不谈统一，未来也不谈统一”、“不反对变更国旗、国号”、“中华民国领土只限于台澎金马”、“把‘中国国民党’改名为‘台湾国民党’”之类的声浪。

2007年国民党修改党章的过程，是国民党转型与本土化的集中体现。在

① 台湾《联合报》，2008年7月18日。
② 台湾《联合报》，2008年4月26日。

修改过程中，曾经提出要在党章的“信念”部分加入“以台湾为主，对人民有利”的字句，要在党员目标条次中删除“统一”字眼，以“和平发展”代替。根据国民党人的解释，写上“以台湾为主，对人民有利”，是为了凸显国民党“捍卫台湾、并以苍生为念的信念”；删除“统一”文字，也透露国民党并不将“统一”预设为两岸最终目标。① 国民党文传会负责人表示：“立足台湾，强化台湾，是国民党适应时代需要的大方向。”后来由于党内有人质疑这样做是把“中国国民党”改变为“台湾国民党”，因此在党章中虽然没有出现“以台湾为主，对人民有利”的字句，但在总纲第一条中仍然写上“建设台湾为人本、安全、优质的社会”，体现了国民党力图立足台湾本土的精神。而“以台湾为主，对人民有利”仍然作为国民党的信念，以致马英九在520就职演说时，还把它作为“施政原则”加以强调。

以上事实表明，国民党已经成为台湾本土化的政党，他们关心的是在台湾的政治竞争中，战胜主要对手民进党，以便取得并巩固其执政地位，而并不关心两岸统一问题。国民党极力摆脱“统派”的帽子，极力抹去曾经有过的“终极统一”的说法，不将“统一”设定为两岸关系的目标，都足以说明这一点。

马英九上台以后，把“不统，不独，不武”作为基本理念与政策，明确提出：在他的任内不谈统一，4 年乃至 8 年不谈统一。两岸统一在“我们这一生”不太可能发生。“我觉得，统不统一，可能有生之年都看不到，也不必为这着急。”“ 绝不会给大陆任何统一上的幻觉。”这充分表明，他是不愿意谈统一的。

最近一个事例从另一个侧面说明这个问题：据媒体报道，国民党副主席关中曾经说过：“国民党长期执政，统一水到渠成。”这件事在台湾引起轩然大波。“独派”群起而攻之。国民党内部也有人提出质问。马英九立即向关中查证，并要他亲自出面澄清这种说法。马英九、王金平随即表示“不统，不独，不武”的“三不纲领”不会改变。后来，马英九还通过外国媒体公开表态：“如果台湾人民对与中国在政治上统一不感兴趣，没有任何政治人物能够强迫

---

① 台湾《联合报》，2007 年 5 月 26 日。

他们。"① 由此可见，国民党人对于"统一"多么"在意"，深怕与它"沾边"。马英九看到民进党基本盘的存在对他是巨大的威胁，他力图争取泛绿民众的选票，极力避免因与大陆靠近而被扣上"卖台"的危险。香港《文汇报》的一篇评论文章指出：国民党和马英九回避统一问题，不敢谈及统一问题，一是害怕民进党和"台独"势力的攻讦，害怕因此失去选票；二是害怕一论及统一，"台湾就会被矮化"，就会"被大陆吃掉"。在这两个问题上，他们有巨大的心理障碍和挥之不去的"恐惧感"。② 此外，马英九一再表示："台湾前途要由台湾2300万人民决定"，有时还加上"不容中共干预"。

可见，国民党不愿与共产党就台湾前途问题进行党对党的谈判。

总之，由于上述三个原因，国民党既不敢、又不能、更不愿与大陆商谈统一问题，因此，在马英九执政的条件下，要想通过"第三次国共合作"走向统一的可能性并不存在。

四、台湾社会：不让

不仅国民党不敢、不能、不愿实现"第三次国共合作"，台湾社会内部也存在反对"第三次国共合作"的势力，主要是民进党。

民进党成立以后，一贯主张"台湾前途应由台湾全体住民决定"，"反对国共和谈"。1988年民进党通过的"台湾独立决议案"（即"四一七决议文"）就有"四个如果"的说法，其中提出"如果国共片面和谈"，民进党则主张"台湾应该独立"。1992年民进党国大党团发表"反对国共对谈"的声明。同年，民进党通过的《现阶段两岸关系与对中国政策》提出："反对任何形式之党对党的两岸谈判。主张两岸间之谈判，只能在政府对政府之对等形式，或在政府与国会授权、监督下的中介团体对中介团体之对等形式下进行"。1993年"汪辜会谈"时，民进党组成"反对国共统一会谈宣达团"前往新加坡示威。总之，民进党强烈反对两岸之间政党与政党的谈判，这个

① 台湾《联合报》，2008年7月15日。

② 华正茂：《国民党畏闻统一，其胆缩小乎》，香港《文汇报》，2008年7月18日。

主张对国民党起了一种制衡的作用。

2005年江丙坤、连战先后访问大陆，引起民进党的高度重视，他们担心“国共合作”即将实现，因此强烈抨击。民进党提出：“两岸任何协商与谈判都要获得政府授权，被授权的代表必须有公信力。”“国民党私自与中共商谈两岸整体事项，违反民主宪政运作的常轨。”民进党还暗示国民党有触犯《两岸关系条例》甚至刑法第113条的嫌疑。4月16日陈水扁指出：“60年前国共和谈已失掉中国，现在难道还要再失掉台湾?”①

2008年1月，在马英九上台之前，吕秀莲便警告说：如果马英九当选，国民党将“开启第三度国共合作的机会”，她请马英九“好好读一下历史文件，检视过去两度国共合作失败的教训，不要重蹈覆辙。”②

马英九胜选之后，萧万长、连战、吴伯雄、江丙坤先后访问大陆，民进党把它视为“第三次国共合作”已经启动，更加强烈地提出反对。他们攻击国民党“朝贡”、“卖台”、“矮化”、“俯首称臣”。民进党“立院党团”公开指控国民党与中共高层去年在泰国曼谷签订“秘密协定”，还说，所谓“第三次国共合作”有三部曲：第一，国民党主席连战将亲访大陆，并与中共总书记举行高峰会；第二，国共组成“国家统一委员会”并互设办事处；第三，推动三通并签订和平协定。民进党“立委”提出质疑：第三次国共合作会不会把台湾卖掉?③ 民进党人把“第三次国共合作”看做是一个“陷阱”，指出：从历史上来看，之前两次国共合作，不管是孙中山的联俄容共，还是蒋介石的共同抗日，最后都让共产党以小搏大，使国民党丢掉整个中国，第三次的国共合作，中国已经设下“一个中国”的陷阱，国民党居然还要走进去。④ 民进党“立院党团”曾经召开记者会，公开提出“反对以党领政的国共合作或会谈”。他们还担心“国共平台”会“掏空国家主权”，强调“政党不宜担任接受政府授权从事两岸协商的角色”，并且质问说：“国民党的两岸事务，难道只要党对党谈，而不要政府对政府谈?”“将来国共两

① 台湾《联合报》，2005年4月17日。

② 吕秀莲：《马英九应研究国共合作失败教训》，台湾“中央社”，2008年1月13日。

③ 台湾《侨报》，2008年5月28日。

④ 台湾《联合报》，2008年5月27日。

党的结论，马英九要不要买单?”①

泛绿媒体也极力攻击“第三次国共合作”，例如：“前二次国共合作时，中共还是弱势的一方，尚且可以吃定国民党……此次国共均时移势转，主客易位，马政府处处有求于中共，已是弱势的一方，中共更可好整以暇，布下天罗地网，等着国民党掉入陷阱，加以宰割。”“前二次国共合作，均是以悲剧收场，国民党可谓吃尽苦头，终以‘中华民国’灭亡作为代价，历史殷鉴不远，第三次国共合作是否会导致‘台湾主权’与利益的沦丧，亦令人忧心如焚。”②

时事评论员胡忠信对“第三次国共合作”也持有怀疑的态度，他认为出现“国共第三次合作”，就会让北京“有更大的回旋空间操作台湾内部政局”。③

至于一般民众对第三次国共合作的态度如何，现在还没有民调资料可以参考。但有两项指标可以表明他们的基本态度。一是对统一、独立、维持现状的态度，一般民调显示，主张维持现状的占60%左右，主张统一和独立的都占少数；二是多达87%以上的民众主张“台湾前途要由2300万台湾人民决定”。这就是说，多数民众不愿意由国民党与共产党谈判决定自己的命运，多数民众现在还不想统一。马英九最近指出：“民调显示，大多数台湾民众主张维持现状，不赞成独立或统一。”④ 总之，台湾主流民意是“维持现状”，通过“第三次国共合作”解决台湾问题的主张，不可能得到多数民众的支持。

台湾社会的“不让”，使得国民党更加不敢、不能、不愿为了共同“解决台湾问题、实现祖国统一”与共产党实行“第三次国共合作”。

---

① 台湾《自由时报》，2008年5月27日。

② 台湾《自由时报》，2008年5月26日。

③ 胡忠信：《国共第三次合作?》，新加坡《联合早报》，2005年4月2日。

④ 台湾《联合报》，2008年7月15日。

五、共产党的态度：现在不适宜

共产党对两次国共合作的历史记忆，与国民党有所不同。由于共产党是最终的胜利者，所以更多的给予正面的评价。周恩来指出："国民党和共产党合作过两次，第一次合作有国民革命军北伐的成功，第二次合作有抗日战争的胜利，这都是事实。为什么不可以第三次合作呢？"。① 他把两次国共合作中的许多矛盾和冲突，诸如"清党"、"三次反共高潮"、"撕毁焦点协定"等等都当做次要问题，轻轻放过。邓小平说，北伐的胜利、抗日战争的胜利，"符合国家利益、民族利益、人民利益，也符合两党利益"，"合作后来破裂，破裂的责任，我们不去算老账了，实际上两次破裂的责任都在国民党方面。他们又讲两次他们都吃亏，这不对。我们不去算这个账，要从长远的观点，从民族的利益、人民的利益着眼，也要从世界和平和安全来想，去看待第三次合作的需要。"②

本着这种态度，早在上个世纪的50年代，共产党就试图推动"第三次国共合作"。1956年1月25日，毛泽东在第六次最高国务会议上宣布："国共已经合作了两次，我们还准备进行第三次合作"。③ 此后周恩来等领导人还曾经通过章士钊、曹聚仁、费彝民等人与国民党方面接触，商谈合作的事。直到60年代仍然继续进行这个方面的工作，但是始终未能实现。

到了20世纪80年代，邓小平继续推动"第三次国共合作"，1979年他说："现在可以提第三次国共合作"。④ 1982年廖承志在致蒋经国函中写道："国共两度合作，均对国家民族作出巨大贡献。首次合作，孙先生领导，吾辈虽幼，亦知一二。再次合作，老先生主其事，吾辈身在其中，应知梗概。事虽经纬万端，但纵观全局，合则对国家有利，分则必伤民族元气。今日吾

---

① 《周恩来年谱》，中央文献出版社，1957年版。

② 《邓小平思想年谱》，中央文献出版社，1998年版，第203－204页。

③ 中共中央台办：《中国台湾问题》，九洲图书出版社，1998年版，第63页。

④ 邓小平：《新时期统一战线是社会主义劳动者与爱国者的联盟》，载《邓小平论统一战线》，中央文献出版社，1991年版，第158页。

弟在台主政，三次合作，大责难谢”。[1] 1983年邓小平再次提出：“我们建议举行两党平等会谈，实行第三次合作”，并且说：“如果国共两党能共同完成这件事（指统一事业），蒋氏父子他们的历史都会写得好一些”。[2] 此后，双方也曾有所接触。

蒋经国去世后，特别是90年代两岸关系发生重大变化后，共产党就不再提“第三次国共合作”了。

2005年连战访问大陆以来，尽管民间兴起“第三次国共合作热”，可是，共产党从来不提“第三次国共合作”，这是什么道理呢？

时任中共中央台办副主任王在希指出：国共两党在历史上有过多次合作，但是这次连战率中国国民党参访团赴大陆访问，“和我们就共同关心的有关两岸关系的问题交换意见或看法”，“应该说是属于两党之间的交流和对话，因为‘合作’还有赖于具体的内容和形式，而这次主要是就两岸关系发展中必须解决的问题进行磋商。连战访问大陆是为推动两党交流、对话而来，并非‘国共合作’”。[3] 另一位副主任孙亚夫进一步解释说：“正如外界注意到的那样，国共两党当前都没有提到第三次国共合作。但这不意味着这个提法不对。事实上，中共过去有过这个主张。只是现在不适宜提这个主张或口号。”[4]

显然这个说法与过去通过“第三次国共合作”完成统一大业的主张有根本区别，这是正视客观现实，根据新的历史条件、台湾政治体制的变化、国民党的政治转型、台湾主流民意的现状以及当前中共的对台政策等等因素而作出的正确判断。

胡总书记在与国民党高层谈话时指出：对于台湾同胞存在的一些误解和疑虑，我们会“基于同胞情谊予以理解”；“在商谈中双方要平等相待，不

---

① 转引自《一个中国论述史料汇编史料文件（一）》，台北：“国史馆”印行，2000年版，第445－446页。

② 邓小平：《中国和台湾和平统一的设想》，载《邓小平文选》第三卷，人民出版社，1993年版，第31页。

③ 新华网，2005年4月17日。

④ 香港《文汇报》，2005年5月27日。

把自己的意志强加于对方。"① 现在不提"第三次国共合作",正是不给对方施加压力,不勉强对方接受不愿意接受的做法,这是充分理解国民党的处境与立场、充分尊重台湾民众意愿的表现。

六、"国共合作"的新意

上述情况表明,通过"第三次国共合作"解决台湾问题、实现祖国统一的可能性已经不存在。希望出现"第三次国共合作"可能是一种美好的愿望,但却是"一厢情愿"的,不切实际的。面对新形势和新问题,应当要有新的思维,寻求新的方法。旧的思维与模式不仅不能适应现实的需要,反而可能成为一种阻力,抑制了创新思维的萌发。

如果不提"第三次国共合作",不把解决台湾问题作为两党合作的目标,则"国共合作"还可以有重大的作为。

现在共产党与国民党都希望改善两岸关系,都提出两岸关系和平发展的愿景,这就是两党合作的政治基础。就以最近两岸高层的表态来看,这个共识是十分明确的、坚定的。

马英九在520就职演说中说道:"我深信,以世界之大、中华民族智慧之高,台湾与大陆一定可以找到和平共荣之道。"希望大陆"为两岸关系的长远和平发展,创造双赢的历史条件"。

5月28日胡锦涛在会见吴伯雄时提出:"继续依循并切实落实'两岸和平发展共同愿景',以富有成效的努力,扎扎实实推动两岸关系不断取得实际进展,增强广大台湾同胞对两岸关系和平发展的信心。"吴伯雄则回应说:"国民党已经将2005年4月国共两党领导人共同发布的'两岸和平发展共同愿景'正式列入党的政纲,这不仅是对台湾民众而且是对两岸同胞作出的承诺。"②

由此可见,如果把"国共合作"的近期目标确定为"共同创建两岸关

① 《中共中央总书记胡锦涛与中国国民党主席吴伯雄会谈》,新华网,2008年5月28日;《胡锦涛总书记会见台湾海基会董事长江丙坤》,新华网,2008年6月13日。

② 《吴主席与中共中央胡总书记会谈讲话全文》,http://www.kmt.org.tw/category-3/category3-1-n.asp?sn=668。

系和平发展的新局面”，那完全是可能实现的，也是国共两党对两岸同胞作出的巨大贡献。

台湾学界也有类似的看法。杨开煌指出：“这一次国共合作是一次真正相互需要、平等的合作，而他们的合作真正目的也和过去二次合作不同，已往的合作是被逼的，是以打倒共同敌人为目的，所以敌人一旦消灭，内斗必然开始；此次的合作是从双方需要出发，而且是以建构两岸的和平为目的，此一目的，是一个长远的目标，其终点是更和平而不是斗争。”① 他还强调国共平台应当“发挥超前沟通的功能，以供政府决策”，共产党也必须“理解台湾党政分际的现实”，才能使国共平台发挥两岸和解的功能。②《中华日报》也以《和平发展才是维系两岸关系的基石》为题发表社论。③

以“两岸关系和平发展”为目标的“国共合作”之所以可行，是因为：

第一，共同推动两岸关系的和平发展，符合两岸人民的意愿，谁也不敢反对。对国民党没有任何害处，不必担心。第二，国共两党经过充分协商，对某些重大问题获得一定的共识，可以提交双方当局作为决策参考，再由双方授权的代表进行协商直至签订协议。只要不违背双方政治体制的相关规定，只要有利于两岸人民，就不怕任何人说三道四。第三，通过国共平台的交往，双方逐渐建立互信，有助于为两岸关系和平发展创造有利的条件，也符合台湾利益。这样的“国共合作”对两党、对两岸人民只有好处，没有坏处，不存在什么“不敢”、“不能”、“不愿”的问题。

当然，我们并非只愿意与国民党合作，而排斥其他任何政党。胡总书记指出：不管什么人，“只要他们回到促进两岸关系和平发展的正确道路上来，我们都将热情欢迎，以诚相待”。

总之，时代在变化，两岸的局势在变化，旧的思维与模式已经不适应现实的需要。因此，我赞成现在不适宜提“第三次国共合作”的口号，但对于国共合作共同推进两岸关系和平发展的前景，仍然抱有很高的期待。

---

① 杨开煌：《连宋登陆后之两岸关系》，《海峡评论》，2005 年 6 月。
② 杨开煌：《国共续前缘，党政要厘清》，台湾《联合报》，2008 年 5 月 29 日。
③ 《和平发展才是维系两岸关系的基石》，台湾《中华日报》，2008 年 7 月 24 日。

新时期的两岸政党关系*

张文生

两岸关系是国共内战的延续，国共两党关系长期以来是两岸关系的主导和核心。2000 年，随着台湾政局的发展，国民党失去了台湾的执政权，也丧失了大陆政策的主导权。2005 年，中国共产党积极推动两岸政党交流，两岸政党关系翻开了暂新的一页。中国共产党在推动两岸政党交流的过程中，牢牢地把握了两岸关系和平发展的主题，使得有利于两岸关系发展的积极因素不断增长。2008 年，台湾地区领导人选举中，坚持“九二共识”的国民党候选人马英九当选，两岸关系的发展面临难得的历史机遇。

一、新时期两岸政党关系的内外环境发生了深刻的变化

1949 年，中国国民党在内战中失败，退据台湾，在美国的保护伞下与中国共产党隔海对峙。一直到 1979 年，以军事对峙、政治对抗为特征的国共内战都是两岸关系的主题。1979 年 1 月 1 日，中美建交，中国政府宣布停止炮击金门，两岸关系进入了新的历史阶段。中国大陆以单方面停止军事行动的方式，使得两岸内战的法律状态虽然没有结束，但是内战的事实行为已经终止。1986 年 9 月，台湾党外势力集结成立民进党，并在 1991 年 10 月通过了以“建立台湾共和国和制定新宪法”为目标的“台独党纲”，开始冲击以国共两党关系为主角的两岸关系，不断地制约、削弱国民党的大陆政策主导权。2000 年 3 月，国民党在台湾地区领导人选举中失败，不仅丢失了执政

---

* 本文原载于《台湾研究集刊》，2008 年第 5 期。

权，而且也丧失了大陆政策的主导权。直到2008年3月，国民党才重新夺回了在台湾地区的执政权，重新取得大陆政策的主导权。

从20世纪70年代末以来，两岸政党关系的内外环境发生了深刻的变化。中国共产党的工作重心转移到以经济建设为中心上来，并且形成了“和平统一、一国两制”的对台基本方针和政策。1987年，前国民党主席蒋经国去世前，宣布开放台湾同胞返乡探亲，开启了两岸民间交流和经贸往来的大门。伴随着国际冷战格局的瓦解和全球化进程的加速，两岸民间交流和经贸往来飞速发展。据统计，截止2007年底，台湾居民往来大陆累计超过4703万人次；两岸贸易总额累计达7281.7亿美元，其中自台湾进口总额累计为6022.6亿美元；台商投资大陆累计达75146项，实际利用457.6亿美元。大陆是台湾地区最大的贸易伙伴、最大的出口市场和最大的贸易顺差来源地。两岸人民已经建立了日益紧密的相关依存关系，结成了实实在在的命运共同体。

处在冷战的国际大格局之下，国共两党关系长期以来是两岸关系的主导和标志，国共之争既是政权之争，也是意识形态之争，是社会主义与资本主义的制度之争。1990年前后，国际冷战格局瓦解，两岸政治关系也出现了短暂的缓和迹象，通过两岸两会的磋商，1992年达成了体现一个中国原则的“九二共识”。然而，20世纪90年代中期以后，李登辉借助民进党的力量巩固个人权位，有意识地纵容、扶持民进党，在大陆政策上调整一个中国的原则立场，向“两个中国”的分裂主义政策倾斜。1999年7月，李登辉在下台前抛出“两国论”，并且将“特殊国与国关系”的论调写入国民党的决议文，企图在政治上给两岸关系重新定位。2000年民进党籍的陈水扁上台以后，不仅延续李登辉的分裂主义路线，而且进一步抛出了“一边一国”和“公投制宪”的分裂主义主张。

20世纪90年代中期以后，李登辉的分裂主义路线的发展和民进党的上台，改变了两岸政党关系的主题和性质，使得两岸代表权之争、政权之争、制度之争演变为两岸的主权之争。尤其是民进党执政期间，陈水扁相继提出了“一边一国”、“制宪正名”、“入联公投”等等“台独”主张，推行“文化台独"、"法理台独"等等分裂主义政策。"台独"分裂主义路线及其猖狂活动成为两岸关系发展的最大障碍，成为台海地区和平稳定的最大威胁。遏制"台独、分裂"活动，开创台海地区的和平发展新局面成为中国共产党新时期对台工作的重要任务。

二、国共两党关系仍是新时期两岸政党关系的重要主角

两岸政党关系是指大陆各政党与台湾朝野各政党之间的关系。大陆实行的是中国共产党领导的多党合作的政党制度，是以中国共产党的执政领导与八大民主党派的相互合作与相互监督为特征的政党制度。台湾现行的是以选举政治为核心的两大党竞争的政党制度。在新民主主义革命时期，国共两党关系是中国政治的核心，国共两党既有过合作，也有过斗争。1949年以后，中国国民党退据台湾，长期在台湾主政；2000年发生了第一次政党轮替，国民党沦为台湾的在野党；2008年发生第二次政党轮替，国民党再次成为台湾的执政党。

两岸关系是国共内战的延续，长期以来国共两党关系也是两岸关系的主角。中国共产党曾经多次提议通过国共两党的谈判完成祖国的和平统一。1981年，叶剑英同志在九点讲话中提出："为了尽早结束中华民族陷于分裂的不幸局面，我们建议举行中国共产党和中国国民党两党对等谈判，实行第三次合作，共同完成祖国统一大业"。① 邓小平同志曾经指出："和平统一已成为国共两党的共同语言。但不是我吃掉你，也不是你吃掉我。我们希望国共两党共同完成民族统一，大家都对中华民族作出贡献"。② 20世纪80年代中期以后，台湾政党政治发生了巨大的变化。1986年9月28日，台湾的党外政治势力集结成立了民进党，迫使台湾当局不得不"解除戒严"，开放"党禁、报禁"。此后，台湾社会的各类政党纷纷出笼，截止2007年底，在

① 《人民日报》，1981年10月1日。

② 《邓小平文选》第三卷，第30页。

台湾“内政部”先后登记成立的政党已达136个。针对台湾政党政治发展的新局面，大陆对台政策也进行了与时俱进的调整，把“国共谈判和平统一”的政策发展为吸收台湾各党派、各界人士参加的政策。1995年1月，江泽民同志在《为促进祖国统一大业的完成而继续奋斗》的讲话中，就发展两岸关系、推进祖国和平统一进程提出了八项主张，其中指出：“进行海峡两岸和平统一谈判，是我们的一贯主张。在和平统一谈判的过程中，可以吸收两岸各党派、团结有代表性的人士参加。”并且表示：“我们欢迎台湾各党派、各界人士，同我们交换有关两岸关系与和平统一的意见，也欢迎他们前来参观、访问”。① 同样，在两岸关系中，大陆的各民主党派为促进两岸交流和祖国统一也在不同的领域发挥着不可或缺的重要作用。

然而，不可否认，国共两党关系仍是新时期两岸政党关系的重要主角。

首先，尤其重要的是，中国国民党在李登辉下台后，仍是台湾社会坚持“九二共识”、反对“台独”的主要政党。2000年，李登辉下台后，逐渐淡出国民党的权力核心，乃至最后离开了国民党。国民党抛弃了李登辉以“两国论”为核心的分裂主义政治路线，明确表示承认“九二共识”、反对“台独”。

其次，国民党是台湾历史最为悠久、党员人数最多、组织结构最为健全的政党。2000年以后，国民党在党员重新登记中，党员数从200多万人锐减为108万人左右，但国民党仍是台湾社会党员人数最多的政党；而且国民党作为“百年老党”在台湾执政超过半个世纪，组织结构盘根错节，其政治基础和社会影响根深蒂固。国民党在台湾的社会基础是其得以在2008年重新执政的重要条件。

最后，国民党不仅重新掌握了台湾当局的执政权，而且在台湾民意机构和地方基层政权中占据有主导地位。台湾立法机构113席中，国民党占有81席；在台湾地区25个县市中，国民党拥有15个县市的执政权；国民党在台湾乡镇市基层政权中拥有较为牢固的支持率。

国共两党关系仍是新时期两岸政党关系的重要主角，当然，两岸政党关

① 《人民日报》，1995年1月31日。

系并不仅仅是国共两党关系，中国共产党对岛内致力于两岸和平发展的各主要政党均敞开大门，热诚欢迎，“在新的形势下，我们将继续加强与台湾各党派、团体和各界人士的交流，共同致力于促进两岸关系和平发展”。①

三、新时期的两岸政党关系建立在坚持“九二共识”、反对“台独”的政治基础之上

坚持“九二共识”、反对“台独”既是两岸关系的政治基础，也是两岸政党关系的政治基础。在新的历史时期，中共中央通过推动两岸政党交流，与台湾泛蓝阵营的主要政党之间建立了较为牢固的政治基础。早在2001年7月，新党大陆事务委员会代表团访问大陆，与中共中央台湾工作办公室会谈，达成了六项共识，其中明确表示：“对于两岸关系的若干重大问题具有共同的认知和主张，即一个中国、和平统一。”② 中国共产党与新党之间的对话，开启了两岸政党交流的先河，开创了两岸政党关系的政治基础。

2005年，两岸关系以政党交流的模式，掀起了一个又一个的高潮。在民意的推动下，2005年4月26日，国民党前主席连战率访问团参访大陆，4月29日，胡锦涛总书记与连战会面，达成了3项原则与5项共识。在胡锦涛总书记与连战主席共同发布的“两岸和平发展共同愿景”的新闻公报中，明确指出：“坚持九二共识，反对台独，谋求台海和平稳定，促进两岸关系发展，维护两岸同胞利益，是两党的共同主张”，并且双方达成“促进两岸在‘九二共识’的基础上尽速恢复平等协商”的共识。③ 2005年5月5日，亲民党主席宋楚瑜率访问团参访大陆，5月12日，胡锦涛总书记与宋楚瑜会面，达成了6项共识。在胡锦涛总书记与宋楚瑜的会谈公报中，双方表示：“促进在‘九二共识’基础上尽速恢复两岸平等谈判”；“坚决反对‘台独’，共谋台海和平稳定”；并且对于“九二共识”进行了明文化的表述，提出了

---

① 《中共中央台办、国务院台办主任陈云林就当前两岸关系问题发表谈话》，《人民日报》，2008年5月23日。

② 《人民日报》，2001年7月11日。

③ 《人民日报》，2005年4月30日。

"两岸一中"的概念。① 2005 年 7 月 6 日，新党党主席郁慕明率新党代表团展开"民族之旅"，7 月 12 日下午，中共中央总书记胡锦涛会见了新党主席郁慕明率领的新党纪念抗日战争胜利 60 周年大陆访问团全体成员。国亲新三党纷纷登陆不仅使两岸的政党关系开创了前所未有的新局面，而且也为两岸关系注入了新的动力。两岸的政党交流使长期以来两岸的政治争议得以局部化解，在两岸的政党之间建立了共同的政治基础。

2005 年 7 月，马英九当选国民党主席，在回复中共中央胡锦涛总书记的贺电时，马英九表示："本人接任中国国民党主席之后，期盼贵我两党能依循今年四月二十九日连胡会五点共同愿景，推动两党交流，促进两岸之和平、繁荣与发展，共同为谋求两岸同胞之福祉而努力"。② 马英九担任国民党主席后，体认到只有回到"九二共识"才有机会，他明确表示承认"九二共识"，认为"这项共识就是接受'一中原则'，但是让双方拥有各自表述的空间，也就是'一个中国，各自表述'"。③在"5·20 就职演说"中，马英九重申："1992 年，两岸曾经达成'一中各表'的共识"；"我们今后将继续在'九二共识'的基础上，尽早恢复协商"。④ 2008 年 8 月，马英九在接受墨西哥《太阳报》记者采访时更加明确地将两岸关系定位为"一种特别的关系，但不是国与国的关系"，并且指出"九二共识"即"双方对于'一个中国'的原则都可以接受，但对于'一个中国'的含意，大家有不同的看法"。⑤

体现"一个中国原则"的"九二共识"是两岸关系和平发展的政治基础，虽然两岸对于"一个中国"的内涵认知仍有差距，但是中国共产党本着促进两岸关系和平发展的善意和诚意，主张珍惜这个难得的历史机遇，求同存异，搁置争议。2008 年 5 月 28 日中共中央总书记胡锦涛在北京人民大会

① 《人民日报》，2005 年 5 月 13 日。

② 新华社北京 2005 年 7 月 18 日电。

③ 《台湾在亚洲扮演和平与稳定的角色》，2006 年 3 月 23 日马英九在美国布鲁金斯学会演讲，http：//www. kmt. org. tw。

④ 台"总统府"新闻稿，http：//www. president. gov. tw/2_ special/2008_ 0520p/speech. html。

⑤ 台"总统府"新闻稿，http：//www. president. gov. tw/php - bin/prez/shownews. php4？_ section =3&_ recNo =26。

堂会见了中国国民党主席吴伯雄，双方举行了会谈。胡锦涛总书记高度评价了2005年以来的两岸政党交流，指出："新形势下，国共两党应该继续交流对话，发挥交流平台的作用。真诚希望国共两党以两岸同胞福祉和中华民族根本利益为重，面向未来，积极努力，坚定不移地推动两岸关系和平发展，共同实现中华民族伟大复兴"。胡锦涛总书记重申了"建立互信、搁置争议、求同存异、共创双赢"的16字方针，并且明确指出：反对"台独"、坚持"九二共识"，是双方建立互信的根本基础。①

四、新时期两岸政党交流确立了开创两岸关系和平发展新局面的主题

早在20世纪80年代初，邓小平同志就指出和平与发展是我们面临的主要问题，也是当今世界的潮流，"我们的事情很多，但是归根到底是两件大事。一是和平问题，二是发展问题，两件大事中最重要的是发展，但两个方面密不可分。""世界上关系到全局的两个大问题是和平和发展问题"。② 和平与发展问题是时代的潮流，不仅世界各国面临着和平与发展的压力，中国也面临着和平与发展的挑战，而且两岸关系也面临着和平与发展的严峻考验。走和平发展道路是中国的国策，也是中国政府和中国人民的理性选择和庄严承诺；走和平发展道路符合中国人民的根本利益，也符合人类社会发展进步的客观要求。

2002年11月，江泽民同志在党的十六大报告中提出："二十一世纪头二十年，对我国来说，是一个必须紧紧抓住并且可以大有作为的重要战略机遇期"。建构和平稳定的两岸关系，成为确保战略机遇期的重要任务，是中国政府和中国人民走和平发展道路的重要组成部分。面对陈水扁当局蠢蠢欲动的"台独"挑衅，一方面，2005年3月，全国人大通过了《反分裂国家法》，应用法律手段遏制"台独、分裂"势力的猖狂挑衅；另一方面，中国

---

① 《人民日报》，2008年5月29日。

② 《邓小平谈改革、开放与和平发展问题》，《瞭望周刊》，1986年第44期。

共产党通过推动两岸政党交流，勾画了两岸关系和平发展的共同愿景。

2006年4月16日，胡锦涛总书记会见参加两岸经贸论坛的国民党荣誉主席连战和台湾各界人士，胡锦涛总书记指出："和平发展理应成为两岸关系发展的主题，成为两岸同胞共同为之奋斗的目标"。并且作了进一步的深入阐述，认为坚持"九二共识"是实现两岸关系和平发展的重要基础；为两岸同胞谋福祉是实现两岸关系和平发展的根本归宿；深化互利双赢的交流合作是实现两岸关系和平发展的有效途径；开展平等协商是实现两岸关系和平发展的必由之路。① 随着两岸关系的缓和，和平发展日益成为两岸人民的共识，成为两岸关系的主题，构成目前两岸关系的主要目标。2007年10月，胡锦涛总书记在十七大政治报告中指出："中国将始终不渝走和平发展道路。这是中国政府和人民根据时代发展潮流和自身根本利益作出的战略抉择"。②"牢牢把握两岸关系和平发展的主题"写入了中共十七大政治报告，成为当前对台政策和对台工作的重要指导方针。和平发展成为新时期两岸关系的主题和目标，符合国家和民族的长远利益，有利于实现我国战略机遇期的总体发展目标，有利于"和平统一、一国两制"的最终实现。

和平发展是世界的潮流，也是两岸人民的共同心愿。为两岸关系建构和平发展的主题，是新时期两岸政党关系的主要内容，是"以民为本、为民谋利"精神的现实贯彻，是科学发展观在两岸关系中的具体实践和真实表现。两岸关系和平发展的主题，指的是维护两岸关系和平稳定的政治局面，促进两岸各方面的交流合作不断地向前发展。邓小平认为，世界性的和平与发展问题中，和平指东西方关系，主要是政治问题；发展指南北关系，主要是经济问题。在两岸关系上，和平发展的主题也有相似之处，和平问题主要是政治问题，发展问题主要是经济问题。当然，两者相辅相成，相互促进，密不可分。

从2005年以来，中国共产党与国民党、亲民党举办了两岸民间菁英论坛、两岸经贸论坛、两岸农业合作论坛、两岸经贸文化论坛等交流活动，各

---

① 《人民日报》，2006年4月17日。

② 《人民日报》，2007年10月15日。

界人士广泛和深入讨论了两岸经贸、农业、文化、旅游、“三通”等议题，国共两党还进一步推动两岸政党基层交流。通过一系列的政党交流活动，不仅增进了两岸人民的相互理解，而且大陆还出台了一系列惠及台湾同胞的政策措施。和平发展日益成为两岸人民的共识，得到国际社会的支持与肯定。

五、新时期两岸政党关系的核心是建立并巩固互信

长期以来，为了两岸同胞的福祉，大陆方面积极推动两岸政党交流、主动释放一系列惠台举措，努力开创两岸关系和平发展的新局面。马英九当选后，大陆方面精心呵护得来不易的改善两岸关系的政治契机。2008 年 4 月 12 日，中共中央总书记胡锦涛在博鳌会见了萧万长先生率领的台湾两岸共同市场基金会代表团一行，胡锦涛总书记指出，两岸同胞应该抓住难得机遇、共同应对挑战、切实加强合作、努力共创双赢；希望两岸同胞携手努力，共同开创两岸关系和平发展新局面。萧万长也表示，希望能“正视现实、开创未来，搁置争议，追求双赢”，为两岸关系开创互信、互谅、互助、互利的新时代。4 月 29 日，胡锦涛总书记在钓鱼台国宾馆会见了中国国民党荣誉主席连战和夫人及随行的访问团成员，胡锦涛总书记表示，两岸双方应当共同努力，建立互信、搁置争议、求同存异、共创双赢，切实为两岸同胞谋福祉、为台海地区谋和平，开创两岸关系和平发展新局面。5 月初，马英九在接受凤凰卫视专访和宴请台湾退役军方要员时，均高度肯定胡锦涛总书记与连战会面时所提出的“建立互信、搁置争议、求同存异、共创双赢”十六字箴言，认为这是开启两岸关系新页极为重要的方针。在“5·20 就职演说”中，马英九表示赞同胡锦涛主席最近三次有关两岸关系的谈话，认为“这些观点都与我方的理念相当的一致”。

两岸政党交流为建立并巩固两岸互信、促进两岸两会的复谈奠定了良好的基础和氛围。2008 年 5 月 28 日，吴伯雄主席与胡锦涛总书记会谈过程中，吴伯雄表示：“期盼两岸在‘九二共识’基础上搁置争议、追求双赢，希望中断多年的两岸协商尽快恢复”。第二天，海协会致函海基会，表

示“我会同意贵会来函意见，尽速在‘九二共识’基础上恢复两会联系往来与协商谈判”；并且正式邀请海基会董事长江丙坤率团访问北京，就两岸周末包机、大陆居民赴台旅游事宜进行商谈。① 海基会随即回函表示接受邀请。2008 年 6 月 13 日，海协会会长陈云林与海基会董事长江丙坤签署了《海峡两岸包机会谈纪要》与《海峡两岸关于大陆居民赴台湾旅游协议》，标志着新形势下两岸关系和平发展有了一个良好开端。

新时期两岸政党交流的历史和经验说明，改善两岸关系，推动两岸关系的和平发展，是国共两党的领导人的一致期望和共识。两岸政党交流所开创的政治互信是两岸人民的宝贵财富，在新的历史时期，显得尤其珍贵，无论碰到什么问题，包括“两岸关系中存在的历史遗留问题和今后遇到的新情况新问题”，“只要双方以两岸同胞福祉为念、以两岸关系和平发展大局为重，建立互信、搁置争议、求同存异、共创双赢，就一定能够找到解决问题的办法，两岸关系和平发展的道路就一定会越走越宽广”。②

① 《人民日报》，2008 年 5 月 30 日。
② 《人民日报》，2008 年 4 月 29 日。

新形势下的两岸政治互动的阶段性目标和发展趋势*

张文生

2008 年 3 月 22 日，马英九当选台湾地区领导人，两岸关系出现了难得的历史机遇。随着国共两党交流的推动，两岸两会的谈判顺利恢复，两岸政治互动进入了一个前所未有的新阶段。两岸政治互动，从形式上看，有政党交流、两会谈判、高层互访、政治对话等方式；从内容上看，包括政治互信的建立与巩固、政治谈判的展开与推进、政治架构的构建与形成等逐渐深入的阶段。

一、两岸政治互动形式的正常化

马英九上任后，改变了陈水扁执政时期两岸主权对抗的政治路线，通过国共两党政党交流的既有平台，推动两岸两会的事务性谈判机制的恢复。随着两岸两会谈判的顺利发展和逐渐深入，两岸政治谈判也将摆上议事日程，甚至不排除在未来条件成熟时出现两岸高层互访的机会。两岸政治互动走上了正常化、多元化、制度化的轨道。

（一）政党交流

2005 年以来，两岸关系以政党交流的模式，开创了两岸政治互动的新形态。2005 年 4 月，在民意的推动下，国民党前主席连战率团参访大陆，4 月 29 日，中共中央总书记胡锦涛与连战会面，并且共同发布了有关“两岸和平发展共同愿景”的新闻公报。5 月，亲民党主席宋楚瑜率团参访大陆，5

---

* 本文原载于《世界经济与政治论坛》，2009 年第 2 期。

月 12 日，胡锦涛总书记与宋楚瑜会面，共同发表了会谈公报。7 月，新党主席郁慕明率新党代表团展开“民族之旅”，7 月 12 日，胡锦涛总书记会见了郁慕明率领的新党纪念抗日战争胜利 60 周年大陆访问团全体成员。两岸的政党交流使长期以来两岸的紧张局势得以局部缓和，在两岸的主要政党之间建立了共同的政治基础，为两岸关系注入了新的动力。

从 2005 年以来，中国共产党与国民党、亲民党举办了两岸民间菁英论坛、两岸经贸论坛、两岸农业合作论坛、两岸经贸文化论坛等交流活动，各界人士广泛和深入讨论了两岸经贸、农业、文化、旅游、“三通”等议题，国共两党还进一步推动了两岸政党基层交流。通过一系列的政党交流活动，不仅增进了两岸人民的相互理解，而且大陆还出台了一系列惠及台湾同胞的政策措施。新时期两岸政党交流的历史和经验说明，改善两岸关系，推动两岸关系的和平发展，是国共两党的领导人的一致期望和共识。在两岸政党交流过程中所形成和确立的两岸关系和平发展的主题日益成为两岸人民的共识，得到国际社会的支持与肯定。

政党交流是目前两岸政治关系中互信基础较为稳定的互动形式，它由国共两党最高领导人所亲自开创和推动，并且确立了两岸关系和平发展的共同主题。中国大陆高度肯定两岸政党交流，2008 年 4 月 29 日，胡锦涛总书记在会见连战时表示：“事实充分证明，在两岸关系发展的关键时刻，国共两党共同迈出的这历史性一步，是十分正确的”。① 马英九当选后，主张两岸关系由政府主导，国共平台起辅助作用。他在接受媒体采访时表示，过去国民党透过国共平台建立的共识，并且透过政府管道落实，将来主导还是政府，不会走以党领政的路，“那是过去的历史”，未来政府就是政府，国民党在旁协助，“我非常欢迎”。② 由于两岸党政关系体制的不同，国共交流平台在海峡两岸的作用和定位有所差异，但在两岸关系中仍然发挥着重要的接触、沟通、对话、协调的功能。两岸政党交流所开创的政治互信是两岸人民的宝贵财富，值得珍惜和维护，对于两岸关系的发展具有积极的促进和辅助

① 《胡锦涛会见连战一行》，《人民日报》，2008 年 4 月 30 日。

② 马英九：《两岸关系政府主导，不会以党领政》，台湾“中央社”，2008 年 3 月 22 日电。

作用。

（二）两会谈判

两岸两会谈判的恢复是在两岸关系新的历史机遇出现后，国共两党政党交流机制的推动和促进下实现的。2008 年 5 月 20 日，马英九正式就任台湾地区领导人，在“就职演说”中，马英九表示“我们今后将继续在‘九二共识’的基础上，尽早恢复协商”；并且“希望七月即将开始的周末包机直航与大陆观光客来台，能让两岸关系跨入一个崭新的时代”。[①] 5 月 22 日，时任中台办、国台办主任的陈云林就当前两岸关系问题发表谈话，积极回应了马英九先生的期望，指出“两岸双方正为在‘九二共识’基础上恢复协商谈判作出积极努力，并展开相关准备”。[②] 此后，台湾海基会进行了改组，选任江丙坤先生为董事长、高孔廉先生为副董事长兼秘书长，并且致函海协会，表示“期望贵我两会在‘九二共识’的基础上，尽早恢复制度化协商”。[③]

5 月 28 日，中共中央总书记胡锦涛与国民党主席吴伯雄会谈。吴伯雄表示：“期盼两岸在‘九二共识’基础上搁置争议、追求双赢，希望中断多年的两岸协商尽快恢复”。[④] 第二天，海协会即致函海基会，表示“我会同意贵会来函意见，尽速在‘九二共识’基础上恢复两会联系往来与协商谈判”；并且正式邀请海基会董事长江丙坤率团访问北京，就两岸周末包机、大陆居民赴台旅游事宜进行商谈。[⑤] 海基会随即回函表示接受邀请。6 月 3 日，海协会推举产生了新一届理事，并且推举陈云林为海协会会长，积极为两岸两会的复谈作准备。

2008 年 6 月 11 日，海基会董事长江丙坤应邀率领代表团抵达北京。6 月 13 日上午，海协会会长陈云林与海基会董事长江丙坤在钓鱼台国宾馆签

---

① 马英九“就职演说”，http://www.president.gov.tw/2_special/2008_0520p/speech.html。

② 《中共中央台办、国务院台办主任陈云林就当前两岸关系问题发表谈话》，《人民日报》，2008 年 5 月 23 日。

③ 《海协会邀请海基会 6 月组团访京举行商谈》，《人民日报》，2008 年 5 月 30 日。

④ 《中共中央总书记胡锦涛同中国国民党主席吴伯雄举行会谈》，《人民日报》，2008 年 5 月 29 日。

⑤ 《海协会邀请海基会 6 月组团访京举行商谈》，《人民日报》，2008 年 5 月 30 日。

署了《海峡两岸包机会谈纪要》与《海峡两岸关于大陆居民赴台湾旅游协议》。两项协议的签署意味着两会谈判取得了圆满的成功。6 月 13 日下午，胡锦涛总书记接见了海基会董事长江丙坤和代表团成员，指出："海协会和海基会在'九二共识'的共同政治基础上恢复商谈并取得实际成果，标志着新形势下两岸关系改善和发展有了一个良好开端"。①

2008 年 11 月 3 日至 11 月 7 日，海协会陈云林会长率海协代表团在台北与海基会进行了历史性的商谈。11 月 4 日下午，两会签署了海峡两岸空运、海运、邮政、食品安全等四项协议，为推动两岸"三通"走向正常化开启了大门；11 月 6 日上午，马英九在台北宾馆会见了陈云林一行。两岸两会的协商，两岸高层领导人的会面，为两岸关系的和平发展注入了新的动力。代表团返抵北京机场后，国台办王毅主任充分肯定了海协会协商代表团，赞扬此次赴台商谈"为两岸关系书写了新的历史，是一次开拓之旅、合作之旅、和平之旅"。

（三）政治对话

两岸政治对话是两岸政治互动的特殊形式，主要是指两岸官方机构和领导人通过新闻媒体发表声明、讲话，在正式场合发表演讲，从而向对方传递某种信息、发表立场、发布政策等等，俗称为"隔空对话"。在两岸军事对峙和政治对立的时期，由于台湾当局坚持"不接触、不谈判、不妥协"，双方政治互动只剩下隔空对话的形式，而且此类政治对话往往流于相互的攻击和喊话，无助于两岸政治关系的缓和。目前民进党和大陆的政治互动仍然主要依赖此种隔空对话的形式。

当然，随着两岸关系的缓和，政党交流平台的建立，两会制度性协商的恢复，虽然两岸政治对话作为两岸政治互动的辅助形式仍然发挥着重要的作用，但是这种政治对话在性质上发生了根本的变化，不再是相互攻击、谩骂、喊话，而是相互肯定、相互试探、相互释放善意的互动。目前两岸政治分歧尚未完全化解，两岸领导人既未能会面也未能建立联系热线，通过这种特殊形式的政治对话，两岸领导人的立场和看法得到一定程度的沟通，有助

① 《胡锦涛总书记会见台湾海基会董事长江丙坤》，《人民日报》，2008 年 6 月 14 日。

于两岸政治互信的巩固和加强。2008 年 5 月 20 日，马英九在“就职演说”中表达了“两岸人民同属中华民族”、“在‘九二共识’的基础上，尽早恢复协商”等等善意；5 月 22 日，陈云林发表谈话予以了积极回应。2008 年 8 月，马英九在接受墨西哥《太阳报》记者采访时明确地将两岸关系定位为“一种特别的关系，但不是国与国的关系”；[①] 9 月 7 日，国台办主任王毅在厦门出席第三届“海西论坛”时表示：“我们欢迎台湾方面一切有利于为两岸同胞谋福祉，为台海地区谋和平的积极表态和举措。”[②] 王毅对马英九的讲话予以了充分地肯定和欢迎。这种良性的政治对话形式有助于巩固双方的政治互信，有助于双方营造友善的互动环境，对于进一步推动两岸两会的事务性谈判以及两岸政治谈判都有积极的促进作用。

然而必须承认，这种政治对话的基础和形式仍然是脆弱的。第一，由于这种政治对话是通过媒体的传播公开进行的，因而受到各方政治力量的制约，也必须考量双方民众的心理感受。马英九对于两岸关系是“非国与国的特别关系”的定位就遭到民进党及李登辉等“独派”势力的反对。民进党中常会公开发表声明，“表达最强烈的抗议、最严厉的谴责，严正要求马英九公开向全民道歉，立即改正此一说法”。[③] “独派”人士还在《自由时报》攻击“‘特别关系’就是投降主义！”[④]。“独派”以“投降主义”、“慢性卖台”、“叛国总统”的大帽子进行政治恐吓，使得马英九面临政治上的巨大压力。第二，两岸难免发生某些突发事件，如果刻意通过媒体放话，那么有可能重返相互攻击的政治对话老路上去。非理性的政治对话，无助于两岸关系的良性互动，甚至对于并不牢固的政治互信会产生无法预测的冲击。

（四）高层互访

高层互访是两岸政治互动的最高形式，在两岸关系中具有高度的政治象

---

① 《马英九接受墨西哥〈太阳报〉系集团董事长瓦斯盖兹专访》，http：//www. president. gov. tw/php - bin/prez/shownews. php4？ _ section = 3&_ recNo = 26。

② 《13 省市居民可经厦游金马澎——王毅昨在厦宣布五项便利两岸同胞往来新举措》《厦门日报》，2008 年 9 月 8 日。

③ 民主进步党第十三届第七次中常会声明稿，2008 年 9 月 10 日，http：//www. dpp. org. tw。

④ 胡文辉：《“特别关系”就是投降主义！》，台湾《自由时报》，2008 年 9 月 5 日。

征意义。1995年江泽民在《为促进祖国统一大业的完成而继续奋斗》的新年致词中，曾经表示："我们欢迎台湾当局的领导人以适当身份前来访问；我们也愿意接受台湾方面的邀请，前往台湾。可以共商国是，也可以先就某些问题交换意见，就是相互走走看看，也是有益的。"① 2002年5月，陈水扁在大胆讲话中也曾主动邀请大陆的领导人会面，表示："如果中共领导人愿意，阿扁也愿意邀请他们到神泉茶坊来喝茶、谈天"。② 但是由于两岸的政治分歧难以化解，双方缺乏互信，海峡两岸最高领导人之间的会面迟迟未能实现。

当然，由于台湾政党政治的对立，马英九仍有竞选连任的压力和顾虑，目前要实现马英九参访大陆或胡锦涛访问台湾均为时尚早。两岸高层互访涉及到客观政治环境、身份、议题、行程、成果等有待磋商和解决的问题。但是，随着两岸政治谈判的展开，在马英九的第二任期间，两岸领导人的会面是必要的而且是可行的。海峡两岸艰难的政治谈判必然是在两岸高层的直接主导下进行的，两岸领导人适时的直接介入和参与对于政治谈判的成功具有关键的促进作用，"高层介入有时会有利于谈判，加速它的进程并带来更大的目的感和承诺力度"。③ 高层互访可以是比较正式的互访，也可以是短暂的出席谈判协议签字仪式的会面，前者必须是具有意义的行程规划，后者则不妨选择厦门或金门作为两岸高层短暂会面的地点。

二、两岸政治互动的阶段性目标

从马英九就职以来，两岸政治互动基本上是稳定、顺利而且是成功的。两岸关系的发展，从1949年开始起算，已经走过了将近60年的时间。目前

---

① 《人民日报》，1995年1月31日。

② 《陈水扁陪同媒体主管前往金门地区并至大胆岛参访》，http：//www.president.gov.tw/php-bin/prez/shownews.php4？issueDate=&issueYY=91&issueMM=5&issueDD=&title=&content=&_section=3&_pieceLen=50&_orderBy=issueDate%2Crid&_desc=1&_recNo=86。

③ 布里吉特·斯塔奇、马克·波义耳、乔纳森·维尔肯菲尔德著：《外交谈判导论》，北京大学出版社，2005年版，第62页。

是两岸关系发展近60年中互动最为密切，交往最为频繁的时期。这种良性的发展趋势使得两岸关系的前景充满活力、充满希望。然而，近60年来的两岸关系积累了种种问题和困难，不可能立竿见影，马上解决。正如马萧所认知的："冰山太大要慢慢融，否则'太快化掉会变成洪水'"。[①] 海峡两岸应当本着"务实理性、循序渐进、避免对抗"的心态来逐项处理两岸关系中面临的种种问题，事缓则圆，假以时日，即使最困难的问题也可能找到解决的方法。

（一）两岸政治互动的务实原则

在推动两岸两会恢复商谈的过程中，海峡两岸逐渐形成了一些基本的共识，包括：第一，坚持在"九二共识"的基础上恢复商谈；第二，搁置争议，求同存异；第三，先易后难，先经济后政治，循序渐进。

1. 坚持在"九二共识"的基础上恢复商谈。

胡锦涛在会见吴伯雄时指出："反对'台独'、坚持'九二共识'，是双方建立互信的根本基础"。[②] 坚持"九二共识"是两岸两会得以顺利恢复谈判协商的前提条件，"九二共识"不仅得到国共两党的共同支持，而且在两岸两会函电往来中进一步得以确认。"九二共识"是两岸两会复谈并成功达成协议的政治基础，正如江丙坤在会见胡锦涛时指出的："台湾政治形势发生变化，有必要根据1992年达成的共识，尽快恢复协商。两会为此互致函电，构成了恢复商谈的基础。"[③]

2. 搁置争议，求同存异。

马萧当选后，萧万长利用就职前的时机出席博鳌论坛，2008年4月12日，胡锦涛和萧万长实现了在特殊背景下的第一次会面。萧万长首次提出发展两岸关系的十六字箴言，表示："希望能正视现实、开创未来，搁置争议，追求双赢，为两岸关系开创互信、互谅、互助、互利的新时代"。[④] 4月29日，胡锦

---

① 《马萧：冰山要慢融，否则变洪水》，台湾《中国时报》，2008年4月15日。

② 《中共中央总书记胡锦涛同中国国民党主席吴伯雄举行会谈》，《人民日报》，2008年5月29日。

③ 《胡锦涛总书记会见台湾海基会董事长江丙坤》，《人民日报》，2008年6月14日。

④ 《胡锦涛会见萧万长一行》，《人民日报》，2008年4月13日。

涛总书记在北京会见了中国国民党荣誉主席连战，胡锦涛也直接回应了十六字箴言，认为“两岸双方应当共同努力，建立互信、搁置争议、求同存异、共创双赢，切实为两岸同胞谋福祉、为台海地区谋和平，开创两岸关系和平发展新局面”。① 在“5·20 就职演说”中，马英九表示赞同胡锦涛主席有关两岸关系的谈话，认为“这些观点都与我方的理念相当的一致”。6 月 13 日，在两会协商达成两项协议之后，胡锦涛会见了海基会董事长江丙坤和代表团成员，提出了两会协商的十六字箴言：“平等协商、善意沟通、积累共识、务实进取”。② 无论是台湾方面提出的十六字箴言，还是大陆方面提出的十六字方针，其核心都是搁置争议，求同存异。可见，两岸当局在处理两岸关系的态度和原则上是有共识的，都主张搁置争议、求同存异、追求双赢。

3. 先易后难，先经济后政治；务实理性，循序渐进。

马英九当选后接受媒体采访时表示：“未来两岸关系最主要还是透过政府，优先级将是先经济、和平、国际空间，一步一步来”。③ 其大陆政策幕僚苏起也表示：“马英九已为其两岸主张列出优先级，就是从周末包机及观光客来台开始，一年后定期航班直航，其后再协商综合经贸合作协议（CECA），其后才是和平协议或国际活动空间”。④ 2008 年 6 月 3 日，政协主席贾庆林在海协会第二届理事会第一次会议召开时指出：“海协会新一届理事会承担着新形势下推动两岸关系和平发展的重要任务，要坚持在‘九二共识’基础上与海基会进行商谈，秉持‘建立互信、搁置争议、求同存异、共创双赢’的精神，先易后难，先经济后政治，循序渐进，务实解决两岸同胞关心的问题，推动两岸协商谈判不断取得进展，在两岸关系发展中发挥积极作用。”⑤ 这一循序渐进的两岸谈判规划是务实理性的，遵循先易后难，先事务性谈判及经济性谈判、后政治性谈判的顺序，有助于双方积累互信，并取得谈判成效。

---

① 《胡锦涛会见连战一行》，《人民日报》，2008 年 4 月 30 日。

② 《胡锦涛总书记会见台湾海基会董事长江丙坤》，《人民日报》，2008 年 6 月 14 日。

③ 马英九：《两岸关系政府主导，不会以党领政》，台北“中央社”，2008 年 3 月 22 日电。

④ 《苏起读马政策：解冻我不独他不武，就好谈》，台湾《联合晚报》，2008 年 3 月 23 日。

⑤ 《海峡两岸关系协会第二届理事会第一次会议召开》，《人民日报》，2008 年 6 月 4 日。

（二）两岸政治互动的阶段性

传统的“国家统一”概念从我国的单一制国家的结构形式出发，强调中央与地方的高度一致性，其主要的标准是：单一宪法、单一中央政府。由中央政府掌握最高管辖权，是唯一的外交代表，全国范围内的行政、立法和司法最高权均集中于中央政府。海峡两岸的统一，是对传统的“国家统一”概念的挑战。在“一国两制”的模式下，台湾当局保留了在台湾地区的行政、立法和司法的最高权，台湾当局还保留军队和部分的外交权，台湾当局享有的高度自治权是前所未有的。两岸的统一，不仅不是最终组成单一制的国家结构形式，而且有可能是相当松散的复合制的结构形式。

“国家统一”是一个阶段性的过程，在终局性统一完成之前，是海峡两岸平等协商和谈判的阶段。依据《反分裂国家法》第七条的规定，即使是终局性的和平统一，也可以分步骤来完成。这说明在终局性统一完成之前，至少分为两个阶段，即两岸平等协商和谈判的阶段，以及走向最终统一的过渡阶段。

表 1　两岸政治互动的三个阶段

初级阶段	中级阶段	高级阶段
两岸平等协商和谈判的阶段：先经济后政治。	走向最终统一的过渡阶段：建构两岸关系和平稳定发展的架构。	最终完成统一的阶段：有可能是组成相当松散的复合制的结构形式。

目前两岸关系仍处在两岸平等协商和谈判的阶段，这一阶段将贯穿马英九执政时期。两岸协商谈判以循序渐进的方式推动，也应有阶段性的协商谈判目标。在不同的时期，有不同的条件，可以实现不同的目标。在协商谈判的第一阶段，尤其是马英九的第一任期间，由于马英九有连任的压力，两岸对于政治议题的分歧均不易妥协，应以事务性谈判、经济性谈判为主题，以实现两岸交流的正常化为主要目标。在协商谈判的第二阶段，尤其是马英九的第二任期间，马英九没有了连任的压力，其执政路线也可以初见成效，才有可能在政治性谈判中取得较大的进展。即使在第一阶段的经济性谈判中，也可以划分为不同的阶段予以落实，曾经有学者提到，国台办对台政策有三部曲，首先落实三通直航，其次两岸经贸关系正常化，再来建立两岸经济机

制，类似马英九所提的综合性经贸协议。①

表 2：当前两岸协商谈判的阶段性目标

第一阶段（2008—2012 年）	第二阶段（2012—2016 年）
经济性议题：如三通直航、金融合作、综合性经贸协议等。	政治性议题：如台湾“国际活动空间”、和平协议、军事互信机制、高层互访等。
事务性议题：如大陆学生赴台就读、两岸共同打击犯罪等。	其他议题

当然，台湾方面对于“扩大国际活动空间”有一定的迫切性，这一点大陆方面应该能够理解，在第一阶段就相关问题展开谈判是有可能的，但能否达成协议有待观察。2008 年 9 月 24 日，马英九表示，他希望和医界并肩作战，让台湾在明年 5 月，务必能够参与世界卫生大会（WHA），成为世卫观察员。② 然而，如果海峡两岸尚未就相关问题达成协议，而台湾当局片面推动，那么不会有什么结果，只会增加台湾民众的挫折感。

三、两岸政治互动的困境与出路

马英九上任后，两岸关系得到了明显的改善，但是两岸政治互动受到多种因素的制约，最终走出困境，建构两岸关系和平稳定发展的互动架构，有赖于两岸的当政者以民为本，发挥智慧，为两岸中国人找出具有创意的方案。

（一）两岸政治互动的困境

1. 两岸关系的结构性矛盾

两岸两会顺利恢复了商谈，并取得了初步成效，但是两岸关系的结构性矛盾依然存在，两岸之间的国家认同分歧，不仅仅是“台湾共和国”的问

① 《陈云林下月来台，余克礼打包票》，台湾《经济日报》，2008 年 9 月 26 日。

② 《谴责大陆黑心食品，马：两岸设热线，我应加入 WHO》，台湾《中国时报》，2008 年 9 月 25 日。

题，而且是“中华民国”的问题。随着民进党的败选，“台湾共和国”的认同争议退居其次，但是“中华民国”的认同分歧浮上台面。两岸关系中的结构性矛盾，主要包括四个方面的矛盾，其一是对于“中华民国”政治定位的分歧；其二是对于台湾当局的“国际活动空间”的争议；其三是要求大陆放弃使用武力乃至撤除导弹的争议；其四是由于制度差异造成的意识形态对抗。这些结构性矛盾，短期内难以化解，甚至有可能更加凸显，取代两岸之间的统独斗争成为两岸关系中的主要矛盾。

2.“台湾主体意识”的强化

民进党执政8年，对台湾社会造成了深刻的政治影响，使得台湾社会强调“台湾优先、台湾第一”的“台湾主体意识”得以强化，具有了相当广泛的社会基础。政大选研中心在2006年年底公开发布的民调显示，台湾民众对于“台湾人”的身份认同日益升高，已经达到了60.1%，自认为是中国人的降到4.8%，自认为既是中国人又是台湾人的则为33.4%。该民调还指出，在中国政府许可的情况下，有62%的民众认为台湾应该“独立”；在中国政府不许可的情况下，仍有54.1%的民众坚持台湾应该“独立”。[①] 2007年3月4日，陈水扁抛出“四要一没有”的讲话，第二天，即3月5日晚，台湾TVBS民调中心进行了一次电访民调，其中一个问题问道：“如果只有一种选择，请问您比较希望台湾成为一个‘独立的国家’，还是台湾和大陆统一？”民调结果是：55%选择“台湾独立”，25%选择台湾和大陆统一，20%没意见。[②] 这样的民调结果警示我们，由于民进党执政的误导，“台湾主体意识”在台湾具有相当的社会基础，是对马英九和国民党执政的最大牵制。

3. 台湾经济发展的困境

马英九就职以来，面临经济发展问题的严峻挑战。由于陈水扁执政期间在两岸关系上走的是主权冲突路线，两岸关系既不稳定，台湾经济发展也有

① 政大选研中心：《台湾、香港、澳门、冲绳民众文化与国家认同国际比较调查》，2006年新闻稿。

② TVBS民调中心：《陈水扁“四要一没有”谈话民调》，参见 http://www.tvbs.com.tw/FILE_DB/DL_DB/yijung/200703/yijung-20070306203236.pdf。

所停滞。经济问题是台湾民众面临的主要的和首要的问题，这也是台湾民众在陈水扁执政八年经济不景气形势下的必然要求，台湾民众对马英九新当局的最高期待是发展经济。2008 年 5 月，台湾《联合报》民调显示，民众最希望马英九在未来四年优先处理的施政工作，以经济问题居首（74%），其他分别为内政问题（11%）、两岸关系（4%）与“外交”发展（1%）。①台湾年代电视台的民调也显示，75.8%的台湾民众希望马英九优先改善经济问题，其次是教育问题，占 24.6%。② 可见，发展经济是马英九新当局必须面对的核心任务。

马英九上任以来，各家民调均显示其满意率明显下降，其原因就在经济问题。2008 年 8 月 15 日台湾当局“行政院研考会”发布的民调显示，马英九的满意率为 47%，不满意率为 36.3%。其中对马英九新当局推行节能减碳、政府清廉、环境保护、两岸关系等方面工作的满意率比较高，达到 50%上下，而有关经济建设部分，包括促进投资、交通建设、赋税改革、稳定物价等方面的满意率都明显偏低，尤其是对新当局稳定物价方面的表现，满意率只有 30.7%，不满意率达到了 60.9%。③ 这说明，马英九上任之后，由于整个国际经济形势的影响，物价不断上涨，股市不断下跌，是引起台湾民众满意率下降和不满意率上升的主要原因。当然，多数台湾民众仍对马英九当局寄以极大的期望，61.5%的民众仍对新当局未来一年的施政抱有信心。但是如果台湾经济长期没有起色，将损伤马英九的执政路线，削弱台湾民众对两岸关系发展的期望。

（二）建构两岸关系和平稳定发展的架构

虽然两岸关系有结构性的矛盾有待化解，有对立性的力量相互牵制，但是主导两岸关系的国共两党确立了开创“两岸和平发展共同愿景”的共识。尤其是中国共产党把“和平发展”作为领导国家的战略性选择，提出“中

① 台湾《联合报》，2008 年 5 月 21 日。

② 年代民调中心：《2008“总统选举”选后民意调查》，参见 http://survey.eracom.com.tw/file/productimages25/080326.pdf。

③ 台“行政院”研考会：《民众对政府近三个月施政满意度的看法民意调查》，参见 http://www.rdec.gov.tw/public/Data/881918552071.pdf。

国将始终不渝走和平发展道路。这是中国政府和人民根据时代发展潮流和自身根本利益作出的战略抉择”；主张“牢牢把握两岸关系和平发展的主题”，[①] 这就为建构两岸关系和平稳定发展的互动架构提供了政治基础。2005 年 4 月 29 日，中共中央总书记胡锦涛与中国国民党主席连战共同发布的“两岸和平发展共同愿景”中指出：“促进正式结束两岸敌对状态，达成和平协议，建构两岸关系和平稳定发展的架构，包括建立军事互信机制，避免两岸军事冲突”。[②] 建构两岸关系和平稳定发展的架构，是国家统一前过渡时期的政治性和法律性安排。两岸关系和平稳定发展的架构应当包含过渡时期规范两岸政治、经济、文化等各方面关系的综合性协议和单项协议，包括和平协议、军事互信机制、综合性经贸协议、共同打击犯罪协议等等。通过一揽子的协议建构起过渡时期的两岸关系和平稳定发展架构，使困扰两岸关系的结构性矛盾得以全面化解或局部化解，使两岸关系走上和平发展的道路，使海峡两岸各方面的交流和往来得以正常开展。

1. 过渡时期的本质是维持现状。

两岸和平稳定发展架构是国家统一前的过渡性安排，在过渡时期，台湾将保留它现有的“国名”和“宪法体制”。过渡时期两岸结合的共同的政治基础和法律基础是“一个中国原则”。在“一个中国原则”下，两岸共同促进“国家统一”的进程。在过渡时期，对台湾当局政治地位的处理方式有三种，其一是搁置争议，其二是各自表述，其三是寻求共识，其精神实质是维持现状，在较长的时期内维持现状是各方都较能接受的方案。

2. 过渡时期走一条超越统独的中间路线。

必须看到，主张“台独”的民进党在台湾仍有 40% 左右的支持率，“台独”的产生具有复杂的历史背景，短期内“台独、分裂”的声音和诉求在台湾社会不可能消失。“国家统一”的过程不可能完全漠视 40% 的台湾民众的声音，过渡时期走一条超越统独的中间路线，过渡时期的台湾具有某些

① 胡锦涛：《高举中国特色社会主义伟大旗帜，为夺取全面建设小康社会新胜利而奋斗——在中国共产党第十七次全国代表大会上的报告》，《人民日报》，2007 年 10 月 25 日。

② 《中国共产党总书记胡锦涛与中国国民党主席连战会谈新闻公报》，《人民日报》，2005 年 4 月 30 日。

“相对独立”的政治形态，“台独”的诉求在过渡时期适度地予以释放和疏导，使台湾广大民众在统独的对比中作出正确的抉择。

3．过渡时期是统独力量争取台湾民心的阶段。

两岸的统一最终必须得到台湾民意的支持，过渡时期就是统一力量和“台独”势力争取台湾民心的阶段。孙中山先生认为：“统一之法，非恃人心，则恃武力。若恃武力，其流弊必致于专制。然人心不能统一，必生祸乱。”① 因此，统一应“以得民心为主”。中国大陆通过持续推进经济体制和政治体制的改革，不断发挥经济上、政治上的吸引力，通过软实力的强化完成两岸和平统一的进程。

四、结语

新形势下的两岸政治互动面临着两岸关系历史上前所未有的新局面，因此，两岸关系未来的发展具有无限的可能性。不可否认，在新形势下的两岸政治互动中，双方均有一定的顾虑。大陆方面担心过度的让步会使得国际社会承认的一个中国原则产生动摇，而台湾方面担心过度的让步损伤台湾的主体性。双方的顾虑和担心是两岸政治互动中必然存在的心理，但是双方都意识到新形势下的两岸关系面临难得的历史机遇，只有抓住机遇才能创造双赢。

新形势下的两岸关系确立了“和平发展”的主题。在两岸关系上坚持和平发展的主题，符合时代的潮流，契合两岸人民的共同心愿，具有坚实的社会基础。在两岸关系上坚持和平发展的主题，是根据国家与民族的根本利益作出的战略性抉择，符合国家与民族振兴的总体战略，与世界各国的利益相一致，具有客观的政治基础。两岸关系和平发展的主题，指的是维护两岸关系和平稳定的政治局面，促进两岸各方面的交流不断地向前发展。邓小平认为，世界性的和平与发展问题中，和平指东西方关系，主要是政治问题；发

① 孙中山：《言论应归一致》，“国立编译馆”三民主义大辞典编审委员会主编：《三民主义大辞典》，幼狮文化事业股份有限公司，1988 年版，第 1513－1514 页。

展指南北关系，主要是经济问题。在两岸关系上，和平发展的主题也有相似之处，和平问题主要是政治问题，发展问题主要是经济问题。当然，两者相辅相成，相互促进，密不可分。

两岸都面临和平与发展的严峻挑战，发展是核心，发展是硬道理，和平稳定的两岸关系可以为发展营造良好的环境。海峡两岸应当共同努力，构建两岸关系和平稳定发展的互动架构，为海峡两岸的经济发展创造有利条件。

台湾民众政治心理分析*

陈孔立

前　言

台湾民众对两岸关系采取怎样的态度？对中国大陆的看法究竟怎样？有人认为是“两岸一家亲”，有人则认为是敌对关系，正如瞎子摸象，莫衷一是。为了深入探讨这个问题，有必要从政治心理角度进行全面的考察。

所谓“政治心理”，就是“社会成员在政治社会化过程中，对社会政治关系以及由此而形成的政治行为、政治体系和政治现象政治生活等的各个方面的一种自发的心理反应，表现为人们对政治生活某一特定方面的认知、情感、态度、情绪、兴趣、愿望和信念等等，构成人们政治性格的基本特征。”②

这说明政治心理与政治思想不同，政治思想是政治文化的深层，是理性的部分，而政治心理则政治文化的表层，是感性的部分。政治心理是自发产生的，是一种缺乏理性指导的心理现象，是未上升到“自觉”程度的政治意识。换句话说，政治心理是一种零散的感性的，没有完整的体系，但又是最复杂的隐态文化，它是相对稳定的、不易变动的。因此，政治心理一旦形成，就难以改变。

应当指出，不同的政治制度必然形成不同的心理特征。政治制度决定了政治心理的倾向和特征，制约着这种倾向和特征的转化和演变。政治制度的变化必然带来政治心理的变化。此外，思想文化环境对政治心理有潜移默化

* 本文为会议论文，写于2006年11月18日。

② 王浦劬主编：《政治学基础》，北京大学出版社，1995年版，第308页。

的作用。

大陆同胞与台湾同胞生活在不同的政治制度和思想文化环境下，形成了不同政治心理。在这个方面，两岸之间的差异是很大的，不了解这个道理，以为“大家都是中国人”想法必然差不多，抱着这种错误的观点就无法了解台湾民众的真实心理和心态，难以做好对台工作。

因此，要做到“寄希望于台湾人民”，就必须了解台湾民众心态，特别是有关两岸关系方面的心态。心态是动态的，不断变化的，而心理则是相对稳定的静态的。只有深入研究台湾民众存在哪些“难以改变”的政治心理，知道有哪些政治心理因素影响到台湾民众对两岸关系的态度、对大陆的态度，了解什么是他们可以接受的，什么是他们不能接受的，并且从理论高度做出总结概括，才能有的放矢地针对台湾民众的政治心理开展工作。否则我们在做台湾民众工作中，就有可能不自觉地说出使他们十分反感的话，做出使他们十分反感的事。不仅事倍功半，还可能前功尽弃，甚至适得其反。

本文根据政治心理的内涵，从政治认知、政治情感、政治动机、政治态度四个方面，结合台湾民众的具体心理状态进行分析。

一、政治认知

所谓“政治认知”是指人们对政治生活各个方面、对各种政治现象的认识和理解，在政治认知过程中，形成政治认同意识，确定“自我”与“非我”的界限是形成政治归属感的前提。

两岸人民生活在不同的政治制度下，二者的政治认知必然不同。台湾民众的政治认知基本上是认同现有政治制度，也就是他们所说的“民主政治”或“政党政治”制度。凡是与他们相同制度的就属于“自我”，而把不同的政治制度视为“非我”。他们把实行西方“民主政治”制度的国家和地区视为“自我”或“我群”，而把与西方民主不同的制度称为“非民主制度”，一律视为“非我”或“他群”。这是他们对待两岸关系的政治心理的基础。

在两岸关系上，台湾民众的政治认知集中体现在“国家认同”问题上。

台湾民众的“国家认同”主要有两种：一是认同“中华民国”，一是认同不存在“台湾共和国”，可以说，包括“统派”在内，基本上没有人认同中华人民共和国。

（一）认同“中华民国”，他们所持的理由

1.“中华民国”从来是一个“主权独立的国家”。

“‘中华民国’成立95年以来，从未属于另一个国家，台湾人今天根本就用不着‘独立’，因为‘中华民国’95年来一直都是‘独立的国家’。”

2.“中华民国”是台湾许多人“与生俱来的国家认同感”之所在，他们所填写的国籍就是“中华民国”，身份证、“护照”、驾照等等上面都写着“中华民国”。

3.“中华民国”的存在，有效地遏制了“台独”阴谋的得逞。如果国民党在台湾不用“中华民国”的国号，台湾早就“独立”了。

尽管他们的看法与现实不符，国际社会不承认“中华民国”是一个国家，但他们认同“中华民国”则是根深蒂固的，根本原因在于“台湾问题之由来”，即“以蒋介石为首的国民党势力从大陆全面溃退，撤到台湾，在美国反华势力的支持下，继续维持着一个所谓‘代表全中国’的反共政治架构。自此，台湾再次陷入与祖国大陆的分离状态之中。”①

认同“中华民国”的，在台湾占多数，包括国民党、亲民党、新党以及所有“泛蓝”阵营的民众，还有一部分“泛绿”的民众。他们之所以认同“中华民国”，是因为他们无法认同中华人民共和国。有人对此做了这样的说明：他们认为“中国人”可以有三种解释：

一群拥有共同文化、历史、血缘等要素的人；

一群拥有“中华民国”国籍的人；

一群拥有中华人民共和国国籍的人。

他们不拥有中华人民共和国国籍，只能认同“中华民国”。“你能说台湾人不愿意当现阶段的‘中国’（指中华人民共和国）人，却不能说所有的

---

① 中共中央台湾工作办公室，国务院台湾事务办公室：《中国台湾问题》，九洲图书出版社，1998年版，第43页。

台湾人都不认为自己是‘中国人’。”他们说，绝大部分的台湾人在他们人生的不同阶段都曾经认为自己是“中国人”。

形成认同“中华民国”的原因是：台湾同胞长期生活在与我们不同的政治环境中，有不同的政治归属感，他们几十年来，认同的对象就是“中华民国”，一贯以“中华民国”作为“国家”的符号，并且以“中华民国国民”自豪。我们认同中华人民共和国是爱国的表现，他们认同“中华民国”也是他们爱国的表现。只要他们认同“中华民国”，就不会割断与中国相连的脐带。

认同“中华民国”与我们认同中国有根本的不同，但是，在台湾，认同“中华民国”似乎比认同“台湾共和国”要好一些。因此，对于认同“中华民国”者，不应当作“台独”或“独台”看待，否则就会“打击一大片”。

（二）认同“台湾共和国”，他们所持的理由

1.“中华民国”已经不存在，国际社会不承认“中华民国”，国际公认的一个中国是中华人民共和国。他们指出：“中华人民共和国之历史更载明‘中华民国’在1949年已经灭亡。李登辉也说在台湾‘中华民国’是不存在的，道理在此。”

这个观点的要害是：他们既要摆脱“中华民国”，也要摆脱“中国”。

2.“台湾是一个‘主权独立的国家’，从来没有隶属于中华人民共和国”。“台湾从来不是中华人民共和国的一部分。中华人民共和国代表大陆，不包括台湾”。在台湾的“中华民国”与1949年以前的“中华民国”已经不同，1996年“总统直选”后，台湾即已成为一个有“主权的新独立国家”，它已不是国民党失权前的所谓“中华民国”。“经由民主方式出现的中华民国”实质上是台湾，而非中国。因此，台湾不能由“中华民国”来代表，应当“正名”为“台湾共和国”。

3.用“中华民国”名义已经没有可能恢复联合国的席位。只有用“台湾共和国”才有可能取得国际社会的同情，达到加入联合国的目的。他们强调“确立台湾认同，才能确实建构一个正常的国家”。

4.台湾应当与中国和平共处。“台湾人不需要去侵略中华人民共和国的土地，统治中华人民共和国的人民，所以台湾人需要废弃‘中华民国的宪法’、‘国号和国旗’。这样，台湾人和中华人民共和国的人民才可以互不侵犯，和平共处，互相尊重，共存共荣”。

这种“国家认同”显然是错误的，但却是当前台湾政局与两岸关系状态下的必然产物，而且在台湾当局的鼓吹下，持这种“国家认同”观点的人为数也不会很少，但并非全部是顽固的“台独”分子。因此，有必要分别针对“台独”分子的谬论和一般民众存在的模糊观念，给予有说服力的批驳与澄清。

（三）对于中华人民共和国，台湾民众是难以认同的。有两种不同的立场

1. 承认中华人民共和国是一个主权独立的国家，但强调“中华民国”也是“主权独立的国家”。这部分人过去认为“一个中国”是“中华民国”，现在认识到世界上公认的“一个中国”是中华人民共和国，而不是“中华民国”，因此，他们认为台湾人（或“中华民国公民”）无权自称为中国人，他们不是中华人民共和国公民，无权认同中华人民共和国。

2. 认为中华人民共和国是一个主权独立的国家，是中国唯一合法的代表，但不包括台湾。台湾也是一个“主权独立的国家”。二者互不隶属。台湾人不能认同中华人民共和国，也不能自称为中国人。

此外，马英九公开表示：《中华人民共和国宪法》规定：中华人民共和国是以工人阶级为领导、工农联盟为基础、人民民主专政的社会主义国家，而“中华民国宪法”则规定“中华民国”为民有、民治、民享的民主共和国。二者有根本的不同。

总之，在“国家认同”问题上，台湾民众只能认同“中华民国”或“台湾共和国”，这是他们早已形成的政治认知，也是他们“难以改变”的政治心理。“国家认同”的实质是主权问题，在这个原则问题上是没有任何让步可言的。但是，这又是台湾民众十分在意的问题。“泛蓝”民众认为大陆不承认“中华民国”的存在，使他们难以面对“泛绿”和“台独”的攻击；“泛绿”民众则认为大陆伤害了台湾的“主权”，不能平等对待，因而无法降低对我们的敌意。

马英九在美国演讲向我们提出：北京是要“中华民国”，还是要“台湾共和国”，必须做出选择。这说明如何面对台湾民众的“国家认同”，是处理两岸关系的关键所在，也是做好台湾民众工作的一个重点和难点。

二、政治情感

所谓“政治情感”，指的是人们对政治生活中各个方面产生的内心体验和感受，从而产生好恶、爱憎、美丑、亲疏、信疑之感。

台湾民众经历了从国民党“一党专制”到所谓“民主政治”的转变，他们对国民党政权过去的统治感到不满，而对于现行的政治制度表示满意，因此，他们基本上以现有的政治制度作为区分亲疏、好恶的标准。用这个标准来衡量大陆的制度，就会产生如下的政治情感：

（一）恐共、仇共

国民党长期进行反共教育，台湾民众从小接受毁灭人性的教育：“仇匪，恨匪，挑起仇恨心灵，满街张贴反攻大陆、消灭朱毛匪帮的标语”。台湾同胞指出国民党当局长年累月散布如下思想：共产党是由流氓土匪组成的，没有道德良知，没有家庭人伦，无恶不作，罪大恶极；解放军要血洗台湾；必须反攻大陆，消灭共匪，解救大陆同胞。因此，在台湾，反共思想根深蒂固。

在“泛蓝”阵营中，较多地存在反共意识。国民党是一贯坚持反共的，连战担任国民党主席时指出：“大家都知道，中国国民党一贯的立场是反共而不是反中国”。现任国民党主席马英九也公开表示他坚持“反共不反中”的立场。国民党一贯以此教育党员，并且极力向广大民众灌输这种意识。新党在“基本理念”中明确提出：“在反中共、反台独的前提下，批判中共的马列主义，李登辉的‘独台’政策与民进党的‘台独’主张”。“反对中国大陆长期以来的共产专制”，“未来的中国终将超脱共产主义的泥沼”。

至于“泛绿”阵营，同样存在反共意识。有人认为这是“国民党50多年的宣传和统治、‘台独’40多年的宣传、民进党20多年的宣传和6年统治，直接或间接的结果”。有人指出：“在台湾，反共的代价就是‘台独’的坐大，若‘台独’有感恩之心的话，能不感激蒋介石的反共教育和那些反共中坚分子的言传身教吗？”

其所以产生反共意识，除了长期国民党的反共教育以外，中国大陆的因素也起了重要作用。有些人是因为亲人在大陆受到历史政治运动的冲击，例如，土改时被没收土地或房产，或被划为地主；镇反时受到镇压或管制；文革时受到抄家或因“海外关系”受到牵连等等。这些人由于“亲身经历”对大陆怀有敌意甚至仇恨，有人指出，“如果有亲人在那时牺牲的，后代当然不会接受仇人的领导”，这种心理也不是轻易可以改变的。另一些人则由于对大陆不了解，不熟悉，而产生恐惧感，特别对各种政治运动无法理解，“文化大革命”的负面影响相当深远。一些高级知识分子都担心“统一以后会不会在台湾搞文化大革命”？因此，我们对台湾各个政党和一般民众反共思想的严重性必须给予重视，不应估计不足。

（二）认同“民主政治”，反对“一党专制”

台湾原来是由国民党“一党专制”，不允许“反对党”的存在。他们把这种政治体制，称为“威权主义体制”或“党国体制”。1986年民进党成立，标志着台湾从“威权主义”走向“民主政治”。经过20年实践，多数人认同这种体制，对于各种选举、多党制、立法院的运作等等普遍感到满意。他们认为西方的政治制度（即政党政治，民主政治）是最好的政治制度，而“共产制度”则是他们所无法接受的，并且以此作为区分美丑、好恶的标志。

在这样的政治情感下，他们对于大陆的政治制度感到格格不入：认为我们仍然停留在台湾20多年前的“一党专制”状态，没有“在野党”，没有“反对党”，没有实行民主政治；认为台湾已经做到“总统直选”，而大陆连乡长还不能直接选举；认为台湾可以做到“政党轮替”，而大陆的宪法却规定只能由共产党来领导，等等。他们不愿意考虑两岸各自有自己的发展道路，而坚持要以他们的标准来衡量我们，因而大陆的政治制度成为他们攻击的对象。

国民党强调两岸是“制度之争”；有人主张以“一国良制”取代“一国两制”；有些台湾民众认为，大陆民众在民主素养方面，比台湾落后30年。大陆需要补上民主课、文明课，才能与台湾民众“对接”；有人提出，“如果台湾同胞可以来角逐厦门市长、武汉市长、西安市长，谁会去搞‘台独’？”还有人主张“要用民主反攻大陆，实行轮流执政”，“迫使共产党与我们分享权利，实行美国式民主”。此类看法都是上述政治情感的体现。

国民党主席马英九提出“自由，民主，均富，人权”的标准，认为大陆在政治、经济、社会方面存在很大差距，要做到政治民主、经济自由、社会公平。他还说：“不撤导弹，不能谈判”，“六四不平反，两岸难统一”等等，这说明他们建立在西方政治制度基础上的政治情感是根深蒂固的，与我们是格格不入的，这种状态是不容易改变的。

陈水扁也强调两岸的“最大矛盾”在于“民主制度和生活方式的选择”。他攻击大陆没有民主，没有民主选举，军队没有国家化，没有言论自由和宗教自由，他叫嚷“台湾民主足以作为中国民主开展的灯塔”。

马英九、陈水扁都是台湾具有代表性的人物，他们的政治情感反映了部分台湾民众的心理。

台湾民众除了关心民主制度的差异以外，还担心失去已经拥有的各种自由。他们认为在台湾可以过着自由、安逸的生活，他们对此相当满意。他们听到、看到大陆上一些做法，与他们的自由、安逸有较大的差异，例如，对新闻、网络的管理等等，在情感上都难以接受。

固然台湾的民主存在不少问题，但他们对于大陆同胞否定台湾民主的现状则十分不满。他们承认台湾民主仍不成熟，存在问题，但那是发展中的问题，将会得到改善。他们说，你们看到“立法委员”在会上吵架，可是他们却是为选民争取权益，大陆如果轻视台湾的民主，就会加深台湾民众“对大陆履行一国两制诚意的疑虑”。

总之，台湾民众在政治情感上与我们的分歧，主要体现在对政治制度的认同的原则区别上。有人指出：“台湾比大陆拥有更多的民主与自由，这是大多数台湾人不愿意与大陆统一的症结”。台湾民众绝对认同西方的政党政治体制，而反对所谓“共产体制”。亲疏、好恶的标准十分明显。要他们放弃他们的政治制度，要他们认同我们的政治制度，都是不可能的。正因为如此，邓小平才提出“一国两制”的主张，让两岸各自保留现有的政治制度。

因此，在政治制度上，我们应当尊重台湾民众的选择。他们对“政党政治”表示满意，我们乐观其成。同时，希望他们也能尊重大陆同胞的选择，不要强求两岸在政治制度上的一致。要说明我们采取现有的政治制度的理由，以及在实际运作中所体现的民主精神。要宣传胡锦涛总书记提出的“没有民主就没有现代化”的论断，并且在政治体制改革上不断做到新的成绩。

三、政治动机

所谓“政治动机”，是指激励人们从事政治活动达到一定政治目的的内在动力，包括需求和目标两个方面。

在两岸关系上，台湾民众的政治动机主要表现在：要求平等的地位，要求保持已经取得的民主权利，要求保持安逸的生活，并且集中体现在大多数民众希望维持现状这个基本要求上。

（一）要求平等

台湾民众要求与大陆同胞具有平等的地位。他们最担心被看成“二等公民”，他们认为不承认台湾（或“中华民国”）是一个国家，就是看不起台湾人，他们的“尊严”就受到损害。在这种场合，他们往往认为大陆同胞怀着“天朝心态”，“居高临下”，“以大压小”，因而表示强烈的反感。

由于要求平等，他们在“国家认同”上表现出“十分坚持”的态度。每当他们听到我们不承认“中华民国”的存在，就认为这是不平等的态度，让他们失去一个“国民”的身份，感到没有了尊严；每当听到“炎黄子孙”“台湾回归”“民族大义”“都是中国人”以及“数典忘祖”之类的说法，他们就认为这是大陆采取不平等的态度，要把台湾“香港化”“地方化”，要台湾“投降”；每当在两岸交往时，我方提出要回避“国家”的字眼，要拿掉“国旗”之类的做法，他们认为都是“打压”台湾的表现，就会表示强烈的反感。最近在曼谷举办的国际少年运动会上，大陆运动员抢了台湾运动员披在身上的“国旗”，马英九当即表示“震撼、遗憾和反感”，这就是他们的政治动机的集中体现。

（二）要求享有民主权利

我们提出“和平统一，一国两制”，“台湾的党、政、军等系统，都由台湾自己来管”。但是，台湾民众担心统一以后，台湾会“由中共来管”。他们不希望出面这种局面，认为“处处受人管不好受，不如自己管自己的自在”。

他们担心两岸统一，台湾会“失去好不容易争得的民主自由”，他们“不想失去与政府平起平坐的基本权利”。他们认为大陆同胞的民主素养还需要很长时期才能提高，两岸在制度上的差异很难协调。因而他们在民主权利方面无法得到保障。这种政治心理影响很广。甚至有人故意加以歪曲、夸大，鼓吹统一必然导致：“专制独裁”，“经济独占的超殖民地统治”，“独尊一家的思想僵化”，“违反自由竞争的社会发展停滞”，“民主政治无法实现”，“否定个性的人权蹂躏”，“贫穷落后”，“文明衰亡”等等，而一般民众却无法识别这种言论的谬误。

（三）要求保持现有的安逸的生活

在台湾民众心目中，台湾最值得骄傲的是政治民主与经济发展。尽管近年来台湾经济发展受挫，但多数人认为台湾 GDP 达到 1 万多美元，远远高于大陆，因而感到自豪。有人说：“台湾虽小，然而只要努力，就能成为我们生活中自然快乐的桃花源，成为世界村各国人人羡慕的明珠与典范。”

许多人对于目前的安逸生活感到满意，甚至感到自己太过安逸，生怕受到破坏。有人担心“统一之后，台湾的相对富有将被大陆的相对贫穷平均掉”，据说，有这种想法的人相当普遍。即使看到香港、澳门人民的生活并没有受到影响，但还担心将来“政策会变”而认为缺乏法律的保障。

（四）要求维持现状

以上政治动机归结为多数人普遍要求“维持现状”的政治心理，显然，所谓“维持现状”，就是要维持目前“不统不独”的现状，既不要统一，也不要“独立”。

直到如今，在民意调查中，台湾民众支持“维持现状”的仍然占大多数。

有人认为其所以要求“维持现状”，是因为害怕战争。因为“台独意味着战争”，他们才不敢提出“台独”。如果他们能够自己选择，主张“独立”的可能很多。

有人认为“时间不在台湾一方”。现在一切都在变化之中，要长期维持现状是不可能的。台湾民众逐渐对此有所认识。例如，有人说：“如今中国展现强劲的经济成长动能，在大中华经济圈已具备越来越强的主导力量，并使得台湾和香港的过去优势地位逐渐弱化，在这样的背景下，台湾越来越难和中国相抗衡。”有人说：“台湾要与大陆为敌是愚昧而不可行的。”

有人认为主张“维持现状”实际上是一种“安乐死”，中国实力日益强大，布置在台湾周边的飞弹，已经在改变台湾的现状，台湾媒体和统派正在影响台湾民意，“台湾人民自然会失去知觉而走向统一”。

（五）要求扩大“国际空间”

他们认为台湾受到中国大陆的“打压”，无法立足于国际，没有“国际活动空间”。仅有的20多个“建交国”，还不断地被大陆“挖”走。他们看到一些几万人口的小国可以成为联合国的会员国，而台湾却不能，因而感到“屈辱”，认为是中国政府有意“打压”。他们强烈要求在国际上取得“平起平坐”的地位。马英九在这个问题上说了“重话”，他强调大陆要在“国际空间”方面给予台湾应有的地位，让他们参与国际活动，否则“后果自负”，不但“台独”分子，连他们这些人也要站出来反对。

总之，台湾民众的政治动机主要是要求保持现有的政治地位、政治制度、生活方式，并扩大“国际空间”。对于政治制度、经济制度、社会制度、生活方式等等，我们都已经承诺不会改变，但“政治地位”和“国际空间”则涉及主权问题，这是两岸关系的要害，需要通过两岸谈判才能得到解决。

四、政治态度

所谓“政治态度”，指的是由政治认知、政治情感、政治动机组成的对政治的综合性的心理反应倾向，表现为肯定或否定，赞成或反对。政治态度的倾向性决定了政治行为的选择指向。

从以上三个方面分析，可以看出台湾民众基本的政治态度：认同台湾（或“中华民国”）是一个国家；赞成西方的“民主政治”；要求两岸平等、对等；要求维持现状，要求扩大“国际空间”。反对把台湾视为“地方政府”；与中国大陆现行的制度格格不入；反对“以大欺小”，把台湾“地方化”；反对大陆限制台湾的国际活动、“打压”台湾；不赞成早日实现两岸的统一。

除以上所述外，台湾民众有关两岸关系的政治态度还表现在以下两个要害问题上：

（一）和平与战争

从台湾民众来看，他们绝大多数是要求和平的，不希望看到两岸之间发生战争。他们最关心的是自已的切身利益，不希望当前安逸的生活遭到破坏。“求和平”成为主流民意之一。

他们反对战争，对于任何可能导致战争的言行，都会表示反感和反对。军事演习，官员和学者有关动武的言论，都会引起台湾民众强烈的反应。他们指出：“飞弹是对台湾民众的威胁和恐吓”；“大陆以武力压迫，令人心冷”；“不排除武力手段，无助于实现统一”；“只要飞弹存在，一个中国就是梦想”；“大陆说‘宁可台湾不长草，誓死也要台湾岛’，这是只要土地，不要人民”，“从未把台湾人当人看”；他们对“反分裂法”中的“非和平方式”也表示强烈的反感。

另一方面，他们始终担心大陆“武力犯台”，因而对大陆怀有敌意。包括“统派”在内的民众都表示：如果有一天，大陆动武，台湾人只好起来“抵抗侵略”，“保家卫国”。

胡总书记指出：“和平是一切的基础，和平是繁荣的基础，是发展的基础，也是生存的基础”。和平发展是两岸关系的主题。在公布《反分裂国家法》以后，我方有关运用武力的言论也相应减少了。这对于争取台湾主流民意具有重大意义。随着两岸交流的发展，台湾民众要求两岸和平、和解、合作、双赢的呼声越来越高，许多人认识到，“台湾需要一个和平、稳定、友好的两岸关系，帮助台湾获得经济的发展，以保持现有的生活水准”，这是台湾民众在政治态度上的一个转变，有助于减低和削弱两岸的敌意。

（二）台湾前途问题

台湾民众绝大多数认同“台湾前途要由台湾2300万人民来决定”。尽管这种说法是“违宪”的，即与“中华民国宪法”关于领土、主权的规定相违背的。但是，不论是民进党、国民党乃至亲民党都要肯定这一点，并且一再加以强调，否则就无法得到民众支持，就会丧失许多选票。

当台湾民众听到“台湾前途要由13亿大陆人民和2300万台湾人民共同来决定”时，就认为这是“以大压小”，是“口头吞并”。他们说，“只要有13亿大陆人民参加，台湾2300万人民的意愿就会被完全否定”。他们质问：“为什么台湾前途不能由住在台湾的人来决定，而要由不住在台湾的大陆人来决定?”

总之，“台湾前途要由2300万台湾人民来决定”，这是台湾民众的共识，是他们难以改变的政治心理，也是两岸政治分歧中的一大难题。

结　语

本文对台湾民众的政治心理进行初步的分析，目的是说明台湾民众在政治心理方面与我们存在很大差异。不同的政治制度必然形成不同的心理特征。台湾民众对两岸关系、对大陆存在众多的疑虑、担心、甚至敌意，就是由于他们生活在另一种政治制度下，对我们的制度感到格格不入，既无法理解，更无法接受。此外，由于国民党长期的反共教育，使他们对于“共产体制”怀有敌视和恐惧。这种心理根深蒂固，决定了他们的政治价值观，深刻地影响到他们的政治态度和政治行为。

从目前看来，台湾民众的政治心理是难以改变的，但形势在变，人们的心理也会改变。特别是中国大陆经济的发展与社会的进步，对台湾民众的政治心理必然会产生影响。

在台湾，老一代的影响将逐渐削弱，青年一代将对未来两岸关系的发展发挥关键性的作用。台湾年青的一代，没有受到国民党长期反共教育的影响，也没有经历过国共斗争，他们与共产党没有“你死我活”的对立情绪。不是“天生”反共、仇共的。改革开放以后，他们有机会前往大陆，亲身体验大陆的社会政治生活，或是听到、看到许多有关大陆的信息，特别是近20年来大陆经济的快速增长，中国大陆和平发展的伟大成就对他们具有“震撼”的意义。当然，大陆各方面的实际，包括制定、政策、管理以及道德素养等等，对他们来说，既有正面的印象，又有负面的印象。但是，与老一代相比，年青一代的认识应当是务实得多了。

有一位台湾学者指出：年青一代“没有上一代的悲情心理”，“未受过蓝绿的绑架”，“没有本省外省之分”，“不受统独挟持”，“最有想象力和创造力，最有可能性、挑战性和突破性”。一位民进党人也承认“新的世代，对两岸的面向，尤其是对中国的崛起，以及对于未来的国际事务，特别是亚太事务，会有比较深的体会”。“新的世代对于未来处理两岸关系会有更理性、更务实的思考”。民进党年青一代认为“民进党第二代领导人要让中国在台湾消失，这是不切实际的。在台湾推动本土化，要把中国从台湾拔掉是毫无意义的。我们会用比较健康的态度来看待两岸关系”。

有人指出：台湾年青一代会更多地从实际利益来思考两岸关系问题，走什么样的路对台湾有利，对自己的发展有利，应当是他们考虑的重点。有人预计，随着大陆经济的快速发展，对台湾民众的吸引力将不断加大，两岸关系的发展前景应当是乐观的。

总之，台湾民众，特别是年青一代的政治心理正在新的条件下逐步建构，逐步形成。在这个方面，大陆的因素是具有重大影响力的。因此，对台湾年青一代政治心理的研究，应当可以作为今后研究工作的一个重点。

两岸政治新格局与澳台关系前景*

刘国深

由于两岸政治关系的改善，中国大陆、香港和澳门与台湾地区的互动更加密切，交流交往层级的范围整体提升，两岸四地关系空前密切。澳门特别行政区长期以来与台湾有着特殊而密切的关系，在两岸关系发展进程中曾经扮演过重要的角色，发挥了很有意义的作用。在新的两岸政治格局下，澳台关系运行的环境条件出现很大的变化，澳门在新的两岸关系格局中所扮演的角色必须与时俱进，必须进行新的评估和定位。

从大的政治格局来看，实行高度自治的澳门，在两岸四地关系中仍然是相对独立的一方，澳台关系不同于大陆与台湾的关系，也不同于香港与台湾的关系，澳台关系仍有其独特之处。然而，澳门方面必须面对的是，在新的两岸政治格局下，虽然澳门在两岸整体的交流交往关系下与台湾交流交往的空间有所扩大，但澳门与大陆、香港两地在新的两岸政治格局下潜在的张力不同，三地所面对的挑战和机遇差别很大，预期成效也会大不相同。相对来说，大陆与台湾的关系发展规模和进程最显著，香港与台湾的关系发展也有较大的驱动力，反观澳台关系，由于先天的因素限制，已经处在不进则退的相对劣势，总体上是挑战大于机遇。

澳台关系曾经有过的相对优势在于：第一，澳门有相对宽松自由的政策环境；第二，澳门人口中有相当高的闽南人比例；第三，澳门与台湾的空中直航便利。凭着上述优势，澳门曾经是两岸人员交往和两岸对话谈判的重要平台。但是，在新的两岸政治格局中，澳台关系的上述相对优势正在弱化或流失之中。不仅如此，澳门土地面积、经济总量、人口规模较小的劣势正在

---

* 本文原载于《中国评论网》。

暴露；由于大陆与台湾的空中直接往来、高层直接互动条件改善，香港与台湾关系的提升，澳门与台湾交流交往方面的政策优势也正在消失中。今天的澳台关系正在面临危机和挑战。

那么，澳台关系在两岸四地竞争格局中还有机会吗？笔者认为，由于两岸双方政治上的分歧尚未从根本上得到化解，澳台关系的特殊地位还会继续存在下去，澳门还会是两岸四地互动中特殊的一方。两岸政治关系新格局也使两岸各方面交流交往的限制进一步松解，澳门与台湾的各方面交流交往环境也同样得到改善，澳台关系还可以有更加深入的发展空间。但两岸新格局带来的竞争现实也是非常残酷的，如果澳门方面没能倍加努力，澳台关系的特殊性可能越来越不重要了，澳台关系在两岸四地关系中所占的份额将变得更低。澳门如果要继续保持在两岸关系中的份额，不能沉湎于过去的成绩和已有的独特优势上，澳台关系必须根据两岸政治关系新格局所展现出的特性，自主创新，创造政策优势，创造社会、文化新活力，成为最积极努力的一方。

澳台关系在两岸政治关系新格局中面临重大挑战已是公认的现实，但事在人为，如果不积极作为，任何一方守着先天的优越条件，同样也会付之东流。澳门在危机中奋起自救，澳台关系将会有意想不到的发展成就，澳门的机会就在于自主创新。澳台经贸关系的基础比较薄弱，经济领域合作的潜力还很大，进一步扩大澳台经济关系仍有许多文章可以做；在两岸中介平台方面，无论是民用航空谈判，还是政治性、事务性谈判，澳门还可以继续为两岸交流提供平台。不过，对于澳门来说，更重要的是澳门要为大陆、香港所不能为，这就要求澳门发挥政治上的灵活优势，投入一定的资源，透过精密的创意策划，使澳门成为两岸文化、社会乃至政治融合的先行先试地区。

在经济层面，随着两岸签署 MOU 和 ECFA 进程的加快，随着海峡西岸经济区建设的启动，澳门在经济上的先行先试作用或许已不是那么重要。但是，两岸的最终完全统一，并非仅仅是经济上的一体化，文化、教育、社会、法律以及政治上的融合共生也是重要的内涵。在文化方面，澳门是一个融合岭南文化、闽南文化和葡萄牙文化等多元文化为一体的地方；台湾文化则是融合闽南文化、客家文化、原住民文化以及西方文化和日本文化为一体的多元文化体。澳台文化的交流融合不仅将丰富和发展中华民族传统文化，而且还可以为两岸文化的再融合及创新发展提供示范作用，引领两岸文化关系发展的风潮。澳门是中国境内一个特殊的文化区域，如何提升澳门在中华文化中的地位，使其成为两岸四地文化交流中的强者，澳门还得从自身的建设入手，建立“澳门学”① 或许可以使澳门成为正在寻求建立“台湾学”的台湾的重要的区域外合作伙伴。

在社会方面，台湾是一个民间社会力量蓬勃发展的地区，澳门可以在这方面借鉴台湾的经验，发展壮大澳门的民间社会。澳门已有一些专门从事澳台关系的社团组织，如“两岸与澳台关系学会”、“澳门辛亥黄埔协进会”等，这些社团组织可以扩大联系面，带动澳台社团组织的全面交流交往，并探索两地民间社团组织结合的可能性。在教育方面，澳门已有不少年轻学子前往台湾求学，今后也可以吸收更多大陆和台湾学子来澳门就学，让两岸三地青年人一起学习和生活，取长补短，共同建构两岸关系的美好未来。在法律层面，澳门与中国大陆之间的并存关系对于两岸未来的法律冲突问题的解决有一定借鉴意义。“澳门特别行政区法域的司法制度完全独立于内地司法体系。独立的司法权和终审权成为澳门特别行政区自成法域的最基本要素，正是这一独立的司法运作机制，使澳门原有的资本主义制度和生活方式得以保持”②。澳门的成功经验使澳台之间可以共同研究，探讨如何加快与中国国情相适应的两岸四地法域间的相互关系，使澳门成为两岸四地司法制度的研究中心。

新闻媒介作为当今世界各国的“第四权”，在现代社中的作用越来越大，两岸关系的发展，新闻媒体的角色不可或缺，两岸双方如何在媒体发展政策方面取得共识，将是影响两岸最终统一的重要问题。澳门地方不大，却有非常发达的媒体资源。《澳门日报》、《新华澳报》、《澳门商报》、《澳门月刊》、

---

① 参见刘登翰：《论中华文化在澳门的主体地位与主导作用》，《华侨大学学报》（人文社会科学版），2001 年第 2 期。

② 徐静琳：《论澳门法域的基本框架及其特色》，《上海大学学报》（社会科学版），2006 年第 3 期。

《九鼎》等澳门报刊已经成为两岸四地知名的刊物。澳门与台湾在新闻媒体方面先行展开合作，必将对两岸媒体合作，对中国未来的媒体事业发展作出重要贡献。

政治上的先行先试是澳台关系发展最值得深入研究的课题。两岸关系和平发展，最终不可避免地要触及政治层面的融合，但由于政治层面的融合敏感性和复杂性最强，必须循序渐进，由点到面逐步实施。澳门是两岸四地中体量最小的一方，最适合作为两岸政治关系和平融合的政治特区。两岸政治互信的增进，除了恪守一个中国等原则性问题外，更多的是双方公权力层面的对接问题。

随着两岸民间交流的日益密切，双方公权力部门如何进行合作，共同治理两岸事务的问题不久之后就会浮上台面。在共同的公权力机构产生之前，互设办事处等机构将是过渡时期的必然安排。有些机构现在就可以直接在大陆和台湾设立，但更多的机构可能还不具备开设的条件。此时，澳门与台湾之间先行尝试设立更多的带有一定公权色彩的办事机构，甚至共同设立治理双方共同事务的机构的问题，就可以成为澳台关系发展的创新点之一。

双方司法机构如何在共同打击犯罪方面进行无缝对接，可能需要在组织机构、人员和信息上建立共同的平台，如果澳门司法机构与台湾的司法机构能够在这一层面进一步合作，建立更紧密关系，就有可能为两岸司法界建立一体化的联动体系提供良好的借鉴。再如，澳门的立法会与台湾的议会组织之间能否加强交流，交换对选举文化、选举制度、立法监督等问题的看法意见。

澳门肩负着大陆方面提出的“一国两制”示范区的使命，澳门的政治实践对两岸政治融合来说，借鉴意义很大。台湾的情况虽然与澳门有所不同，解决台湾问题不能复制澳门模式，建议台湾方面理性看待“一国两制”，建设性地对待澳门的“一国两制”政治实践。澳门方面可以组织更大的力量研究“一国两制”，研究“一国两制”在澳门的发展，研究“一国两制”对两岸关系发展有什么样的借鉴意义。两岸双方可以澳门政治模式实践为平台，透过共同促进澳门政治文明建设的实践，深入探讨实现国家最终完全统一的路径和模式。

第二篇　台海安全战略考察

加强两岸政治互信 ABC*

刘国深

1895 年，清政府在甲午战争中失败，中国被迫割让台湾给日本。对于台湾人民来说，这是何其悲惨的一场灾难。尽管台湾人民沿街哭号，要求清政府收回成命，尽管十八省举人联名“公车上书”反对割台，清政府仍然置若罔闻，不仅下令禁止抵抗，而且还扬言“台湾是鸟不语，花不香，男无情，女无爱的地方，弃之不足惜也”。清政府的腐败无能到了这种程度，不能不令人扼腕。国土沦丧和台湾人民的苦难却也换来了中国历史的巨变，“公车上书”的失败，激发出多少仁人志士毅然决然地鼓起变法维新的风潮。而维新变法的失败，直接促成早期的中国国民党人和中国共产党先驱选择了不同的救亡图存道路。也正是这样的路线之争导致了一甲子前的两岸分离局面。今天，当我看到黄花岗烈士陵园里，孙中山先生手植青松依然挺立在烈士的英灵旁边，当我看到连战、吴伯雄、江丙坤等国民党领导人和中共领导人一同前往祭扫烈士墓，当我看到大陆的共青团员和少先队员相聚在烈士墓前举行入党、入团宣誓……我不停地在问自己：一百一十年过去了，两岸的中国人究竟领悟到了什么？60 年一甲子过去了，我们还不能超越自我，为了国家和民族的利益，建立起我们共同的价值吗？

2005 年春天以来，特别是 2008 年春天以来，度尽劫波的国共领导人终于走到一起来了，两岸关系出现了积极的变化，两岸双方开始共同寻找并确立我们的共同理想和价值，两岸人民也开始共享和平发展的成果。我想，这只是两岸关系改善的开始，其实，更大的和平红利还在我们的前方。我们期待着两岸政治互信的进一步强化，我们期待两岸人民之间的经济、社会、文

* 本文为“两岸关系一甲子”学术研讨会论文，2009 年 11 月 13－14 日于台北。

化交流合作更加便利和顺畅，我们期待外人口中的“CHIWAN”品牌和中华民族获得全世界各国更多的掌声与喝彩。

今天我们聚集一堂，是因为我们都认识到，前方的路还是荆棘密布，两岸之间的政治互信还很脆弱，我们还要以更大的耐心和更大的努力才有可能携手并肩，克服各种困难，让人民确确实实享受到更大的和平发展红利。这是一项良心的事业，这是一项智慧的工作，让我们走好这第一步，从政治互信的 ABC 开始。

一、何谓两岸政治互信

依照美国政治学者阿尔蒙德的解释，“政治信任的问题影响公民为实现政治目标而同他人通力合作的意愿，也影响领导人同其他集团结成联盟的意愿。”① 无论是政治行为者个人，还是政治行为者的集合体，在与其他政治行为者或政治机构互动时，彼此之间的信任度决定了他们的合作意愿。如果彼此之间具备良好的政治互信，双方就可能采取通力合作的政策作为；如果缺乏政治互信，彼此之间就有可能走向敌视，并采取一系列敌对逻辑下的政策行为。

笔者认为，所谓“两岸政治互信”，就是海峡两岸双方彼此以口头、书面或行为默契的方式，展现出共同维护两岸同属一个中国的法理和政治现实之意志，建立起相互包容和信任的政治关系。而“加强政治互信”就是双方在既有的互信基础上，继续扩大两岸领土和主权一体性的认知交集，默认或接受“一个中国境内两个竞争中国代表权的政权差序并存”的现实。同时在政策上采取互助和互利的行动，增强两岸人民的利益联结和命运共同体的意识，为最终解决政治分歧建立起更加稳固的政治架构。

两岸政治互信的强度直接影响到双方彼此之间的认知、情感和价值取向，影响到各自的政治判断和政策倾向。两岸政治互信的强度越大，相互之

---

① G. A. 阿尔蒙德：《比较政治学：体系、过程、政策》，上海译文出版社，1987 年版，第 44 页。

间的合作意愿和政治包容度就越大；相互猜忌的程度和不安全感就越低；相互之间的商业交易成本、用于军事对抗和参与国际活动消耗也会大幅降低。而且，两岸政治互信的强化，也有助于各自政治系统内部的和谐和安定。

两岸政治互信的强化是一个逐渐累积的过程，必须分阶段达成目标。笔者认为，两岸政治互信可以分以下五个步骤达成：第一步，两岸双方坚持“九二共识”，维护一个中国框架，是构筑两岸政治互信的基石，这是最基本的政治互信。第二步，两岸双方在确认同属一个中国的基础上，进一步默认并接受“领土主权一体，政权差序并存”的现实，并表示愿意共同维护这一政治格局的相对稳定性，形成两岸政治互信的运行框架。第三步，两岸双方在维护台海地区政治格局稳定性的基础上，呼应人民的要求，共同努力，最大限度地拆除影响和限制两岸人民交流合作的各种人为障碍，两岸政治互信内化成为强大的政治生产力。第四步，两岸双方由背靠背的“政权分治”，走向面对面的“共同治理”，并以适当的方式共享中国对外主权，两岸政治互信外化成国际社会的稳定力量。第五步，两岸双方在经济利益一体共构、社会和文化高度融合的基础上，以平等和民主的方式，最终达成两岸政治关系模式的终极安排，两岸政治互信从美好的愿景，变成人民安和乐利的现实。

两岸政治互信的建立绝不仅仅是官方之间或政治领导人之间表面的政治宣示和口头的承诺，而是必须与一系列实际的政治行为相联结。互信是基于共同的利益和安全要求下的相互信赖、尊重和包容，在互信的基础上，双方的行动都要有一定的瞻前顾后，都要彼此照应，相互支持。否则，互信的基础就有可能受到损害。

二、加强两岸政治互信的必要性

恩格斯说：“国家权力对于经济发展的反作用可能有三种：它可以沿着同一方向起作用，在这种情况下就会发展得比较快；它可以沿着相反方向起作用，在这种情况下它现在在每个大民族中经过一定的时期就都要遭到崩溃；或者是它可以阻碍经济发展沿着某些方向走，而推动它沿着另一种方向走，这第三种情况归根到底还是归结为前两种情况中的一种。但是很明显，在第二和第三种情况下，政治权力能给经济发展造成巨大的损害，并能引起大量的人力和物力的浪费。”① 笔者认为，恩格斯的这段话对于分析当前的两岸政治和经济关系仍有一定的启示意义。对照当前快速发展中的两岸经济关系，两岸政治关系是否能够相应取得新的突破，已经成为制约或推动两岸经济进一步发展的关键。其实，两岸政治关系何止影响两岸经济关系，两岸社会、文化、人员交往关系也都受到政治关系的影响。

两岸经济关系的发展必然对两岸政治关系格局提出新的要求，两岸政治关系如果不能符合经济关系发展的需求，要么就会阻碍经济关系发展，要么就必须进行变革。当前，两岸双方加强政治互信的目的，是为了更好地响应经济、社会乃至文化发展的要求，建构更加稳定和谐的两岸政治关系。促进两岸政治关系发展的目的，是为了双方更有信心地为两岸民间关系的进一步发展谋划更加宽松的制度环境；在强化两岸政治互信的基础上，ECFA 问题、军事互信机制问题、台湾人民迫切需要的参与国际活动问题都有可能得到更快更好的解决。相信大陆资金投资台湾的配套政策问题、台湾民众在大陆地区的权益保障问题、大陆人民来台自由旅行的愿望、两岸学历互认问题，甚至台湾参与海峡西岸经济区建设等等问题都有可能朝更加符合人民期待的方向发展。一句话，加强两岸政治互信的终极目的还是为了两岸人民过上更加富有、安宁、尊严和美好的生活。

“集团间的敌视会因不断冲突而加剧，成为政治文化的一部分，甚至一些细小的问题也很容易使这种弥漫的敌意转化成愤怒和暴力……各集团间的疏远和敌视感很可能造成政治冲突，甚至会使相对来说是例行的政治决策过程难以进行。”② 两岸双方对于政治互信缺位的负面影响都有深切的体会。1992 年 11 月，两岸两会达成的“九二共识”主要是基于双方对一个中国原

① 恩格斯：《致康·施米特》，载《马克思恩格斯选集》第 4 卷，第 482－483 页。

② G. A. 阿尔蒙德：《比较政治学：体系、过程、政策》，上海译文出版社，1987 年版，第 45 页。

则表述的交集部分：大陆“海协会”的表述内容是：“海峡两岸都坚持一个中国的原则，努力谋求国家的统一。但在海峡两岸事务性商谈中，不涉及‘一个中国’的政治含义。”台湾“海基会”的表述内容是：“在海峡两岸共同努力谋求国家统一的过程中，双方虽均坚持一个中国的原则，但对于一个中国的含义，认知各有不同。”尽管双方表述的文字不尽相同，但交集是明显的，这就是双方均坚持一个中国的原则。正是有了这样的交集，两岸双方才有了基本的政治互信，两岸两会后来的交往以及取得的成绩也是建立在这样的基础上。过去10多年两岸关系互动的经验与教训告诉我们：每当“九二共识”的政治基础受到破坏，两岸政治互信就会变成严重的政治不信任，两岸两会的交流合作就受到严重的冲击，两岸关系就会陷于动荡不安，双方都将因此付出极大的代价，甚至影响到亚太地区的和平稳定。

建立政治互信对两岸互动的重要性也体现在两岸政党交流上。2005年4月29日下午，中共中央总书记胡锦涛在会见中国国民党主席连战时，提出了发展两岸关系的四点主张，其中第一条就强调要：“建立政治上的互信，相互尊重，求同存异。”连战也表示：“我相信双方假如继续加强相互理解和信任，一定会给两岸人民带来更好更多的安定和繁荣，同时更重要的是给两岸带来亮丽光明的希望和未来。”5月12日下午，胡锦涛在会见亲民党主席宋楚瑜时指出：构建和平稳定的两岸关系，必须建立共同的政治基础，也就是要建立最基本的政治互信。宋楚瑜回应表示：“我们希望搭起两岸之间互信之桥，搭起我们沟通之桥，更重要的我们要搭起一座两岸感情心灵之桥。”笔者认为，2005年春天以来两岸几个主要政党之间关系之所以能够快速发展，主要还是得益于政治互信的强化。

两岸政治互信给两岸人民带来的利益，更明显地体现在一年半以来的两岸关系快速发展上。2008年5月20日以来，两岸人民之间如此密切地交流，台湾海峡局势如此和谐稳定，世界各国近乎一致地高度肯定，说明两岸政治互信是多么的可贵和重要。笔者认为，两岸政治互信的强化，使两岸关系至少出现了以下三个方面的积极变化：

第一，两岸双方交流交往的层级大幅提升，交流范围进一步扩大。两岸两会恢复对话和商谈，两岸高层直接对话的管道也正在建立中。两岸政党交流常态化，国共两党中央和地方层级官员频繁交往，台湾其他政党与大陆方面的互动增加。正因此，两岸关系的不确定性因素正在减少，可预期性增加。参与两岸交流的行为主体日益多元化，两岸地方层级公权力部门、政党组织、社团组织、工商业界等组织机构、阶层和群体纷纷加入两岸交流交往大潮之中，两岸各层级的沟通从来没有如此绵密过，两岸民众确确实实从中得到了好处，两岸政治关系的内涵更加丰富多彩。

第二，两岸双方在海内外良性互动的格局正在形成。两岸在国际场合配合默契，基本上不再出现进行恶性竞争的情况，双方因此避免了大量的不必要的内耗。大陆方面更多地思考如何解决台湾民众参与国际活动的要求，台湾方面也不再作徒劳无功的盲目的政治冲撞。在中国大陆的支持下，台湾方面的卫生部门负责人以观察员身份首次出席“世卫”大会（WHA）。台湾方面也改变诉求，今年的联大会议期间未再提案要求加入联合国。双方在国际场合差序共存，相互照顾的情况越来越普遍。在两岸之间，两岸共同打击犯罪和司法互助方面取得的新进展、台湾方面对“7·5暴乱”的谴责、中国大陆的秋季军事演习刻意避开东南沿海地区等等，都是互惠互利的良性互动表现。

第三，两岸人民利益共生关系进一步强化。随着“三通”的基本实现，两岸各方面的交流交往成本正在下降，两岸交流的路径和形式出现新的变化。双方出台了一系列有利于交流交往的政策，两岸民间交流合作更加方便。一年多以来，面对国际金融危机，两岸经济相互取暖，海峡两岸成为全世界经济最安全的、最有活力的区域。不仅如此，两岸人民之间的感情也进一步密切，“八八水灾”期间，大陆同胞最早向台湾伸出援手，大陆也成为灾区最大的外援来源地，两岸双方互相支援、相互关怀，显示出和平发展的强大力量，两岸人民的感情更加密切了。

政治互信的奇妙之处还在于它可以让双方更加理性和智慧地处理突发性事件，避免引发更大的危机。两岸之间存在着政治上的分歧和差异不必讳言，正因此才需要我们建立互信，增强相互包容的能力。在建立政治互信基础上，我们有可能学会彼此包容乃至欣赏这样的差异。彼此的信任可以让我们变得更有定力和远见，不为一时的挫折或别有用心的挑拨所迷惑。笔者相信，在强化两岸政治互信的基础上，双方将获得更加和平稳定的发展环境，一些目前十分棘手问题可能将变得不再那么棘手，两岸内部和两岸双方的资源将得到更加合理的配置。

最后，两岸政治互信的建立还有助于大陆和台湾内部的政治趋于理性和稳定。在大陆，人们将更加理性地看待台湾各方面的发展，更加理性地看待中国大陆的对台政策新思维；在台湾，两岸长期政治对立映射到台湾政坛的特殊的政治逻辑关系将从此失去自圆其说的理论基础，极端主义的政治狂热将难再蛊惑人心。人们有理由相信，两岸政治格局已不是少数人可以专断独行的事情，在平等、互信和公义的基础上，两岸人民可以透过更加自由、便利的交流合作，彼此了解，增进共识，为两岸政治关系良性发展建立和谐稳定的社会基础。

三、如何加强两岸政治互信

两岸之间的政治互信首先要建立在各自的自信心基础上。我们相信，无论任何政党和领导人，只要是真正站在中华民族的、国家整体利益的基础上，就一定会得到绝大多数人民的拥护和支持。在今天的两岸关系和国际政治现实中，任何一方都不可能不计后果地采取片面改变现状的行动。过去30年的两岸风风雨雨已经证明，台湾方面没有采取片面行动成功地改变两岸政治关系现状的能力，大陆方面也没有不惜一切代价诉诸武力的主观意愿和必要。经过20年的交流合作，两岸利益已经紧密地结合在一起，维护两岸和平发展大局才是两岸关系的最佳选择。在彼此充分了解自身价值和对方意图和能力的基础上，在相信交流合作会带来稳定力量的认知基础上，双方的自信心都会逐步提升，双方可以理性地、稳步地深化政治互信。同时又可以以强化政治互信来增进双方自信，实现良性循环。

1992年的“九二共识”是在当时两岸交流大门初启的时空背景下双方

的最大政治公约数。在两岸三通基本实现、两岸经济相互依存关系实现几何级增长后的今天，两岸民众对双方公权力的要求今非昔比，两岸关系已经面对更高的要求和更大的挑战，比如两岸共同治理的问题和台湾民众要求扩大国际参与的问题，等等。为此，双方需要进一步增进政治互信，而现阶段的政治互信深化已经不能回避一个中国的具体政治含义问题。笔者认为，这个问题或许不是短期之内可以解决，需要有一个较长时间的磨合。在双方已有的“法理一中”交集下，学术界直接的进一步对话或许可以先行一步。

笔者认为，在目前的情况下，两岸政治领导人以各自的方式进一步强调“同在一个中国屋檐下”等论述非常重要。2008 年 12 月 31 日，胡锦涛对两岸政治关系的定位提出新的表述，他指出：“1949 年以来，大陆和台湾尽管尚未统一，但不是中国领土和主权的分裂，而是上个世纪 40 年代中后期中国内战遗留并延续的政治对立”。2008 年 8 月 26 日，台湾领导人马英九公开表达了“海峡两岸不是两国关系”的政治立场。这些讲话虽然未明确表明两岸具体“是什么关系”，但至少已排除“国与国”关系，对于两岸政治互信的强化来说，这些讲话具有十分正面的意义。在两岸关系进一步发展的今天，两岸在政治上究竟是什么样的关系，这个问题不可能完全回避。笔者长期以来一直认为，以“球体国家”理论来描述当前的两岸政治关系，不仅形象易懂，而且能够兼顾双方主张的合理成分。

我们可以把国际社会比作由 200 个左右的“球体国家”构成的“国际星系”，按照联合国宪章规定的国家关系轨道运行。各“球体国家”拥有特定的领土、人民和政府，分别是这个球体的内核、主体和球面。各“国家球体”必须保持领土和主权完整性，以避免因球体变形而出现颠簸甚至逸出轨道，造成“国际星系”的动荡不安。所谓的中央政府（或政权）就是附着于“国家球体”的保护层，行使对内镇压与管理，对外保护所在球体不受伤害的主权行为。

中国是“国际星系”中一个重要的“国家球体”，同样是由土地、人民、政府、主权构成的一个整体。与世界上绝大多数“国家球体”的球面只有一种颜色代表这个国家不同，中国这一“国家球体”的表皮目前是由红蓝双色构成的，因为中国境内存在着两个竞争国家代表权的政权，她们分别在不同的空间和场合代表着这个球体，双方形成了事实上“一体两面”的关系。尽管两块“球面”所附着的面积大小悬殊，却在各自的空间里行使着对内镇压与管理，对外保护的功能。只不过由于敌对关系的性质尚未改变，两者之间的关系形式是一种“零和”的不稳定状态。

基于上述“球体理论”，两岸双方的政治关系是“领土主权一体，政权差序并存”的政治状态。第一，无论台湾方面是否愿意心平气和地接受，在目前的国际政治现实中，中国大陆方面在绝大多数场合代表着中国，特别是得到联合国的承认，这样的事实已稳如泰山。第二，无论大陆方面如何定位台湾，台湾方面所坚持的“中华民国政府”在一些特定的场合事实上依然行使着“代表中国”的政治功能，对内管理、对外保护着在台湾地区的中国人民。在国际的场合，双方继续各自坚持己方代表中国的政治主张，这样的局面无损两岸同属一个中国的法理本质。只不过，由于两岸双方的政治关系尚无共同的明文规则去约束，充满着风险和不确定性。为了降低两岸政治冲突的风险，提升公权力部门的合作层级，两岸双方必须基于事实存在的政治关系状态，努力达成台湾方面提出的“正视现实、建立互信、搁置争议、共创双赢”和大陆方面提出的“建立互信；搁置争议；求同存异；共创双赢”的共识。

两岸之间政治互信的深化，不仅在有赖于高层之间更加密切的政治互动，两岸人民之间建立在交流交往、互利合作基础之上的相互理解和信任更加重要。长期分离之下出现的中国政治文化大系统下的两岸文字系统差异，使两岸政治分歧的解决变得更加复杂和困难。为此，双方必须尽快促进两岸交流交往的无障碍化，让人民有充分的时间和空间弥合裂痕，共同打造新的中国政治文化大系统。如此，两岸高层之间的互信才有可能得到人民之间的认可和支持，两岸间的政治互信才有可能取之不尽，用之不竭。

笔者认为，两岸政治互信的强化，除了巩固基本的原则性共识外，也有赖双方在具体的政治互动中保持与人为善的态度，并形成互相体谅、避免为难对方的政治行为规范。阿尔蒙德说：“精英人物之间联盟的形成，一方面取决于各个不同的集团对重大政治问题所持的立场，另一方面也取决于各集团之间能否信守政治交易以及谈判中能否真诚无欺的信任程度。”① 为此，两岸双方还应注意以下五个具体的问题：第一，两岸政治互信的强化需要有一系列有形无形的规则、机制、共识和默契来支撑。第二，两岸政治互信的强化不能停留在政治口号和和平协议上，更应该落实在具体的政治行为中。在两岸政策上，就是表现为扩大两岸人民的交流交往，尽力促成两岸经济的、文化的、人员交往的无障碍化。第三，在“两岸同属一中”的共识基础上，积极推进和落实两岸在国际参与领域中的互利举措，相互扶持，相互尊重。第四，在建立军事互信机制方面，两岸现有的政治互信足已支持双方进行初步的建立军事互信机制的技术层级的商谈，随着政治互信的强化，可以相应地提升军事互信机制谈判的层级。第五，两岸政治互信的强化需要更加密切的沟通协调，双方公权力机关之间如何进行对口接触的问题已经可以进行实质性的讨论。

最后，笔者要特别重调的是，两岸政治互信不仅是国共之间的事情，国共双方都要注意听取包括民进党和台联党朋友们在内的两岸各界的不同意见，包容和理解他们的主张和关切。政治沟通是首要的政策选择，不仅国共之间要保持顺畅的沟通，国共双方与台湾其他主要政党之间也要保持良好的沟通管道。笔者在此特别呼吁民进党和台联党的朋友，为了台湾的利益、为了政党的生存和发展，务必采取积极主动和开放的政策，在两岸和平发展的基础上与中共之间展开接触和对话。只要两党的朋友们确信自己能够代表台湾多数民众的利益要求，就不必害怕被扣红帽子或被吃掉。民进党和台联党的干部要深入中国大陆考察和了解大陆方面新的变化和发展，一方面向大陆方面表达两党对重大问题的关切，另一方面也听取大陆方面的意见和关切，以此获得足够的信息和政治舞台，争取在两岸和平发展进程中扮演建设性的、更加重要的角色。

笔者同意陈孔立教授的观点，“建立互信是一个渐进的过程，逐步积累

---

① G. A. 阿尔蒙德：《比较政治学：体系、过程、政策》，上海译文出版社，1987 年版，第 45 页。

的过程。”① “冰冻三尺，非一日之寒”。在加强两岸政治互信的过程中，双方都要有更大的耐心，相互理解和包容各方的意见分歧，切勿因偶发的、个案性的突发事件中断理性的沟通和对话。两岸双方在给予对方更大空间的同时，也给了自己更大的空间。相信发展可以解决两岸政治关系中存在的一切难题，在人民之间的交流交往进程中，解决两岸关系问题的美好未来一定会水到渠成。

① 新加坡《联合早报》，2009年10月29日。

台海危机管理：战略险情与模式选择*

——以陈水扁当政时期为例

陈先才

台湾问题长期以来是困扰中国实现完全统一的最大障碍。冷战结束以来，特别是在民进党八年执政时期，陈水扁当局在岛内刻意推动“台独”分裂活动，严重破坏了两岸关系的和平与稳定，给台海局势造成了严重的战略险情，致使台海危机情势不断升级。本文将利用危机管理的相关理论，对民进党八年执政时期台海危机形势进行了深入分析，这对于我们今后预防与控制台海危机的发生与升级，维护台海地区的和平与稳定具有十分重要的意义。

一、台海危机管理：中国遭遇严重的战略险情

冷战结束以来，海峡两岸在经贸、投资、文化及人员往来等领域的交流与合作不断加深，大大增进了两岸人民的相互了解和信任。目前大陆已成为台资最大的境外投资目的地，台湾经济对大陆的经济依存度也在不断提高。虽然两岸在上述领域的交流交往有了长足的进展，但由于两岸至今没有结束内战所带来的敌对状态，两岸敌对状态尚未结束。特别是在民进党八年执政时期，由于陈水扁当局顽固坚持“台独”分裂活动，给台海局势造成了极大的战略险情，台海危机情势甚至到了危险的边缘。

首先，陈水扁当局在“台独”分裂的道路上越走越远，在某种程度强化了台湾民众的分离意识，“台独”分裂活动成为民进党执政时期诱发台海危

* 本文原载于《台湾研究集刊》，2008年第4期。

机情势的重要根源。

在民进党当局的刻意操弄下，部分台湾民众的分离主义意识不断得到强化，这严重影响到两岸关系的和平与稳定。我们应该看到，“台独”思想在岛内的形成是与特定的历史背景分不开的。一方面，国民党政权退守台湾后为加强统治，对台湾采取了封闭式的高压统治，激起了部分台湾民众的逆反心理。另一方面，自20世纪50年代后期整个国际社会已形成了美苏两极对立的态势，美日等国出于遏制共产主义和反华之目的，暗中扶持岛内外“台独”势力的发展。但在两蒋时期，台湾当局对“台独”势力进行了严厉的镇压，“台独”势力在岛内基本上没有生存空间。“台独”活动主要以海外为主。随着台湾社会经济结构的变化，特别是政治上“解严”和开放“党禁”之后，“台独”势力在岛内获得了快速发展。而2000年具有鲜明“台独”色彩的民进党上台后，“台独”势力在台湾政治生态中不断坐大。特别是陈水扁八年执政时期，不断扶持“台独”分裂势力的发展，在岛内掀起一波波“去中国化”浪潮，企图通过对内“正名制宪”、对外“参与联合国”来最终达到“法理台独”之目的。我们应该看到，无论是“正名制宪”还是“一边一国”，都是“台独”势力加紧分裂国家的行径。特别是陈水扁当局不顾岛内民众和国际社会普遍反对，孤注一掷要搞“入联公投”，其用意显然在于通过“公投”来捆绑大选，除了希望捞取选票之外，还可在岛内掀起民众分离意识的热潮，企图达到“法理台独”的最终目的。民进党执政时期“台独”分裂活动主要后果有：一是在岛内散布“台独”思潮，企图人为切割两岸之间的历史、文化上的联系纽带；二是它可能更加刺激激进“台独”势力在分裂国家的道路上采取进一步的冒险行动，甚至可能采取孤注一掷的手段，直接冲撞台海和平的最后底线，导致台湾重大危机事件的发生。因此，从这个意义上讲，激进“台独”分裂势力是陈水扁八年执政时期诱发台海危机的重大根源。

另一方面，由于长期以来美日等国把台湾问题视作遏制中国统一和崛起的战略棋子，冷战后美日等国加大了介入台湾问题的力度，这在某种程度上造成台海局势的复杂化，使我国的台海危机管理遭到重大的战略险情。

冷战时期，由于美苏在全球范围内进行激烈对抗，美国决定“不能让台湾落入共产党手中”①。冷战结束后美国又把台湾作为其维护亚太战略和全球战略的重要一环加以利用，视台湾为“美国不应丢弃的战略资产”。认为“美国如果默认使用军事力量强行统一台湾的尝试，那么美国在远东的地位将受到毁灭性的破坏，因此美国决不能在军事上无所作为”。可见一向将地缘政治作为制定对外政策、处理国际关系依据的美国，之所以仍然介入台湾问题，“并不是为了一个分离的台湾，而是为了美国在亚太地区的地缘政治利益”。② 除了美国之外，冷战后日本也认为台湾问题涉及其国家利益，直接关系到其海上生命线的安全，在日本有人提出了“台海安全攸关日本生死存亡”的观点。正是鉴于这种认识，冷战后美日两国不断介入台海局势，两国除了美日安保体制外，“新防卫合作指针”也把台湾作为干预的对象。同时，美日台开展三边安全战略对话，防范包括台海军事危机在内的周边事态。而美日“新防卫合作指针”在某种程度上更是确立了两国寻求共同介入台湾问题的战略机制，特别是美国一直利用《与台湾关系法》，不断加大提升对台军售武器的数量与质量。这也表明美日等国为了自身利益必然会插手台湾问题，阻挠中国统一大业，与中国形成对抗。

总的来说，在民进党八年执政时期，由于陈水扁当局在“台独”分裂道路上不断加码，严重恶化两岸关系，直接冲击台海局势的和平与稳定。特别是陈水扁当局执政后期在不顾国际社会的普遍反对，顽固坚持“入联公投”，使两岸关系陷入了近十年来的最低谷时期，台海危机危机情势不断高涨，台海之间的和平与稳定面临着严重的战略险情。因此，在民进党执政时期，由于陈水扁当局的“台独”分裂活动，台海地区发生重大危机的可能性是存在的，这使中国在台海危机管理方面的压力不断加大。

---

① 苏格：《美国对华政策与台湾问题》，世界知识出版社，1998 年版，第 145 - 146 页。

② ［美］兹比格纽·布热津斯基：《大棋局——美国的首要地位及其地缘政治》，上海人民出版社 1998 年版，第 245 - 246 页。

二、台海危机管理："台独"推动危机情势不断升级

"危机"源于希腊语的分离（krinein）一词，它本是医学用语，其原意是指决定病人走向死亡还是逐渐恢复的关键时刻。① 危机研究的先驱者查尔斯·赫尔曼给危机下了一个经典的定义：危机是威胁到决策集团优先目标的一种形势，在这种形势下，决策集团作出反应的时间有限，且形势常常朝令决策集团惊奇的方向发展。②。一般来说，危机作为在冲突的背景下由于某些事件的突然发生而导致行为主体的重大利益面临严重威胁的一种特殊情势。危机的爆发主要有两个方面的诱因：一是长期的冲突背景，二是诱发冲突朝危机方向发展的事件。缺少前者只是普遍的意外事件，缺乏后者也构不成危机的紧急情势。显然，由于海峡两岸长期处于政治上敌对与军事上对峙的态势，两岸长期的对立背景使双方的互信度非常低下。任何一方在政治或军事上的重大敌对动作都可能导致台海危机的发生。1996 年台海危机的爆发就与李登辉出访美国有着直接的联系。

目前，学界对危机管理的概念在理解上也不尽相同。有学者把危机管理等同于和平解决冲突，认为它的成功完全取决于能否避免战争。③ 也有学者将危机管理看作是争取赢的过程，其目的是迫使对手让步，并在国际上进一步推进己方的利益。④ 还有学者认为危机管理是达成一个能为双方所接受的解决方案，而非诉诸武力。⑤ 很显然，对于台海危机管理来说，其核心内涵

---

① JH. Kalicki, The Pattern of Sino - American Crises: Political—Military Interactions in the 1950s. Cambridge University Press, 1975, p. 3.

② Hermann. Charles F. International Crises: Insights From Behavioral Research. NewYork: Free Press, 1972, p. 13.

③ Coral Bell, The Conventions of Crisis: A study in Diplomatic Management, Oxford University of International Affairs.

④ Oran R. Young, The Politics of Force: Bargaining during Superpower Crisis (Princetion University Press, 1968). pp. 13 - 16.

⑤ William R. Kintner & David C. Schwarz, A Study on Crisis Management, University of Pennsylvania Foreign Policy Research Institute, 1965.

就是通过危机管理来避免两岸爆发冲突和战争。在现实中，危机行为主体常常使用危机升级战略来加强对危机的管理。所谓危机升级是指冲突各方敌对行动的不断增强。在危机中，逐步升级是一种常见现象，也是一种常见的策略，包括根据需要和可能而采取有控制的“升级理论”和有限的“边缘战略”。美国学者认为，升级概念是健全的危机管理的核心，升级可能是有效解决一场冲突局势的唯一方法，“危机管理的目标是（将危机）升级到最有利的地位但同时限制在尽可能低的程度”。① 菲尔·威廉姆斯指出，深思熟虑的升级包括了“非理性的理性”策略的因素：升级策略在很大程度上取决于成功地造成对手震惊、疑虑、迷惑和害怕。因而有的学者认为“有些国际危机就是讨价还价和玩弄边缘政策的‘游戏’、使对方屈服的神经战”。② 路易斯·克莱斯博格认为“冲突升级基本上指的是在冲突中由于强制性的诱因及参与方活动转圜余地的减少而导致的激烈程度的逐渐加剧。这两种因素的变化经常伴随而发生”。③ 台湾问题作为国共两党内战的产物，长期以来，大陆和台湾方面在政治上始终保持着对立的状态，作为危机的主要角色，双方在台海危机管理中的博弈始终没有停止过。而美国长期以来由于通过对台军售等行为也对台湾问题保持着重要的影响力，因而美国也成为台海危机的参与角色。

冷战结束后，特别是民进党八年执政时期，由于受制于两岸关系的现状以及国际政治现实的根本制约，陈水扁当局企图通过奉行危机升级战略来达到其“法理台独”的诉求，从而在台海地区制造危机情势，严重威胁到台海两岸的和平与稳定，为此中美台三方围绕台海危机情势进行了相互博弈。在应对“台独”分裂活动不断加剧台海危机情势升级的危机管理过程中，中美

---

① William R. Kintnerand and David C. Schwarz, A Study on Crisis Management, Appendix B, p. 3. 转引自夏立平：《美国关于危机管理的理论与实践—以中美关系为例》，载《美国研究》2003 年第 2 期，第 77 页。

② ［美］布鲁斯·拉西特、哈维·斯塔尔：《世界政治》，华夏出版社，2001 年版，第 291 页。

③ The White House, Offices of the Press Secretary, “Dr. Rice Preview President' s Trip to Asia and Australia,” Press Briefing by National Security Advisor, Dr. Condoleezza Rice, on the President' s Trip to Asia and Australia, The James S. Brefing Room, October 14, 2003. www. whitehouse. gov/news/releasees/2003/10/20031014 - 4. html.

双方的互动和共识不断增加，最终控制了台海危机情势的升级。下面我们就分析因“台独”分裂活动引发的台海危机情势不断升级的过程中，中美双方的危机应对措施。

2000年民进党上台后，陈水扁当局不断暴露出其谋求“台独”的野心。2002年陈水扁抛出了“一边一国”论调，使两岸政治关系出现剧烈震荡，台海危机情势凸显。面对台海危机情势趋紧的情形，祖国大陆政府通过采取一系列措施对陈水扁“一边一国”论调展开了全力的反击，同时，美国政府也迅速表示其“一个中国”政策没有发生变化，仍然坚持一个中国的基本政策，不支持台湾“独立”。在中美两国的强大压力下，陈水扁当局不敢再铤而走险，使台海危机情势没有进一步朝着危机升级的危险方向发展。但“台独”分裂势力并不甘心，2003年陈水扁当局又提出“新宪公投”，试图在“法理台独”的道路上谋求新的进展，大大增加了台海危机情势的紧张气氛。在“台独”分裂活动不断加剧的情况下，遏制“台独”已成为中国台海危机管理的首要难题。中国政府在加强对“台独”分裂活动遏制力度的同时，也开始与美方沟通，要求美方对“台独”分裂活动施加压力。在这种情况下，中美之间在台海危机管理方面的互动开始形成并不断增强。2003年7月中国国台办正、副主任相继访美，2004年2月陈云林再度访美，并与包括美国国务院主管政治事务的国务次卿葛罗斯曼在内的美国官员讨论了两岸的紧张局势。在中方的施压下，美国为维护自己利益，开始改变长期以来对两岸政策的模糊态度，最主要的表现就是明确反对两岸任何一方片面改变现状，以及反对台湾举行“台独公投”。2003年10月美国国安会顾问赖斯在白宫简报会上强调，任何人都绝不应该片面改变台海现状，两岸问题必须和平解决。① 同年12月美国国务院发言人包润石表示，美国反对任何可能改变台湾地位或走向独立的“公投”。② 同日，美白宫国家安全会议亚洲部门资深主

---

① U. S. Department of States, Daily Press Briefing, Richard Boucher, Spokesman, Washington, D. C., December 1, 2003. www. state. gov/r/pa/prs/dpb/2003/26776. htm.

② David G. Brown, "Illusions and Political Spin in Taipei," Asia Times, Dec. 11, 2003. www. atimes. com/atimes/china/EL11Ad02. html.

任莫健携带布什亲笔信访问台北。据悉，布什在信中表示，反对任何一方片面改变台海现状，不愿见到台湾举办走向“独立”的“公投”。① 而在2003年年底举行的“布温”会上，布什对温家宝表示，“台湾领导人的言辞或行动，显示他可能有片面决定改变现状，美国反对此事。”②应该说在陈水扁搞“台独公投”刺激两岸情势不断紧张的形势下中美两国之间关于台海危机管理方面的协调机制也逐渐成开型。尽管中美两国对不断升级的台海危机情势进行了有效管理，但台海危机情势并没有得到有效控制，继续保持上升势头。其根源在于陈水扁当局在“台独”分裂道路上不断加码。

虽然2004年陈水扁在“5·20”就职演说中宣誓“宪改”不涉及统“独”，但随着“立委”竞选气温的升高，陈水扁又提出“新宪公投”，“台湾正名”等主张，这些主张实质是“台独”分裂势力企图推动“法理台独”的一部分，任其发展下去将可能产生不可预期的后果。陈水扁当局在“台独”道路上越走越远，使本来紧张的台海危机情势再度升级。这使中美双方担心台海局势可能出现失控的局面。为此中美两国加强了在台海危机管理上的合作与协调。针对陈水扁“台独”分裂活动的升级，祖国大陆明确表示，“如果陈水扁当局胆敢借此进行‘台独’重大事变，我们将不惜代价来阻止。”③ 而美方也不断向台当局的“公投”企图施加压力。美国国务院发言人包润石在2004年11月表示，美国反对任何会改变台湾地位或走向独立的公投，陈水扁应该解释他的“新宪公投”说法是否违反承诺。④ 美国担心“台湾正名”运动是台湾推动“法理台独”的一部分，因此也表示不支持的立场。随后美国国务院副发言人艾瑞里于2004年年底表示，美国认为台湾的公营企业或驻外经济和文化代表处更名可能会片面改变台湾地位，美国不

① Office of the Press Secretary, “President Bush and Premier Wen Jiabao Remarks to the Press,” Remarks by President Bush and Premier Wen Jiabao in Photo Opportunity, The Oval Office, December 9, 2003. www. whitehouse. gov/news/releasees/2003/12/200031209 – 2. html.

② 2003年12月9日布什总统与温家宝总理会晤后在记者招待会上的谈话内容，http: //www. whitehouse. gov/news/releases/2003/12/20031209 – 2. html。

③ 参见2004年11月17日国务院台湾事务办公室新闻发布会内容。

④ U. S. Department of States, Daily Press Briefing, Richard Boucher, Spokesman, Washington, D. C. , October 29, 2004.

支持。① 在“台独”不断嚣张，台海危机情势不断加剧的情况下，中美两国在台海危机管理上的合作不断配合。这有力地打击了“台独”气焰，对缓解台海危机情势有一定正面作用。

但陈水扁当局在“台独”道路上并没有丝毫收敛，随着陈水扁第二届任期的行将结束，为谋求民进党继续执掌台湾政局，其“法理台独”步伐不断加快，由于“修宪”、“制宪”无法得逞，陈水扁当局决定又将焦点转移到“入联公投”上，以此转移民众的焦点，谋求选票，实现其“台独”的目的。为此，民进党不顾国际社会的普遍反对，顽固坚持推动“入联公投”，大大增加了台海危机形势的紧张度，使台海局势陷入空前的危机状态。为了控制住台海危机情势急剧恶化，维持台海地区的和平与稳定，中美两国相互合作，对陈水扁“入联公投”进行了坚决的打压。由于台湾当局全然不顾美国的反对，执意要搞“入联公投”，美台关系出现了重大的歧见，也使美台关系陷入了7年来最恶劣、艰困的时刻。为了不使台海危机出现重大后果，美国运用了危机升级战略来加强管理台海危机情势。2007年7月美国太平洋战区司令基廷对陈水扁搞的“入联公投”行为进行了批评。接着，美国国务院发言人麦考马克明确表示“美国反对以台湾为名申请加入联合国的公民投票”②。同年8月美国国务院副国务卿内格罗蓬特表示，台湾处理“公投”是项错误，美国也将视其为“朝向宣布台湾独立，和改变台海现状的一步”。接着，美国国安会亚洲事务资深主任韦德宁在白宫简报会时表示，“台湾或‘中华民国’此刻在国际社会中都不是一个国家”，美国认为“中华民国是个未定的议题”。③同年9月美国国务院主管亚太事务的副助理国务卿柯庆生表示，美国不承认台湾是“独立国家”，他表示，美国的底线是，这个“公投”对美、台利益可能伤害很大，因此美国必须强烈反对台湾当局“公投”这样的倡议。④ 在第十五次亚太经济合作组织领导人非正式会议上布什总统

---

① 台湾“中央社”，2004年12月6日华盛顿电。
② 参见美国国务院网站，http://usinfo.state.gov/mgck。
③ 台湾《自由时报》，2007年9月1日。
④ 台湾《自由时报》，2007年9月13日。

对胡锦涛主席表示，美国奉行一个中国政策，遵守美中达成的三个联合公报，反对任何单方面改变台海现状的行为，关于“入联公投”问题，布什表示，内格罗蓬特已代表美国政府迅速、明确地表明了反对台湾当局推动“入联公投”的立场。① 同月韦德宁在APEC会议的情况说明会上表示，“台湾”或“中华民国”并不是一个国家。民进党推动“入联公投”只会在两岸关系上增加没有必要的紧张情势。美国除了频繁严词批评陈水扁的“入联公投”外，也采取了一些反制措施，包括拒绝陈水扁在2007年8月“过境”美国本土出访中美洲。②

我们看到，尽管在民进党执政八年期间台海危机情势不断升级，但由于祖国大陆政府加强国际合作，特别是与美国一道加强了在台海危机管理上的合作，粉碎了民进党当局“法理台独”的企图，成功控制和化解了因陈水扁当局顽固坚持“台独”分裂活动而导致的台海危机的紧张情势。

三、台海危机管理：中国政府的模式选择

较为完善的危机管理机制是现代民族国家捍卫自身安全的重要屏障，也是维护自身利益的主要手段。正如叶海尔·德罗尔所言：“危机管理对许多国家具有极大的现实重要性，对所有国家则具有潜在的至关重要性。危机越是普遍或致命，有效的危机应对就越显得关键”。③对于中国来说，台湾问题一直是国家安全面临的一个巨大挑战。当前随着国民党在岛内全面执政，陈水扁执政时期“法理台独”活动对两岸关系的冲击将大大降低。但是我们应该看到，尽管因“法理台独”引发台海危机的可能性较小，但当前台湾岛内分裂势力的分离意识仍然存在，“台独”分裂势力在岛内的影响仍然不容忽视，因此，我们必须对台海危机管理的模式进行制度创新，才能改变被动应

① 台湾“中央社”，2007年12月6日台北电。

② 薛瑞福：《华府已对台出现失望情绪》，台湾《中国时报》，2007年8月10日。

③ Louis Kriesberg：Constructive Conflicts：From Escalation to Resolution（Lanham，MD.：Rowman Littlefield Publishers Inc.，2003），p. 159.

付的态势，增强台海危机管理的水平，有效推进祖国和平统一大业的进程。

首先，增强台海危机管理的实力基础。影响危机管理的因素有很多，毫无疑问，国家实力对比与国家利益的关系才是影响危机管理的首要因素。国际社会的无政府状态决定了国家实力在危机管理中的重要地位。国家实力的强弱在很大程度决定了其危机管理的能力高低和危机的大致结局。例如在围绕伊拉克核查危机的较量中，美伊（拉克）在国家实力上的过分悬殊是造成伊拉克政府危机管理失败、萨达姆政权被推翻的根本原因。国家利益作为影响危机管理的重要变量，它与危机管理之间存在着内在的本质联系，也就是说危机产生的根源在于行为体之间利益的冲突，危机管理的最终目的是获取行为体利益的最大化。对于中国政府来说，要增强台海管理的能力，就必须坚持走和平发展道路，牢牢把握住百年难得的战略发展机遇期，增强国家的综合实力。只有国家实力强大，才能从根本上防范台海危机的发生，也才能形成有效的管理台海危机的能力。当前，两岸关系正朝着积极改善方向发展，两岸关系和平发展态势有望形成，我们需要努力加快自身经济实力的增长，加快两岸经贸关系的紧密联系，唯如此，才能从根本上防范和遏制台海危机的形成和发展。

其次，努力消除引发台海危机爆发的根源。任何危机的爆发都是有一定的根源。民进党八年执政时期，台海危机情势之所以不断升级，这与“台独”分裂势力不断操纵有莫大的关系，但在某种程度上也是与台湾部分民众对大陆缺乏了解，两岸之间缺乏互信有着某种关联。我们应该利用两岸关系和平发展不断形成的有利态势，坚持把做台湾人民工作放在对台战略的核心位置，加强两岸民众的交流与交往，不断增强台湾民众对大陆的了解，让台湾民众成为反对“台独”分裂活动的主要力量，大幅削弱“台独”分裂势力的群众基础，这是有效解决台海危机爆发的重要一环。

最后，妥善利用美国因素增强台海危机管理能力。在台海危机管理中，我们必须妥善处理美国因素的存在。由于美国因素的长期、强势介入，我们在台海危机管理中必须重视美国力量的存在，重视美国力量对台海危机管理的正面影响和负面影响。我们应该看到，尽管台湾问题是中国内战的产物，属于中国内政问题，但美国长期涉入其中，成为影响台湾问题的重要国际因素。在这种情况下，我们就需要妥善利用美国因素来为我台海危机管理服务。在陈水扁执政八年期间，特别是陈水扁第二任期内，中美两国在台海危机管理上建立了某种合作与对话的机制，中国在台海危机管理上配合有力地打击了民进党“台独”分裂势力的野心，有效控制了台海危机情势的升级，特别是在“入联公投”问题上，美国对台湾当局的打压不断升级，在很大程度上使台海危机情势的紧张升级氛围大大降低。

两岸军事互信机制：理论建构与实现路径*

陈先才

国民党在岛内全面执政后，两岸关系正朝着良性的方向发展，两岸关系和平发展的态势正在不断形成，尽管我们目前没有“法理台独”的现实压力，但台湾分离主义势力仍有一定的社会土壤，两岸面临的结构性矛盾仍然存在，两岸未来在政治、经济、文化及社会诸领域出现一些摩擦的可能性也无法排除，激进“台独”势力强烈抵制两岸关系改善的可能性也是存在的。两岸在诸多领域的共识与互信并没有完全建立起来，两岸关系的脆弱性特征仍然非常明显。因此，把握好当前两岸关系和平发展中的历史契机，积极推进两岸军事互信机制的建构，其本身就是增进两岸互信的重要环节。尽管军事互信机制不是确保台海和平的灵丹妙药，但它却是避免两岸相互毁灭、降低两岸战争风险的“减震器”。更为主要的是，随着两岸关系的进一步发展，随着双方共识的不断增加，它必然有利于两岸政治互信的增加，在政治互信不断增长和两岸共识不断积累的双重驱动下，两岸进行军事互信机制谈判的可能性也在大大增加。

一、两岸军事互信机制的理论架构

（一）军事互信机制的概念

军事互信机制又称信心建立措施，它最初是由欧洲安全与合作会议发展而来的。它是在1973年赫尔辛基召开的欧安会筹备议程预备会议上提出来的。1992年，欧安会各成员国达成了维也纳文件，从而标志着军事互信机制

---

* 本文原载于《台湾研究集刊》，2009年第1期。

走向成熟。应该说军事互信机制是当代国际危机管理理论与实践的产物。第二次世界结束以来，美苏两国曾多次走到世界大战的边缘。特别是1962年的古巴导弹危机，差点引发了美苏之间的一场核战争。古巴导弹危机结束后，当时的美国国防部长麦克纳马拉说了一句话："今后的战略可能不复存在，代之的将是危机管理。"① 他的意思就是说，对于一场很难有胜利者的毁灭性战争而言，指导打赢这种战争的战略是毫无意义的，唯有阻止其爆发的危机管理才是实践所需要的。在长期的危机管理实践中，人们普遍认识到，建立军事互信机制是实现控制危机、防止战争爆发的重要途径之一。事实上，20世纪60－70年代以来，在美国与苏联、北约与华约及其他一些国家之间，相继建立起了不同程度和形式的军事互信机制，包括首脑热线、军事交流机制、边界互信措施等等，这些军事互信措施在很大程度上确实发挥了重要的作用。例如美国战略预警系统曾数次虚警，最严重的时候，面对来袭的苏联核导弹，美国最高当局下达了核反击的预先号令，"民兵"进入发射准备程序，载着核巡航导弹的B－52升空。所幸，美方的预警查证系统及美苏热线及时发挥了作用，避免了美苏之间爆发核战争的灾难发生。冷战结束后，随着国际局势的变化，国际社会对军事互信机制更为关注和重视。事实上，2002年美俄之间签订的《美俄削减进攻性战略武器条约》，它本身就是美俄两国维护国际安全，加强军事互信的体现。军事互信机制有广义和狭义之分。广义是包含许多政治、经济与环境的内容，这些与安全没有直接的关系，但其对增进区域信心及安全的间接作用，可能超过那些特别为促进信心与安全而设计的措施。狭义的是指为直接增加军事、安全而采取的措施。②由于两岸关系不是国家之间的关系，狭义的军事互信难以涵盖两岸关系的全部内容，因此应取其广义。

---

① C. Bell, The Conventions of Crisis, London: Oxford University Press, for the Royal Institute of International Affairs, 1971, p. 2.

② M. Susan Pedersno and Stanley Weeks, "A Survey of Confience and Security Building Measures", in Ralph A. Cossa, ed. Asia Pacific Confidence and Security Measures (Washington D. C.: The Center for Strategic & International Studies, 1995), pp. 82－83.

（二）军事互信机制的内涵

军事互信机制是为了增强各方在心理和信念上更加安全感的系列措施，其主要目的是增加军事活动的可预测性，使军事活动有一个正常的规范，并可借此确定双方的意图。① 其具体内容既包括军事信息的交换、军事行动或危险事件的报告与澄清、军事接触与交流、部分军事行动的事先通知、部分军事行动的开放、每年军事行动时间表的交换、军事行动限制措施及查证、军事热线的设置等。从广义来说，两岸军事互信机制的内涵还应该包括两岸的政治谈判、台湾政治地位的确定等诸多方面的内容。一般而言，建立军事互信有两种途径，一种是从政治领域的信任建立开始，然后再推广到军事领域。另一种则单纯建立军事领域的信任。其中，政治互信是军事互信的基础，军事互信是政治互信的延续。考虑到两岸关系的特殊性和高度敏感性，两岸之间建立军事互信不是一朝一夕就能完成的，而是需要双方不断通过互信和共识的增加与积累来逐步实现。就两岸而言，两岸可以先在经贸领域进入融合，达成制度化的安排措施，推进两岸经济体的一体化进程，经济上的相互依赖必然会促使两岸在政治上进行适当的安排，推动两岸在政治上的整合之路，当然在政治整合的过程中，就可以同时安排两岸在军事领域里的信任措施建立。因此，对于两岸关系来说，先经济，后政治，先政治，后军事应是一条比较适宜的可行路径。

（三）军事互信机制的功能

一般而言，军事互信机制主要有两大功能，一是在和平时期它能够增强双方的互信与共识，推进双方政治互信的积累和增加。对两岸关系来说，军事互信机制将有利于两岸在政治互信方面取得进展，为两岸政治对话营造良好的氛围。另一方面，在危机阶段，军事互信将有助于双方在军事方面加强沟通，起到降低危机情势的作用。

首先，军事互信机制有利于推进两岸政治互信。当前两岸关系正朝着和平发展的态势的方向迈进，但两岸关系中的结构性矛盾仍然存在，无法回

① John. J. Holst, "Confidence Building Measures: A Conceptual Framework", Survival, Vol. 25 (January/Feburary 1983), p. 2.

避。长期以来，两岸关系之所以大起大落，这当然与台湾当局顽固推行“台独”分裂活动有着直接的关系，但与两岸之间在政治上的互信没有建立起来也有着一定的关联性。事实上，正是由于两岸之间没有政治上的丝毫互信，两岸之间发生任何一点小插曲都可能影响两岸关系的正常发展，如果两岸在军事互信机制方面取得进展，将有助于推进两岸政治互信机制的建立，也有助于推进祖国和平统一进程向前迈进。

其次，军事互信机制有利于加强两岸在军事领域的互信。长期以来，两岸在军事上是对峙状态，双方以台湾海峡为界进行了长达60年的军事对峙。特别是在台海危机情势紧张的时候，双方更是剑拔弩张。这严重影响到两岸关系的发展和双方互信的建立。此外，由于美国长期以来不断向台出售武器，这在一定程度上也影响到两岸互信的建立。当前，随着国民党在岛内全面执政，两岸关系和平发展的态势正在不断形成，两岸关系的积极改善和继续向纵深领域扩展，将大大有利于两岸在军事互信机制的建立。随着两岸军事互信机制的建立，这将大大有利于双方在台海危机期间降低冲突的风险。与此同时，双方还可以就美售台武器问题进行谈判与磋商，从而降低相互敌对的心理，不断减少外部因素对台湾问题的干扰和介入。

最后，军事互信机制有利于两岸结束敌对状态。目前两岸长达60年之久的敌对状态仍然在某种程度上维持着。这种敌对状态是上个世纪40年代末国共内战的产物。在当前两岸关系和平发展的新时期，这种敌对状态显然不利于两岸关系的向前发展，也完全不符合当今时代的需求。因此，积极构建两岸在军事领域的互信机制，通过双方在军事上的互信和共识的建立，为尽早结束两岸敌对状态创造条件。

二、两岸军事互信机制建构面临的机遇和挑战

（一）两岸军事互信机制建构的历史机遇

首先，长期以来两岸双方都希望建立起军事互信机制。

台湾方面也希望建立起军事互信机制，以确保台湾的安全。从20世纪

90年代中期开始，台湾岛内一些军政人士，专家学者就开始提出在两岸建立热线，结束敌对状态等军事互信方案。1996年12月，台湾“国家发展会议”的研究报告就指出，两岸架设热线并互派代表，是结束两岸敌对状态并签署和平协议的要件之一。1998年台湾“行政院”负责人萧万长表示，就两岸整体关系的现状和未来发展而言，台湾赞同与大陆交换军事演习信息，建立互信机制以避免因误判而引发战争。他称，台湾当局和大陆交换演习资讯并实现演习透明化，不止可以降低敌意，更可以维持两岸与亚太地区的和平稳定。① 一般认为，这是台湾当局对军事互信机制的首次官方表态。1998年台湾的“国防报告书”中，首次把建立两岸军事互信机制作为“国防政策”中的重要军事政策抽出。而民进党上台后，陈水扁也逐步提出“建构台海军事安全互信咨询机制、建立两岸军事缓冲区”等建议。2000年8月出版的陈水扁上台后的第一版“国防报告书”中，把建立两岸军事互信机制提升为最高层次“国防政策”之一。2002年版“国防报告书”进一步增加篇幅，把两岸军事互信机制问题作为“国防政策”和国防重要施政提出，并首次进行了系统阐释。就台湾军方而言，他们对两岸军事互信机制也持相当肯定的态度。早在20世纪90年代罗本立任“参谋总长”时期，台军参谋本部就曾进行过建立两岸军事信任措施方面的研究。台湾历任“国防部长”也都提出过两岸军事互信的建议。②2002年版台湾“国防报告书”则首次将“建立两岸军事互信机制”列为重要篇章，且被视为国防部积极推动的政策之一，并规划出近程、中程和远程三个阶段来建立两岸信任措施。

中国大陆长期以来坚持两岸之间建立军事互信机制。2004年前，中国大陆在两岸关系和台海安全的实践中，虽然没有明确提出军事互信机制的建议，但一直强调沟通、对话与互信在两岸互动中的重要作用。并且多次呼吁在一个中国原则下就两岸结束敌对状态举行谈判。1995年“江八点”在谈到两岸和平统一谈判时，其中第一步就是双方就结束两岸敌对状态进行谈

① 台湾《联合报》，1998年4月18日。
② 李鹏：《台海安全考察》，九州出版社，2005年版，第163页。

判。[1] 2004年国台办中台办发表“5·17声明”，提出“恢复两岸对话与谈判，平等协商，正式结束敌对状态，建立军事互信机制，共同构造两岸关系和平稳定发展的框架。”[2] 这是大陆在两岸关系中首次提出建立军事互信机制的内容。此后，在中国的《国防白皮书》，“胡四点”，国共两党共同发表的“两岸和平发展共同愿景”中都提到若台当局坚持“九二共识”，两岸可商谈正式结束敌对状态、建立军事互信机制等问题。特别是胡锦涛主席在纪念《告台湾同胞书》发表30周年的讲话中，明确表示大陆方面愿意与台湾方面就军事问题进行接触、交流，探讨建立军事安全互信机制问题。这说明当前中国大陆在两岸军事互信机制建立问题上持高度积极的态度。

其次，国际社会对两岸建立军事互信抱有较大的期望。

美日等国出于台海局势稳定的目的，也希望两岸加强交流，通过对话解决争端，从而在两岸之间建立起某种互信机制。1996年台海危机后，美国开始认识到两岸建立某种沟通机制的重要性。1998年美国国防部主管亚洲事务的前助理部长坎贝尔就呼两岸可以逐渐建立“军事互信机制”，以期减少台海两岸的误判并促进台海地区的稳定。[3] 他在“战略与国际研究中心”所主办的一个研讨会上表示，他在1996年台海危机期间发觉台北与北京之间“竟然完全没有高层的沟通管道”。为此他强烈建议两岸双方应建立某种机制以发挥“危机沟通”的功能。[4] 事实上，在克林顿政府第二任期内，美国直接提出的“中程协议方案”就具有信心建立措施的内涵。1998年2月，美国密歇根大学教授李侃如首次提出中程协议的概念。其重点是：在一个中国原则下，台湾不宣布“独立”，大陆不以武力攻占台湾。台湾可以保留军队，台海维持50年和平。[5] 随后多位美国学者或退休官员多次提出两岸间应以维

---

① 江泽民：《为促进祖国统一大业的完成而继续奋斗》，载《一国两制与台湾》，华文出版社，1996年版，第85－93页。

② 《国台办就当前两岸关系问题发表声明》，《人民日报》，2004年5月17日。

③ 台湾《中国时报》，1998年4月24日。

④ 台湾《工商时报》，1998年5月22日。

⑤ Kenneth G. Lieberthal，“Cross－Strait Relations”，Paper Presented at the“International Conference on the PRC Ater the 15 Party Congress：Reassessing the Post－Deng Political and Economic Prospects”，February 19－20，1998. http：//www.future－china.org/spcl－rpt/unfy－tm/c88120601.htm.

持两岸为基调建立一个中程协议。1999年3月，美国助理国务卿斯坦利·罗思在威尔逊中心演讲时第一次以官方身份提出中程协议设想。他建议台海两岸可在一些较困难的议题上透过谈判，并纳入“信心建立措施，获致中程协议”。美方对中程协议的具体意见包括：大陆“不武”台湾“不独”，两岸“三通”，台湾“外交空间”扩大，五十年过渡，军事领域信心建立措施安排，第二轨道对话，双边机制设立以及监督协议的履行等。[①]2001年后随着小布什政府上台，美国不再热衷于中程协议方案，在推动两岸互信的问题上美国只是强调两岸通过对话交流解决争端，而且日美开始以联合的姿态出现。2004年赖斯访问日本，美日表示要共同努力促进两岸对话。[②]2005年2月，在日美2+2会上，日美提出“中国增加军事透明度”的内容，并将之视为敦促两岸实现军事互信的重要组成部分。

最后，国民党全面执政后两岸建立军事互信机制的条件不断成熟

当前，国民党在岛内全面执政后，两岸关系和平发展的态势正在不断形成，两岸关系进入了一个新的历史契机。当前两岸经贸关系不断发展，两岸人员交流不断频繁，两岸关系和平发展的局面正在不断形成。马英九上台以后，“海协会”和“海基会”成功复谈。“两会”北京会谈签署了包括周末包机和大陆居民赴台旅游等重要协议，“两会”台北会谈签署了包括两岸海运直航、空运直航、邮件及食品安全等四项重要协议。这些协议的签署对于推动两岸关系向前发展起到了直接的作用。使两岸关系不断得到改善，两岸政治互信不断积累和增加，特别是马英九公开宣示两岸关系不是“国与国之间的关系”，而是地区与地区的关系，表明了马英九当局放弃了李登辉、陈水扁执政时期的“台独”分裂路线，这对于两岸关系的改善和向前发展无疑具有重要的积极意义。随着两岸政治互信的不断积累，这必然为两岸建立军事互信关系奠定良好的基础。

---

① 林正义:《台海两岸信心建立措施》，参见 www. inpr. org/publish/pdf/m11 -6. pdf。

② Meeting held by Prime Minister Junichiro Koizumi and Minister for Foreign Affairs Yoriko Kawaguchi of Japan with Assistnat to the President for National Security Affairs Condoleezza Rice of the United States of America. www. mofa. go. jp/region/n - america/us/meeto407 - 2. html.

（二）两岸军事互信机制建构的现实挑战

首先，两岸在军事互信机制建立的目的与意图上存在差别。尽管当前两岸关系和平发展的态势正在不断形成，但这并不表明两岸在军事互信机制方面存在着完全的共识。当前两岸在建立军事互信机制方面的共识，就是希望通过这种军事互信机制的安排，减少未来两岸之间的军事摩擦，特别是降低两岸发生冲突的潜在危险。这是两岸双方都需要的。但事实上，两岸在军事互信机制建立的目的和意图方面仍然存在着重大的差别。台方虽然希望两岸建立起军事互信机制，但其更深层的意图还在于希望借此达成确保其安全，消除大陆武力攻台风险的机制化安排。台湾当局并没有把推进两岸军事互信与政治互信紧密联系起来。因此，从某种程度上说，台湾当局的意图有一种工具化的色彩。即把两岸军事互信机制视为加强其安全的工具，而不是目的。相反，中国大陆则是希望通过两岸军事互信机制的建立，能够有力推进两岸政治互信的积累和增加，推进两岸和解，甚至推动两岸最终朝着和平统一的方向迈进。显然双方在军事互信的目的和意图方面的期待是存在一定的落差。

其次，台湾分离意识是两岸军事互信机制建立的重大障碍。马英九上台后，国民党执政当局摒弃了民进党时期“法理台独”的政策路线，使两岸关系向前发展相对稳定，可以预期。但是我们也要看到，台湾的分离主义势力仍然有一定的社会土壤，“台独”分裂势力在岛内仍然有着一定的民意基础和影响政局的能力。这些都对两岸军事互信机制的建立起到了巨大的障碍作用。对于中国大陆来说，建立军事互信机制的一个根本前提就是必须坚持一个中国基本原则，离开这一原则，则两岸军事互信机制的建立无从谈起。两岸建立军事互信机制从本质上说是一个政治问题。必须在一个中国原则下进行。因此，建立军事互信的基础是坚持一个中国原则。两岸建立军事互信应该是两岸政治谈判的结果，是两岸关系进入和平发展阶段的主要表现和重要成果之一。显然，在目前岛内蓝绿政治对立氛围不断高涨，特别是“台独”分裂势力破坏两岸关系改善和发展的图谋日益明显的情势下，这对于两岸军事互信机制的建立带来了严重的战略险情。

最后，外部势力仍然对两岸建立军事互信机制有负面影响。

当前外部势力仍然介入到台湾问题上，特别是美日等国在台湾问题上仍然执行两面的政策和抱有某种不良的获利心态。一方面，美日等国也不希望两岸发生冲突和战争，因为这样会直接影响和冲击到它们在台海地区的战略利益和经济利益。但另一方面，它们也不希望两岸关系走得太近，不希望两岸达成真正的和解和走向最终的统一，而是希望维持两岸分离的现状，这样才能维持其在海峡两岸获利的目的。目前，尽管日美希望两岸能够和平对话来解决双边分歧，但冷战后日美同盟的不断强化，其推行的台海政策极大地阻碍着两岸互信的建立。突出表现为美日的台海双重遏制政策。事实上，美日的双重遏制政策加剧了两岸之间的敌意。军事互信机制成功实施的一个重要前提就是双方都认为可以减少不确定性，避免产生冲突以及使双方关系更具预测性，以符合美国的国家利益。① 但美日双重遏制政策的效果却是使两岸之间的不确定性在不断增加。它加剧了两岸的军备竞赛。因为日美同盟的核心内容就是维持台海两岸的军力平衡，这无疑加剧了两岸之间的军备竞赛，破坏了两岸建立军事互信的可能性。成为影响两岸军事互信机制建立的另一战略险情。例如，2008 年 10 月 3 日，美国政府宣布向台出售 6 项军事设备，包括有 330 枚爱国者三型防空导弹及相关设备、30 架阿帕奇武装攻击直升机、F16 及 F5E/F 等多型战斗机补给零件、4 套 E2 预警机升级套件、32 枚鱼叉式反舰导弹及两套仿真器以及 182 枚反坦克导弹，价值总额高达 64.63 亿美元。② 美国不断加大对台军售动作，无疑对两岸建立起军事互信机制造成了重大的破坏作用。

三、两岸军事互信机制建构的实现路径

（一）两岸军事互信机制建构的前提条件

由于海峡两岸之间长达 60 年的分治状态，使两岸在政治、经济、社会、

---

① Donald S. Zagoria&Chris Fugarino. eds. , p. 158.

② 新华社，2008 年 10 月 4 日华盛顿电。

法律等制度层面形成了巨大的差异，也使两岸民众的生活方式有着很大的不同。长期的隔离状态，使两岸民众之间缺乏了解和互信，特别是岛内民众在很大程度上对大陆还仍然存在一定的疑虑心态和不信任感。因此，在当前两岸关系和平发展态势不断形成的历史新时期，两岸在军事互信机制的建构问题上，如果过多地强调前提条件和原则性的框框，则可能会影响到两岸军事互信机制的最终建立和良性运转。当然，两岸也不可能为了军事互信机制的建立而放弃一些必要的前提条件。两岸军事互信机制机制建立的前提条件就是必须坚持两岸同属一个中国的基本原则。这是根本的前提条件，也是不容回避的重要条件。在这个前提条件下，两岸完全可以就军事互信机制建立的相关问题进行研讨和协商。在当前两岸关系发展中，两岸同属一个中国的前提条件主要包括以下几个方面的内涵：一是两岸之间的军事互信活动不仅在两岸之间，而且在国际社会中都不能损害到一个中国的基本架构和基本原则；二是两岸军事互信机制是两岸在军事领域进行合作的特殊的一种表现形式，它仅适用于台湾和中国大陆之间；三是两岸都有始终共同维护整个中国的国家安全、主权及领土完整的基本义务。也就是两岸军事互信必须要确保大陆和台湾的安全，要确保不让外来势力侵犯整个中国的安全、主权及领土完整，确保中国的统一地位不受到任何侵犯。

（二）两岸军事互信机制建构的主要内容

两岸军事互信机制建立的内涵相当多，概括起来主要应包括以下十一个方面：第一，对台湾军队的军购问题要有明确的安排。在两岸军事互信建立过程中，必须要对台湾的军购问题进行相关的规定。台湾的军购问题长期以来一直是两岸之间进行军备竞赛的重要助推器。军购问题本身就是一个重大而敏感的问题，它直接涉及海峡两岸军力对比，更是事关两岸军事互信的信任基础问题；第二，结束两岸之间的敌对状态。两岸敌对状态是半个多世纪以前国共内战的产物，不符合当前两岸的主流民意要求两岸关系和平发展的普遍愿望。因此，两岸应该通过谈判正式结束长达60年之久的敌对状态；第三，必须要有反对“台独”分裂活动的鲜明立场。两岸军事互信机制的建构是在一个中国的基本前提下进行的，因此，反“台独”必然成为两岸军事互信机制建构的一个重要内容。因此，台湾当局必须停止一切形式的分裂活动。任何分离的举动和步骤，都将直接违背一个中国的基本原则，这与两岸军事互信格格不入。它包括“法理台独”、“修宪制宪”、“台独公投”、“文化台独”、“去中国化”等诸多方面的内容；第四，双方共同维护整个中国的领土及主权完整。包括在钓鱼岛及南海诸岛的主权维护中采取共同的立场，一致维护整个中国的权利。特别是在应对外来势力染指整个中国的领土、领空、领海等权益的企图时，双方要共同抵御外敌入侵。双方在这方面必须要有共同的政策声明和应急措施；第五，健全两岸军事互信中的危机管理机制。两岸军事互信机制还必须要有健全的危机管理机制在内，这将有利于确保军事互信机制运作中的顺畅，以及双方矛盾的化解等等；第六，两岸军事互信机制要排除外部势力、国际组织与集团的介入和影响。要杜绝和防范把两岸军事互信机制“国与国”化的色彩，特别是要防止把国际上的军事互信机制套用到两岸问题上。引入外国势力，引入国际组织与集团干预，其实质是推进两岸军事关系“国与国”军事关系化。因此，海峡双方都不能与任何外国结成事实上的军事同盟关系；第七，军事互信机制并非以裁军为前提。但要增加双方特别是台湾方面的安全信心。由于两岸军事互信机制是针对两岸之间的一种特殊的安全方面的安排措施，它首先应该是一种能够增进两岸之间互信的有效制度安排，但由于两岸关系并非两个国家之间的关系，而是一个国家内部的关系。因此，裁军不是两岸军事互信建立的必要前提条件。但中国大陆有必要采取相应措施，让台湾降低对其安全的顾虑和担忧；第八，两岸军事互信机制的建立，不能以终止和减少大陆在东南沿海军事活动为主要目标。即台湾方面要考虑到中国大陆作为一个世界性的政治、经济大国的现实，其国家利益的诉求是全方位的，多向度的。中国大陆既有维持区域安全的考量，又有维护全球层面安全的需求。应该说大陆在东南沿海的军事部署与军事活动的根本目的并非针对台湾，而是维护整个中国的国家安全和国家利益。这一点是非常重要的内容。在两岸军事互信机制建构的协商中，大陆有必要向台湾方面予以说明，台湾方面要体谅到这一点；第九，双方可以考虑共同设立厦金特别和平区。将厦门和金门作为两岸军事互信建立的先行先试区，在这个区域内双方可以建立起完全的信任措施，严格限制危险性的军事活动，并设立紧急通讯联络线路；第十，双方还要在军事互信机制方面的验证措施上达成共识。双方如何确保验证措施的有效性和权威性，是减少双方疑惑，增加两岸军事互信的重要一环。第十一，两岸军事互信机制的其他内涵，还包括两岸军事交流团互访，高层军事领导定期会晤，两岸军舰互访，合作开发外太空，两岸军校间交流、共建，联合军演，共同保卫钓鱼岛等领土，两岸共同派遣军舰在全球各地为两岸商船的安全护航等等。

（三）两岸军事互信机制建构的路径选择

鉴于两岸关系的历史和现实，特别是两岸关系的复杂性和敏感性，两岸军事互信机制建构的路径主要涉及两个方面，一是政治路径，二是军事路径。

政治路径。主要是指两岸要真正建立起军事互信机制，就必须要有高度的政治互信。事实上，两岸政治互信是两岸军事互信建立的重要前提。军事历来就是服从和服务于政治的需要。军事互信必须建立在政治互信基础之上。军事互信机制必然包含建立双方高层沟通管道，这就要触及到政治层面和政治机构。海峡两岸要建立军事互信，必须进行政治谈判。如果没有政治层面的互信，这一谈判的主体问题就难以解决。没有政治机构的谈判，何来军方谈判？因为军事互信机制不能依靠两岸军方的私相授受。政治上的问题解决了，军方专家才能讨论具体问题；在当前形势下，两岸之间要形成这种政治互信，就必须在以下几个方面不断努力：一是两岸在坚持一个中国的原则下进行政治对话与谈判，最终达成两岸和平协议，为两岸军事互信机制建构营造良好的政治氛围。因此，一个中国原则是两岸军事互信机制建构的基本前提。离开这个前提，则两岸军事互信机制的建构无从谈起。二是当前两岸可以就一个中国原则达到框架性共识，至于一个中国的具体内涵可以暂时搁置起来，留待以后再议。三是两岸必须共同维持当前两岸关系和平发展的局面。两岸关系和平发展是两岸军事互信机制建立的重要前提。只有两岸关系和平发展，才能为军事互信机制的建立营造良好的氛围，为军事互信机制的建立提供某种可能性条件。四是两岸军事互信还必须要有强烈吸引海峡两岸各方参与的兴趣，或者说要有吸引两岸决策最高层参与的强烈意愿。对于台湾来说，两岸军事互信机制必须要能够确保台湾的安全，要降低台湾当局对大陆可能武力攻台的担忧。而对于中国大陆而言，两岸军事互信机制则必须要有确保台海的和平稳定和防范与遏制“台独”分裂活动的潜在威胁之功能。

军事路径。主要是指两岸之间的军队要在军事领域进行广泛的联系与合作。建立两岸军事互信机制，还必须要加强两岸军队的交流与合作，特别是两岸军事院校的交流与合作，在两岸军队之间设置军事热线，增加两岸军事行动的透明度，加强两岸军事情报交流机制的建设，建立两岸不同层级军事领导人互访制度，双方互相邀请对方参观相关军事演习活动等等。除了双方在军事领域的具体信任措施安排外，台湾地区军队的战略目标以及台湾军队购买武器等问题也要纳入协商范围之中。此外，对于两岸的军队而言，特别是台湾地区的军队必须要在反对“台独”等问题上要有明确的态度，也就是说两岸军队在反对“台独”的立场上不仅要旗帜鲜明，而且还要有切实可行的应对措施。

（四）两岸军事互信机制建构的措施步骤

两岸军事互信机制建立的措施和步骤主要有：

首先，近期规划。两岸军事互信机制建构的近期规划就是要消除部分台湾民众对大陆的疑虑，增进两岸之间的互信和共识，维护两岸之间的和平。可以采取以下措施：一是大陆方面可以暂停对台军事部署的新活动。例如大陆方面在时机成熟时可以考虑冻结并停止针对台湾的弹道导弹领域的相关活动；二是台湾方面要停止与任何外国进行分享大陆情报的活动，要终止针对大陆的与外国在装备、人员和情报交流方面的活动；三是海峡两岸在台海海峡“中线”问题上要暂时搁置争议，不要对舰艇进行攻击，但可以进行监控；四是每年双方都要发表涉及台海区域的军事白皮书，可以预告演习、或邀请对方派人观摩；五是双方要建立热线联系管道，防止非故意的军事意外或冲突发生；六是展开军事学术研究交流、实现军事人员之间的互访；七签定海上安全协定、海上共同救援通报协定；八是设立核查机制，互派观察员、设置预警站等。包括两岸逐渐增加军备透明度，落实海上人道救援协议，慎重选择军事演习区域和时机，并事先通告对方，加强双方进行军事合作的平台建设和制度建设。

其次，中期规划。两岸要增加信任，共同维护整个中国的国家安全，并保证两岸关系的和平稳定与和平发展。具体措施包括：一是两岸不针对对方采取军事行动；二是建立两岸领导人热线机制；三是两岸的中低阶层军事人员进行交流互访，相互派员观察军事演习、参访特定的军事基地；四是建立两岸军事高层人员安全对话机制，定期举行军事协商会议；五是两岸海军舰艇互相访问；六是划定两岸非军事区，建立军事缓冲地带，交换军事资料，落实检验制度；七是大陆逐步减少针对台湾的进攻性武器的部署，台湾不再购买威胁大陆的武器系统，双方坚持两岸关系是中国内政的基本原则。

最后，远期规划。通过近期和中期两个阶段的发展，两岸军事互信机制的远期目标就是要努力为两岸关系和平发展营造良好的氛围和环境，通过两岸在政治及军事领域互信的不断增加，积极推进两岸和平统一进程向前发展。

四、两岸军事互信机制建构的历史意义

通常来说，在国际社会建立军事互信机制，它是国家之间为增进相互了解、减少猜疑，从而缓解紧张局势并防止战争意外爆发而采取的一种预防措施，[①] 它同时也是国家之间的政治互信在军事领域的具体体现。而两岸军事互信机制则是在一个国家的内部，在台海两岸之间建立的包括改善安全环境在内的某种预防措施。因此，两岸军事互信机制与国际社会不同国家之间建立的军事互信机制有着本质的差别。这是我们研究两岸军事互信机制建构不能忽视的重要一环。从两岸关系的现状与发展来看，两岸军事互信机制建构的意义主要表现在以下几个方面：首先，它有利于降低两岸爆发冲突的危

① Michael Krepon, et al., eds., A Handbook of Confidence - Building Measures for Regional Security (Washington D. C.: The Henry L. Stimson Center, 1998).

险。长期以来，由于政治上的对立和军事上的对峙，台海地区一直是亚太区域可能爆发冲突和战争的高危险区域之一。如果两岸能够建立起军事互信机制，形成一套军事预警或紧急应对机制，两岸通过交流和沟通来避免军事冲突或减少误判，将能够大大降低两岸冲突的风险，也有利两岸在危机期间降低危机情势。其次，它有利于维持台海地区的稳定和现状。目前两岸双方都希望维持台海现状，这符合当前各方的最大利益。两岸建立军事互信机制，可以使台海地区的安全和平得到较大的保障，从而达到稳定台海局势的目标。再次，它有利于新时期争取台湾民心工作的开展。长期以来，由于台湾当局的恶意宣传，台湾民众对大陆在台海地区的军事部署普遍持相当负面的态度，如果两岸能在军事互信机制建立方面取得进展，将使广大台湾同胞感受到大陆的爱心和祖国的温暖，从而产生共同富强国家、复兴中华民族的责任感、使命感，这必然有利于争取台湾民心工作的开展，有利于祖国统一进程的向前迈进。最后，它有利于将两岸关系牢牢稳固在“一中原则”的框架之下，有利于遏制“台独”分裂势力的活动，也有利于封堵外部势力干涉台湾事务的企图。

1949年以来金门在两岸关系中的地位与作用*

林 劲 聂学林

金门地处台湾海峡的西侧、福建南部九龙江口的厦门湾，在地缘上属于中国大陆的内海岛屿。几百年来，金门一直在台海两岸的交流与互动中扮演着重要的角色和地位。早在17世纪初郑成功起兵抗清之前，大、小金门以及厦门诸岛就是中国沿海渔民往来台、澎，从事渔捞与贸易的根据地，也曾是葡、荷等国觊觎的贸易口岸。随着明郑的兴起，金、厦二地更成为明郑王朝与满清抗衡数十年的根据地，接着又成为大陆民众移往澎湖与台湾的中继站，从而对台、澎早期的开发作出了相当程度的贡献。1949年以后，金门被在国共内战中溃败的国民党军队所占据，由于其特殊的地理位置，使得国共内战造成的两岸关系互动态势推展到距台湾本岛一百多海里的台湾海峡西侧。而金门在两岸关系中的地位和作用，也不可避免地随着两岸互动态势的起伏而演变。

一、金门在20世纪50年代至70年代末两岸军事对峙时期的地位与作用

在1949年10月下旬的“金门战役”之后，金门为国民党军队据守，两岸进入军事对峙状态。20世纪50年代至70年代末，金门及其附近海域成为两岸冲突最为激烈而频繁的地区，是20世纪50年代台海两次危机爆发的重要地区，金门成为台湾当局维护台、澎安全的屏障和反攻大陆的跳板，以及所谓“捍卫自由世界”的反共前哨与桥头堡，并成为台湾当局武装骚扰大陆沿海地区的主要营地之一。同时金门也是两岸相互进行政治宣传、心理作战

---

* 本文原载于《台湾研究集刊》，2008年第4期。

的前沿区域，既是台湾当局进行反共政治宣传的重要据点，又是接收祖国大陆对台宣传的直接渠道。

在20世纪40年代末国民党发动内战失败全面溃退的计划中，蒋介石认为，纵使其他岛屿均不得不放弃，台湾则必须以任何代价坚守之，其次要者为海南、舟山与金门。① 可见蒋介石高度重视金门的战略地位，深知其得失关系到台湾的安危。1949年10月，人民解放军在解放厦门之后发动解放金门的战役。由于种种原因，此次战役遭受严重损失而告失败。金门战役是国民党在大陆全面溃败后军事上的一个重要转折点，使得兵败如山倒的军队得以喘息并稳住脚跟。在国民党军方许多高层人士看来，金门战役是一次由败转胜、以弱击强的重大战役，鼓舞了当时国民党的军心士气，奠定了金门在国民党退据台湾后的战略屏障地位，加深了台湾的纵深防守。② 其后几十年，台湾当局将此役称为“古宁头战役”、“古宁头大捷”，并设立相关“战史馆”，宣扬所谓“古宁头精神”，借以提升所谓“反共复国”的信心。

金门战役之后，两岸开始长达30年的军事对峙时期，而原来本为一体的金、厦二岛及其人民在一夕之间也被隔绝成互不往来的两个世界。相较于一个多世纪以来只有短短四年（1945－1949）统一历史经验的台海两岸，中国的分裂对金门与闽南地区“小两岸”的分裂所造成的伤害，可谓更加真切与不堪。

20世纪50年代至60年代初期，祖国大陆为完成国家统一大业，前期积极准备武力解放台湾，同时要反对美国干涉中国内政而武力协防台湾，遏制国际反华势力制造“划峡而治”、“两个中国”的阴谋；台湾国民党当局不甘心在大陆的失败，企图利用“第三次世界大战”的爆发“反攻大陆”；因此两岸在金门地区采取了激烈的军事对抗行动，其中以20世纪50年代的两次“台海危机”最为显著。

1954年9月3日起，为了显示解放台湾的决心和力量，同时配合解放浙

① 张火木：《金门古今战史》，台北：稻田出版有限公司，1996年版，第42页。

② 张火木：《金门古宁头战役的历史意义与影响》，转引自金门县议会编印：《纪念金门古宁头大捷四十五周年研讨会实录》，1994年版，第36－40页。

东外海的岛屿，为了反对美国与台湾当局签订所谓的《共同防御条约》，大陆连续炮击大小金门及大担、二担等岛屿，台湾当局连续出动飞机一千多架次，对大陆炮兵阵地和纵深目标实施报复性轰炸，直至1955年2月人民解放军解放一江山岛和大陈岛，第一次台海危机才告结束。经过这次危机，国民党军队从浙东沿海岛屿完全撤退，其在大陆沿海的据点仅剩下金门、马祖等少数福建沿海岛屿。对金门而言，这一次台海危机结束之后，台湾当局随即在1956年6月，将金门与马祖一起划为“战地政务实验区”。从此金门进入军政合一的军管时代。随之而来的就是全民皆兵的民防组训，无限上纲化的“军事优先”，以及无所不在的“反共教育”，从此军、党、政三位一体的战地政务体制主宰了金门的政经发展，也限制了金门民众应享有的各种权利。

1958年8月23日起，为了反对美国企图逼使台湾当局放弃金、马，为了惩罚台湾当局不断对大陆的骚扰活动，大陆以前所未有的规模再次猛烈炮击金门等岛屿，并且封锁台湾对金门的海空运输，双方爆发了前所未有的海战和空战。在两次宣布停火三周之后，为防止美国再逼迫台湾当局从金、马撤军，制造“划峡而治”、“两个中国”的阴谋，大陆于10月25日宣布此后将实行无限期的隔日炮击，即象征性的“单打双不打”政策，第二次台海危机才告结束。

为了避免再次爆发台海危机，在美国政府的施压之下，台湾当局在1965年之后停止对大陆东南沿海的武装骚扰活动，因此两岸自1965年“崇武海战”之后至20世纪70年代末再没有发生大规模的军事对抗行动，两岸关系从此进入冷战式的军事与政治斗争。金门充当了台湾当局对大陆进行有线广播宣传、炮打宣传弹、空飘及海漂宣传品的重要据点，同时也相应地成为接受大陆对台有线广播宣传、炮打宣传弹、空飘及海漂宣传品的前沿地带和主要地区。

在两岸军事对峙时期，大陆之所以未攻占金、马，主要目的在于将攻占金、马与解放台湾统一起来，即“金、马问题与台湾问题一并解决”，以金、马拖住台湾当局，进而拖住美国，同时通过金、马与台湾当局保持联系。而台湾当局尽管受到美国要求从金、马撤军的强大压力，但仍然坚决不肯放弃金、马。在他们的眼中，在军事上，金门、马祖等沿海岛屿进可以作为反攻大陆的跳板，退可以作为防守台、澎的屏障；在法律上，占有金、马等沿海岛屿，标志着台湾当局仍然有效地控制着一部分隶属于福建省的领土，并非完全只能管辖台湾一省的地方当局；在政治上，它象征着反共的决心和意志，可以用来鼓舞士气；在策略上，它是把美国拖入新一轮国共内战的理想场所，可以借此达到迫使美国提供帮助以便实现其“反攻大陆”的目的。①不过，随着时间的推移和两岸形势的变迁，金门对于台湾当局来说，其作为反攻大陆跳板的实际军事战略价值不可避免地逐渐失去其意义，相反地，以金门的地缘条件作为对外宣示不忘“反攻大陆”的职志，反而攸关国民党当局在台统治的道德基础。可以说，“战地金门”的政治意涵已经远远高于它的军事意义：即使在军事反攻事实上已经成为不可能时，台北仍然必须对外表明反攻的决心，而证明台北具有反攻决心最为直接有力的说法，就是在接近大陆的金、马外岛屯驻重兵，并且在实际上与对外宣传上，将金、马定位为台北的前线与战地。②

在两岸军事对峙和政治冷战时期，金门成为台湾当局的“反共桥头堡”、“插入大陆心脏的尖刀”，完全服务于台湾当局“反共复国”的基本政策。金门在两岸关系中的这种地位，实际上是以牺牲金门地方建设和民众利益为代价的。由于客观环境和条件的限制，金门的经济发展长期处于停滞落后的状态，地方税源欠缺，“国民所得”长期以来只有台湾本岛的五成到六成。由于实施“战地政务”，未能推行“地方自治”，金门民众未能享有台湾本岛民众的政治权益，长期处于“不问国家为我尽什么权利，只问我为国家尽什么义务”，即只有奉献牺牲，没有索取获得的状态。更有甚者，在军事管制期间，民众权益遭受侵害的不公不义事件司空见惯，民间土地被占用，民宅、民众物资被征用是义务；自卫队员衣物自费、三餐自备受训也是义务；

---

① 郑永平：《台海危机期间的美台关系》，载资中筠、何迪编：《美台关系四十年：1949－1989》，人民出版社，1991年版，第122页。

② 罗德水：《两岸关系发展与金门定位变迁之研究——一个金门人的观察》，淡江大学中国大陆研究所硕士论文，2000年。

不需法院搜查令，军队即可随意进出民宅是义务；至于日常不得收听收音机，不得自由活动的限制也是义务。① 金门是最接近大陆的“反共复国”的前线，但与大陆是对立和隔绝的，由于金门资源贫乏，及历史上对大陆的依附性，其需要的民生物资只能舍近求远，转为依靠台湾本岛来解决。由于经济、社会、文化、教育等方面条件的限制，金门年轻一代难以在金门本地寻找人生发展的道路，只能到台湾本岛或海外求学、求职，寻求发展。不过，话说回来，正所谓因祸得福、福祸相依，尽管当初台湾当局在金门实行的军事管制严重制约了金门当地的经济发展并剥夺了金门民众应有的各种权利，但出于军事战备需要而实行的政策却也绿化、美化了金门的环境，让金门具有闽南文化特色的传统聚落能够完整地保存下来，同时也留下了大量独具特色的战地遗迹和设施。这些东西在金门摆脱战地属性之后转而成为其发展观光产业的重要资产。

对于金门在两岸军事对峙及政治对立时期的地位与作用，台湾学者石之瑜认为，金门被台北、北京、华盛顿当成政治舞台，用于表达各自政治立场；金门其实像是祭坛，每当各方在自己的政策领域内受到挫折时，便将金门当做牺牲品，供奉给各个政权的抽象信条。这些信条在台北是“反共复国”，在北京是独立自主与反帝，在美国则是围堵。靠着定期地牺牲金门，他们这些信条，在自己的子民面前仍然信用十足。②

二、金门在20世纪70年代末至2000年两岸政治对峙、民间交流逐步发展时期的地位与作用

1979年元旦，中美正式建交，全国人大常委会发表《告台湾同胞书》，提出和平统一的对台方针，两岸关系发生重大转折，进入新的历史时期。这

① 李增城：《寻找金马的生命共同体》，转引自金门县议会编印：《纪念金门古宁头大捷四十五周年研讨会实录》，1994年版，第99页。

② 参阅石之瑜：《步下历史祭坛——瞻望“后两岸关系”时期的金门》，转引自金门县议会编印：《纪念金门古宁头大捷四十五周年研讨会实录》，1994年版，第50页。

一时期，祖国大陆在结束十年“文化大革命”之后，以中共十一届三中全会为标志，将工作重心转移到经济建设，推动改革开放政策，经济迅速发展。与此同时，提出了一系列“和平统一”的方针政策，从“叶九条”、“邓六条”到“江八点”，推动两岸关系朝着缓和与改善的方向发展。而台湾当局在经历了20世纪70年代的政治、经济及外交等方面危机之后，以国民党十二届三中全会为标志，着手推动所谓“政治革新”，开始政治体制改革及民主化进程，从“解除戒严”、“开放党禁”、“报禁”，到终止“动员戡乱时期”，进行“宪政体制改造”。与此同时，与政治体制改革相适应，台湾当局调整了一系列的大陆政策，开放台湾民众赴大陆探亲及逐步放宽对两岸民间经贸等方面交流的限制。尽管台湾当局初期对于大陆“和平统一”方针采取“不妥协、不接触、不谈判”的“三不”政策，尽管两岸尚未进行结束敌对状态的谈判，尽管中美建交、美台“断交”并废除“共同防御条约”，美国从台海撤军后仍以《与台湾关系法》干涉台湾问题，但是长达30多年的两岸军事对峙终告结束，两岸进入政治对峙时期。20世纪90年代之后，两岸政治对峙由以往的意识形态、政治制度的对立（即内争国家统治权、外争国际代表权）演变为围绕“一个中国”原则的分裂与反分裂的斗争。同时两岸民间经贸等各方面交流迅速发展，从而产生了为解决两岸民间经贸交流衍生的一系列问题的两岸官方委托的海协、海基两会的商谈模式。

随着两岸关系的缓和，金门在两岸关系中的地位与作用也经历了演变与转型的过程。这一过程以1992年11月7日解除“战地政务”为标志分为两个阶段。金门的地位与作用既是金门民众为维护地方及自身利益而必须探索的课题，也是台湾政坛政党斗争的议题。

在1979年元旦全国人大常委会发表《告台湾同胞书》的当天，国防部宣布从即日起停止炮击金门等沿海岛屿，大陆沿海原有对金门等岛屿的政治宣传方式随之作了相应的重大调整，停止了对金门等岛屿的有线广播和空飘、海漂宣传品等工作。20世纪80年代初期，紧邻金门的昔日军事重镇厦门与广东省的深圳、珠海、汕头一起被确定为首批“经济特区”，经济开始迅速发展。此后，台湾当局也在金门逐步放弃了相应的反共宣传活动，逐步减少在金、马的驻军。显而易见，两岸军事对峙状态的改变，使金门原有的“反共军事前线”、“反攻大陆桥头堡”的战地角色随之发生根本性的动摇；尽管金门形式上仍然处于两岸政治对峙的前沿，但已经丧失了原有台湾当局对大陆进行反共政治宣传据点和接受大陆对台宣传管道的功能，因此需要在两岸关系中予以重新定位。

由于特殊的地理位置和历史渊源，在结束军事对峙及相互政治宣传的金门海域并不平静，逐渐成为两岸小额贸易最为热络、最为密集的地区，大批金门民众赴大陆探亲、旅游、贸易、置产。至20世纪90年代初，金门民众不顾台湾当局限制由海上直航赴大陆探亲、旅游、结婚已是公开的秘密。金门与大陆货物交流频繁，日常食品已有80%来自于大陆。在此期间，金门成为处理两岸某些事件及商谈解决民间交流事务极为合适的场所，特别是1990年9月两岸红十字会代表在金门签订的关于进行两岸人员遣返作业的《金门协议》，更是开创了两岸通过中介团体进行协商谈判的新机制。

随着两岸关系的改善与缓和，在如何发挥金门的地位与作用的问题上，存在金门地方政府及民众的主观愿望与台湾当局政治考量的矛盾，存在着金门地方利益与台湾当局政治利益的矛盾，亦即局部与全局的矛盾。金门地方及民众注重于经济发展和民生需要，而台湾当局注重于“国防安全”和“政治筹码”，两者之间的矛盾可以鲜明地体现在一系列的重大事件上。当台湾当局于1987年宣布解除台湾本岛、澎湖群岛以及其他附属岛屿的戒严令并且宣布开放党禁、报禁的时候，同属台湾当局管辖的金门和马祖等岛屿却依然处在战地政务体制的控制之下。甚至到了1991年5月1日台湾当局宣布终止“动员戡乱时期”之时，金门与马祖两地“防卫部司令”却仍然径自发布“临时戒严令”，宣布金、马地区自该日起实施“临时戒严”。此举随即引发金、马民众的强烈愤慨和抗议，他们发起并组织了声势浩大的“五〇七反金马戒严”民主运动，以向台湾当局施压。正是在金、马民众的持续抗争之下，台湾当局才于1992年11月7日宣布解除金、马地区的“戒严”、终止“战地政务实验”，开始实施地方自治，但接着仍进入《金马安辅条例》管制之下半戒严式的后军管时代，直至1998年5月29日《金马安辅条例》被废止，金、马地区最终才可以比照台、澎，完全回归“宪政”。[①] 在这一过程中，金门地区于 1993 年 2 月 7 日正式开放观光，这象征着因为“军管”而封闭 40 余年的“战地金门”，开始告别军事属性，迎接新时代。

在解除“战地政务”、实施地方自治之后，金门地方民众过去被长期压制的要求当家做主的意识也随之高涨起来。伴随着台湾的政治转型，金门民众从维护地方及自身的利益出发，提出金门在两岸关系发展中，应有自己的主张与声音，不能被当成政治的筹码与历史的包袱；要求台湾当局遵循所谓的“台澎金马生命共同体”理念，重视金门民众的政治权益和地方自治权，重视金门的基础设施建设和经济发展，补偿金门民众在实施“战地政务”期间所作出的奉献和牺牲；要求台湾当局不能把金门地方建设排除于“国建计划”之外；要求李登辉把“中华民国在台湾”更正为“中华民国在台澎金马”。同时面对两岸关系的急剧变化，金门民众也开始迫切地寻求和争取金门在两岸关系中新的定位，希望充分利用自身的特殊条件，抢得两岸关系发展的先机。在两岸关系逐步缓和与改善的形势下，金门民众普遍希望往后两岸和平统一能先将金门作为试验地区；在民间交流日益扩大且迫切要求实现两岸“三通”方面，金门民众强烈要求台湾当局能先以金门作为两岸往来的中继站，然后逐步开放全面“三通”。1993 年 12 月，首任民选县长陈水在在就职致辞中就把“投射大陆——以建立金门为两岸中继站之定位努力”作为其主要施政目标之一。[②] 1994 年，一群金、马旅台人士在台北发起成立“金马与大陆小三通策进会”，联合提出开放金门、马祖与大陆的“小三通”的主张，他们希望金、马两地能在“九七”之后取代香港在两岸交流中的中转地位和部分功能，并且在两岸全面“三通”之前寻找金、马经济发展的机会。[③]

毫无疑义，金门的地位与作用受制于两岸关系的大格局，受制于台湾当局的政治需要。按照台湾当局在“国统纲领”中的规划，这一阶段两岸处于

① 杨树清：《金门社会观察》，台北：稻田出版有限公司，1998 年版，第 90 - 92 页。
② 陈水在：《金门解严前后》，2001 年版，第 98 页。
③ 杨树清：《金门社会观察》，台北：稻田出版有限公司，1998 年版，第 220 - 222 页。

交流互惠的近程阶段，即仍具敌意的形势下，金、马地区对两岸而言有其政治军事的战略意义。政治上，两岸仍需金、马扮演脐带的角色，来维系两岸本为一体的“一个中国”概念；军事上，一旦两岸关系恶化再启战端，金、马的去留将具有指标意义，因此金门只有在这一阶段逢源于两岸才能突出其重要性。然而在这一阶段两岸敌意未除，缺乏互信，有关金门地位的种种构想亦难以实施。倘若今后两岸进入互信合作的中程阶段，两岸政治僵局突破，实现全面“三通”，全面开放交流，台湾与大陆将会进行直接来往。这对于金门而言，将是利弊参半，政治与军事的战略价值降低，两岸“中继站”的角色及种种构想实施已无必要，那么其在两岸关系中的地位与作用势将大幅滑落；然而从民生经济的角度来看，届时的两岸关系将使金门扩大与福建的联系与往来，金门可以以此为契机强化其最有发展前途的旅游观光业，吸引大陆游客，拓展无限广阔的旅游市场，同时建构与厦门一体的经济生活圈，繁荣金门地方经济。

从金门地方及民众的利益出发，权衡各种因素的综合作用，这一阶段只有抓住时机促使台湾当局尽快开放与大陆的“小三通”，使金门成为两岸交流的中继站、中转地，才能提升金门在两岸关系中的地位，并由此获得经济利益。同时，促使台湾当局尽快开放金门与大陆的“小三通”，也是金门扩大和加强与大陆在各方面的交流与合作，从而实现金门经济转型和发展的一个重要条件。在过去两岸军事对峙时期，金门长期依赖于消费性的军事经济，而未能建立起一个自主性的经济体系，其经济及民众生活水平很大程度是依赖在两岸对立形势下的战略地位和军事价值。反之，正是它的战略地位和军事价值，使之失却建立一个自主性经济体系的环境和条件。由于金门长期处于消费性和服务性的经济体系，完全以军事价值及战地生活换取外援式的产值，因此经济的生产架构未能建立，建设落后，导致生活水平相对低落，教育水平亦难以提升。只有加强和扩大与大陆的经贸交流及合作，恢复其原本与福建为一体的正常状态，才能摆脱金门所面临的经济困境。然而金门在两岸关系中的地位与作用是在特定历史背景及时空条件下两岸当局互动的结果所决定的，实难以体现金门自身的自主性和利益观，这一时期金门处于冷战前沿与民间交流热络地区并存状态，其在两岸关系中的地位与作用只能是在两岸关系发生剧烈变化的大环境中地方自主性与台湾当局政策制约的矛盾冲突中得以发挥。诚然，一旦金门恢复其原本经济与福建为一体的状态，其所具有的地缘战略价值无疑将会严重削弱，尽管这是相悖的，但毕竟是合乎逻辑的判断。

此外，随着台湾政治转型及政党政治的发展，金门地方及民众的利益、金门的地位及前途也成为台湾政坛关注的问题和政党斗争的议题，金门民众成为台湾政坛政治势力及人物在权力资源重新分配过程中必须争取的重要力量。在解除“战地政务”之后，金门的地位及前途问题被卷入了台湾政坛的统“独”斗争之中。由于金门、马祖等沿海岛屿不像台湾、澎湖那样曾经遭受过日本的殖民统治，它们始终不曾脱离过中国的主权和管辖，因此诸如“台湾地位未定论”之类的主张显然不适用于金、马地区。为此，某些主张“台独”的政治人物就先后提出了“金马人民自决”、“把金马还给中国”、“金马撤军”等放弃金、马以推动“台湾独立”的论调，遭到金门民众的强烈反对。特殊的地理位置与历史渊源以及现实的切身体验，使金门民众（包括台湾本岛及海外的金门人）成为一股反对“台湾独立”、积极推动两岸关系缓和与改善的重要力量。他们深知，现阶段推行“台独”路线是恶化两岸关系，危害台海和平与稳定的主要根源，他们曾经因为两岸军事对峙而深受其害，付出了巨大的代价。台海和平与稳定、两岸关系的缓和与改善，符合金门地方及民众的最大利益，有利于金门地方建设及经济发展。诚然，金门民众确信，金、马地区除了战略价值之外，还具有其政治价值，这一政治价值并不因为两岸关系的改善及交流扩大而式微，大陆基于政治性考量，若不能彻底解决台湾问题，那么不仅不会索取金、马，反而会尽可能维持金、马在台湾的地位，牵住这一脐带，防止台湾放手背离大陆，防止国际反华势力推动“一中一台”的图谋。因此，若两岸政治对立的形势不能得到根本的改观，金、马的地缘战略价值就必然存在，并不会因为政权的不同而有所区别。

三、“小三通”实施以来金门在两岸关系中的地位与作用

在金、马地方政府、民众以及民意代表的多年努力争取之下，2000 年 3 月 21 日，台湾“立法院”终于通过了《离岛开发建设条例》，其中规定“为促进离岛发展，在台湾本岛与大陆地区全面通航之前，得先试办金门、马祖、澎湖地区与大陆地区通航”，从而为实现金、马地区与大陆地区之间的“小三通”提供了法源基础。随后不久，台湾行政部门宣布从 2001 年起正式开放金、马与大陆福建地区的“小三通”。2001 年 1 月 2 日，金门和厦门之间以个案方式实现了直接通航，厦金直航作为“一个国家内部地区间的特殊航线”，在中断 50 年后得以恢复，是两岸关系发展“历史性的一步”，是 50 多年来两岸关系的重大突破。

不过，当时台湾当局是抱持着“可操之在我”及“除罪化”的原则而作出开放“小三通”的决策，事前并未经过两岸协商，而单方面将“小三通”定位为“单向直航”，即金门的客货轮直航厦门，而厦门轮船的直航须等两岸协商后才能进行；对于多年定为“走私”的两岸在金门海域的小额贸易予以“除罪化”。在人、货往来上，台湾当局也设下重重限制，起初规定“小三通”只限于金、马居民及在金、马设籍 6 个月以上的台湾居民，并且不允许人、货经由金、马中转。自“小三通”实施以来，迫于形势和舆论压力，台湾当局不得不逐步放宽人员及货物运输的限制。大陆有关部门按照中央提出的“原则坚定、策略灵活、务实推动、以我为主、趋利避害”和“不应台湾当局所图，只应金马民众所需”的方针原则妥善处理“小三通”，有理有利有节地推动两地交往，使得“小三通”朝着有利于对台工作、有利于广大金门同胞及台湾同胞的既定方向发展。

“小三通”实施以来，经历了一个逐步制度化，通航规模及范围逐步扩大的过程。7 年多以来，厦金航线顺利地从“个案报批”、“团进团出”，到“个案直航”、“相对固定航班”，再到“购票乘船”、“通案管理”，逐步实现

直接往来固定航日、固定航班、固定时间的有序管理。除了厦金航线，泉州和金门之间的定期客运航线也已经于2006年5月开通（另外湄洲和金门之间也已经开通了不定期的专案航线，每逢妈祖祭日，台湾香客以包船形式直接往返两地）。在“小三通”的硬件设施方面，大陆福建和金门有关方面均投入了大量的资金进行了改善，同时旅客的通关手续也得到了不断的简化。而两岸的相关业者为了吸引更多的旅客选择“小三通”，也相继推出了一系列的便利措施。在“小三通”的人员适用对象方面，过去民进党当局在各界持续施压之下，不得不先后开放了金、马居民、大陆台商（先开放福建地区台商，再扩及大陆福建地区以外之台商）、福建籍大陆配偶、福建籍荣民、金、马地区台属及旅台乡亲等经由“小三通”直接往返大陆。在2008年5月国民党重新执政后，台湾当局于6月19日通过并实施所谓扩大“小三通”方案，将“小三通”的适用对象进一步扩及所有持有两岸有效出入境证件的人员，包括台湾本岛民众以及外籍人士。而大陆方面也于2004年9月正式开放福建地区民众赴金、马地区旅游观光。2007年4月，台湾当局开放大陆游客经金门、马祖前往澎湖旅游，以及澎湖居民可经金、马赴大陆等政策。2008年9月，台湾当局又进一步开放经两岸双方许可赴台观光的大陆旅客以及经许可赴台从事商务或专业交流活动的大陆人士都可经由“小三通”渠道中转台湾本岛。正是在“小三通”的相关制度和设施越来越完善、服务越来越便利、适用对象范围也越来越广的情况下，自开始实施以来金门港进出港旅客从2001年的2.1万多人次，大幅度攀升到2007年的72.5万多人次（包括厦金航线和泉金航线，其中前者占绝大部分）。① 可以说，“小三通”特别是其中的厦金航线已经成为两岸人员往来尤其是台湾同胞往来两岸的重要通道，部分实现了金门作为两岸人员往来中转地的功能。不过，从对金门地方经济的影响来看，虽然经由“小三通”往返两岸的人流量不断攀升，但由于两岸对大陆民众经由“小三通”赴金门以至台、澎存在诸多限制，使得多年来经由“小三通”航线进出金门港的旅客绝大部分都是台湾地区民众，而这

① 台“交通部”统计处：《96年金马小三通客货运营运概况》，http：//www.motc.gov.tw。

部分台湾民众中的大部分又只是纯粹过境金门，在金门当地消费不多，对于提升金门当地经济的效果也很有限。

在货物往来方面，自2002年厦金航线开通货运直航业务以来，如今与金门通航的福建沿海货运港已经增加到厦门、泉州、漳州、大嶝、湄洲、围头、宁德、福州、南安等港口。金门港从福建输入的货物量，从2002年的7.3万多吨，迅速攀升到2005年的38.2万多吨，最近两年虽然货运量有所下降，不过仍然保持在每年30万吨以上。自“小三通”首航至2007年底，金门港进出港货物累计163万公吨，平均每年增长63.4%。① 不过，从“小三通”货物贸易的范围来看，由于台湾当局多年来限制两岸货物经由“小三通”中转，使得“小三通”的货运范围主要限于金、马地区特产输往大陆和金、马地区所需民生物资从大陆进口。由于前者产业受限，产品不多，后者需求受限，市场不大，金、马海上货运规模相对有限，且主要是大陆商品对金、马的单向出口，回运空载形成较大的成本负担，限制了金、马海上货运市场的发展机会。②

尽管存在种种限制，金门地方和民众还是充分利用了“小三通”的实施所带来的历史机遇，与福建闽南地区特别是厦门市在经济、社会、文化等各方面进行了深入、广泛、有效的交流与合作，初步恢复了金门历史上与福建闽南地区曾经有过的那种密不可分的联系。对于金门民众而言，由于交通的便利，以及厦门生活机能的完善和物价的低廉，越来越多的金门民众前往厦门旅游、购物、投资、经商、工作和求学。可以说金、厦两地如今已经初步形成了一个共同的生活圈和经济圈。而金门地方政府从促进金门地方发展的角度出发，积极推动和加强与大陆特别是与厦门等闽南地区在各个领域的交流与合作，其中许多领域的交流与合作已经实现常态化和制度化。特别是在旅游业的交流与合作方面，金门与厦门通过建立旅游合作恳谈会制度，共同探讨和解决促进两地旅游业发展中的问题，同时共同组团参加中国国际旅游交易会、海峡两岸台北旅展、两岸旅行业联谊会等一系列活动，共同宣传推

---

① 台“交通部”统计处：《96年金马小三通客货运营运概况》，http://www.motc.gov.tw。

② 李非：《两岸“小三通”的成效、问题与前景》，《中国评论》，2007年5月号。

介厦金旅游产品，并与漳州、泉州、龙岩等周边地区合作，共同打造“闽西南旅游圈”，以实现各地旅游资源的互利互补，共同开拓旅游客源市场。

随着金门与大陆的交流越来越密切，金门的军事战地属性也进一步褪去。金门地区的驻军已经由过去戒严时期最高峰的10万之众，经过几次精简之后剩下象征性的几千人。在对待金门撤军的问题上，金门地方的意见跟过去相比也有了明显的变化。上世纪90年代中期民进党主席施明德提出“金马撤军论”，引起金门民众的强烈反对，其原因其实牵涉了政治、情感和经济的层面：在政治层面上，金门民众反对某些“台独”人士通过放弃金、马以实现“台湾独立”目标的企图；在情感层面上，金、马撤军的说法使为保卫台、澎牺牲奉献了几十年的金门民众产生了一种被台湾出卖的感觉；在经济层面上，过去军管时期金门经济长期依赖军人消费，使得军人成为维系金门人生活的衣食父母，如果军队从金门大量撤出，必将直接影响到大部分金门人的生计。但随着两岸关系的变迁，特别是在“小三通”实施以来，金门各界致力于使金门成为两岸交流发展及促进和平的平台，同时他们也逐渐意识到大量驻军的存在是金门对外招商引资以及发展观光事业的一大障碍，于是对撤军的态度也发生了显著的变化。尽管大量驻军的撤离短期内会对金门当地的经济带来一定的冲击，但这也将使得未来事关金门发展的重大决策不受军方思维的牵制，① 有利于金门落实成为“和平特区”的目标，② 同时军队的撤离也将使得大片的军管区域可以用于经济民生的目的，特别是腾出的营区和战地工事更是可以转化为独具特色和吸引力的一大观光资源。③ 于是，过去被视为“弃守金门”的狼子野心，如今已逐渐成为金门人的共识，历史的吊诡莫过于此。④

在两岸尚未实现全面“三通”之前，“小三通”的实施使得金门和临近

---

① 《金厦生活圈研讨会 李县长：金门非军事化政策不受牵制》，《金门日报》，2008年6月25日。

② 《县长施政报告 李炷烽：把金门的明天还给金门》，《金门日报》，2005年12月6日。

③ 在2008年6月台湾当局新领导人马英九视察金门时，金门县长李炷峰就当面向马英九要求金门撤军以促进观光。见《马英九昨日视察马祖 金门县长劝其撤军促观光》，http://news.sohu.com/20080620/n257629427.shtml。

④ 《军队是金门发展的最后一块绊脚石?》，《远见》，2006年第4期。

的厦门这两个昔日两岸冲突、对抗最激烈的战地前沿一起成为两岸交流交往的先行者和试验者，在两岸关系中具有独特的地位和优势，并为将来两岸实现全面、直接、双向“三通”积累了丰富和宝贵的经验。而金门也部分实现了作为两岸交流中转地的功能。不过，由于台湾当局（特别是在民进党执政期间）政策开放的进度过于缓慢，“小三通”实施后对于促进金门地区发展的效果与金门地方和民众原先的期待有很大的落差。

正如前面所述，金门地方和民众长期以来一直希望金门在两岸“大三通”之前，能够利用“小三通”的先机和优势发展成为两岸人员、货物往来的中转地，以带动当地经济的发展。同时他们也深刻地认识到，金门各种发展目标的实现，有赖于跟大陆特别是闽南地区的密切交流与合作，而这都离不开维持和发展良好的两岸关系。但是在过去民进党执政的八年间，台湾当局屡屡在两岸关系上制造事端，一再造成两岸关系的紧张，对于金门地方和民众的各种要求和构想，往往以所谓“国家安全”为由，要么直接加以否决，要么故意忽视拖延，有时候即使口头上不反对，甚至还表示支持，但往往也只是口惠而实不至。多年来，民进党当局一直不肯对两岸的人员和货物经由“小三通”中转完全开放，又不愿意投入足够的资金以改善金门当地的港口、机场等基础设施，对于金门地方和民众希望实现由大陆向金门供水以及兴建金厦大桥等要求也消极应对，这一切都使得金门地方和民众原先期待的各项发展目标无法完全落实。在这种情况之下，金门民众对于台湾当局的表现感到不满也就可以理解了。据台湾铭传大学于“小三通”实施两周年之际针对金门民众所实施的一项民意调查显示，金门民众给这项期待已久的政策只打了58分不及格的分数，其中认为“小三通”对金门地区经济发展有帮助的金门民众只占不到25%，超过50%的民众认为没有帮助或根本没有帮助，近半数的民众认为“小三通”根本未达成促进金门地区的建设与发展的目标，赞成的仅有17.8%。[①] 此外，铭传大学于“小三通”实施四周年之

---

① 《小三通民意出炉，金门资金严重外流》，《铭传一周》，第537期，2003年1月6日，http://www.mcu.edu.tw/admin/rdoffice/mcuweekly/537/focus.htm#b。关于该项研究的细节，可以参见吴兴邦：《金门县民众对金厦小三通政策满意度之研究》，铭传大学国家发展与两岸关系研究所硕士学位论文，2004年。

际再次就同样议题所实施的一项民调显示，金门民众对于“小三通”的政策满意度更是下降到只有51分。① 可见台湾当局在“小三通”政策上的作为跟金门民众的期待有相当的落差。而金门民众为了自身的发展权利，也不惜冲撞台湾当局的政策限制。其中一个典型的例子就是在“小三通”上路后，金、马当地民间人士②在未得到台湾当局的授权下，径自与厦门签订了《关于加强厦门与金门民间交流与合作协议》（即所谓的“两门协议”）。在这个协议中，金门方面承认了“一个中国”原则以及“大陆与台湾同属一个中国”的立场。类似的，金门地方政府对于台湾当局在“小三通”政策上的僵化保守也有一套应对的策略，即通过“累积事件—以点成圆、不断尝试—突围探底、造成事实—形成政策”的策略来不断争取更大的政策空间。③ 正是在金门地方和民众的奋力争取，以及台湾岛内民意和大陆方面的有力配合之下，台湾当局对于“小三通”的种种限制不得人心，不得不逐渐松绑，才成就了今日金门与福建地区交流交往的热络情景。

自2008年初以来，两岸关系发生了积极的变化，由于主张加强两岸交流与合作的国民党在台湾地区的两场重要选举中先后获得胜利，开放与松绑也随之取代封闭和限制而成为台湾当局新的两岸政策主轴。自5月20日国民党正式上台执政以来，两岸迅速在“九二共识”的基础上再度恢复了中断十年之久的两会协商，并先后在两岸周末包机直航、开放大陆观光客赴台旅游等议题上达成协议。可以说，目前两岸关系的良好氛围是多年来少有的。

对于金门而言，两岸关系的好转为金门的发展带来了难得的历史机遇。过去因为两岸僵持关系的限制而无法付诸实施的一些政策和构想，如今有了落实的机会。跟过去的民进党当局相比，国民党当局在“小三通”政策的开

---

① 《台湾小三通民意调查》，http：//www.voanews.com/chinese/archive/2005－01/a－2005－01－11－20－1.cfm。

② 当时签订“两门协议”的双方分别是金、马地区两岸交流协会和厦门市两岸交流协会。其中前者成立于2000年12月2日，时任新党籍“立委”的李炷峰担任名誉理事长，马祖籍原“国大代表”曹原彰（2001年12月当选第五届区域“立委”）任理事长。2001年3月该会与厦门市交流协会以民间身份签订“两门协议”。

③ 李炷峰：《县长施政报告全文》，《金门日报》，2002年11月19日。

放上明显加快了进度。比如在人员往来方面，除了前面提到的台湾当局分别于2008年6月和9月两次扩大了“小三通”的人员适用范围以外，金门方面这几年一直争取的开放大陆民众落地签证和多次“入境”签证的政策也已经得到落实，这对于金门地区观光业的发展无疑是一大喜讯。在货物往来方面，台湾行政部门对于原来的限制政策也有所松绑。比如于9月份开放大陆小额小量农渔产品免税进入金门，以及取消之前台湾物品经“小三通”中转至大陆须检附台商自用切结书之规定，以便利对大陆的出口。[①] 至于金门多年来期待的建设金厦大桥和实现金厦通水等要求，台湾当局也已经给予了善意的回应。在短短的几个月之内国民党当局就能够对金门释出如此之多的利多，这是以前的民进党当局远远不及的。

不过，在国民党重新执政、两岸关系大幅改善的背景之下，过去台湾当局对于“小三通”的种种不合理限制，必将被逐步清除。但与此同时，两岸也将利用这一难得的历史机遇，加速推动两岸三通直航的进程。对于台湾当局而言，推动两岸三通直航其实也有着现实压力的考虑：一方面，岛内要求两岸实现三通直航以提振台湾经济的呼声积蓄已久；另一方面，国民党上台后，台湾民众对其能够扭转台湾经济的低迷状况有着很高的期待，但不幸的是，国民党上台后恰逢世界经济面临严峻形势，这给台湾地区的经济发展带来很大的挑战，而实现两岸的三通直航，通过加强和发展两岸的经贸关系来抵消国际大环境的消极影响，这对于维持和促进台湾的经济成长来说，就是一个具有现实紧迫性的选择。这意味着，在“小三通”逐渐松绑的同时，两岸三通直航的其他管道也将加速开放，这对于金门自“小三通”实施以来在两岸关系中所具有的独特地位和优势带来了一定的挑战。原来金门期待在两岸“大三通”之前，能够利用“小三通”的先机和优势发展成为两岸人员、货物往来中继站的目标，可能因为金门还未充分利用“小三通”的正常化所带来的机遇就要面临“大三通”的提早实现所带来的挑战。

---

① 台“陆委会”:《推动“小三通”正常化之相关说明》，http://www.mac.gov.tw/gb/gb/cnews/ref970904.htm。

2008 年 7 月 4 日正式启动的两岸周末包机直航，厦门被列为直航点之一，原本金门方面不少人担心会对厦金“小三通”的客流量造成较大的冲击，不过实际上并没有出现这样的结果。相反，厦金“小三通”的客流量不降反升。这主要是由于之前台湾当局大幅度放宽了“小三通”的人员适用资格，同时周末包机直航尚未实现截弯取直，虽然可以节省部分时间，但成本较高，航班和直航点也有限（比如台南、嘉义两地平时都有班机到金门，但由于两地不是两岸包机直航的直航点，因此这两地的民众如果要坐周末包机的话还需要到高雄、桃园等地，在时间上和金钱上都不一定比走厦金“小三通”更加划算），并且不是天天有航班，使得厦金“小三通”仍然有其不可取代的优势，特别是对于往返闽台两地的台湾民众而言。不过，预计在周末包机扩大为每日包机，实现截弯取直，航班和直航点也增加，特别是价格也降下来之后，对于厦金“小三通”的冲击就会非常显著。而按照两岸有关部门的规划，两岸很可能在 2008 年底以前就开始实施空运的截弯取直以及海运直航。厦门已经是两岸包机直航的直航点之一，而凭借厦门港的良好条件以及厦门在两岸交流交往中的区位优势和丰富经验，厦门港同样很可能成为两岸海运直航的第一批开放港口之一。对于金门而言，由于当地人口和市场规模较小，工商业不发达，距离厦门太近，机场和港口等基础设施以及城市生活机能又远远不如厦门，如果台湾和厦门可以直接往来，那么金门在扮演两岸人员和货物中转地的角色方面必然无法跟厦门相提并论。实际上，这也是台湾当局长期以来不愿意投入大量资金以改善金门的机场和港口等基础设施的主要考量所在。不过，如果从经济民生的角度来看，两岸直航的完全开放给金门所带来的负面影响也是有限的，因为目前经由厦金“小三通”方式往来两岸的台湾民众主要是把金门作为过境地点，在金门当地的消费有限，这一部分客流的减少并不会对金门当地的经济造成很大的冲击。另一方面，两岸直航完全开放后，大陆民众赴金门地区旅游的政策也将大幅度放宽，如果金门能够与福建特别是厦门及其周边地区加强旅游合作，实现各地旅游资源的互利互补并共同开拓旅游客源市场，以大陆的旅游市场之大，这必将成为促进金门观光业发展的一大动力。此外，由于金门日益融入海峡西岸经济区是一个必然的趋势，如果从更宏观以及更长远的角度来看，福建及厦门因其与台湾和金门的“五缘”关系（地缘近、血缘亲、文缘深、商缘广、法缘久）优势，随着“海峡西岸经济区”发展战略的不断推进以及经济网络不畅、经济腹地狭小等弊端的逐步克服，福建及厦门的对台优势必将得以进一步发挥，闽台及厦台的交流与合作必将在广度与深度方面呈现蓬勃发展的局面。[①] 这对于同样处在海峡西岸的金门而言，也将是一大历史机遇。实际上，金门发展的前途在于与祖国大陆、福建省、厦门建立起更加密切的联系，这早已是金门地方政府及民众的共识。

总而言之，“小三通”的实施，是两岸关系发展“历史性的一步”，是50多年来两岸关系的重大突破，金门和厦门因此一起成为两岸交流交往的先行者和试验者，在两岸关系中具有独特的地位和优势，并为两岸实现直接、全面、双向三通积累了丰富的经验。然而在民进党执政时期，两岸关系长期处于僵持紧张状态，台湾当局对于“小三通”政策开放的进度过于缓慢，使得金门地区无法充分利用“小三通”的历史机遇而实现其所期待的各项发展目标。国民党重新上台执政后，两岸关系面临前所未有的历史机遇，台湾当局一方面加快了“小三通”开放的步伐，同时也加快了推进两岸“大三通”的步伐，这对于金门而言，既是机会，也是挑战。从长远来看，由于金门特殊的地理位置和历史渊源，其经济发展及繁荣有赖于依托及融入海峡西岸才能得以实现。

① 唐永红：《两岸“三通”对厦门的两个效应》，《厦门日报》（理论版），2008年6月4日。

美国台海安全战略考虑中的理想主义与现实主义*

李　鹏

2月19日，美日两国外长和国防部长在华盛顿举行美日安全谘商委员会会议，会后发表的联合声明将涉及中国国家主权、领土完整和国家安全的台湾问题列入美日在亚太地区的共同战略目标，表示“鼓励和平解决有关台湾海峡的问题”。这一举动再次引起了人们对美国台海安全战略考虑的关注。在美国政府看来，台湾一直是其亚太甚至是全球战略体系中的重要一环，台海安全与美国的亚太和全球安全战略息息相关。笔者认为，台湾问题在美国亚太战略中的角色和地位还与美国对外政策中的理想主义、保守主义传统以及现实主义的利益考虑有关。虽然共和党和民主党政府对台湾问题的政策立场有一定的区别，有时保守的理想主义色彩比较浓厚，有时候比较注重现实主义的利益平衡，但这二者之间实际上是紧密联系，难以分割的，最终都归结到实现美国在两岸之间的国家利益最大化，本文将就此进行分析。

一、美国台海安全战略中的理想主义色彩

在美国外交政策思想中，向来有理想主义与现实主义之争。不论是强调国家权力和利益最大化以及势力均衡的传统现实主义，还是注重国际结构的新现实主义，都是以追求美国国家利益、维护美国霸权地位为目标的。理想主义则来源于美国的价值观，在美国多元的文化环境中得以发展。美国的对外政策中一直混杂着种族优越感、文化优越感、制度优越感和道德优越感。

* 本文原载于《台湾研究》，2005年第3期。

在美国，“民主国家”不相互进行战争的“民主和平论”和“民主国家在贸易和外交上可以结成更好的伙伴”是根深蒂固的观点。为了确保能够将其政治制度和价值观传播到全世界，促进“世界民主”，美国认为首先要确保其超级大国地位，以维持世界稳定和平和世界市场的自由化。

美国的理想主义传统在中美关系和美国台海安全战略中的表现不容忽视，美国之所以要履行对台湾的“安全承诺”，一个重要理由是美国必须支持“民主的台湾”。美国著名中国问题专家费正清指出，“我们的中国问题基本上是一个价值观念问题，它牵涉到我们的感情”，“有时几乎支配了我们的政策的情绪”。首先，美国认为与台湾当局有着传统的“友谊”，而这种“友谊”在某种程度上是建立在意识形态基础上的。冷战期间，美国将台湾作为遏制共产主义在亚洲蔓延的工具。虽然70年代实现尼克松总统访华和中美建交，中美间的战略利益暂时超越了意识形态的分歧，但美国“并未抛弃长期的盟友”。1979年3月，美国国会通过了《与台湾关系法》，在“即使美国外交承认的情况下，它使美国的法律和法规在台美关系中得到全面贯彻，并得以延续”①。

20世纪80年代以来，随着台湾“政治民主化”的展开、苏联东欧的剧变，美国台海政策中的理想主义色彩又开始凸显。90年代初期，中美在政治、人权、意识形态领域开展了渗透和反渗透的斗争。与之相对应，美国故意抬高台湾的地位，凸显台湾的“民主化成就”，决不允许在中国大陆“和平演变”之前实现国家的统一。②克林顿总统上台后，美国的对外政策中的理想主义更加浓厚，他提出建立“新太平洋共同体”的构想，目的就是“要使亚太国家享有普遍的民主和人权”，使“走向民主的国家得到鼓励，使拒绝民主的国家付出代价”。③ 而台湾恰恰是美国鼓励的地区，因为它

① 费正清著，张理京译：《美国与中国》，世界知识出版社，2000年版，第15－16页。

② 王缉思主编：《高处不胜寒——冷战后美国的全球战略和世界地位》，世界知识出版社，1999年版，第257－259页。

③ 新华社1993年7月11日北京电。

“迅速改善其人权记录，并定期举行多党制的自由、公平的选举”①。美国有学者认为，台湾“在没有引发动荡的情况下变成一个富有活力的民主国家”，已经成为“亚洲地区国家的民主楷模”，是“中国大陆政治改革应当仿效的榜样”；而美国国会支持李登辉访问美国是“对李登辉和他在台湾领导的民主化进程的人道主义支持”。②

小布什上台后，美国新保守主义势力开始抬头，开始奉行将政治、军事、经济实力为主的现实主义路线。但小布什并没有放弃“大力推进美自由民主价值观”，而且更加强调“美国将在捍卫自由和正义的行动中，起领导作用；没有一个国家单独享有追求自由和正义的梦想，所有的国家都离不开它们”③。对台湾，美国依然将其视为“民主伙伴和朋友”，美国国内对台湾的同情心也在增加。④ 美国传统基金会研究员谭慎格认为，“民主台湾”正逐步成为美国外交词汇中的一个固定说法。⑤ 2004 年 2 月 6 日，美国国务院副助理国务卿薛瑞福在“中美经济暨安全检讨委员会”的听证会上表示，台湾的民主演进令人赞赏，美国为台湾的民主成就感到骄傲，同时非常重视利用任何一个公开或私下场合的机会，表达对台湾民主的支持，而台湾 2000 年政权和平转移，最令人津津乐道。⑥ 2004 年台湾地区领导人选举结束后，面对选举争议，美国务院发表声明表示“祝贺台湾人民完成民主选举，如此大范围的行使民主权利”。

美国对台湾民主的支持让台湾当局看到了利用“民主”大做文章的机会。台湾当局认为，“民主与安全的关系十分密切，没有安全的环境，民主无以发展；而民主国家的增加，将有助于和平的维系，创造一个更安全的世

① “美国参议院 S. Res. 148 号决议案”，刘连弟编著：《中美关系的轨迹》，时事出版社，2001 年版，第 624 页。

② ［美］吉姆·赫尔姆斯、詹姆斯·普里斯特主编：《外交与威慑：美国对华战略》，新华出版社，1998 年版，第 110 – 121 页。

③ 2002 年 1 月 29 日布什“国情咨文”，www. cctv. com/special/414/0/35855. html。

④ 杨洁勉：《美国国家安全战略报告和大国关系》，《美国研究》，2002 年第 4 期，第 18 页。

⑤ John Tkacik, “Why Jiang Should Worry”, The Asia Wall Street Journal, September 23, 2002, p. A15.

⑥ 台湾“中央社”，2004 年 2 月 6 日专电。

界”，台湾“推动民主与人权外交，不仅有助于争取世界各国对我国的同情与支持，为我国安全与生存建构一道无形的保障，也能够通过与国际民主人权团体的接触，进一步巩固我国民主与人权的发展与成就”①。2002年以来，陈水扁不断声称要策划组建所谓“亚太地区民主同盟”，透过反恐及人道合作，建立“美日台三边民主国家”的伙伴关系。在其提出的“公投制宪”主张遭到美国的反对后，陈水扁在接受美国CNN电视台采访时表示，“美国与台湾的关系应该是价值的同盟、是民主同盟、是自由同盟、也是人权的同盟，美国的立国精神，绝对不会把中国的飞弹部署与武力威胁视作理所当然，而把2300万台湾人民所要追求的民主价值，包括公投的落实，以及为了爱民主、要和平、反飞弹、拒绝战争的诉求当做所谓的挑衅动作”。② 而陈水扁此举的目的，无非是企图以“民主牌”来拉近与美国的感情距离，获取美国对台湾的支持，达到“以武拒统、以武谋独”的目的。

二、美国台海安全战略中的现实主义考虑

虽然美国的对外政策中有着理想主义色彩，但它与现实主义的关系却是随着国际政治安全形势和美国外交的需要不断调整的，这两种考虑在很多时候是融合的，只有侧重点不同的问题，而没有取舍的问题。以“民主”和“人权”为主的美国价值观越来越多地被认为是美国国家利益的组成部分。冷战期间，美国经常会让民主和人权的考虑屈从东西方地缘政治斗争和现实安全利益的需要，但冷战后，美国政界很少有人实际上将人权目标看得比维护美国经济、安全利益更重要，它们更多地强调将国家利益和价值观结合起来。③ 美国的这种以利益为核心的对外政策和安全战略考虑同样也反映在美国的台海安全战略中。

美国台海安全战略的根本出发点是美国的国家利益。美国对台海地区的

---

① 简又新：《“立法院”第五届第二会期“外交”施政报告》，2002年10月16日，www.mofa.gov.tw。

② 《扁接受CNN专访称大陆弃武可不公投》，www.phoenixtv.com/home/news/taiwan。

③ 席来旺：《美国的决策及其中国政策透析》，九洲图书出版社，1999年版，第248页。

利益考虑分成三个层次，即全球和亚太的战略利益、中美关系大局的利益、美国在台湾的利益，这三个层次既有区别，又有密切的联系；利益范围也涉及战略、政治、经济、安全、意识形态等各个方面。

从全球和亚太战略的层次来看，美国的重要利益在于使中国政府和台湾当局配合其全球和亚太战略的实施。在冷战前期，美国的全球战略利益在于遏制苏联和共产主义势力范围的扩大，台湾就成为美国在远东地区推行对苏对华遏制战略的重要基地。冷战中后期，美苏两强争霸的国际政治格局逐渐演变为中美苏战略大三角的格局，中美开始由对手演变为具有共同利益的战略伙伴，直接导致台湾在美国全球和亚太战略中的利益重要性下降。冷战结束后，虽然美国一度认为不需要中国也可以实现美国的全球和亚太战略利益，但不久就发现缺少中国的参与和配合，美国的战略利益会遇到不少的困难和麻烦。克林顿主政期间，不仅强调“亚太地区稳定与否直接关系到美国的核心利益”，而且明确指出“没有哪个国家像中国那样准备在塑造亚洲的未来中发挥作用”。①“9·11”事件以后，美国将反恐和防止大规模杀伤性武器扩散作为优先和重点考虑的战略利益，虽然小布什政府单边主义色彩浓厚，但要想实现这些利益，国际合作特别是大国间的合作不可避免，中国也是必须倚重的对象之一。在阿富汗战争、伊拉克战争和朝鲜核问题的解决过程中，美国对中国都有一定的战略需求。美国总统小布什也明确指出，与中国加深和扩大合作“符合美国的国家利益”，对维护世界和平也十分重要，并表示“对美国而言，在太平洋地区没有比中国更重要的国家”②。

与中国大陆相比，台湾当局在美国全球战略利益层次中的重要性并不高，虽然台湾当局不断重申支持和参与美国领导的反恐行动，并反对大规模毁灭性武器的扩散，但基本上只是台湾单方面的宣示，实际意义不大。台湾在美国全球和亚太战略中的地位主要表现在美国不希望台湾当局忽视和误判

---

① 《美国新外交：经济、防务、民主——美国前国务卿克里斯托弗回忆录》，新华出版社，1999年版，第383、397－398页。

② 《人民日报》，2002年1月22日。

美国在本地区的战略利益目标，进行某些单方面的“台独”挑衅举动，引发台海地区的军事冲突，从而威胁到亚太地区的和平、安全和稳定。

除了在涉及全球安全战略、亚太地区的和平与稳定方面美国在两岸间有利益考虑和权衡之外，在处理台湾问题时如何维护美中关系发展的大局也是美国的一项重要的利益考虑。台湾问题是中美关系中最敏感、最重要的问题，但不能影响中美关系的大局，如果中美两国因为台湾问题而走上直接对抗的道路，对两国的国家利益都是重大的伤害。美国学者哈里·哈丁表示，中国同许多与美国有直接利害关系的重大问题分不开，这些问题既包括维护朝鲜半岛的和平，保持西太平洋的均势，防止大规模毁灭性武器扩散，建立维护全球和区域安全的新体制，也包括保护国际环境，管理全球经济等等。①中美两国在经贸领域的共同利益需求也是维系中美关系大局的一个重要因素，2003年中美双边贸易额首次突破千亿，达到1263亿美元，两国的经贸关系还在继续保持着快速发展的势头。中美建交以来，中美两国高层始终从把握中美关系的大局出发，将包括台湾问题在内的中美关系的对抗和矛盾因素控制在大局之内。

小布什政府上台后，中美关系一度因为撞机事件和布什宣称“不惜一切代价协防台湾”而出现紧张。但中美两国巨大的利益联系使美国不得不以中美关系发展的大局为重，向现实妥协，调整对华对台政策。2002年，小布什政府提出同中国建立“建设性合作关系”。这种关系的建立虽然不能从根本上解决台湾问题，但却能够在某种程度上防止两国在此问题上的矛盾激化。近年来，台湾当局“台独”分裂活动不断升级，遏制陈水扁“台独”倾向逐渐成为美对台政策的主导方向。2004年4月，美国助理国务卿凯利在国会作证时警告台湾，不要把大陆不能容忍“台独”当做虚声恫吓。10月，国务卿鲍威尔表示，“台湾不是独立的。台湾不享有一个国家的主权。”年底台湾“立法院”选举期间，美国国务院发言人在新闻发布会上几次表示反对任何改变“现状”或走向“独立”的“公投”，要求陈水扁遵守四年前作出的“四不一没有”的承诺。美国学者兰普顿也指出，美国在亚洲的利益是与中

① 哈里·哈丁著：《美中关系的现状与前景》，新华出版社，1993年版，第24页。

国发展稳定的关系，但台湾当局的政策却是要破坏这一切，与美国的利益相违背，美国自然会表达反对的立场。①

当然，在顾及全球及亚太战略利益和中美关系大局的同时，美国并没有放弃在台湾的利益，从某种程度上说，美国是将在台湾的利益与其全球、亚太和中美关系作为一体来考虑和权衡的。美国认为其在台湾有着重要的长期的政治、经济和道义上的利益。1994 年，美国国会“美台政策协商工作组”在首次会议报告中对美国在台利益进行了详细列举，指出“台湾是一笔战略资产，它守卫着太平洋和印度洋之间的许多贸易交往和石油运输的通道，台湾还可用来证明美国对扩大民主的决心；台湾是促进美国的自由贸易和取消贸易壁垒这些经济政策的坚定盟友；台湾是美国宝贵的贸易伙伴，美国是台湾产品最大的进口国之一；台湾加入关贸总协定和其他多边组织，可提供美国应对诸如贸易不平衡、环境保护和知识产权类问题提出关注的场所”等等。② 虽然随着中国大陆经济实力的增长和中美经济、贸易、投资关系的发展逐渐超过美国在台湾的经济利益，依然有美国学者认为，如果台湾的政治、经济榜样在中国大陆复制，美国的利益和中国的利益都将得到很好的促进。他们因此主张，美国不能抛弃符合美国利益的盟友，必须保护在台湾的利益，事实上美国已经毫无怨言地做了 30 多年。③当然，美国在保护在台湾利益的同时，不得不考虑到在大陆的利益得失，而中美双方在台湾的利益有时候一致，有时候却不一致。美国尽可能做到兼顾在两岸的利益，即使在出现利益相互抵触的时候，美国在进行取舍时也会就利益的重要性和紧迫性进行权衡，以实现在两岸间利益的最大化。

三、美国台海安全战略考虑及其影响

众所周知，台湾一直被美国认为是其亚太甚至是全球战略体系中的重要

① 美国尼克松中心中国部主任戴维·兰普顿 2005 年 1 月 13 日在厦门大学台湾研究院座谈时的谈话。

② 梅孜主编：《美台关系重要资料选编》，时事出版社，1997 年版，第 270 页。

③ ［美］吉姆·赫尔姆斯、詹姆斯·普里斯特主编：《外交与威慑：美国对华战略》，第 121 页。

一环，台海安全问题与美国的亚太和全球安全战略息息相关。因此，美国在台海安全问题上的理想主义和现实主义考虑不仅会影响到中国的国家统一进程，而且也将对亚太地区的战略格局和安全形势走向产生重要的影响。

（一）美国坚持两岸问题应“和平解决”的立场，为了避免因“台独”导致台海发生军事冲突，美国不断公开申明坚持“一个中国”政策，反对“台独”，反对任何单方面改变台海现状的行动，这在一定程度上有利于台海紧张局势的暂时稳定。

“和平解决台湾问题”是美国台海安全战略中的核心内容。中美建交以来的美国历届政府都非常强调台湾问题的“和平解决”。美国总统里根1982年在致邓小平信中表示，在中美关系正常化的过程中，美国继续关心台湾问题的和平解决。① 1999年，克林顿在白宫记者招待会上提出解决台湾问题的“三个支柱”，其中第二个支柱就是“和平解决”。在美日最近发表的联合声明中，“和平解决”再次被强调。美国学者傅立民则认为，美国的立场是“只要和平解决，不管海峡两岸达成什么解决方案，美国都能接受”。② 但中国政府认为，解决台湾问题有两种可能的方式，即战争的方式和和平的方式，中国人民愿意在可能的条件下，争取用和平的方式解决问题。③ 随着近年来台湾当局“台独”分裂活动的变本加厉，甚至抛出“台独时间表”，而且对美国采取阳奉阴违的策略，让美国看到由此可能导致的台海军事冲突的现实可能性，态度开始出现由模糊暧昧转向清晰明确的迹象。美国不断地重申“一个中国”政策没有改变，2003年12月，温家宝总理访美期间，布什总统明确表示：“反对任何改变现状的单方面行动。台湾领导人的言行表明，他可能单方面采取行动改变现状，这是我们所反对的”。

美国政府上述政策立场在很大程度上是符合其全球战略需求的，与美国在阿富汗和伊拉克进行的战争相比，朝鲜问题和台湾问题并不是对美国迫在眉睫的威胁，在美国全球战略中的紧迫性有所下降，况且伊拉克复杂的安全

---

① 梅孜主编：《美台关系重要资料选编》，时事出版社，1997年版，第219页。

② 《争取全赢的中美关系——中国通傅立民先生访谈》，人民网，2002年2月7日。

③ 《台湾问题与中国的统一》，www. chinataiwan. org/web/webportal。

形势也使美国难以在应付一场更大规模的战争，而且这场战争可能将世界上两个大国卷入其中。如果台湾当局的“台独”挑衅使台海形势急剧恶化，势必会导致美国的全球战略部署被打乱。虽然台湾当局一直希望美国能够介入台海安全，但在自顾不暇的情况下，避免两岸在近期发生可能导致美国介入的军事冲突仍然是美国当前主要的政策取向，这在客观上有利于维护台海地区的和平、安全与稳定，但无法从根本上消除台海地区紧张和不安全的根源。美国不允许台湾的“台独”分裂势力破坏台海地区的现状，这可以使中国政府在特定的情况下利用美国的这一政策来制约“台独”势力的冒险和挑衅活动。但树欲静而风不止，岛内的“台独”势力经常误判形势，认为当前是实现“台独”的最好和最后的机会，美国在“一个中国”、“台海现状”、“和平解决”等政策中的模糊空间成为他们利用的工具，从而使台海形势严峻紧张的局面难以改观。

（二）为了防范中国的崛起威胁到美国霸权利益，履行对台湾的“安全承诺”，确保两岸“不统不独”，美国一直在两岸之间寻求政治和军事的平衡，在军事安全上向台湾方面倾斜，协助台湾建立和维持足够的“自我防卫能力”，这将加大中国实现和平统一的难度。

虽然美国不希望两岸之间发生可能将美国卷入其中的军事冲突，但美国也不希望两岸实现完全统一，从而对美国的霸权地位构成挑战。利用台湾问题防范和遏制中国的崛起，防止中国大陆使用武力解决台湾问题是美国台海安全战略中的重要考虑。因此，美国从确保“不统不独”出发，在两岸之间实行一种双轨和平衡政策，在发展与中国政府政治关系的同时，也不忘对“民主伙伴和朋友”的所谓“安全承诺”，通过各种途径发展美台军事关系，保护台湾“免受大陆的武力威胁”。美国从均势平衡的现实主义理论出发，简单地认为只要两岸之间的军事力量不出现失衡，就可以威慑中国大陆不会轻易对台动武。因此，美国一直将《与台湾关系法》和“六项保证”作为对台的“安全承诺”，延续和加强美台军事关系。售台武器是美国政府维持两岸军力平衡的最重要的手段之一，此外，美台之间还在军事人员交流、联合军事演习、信息和情报交流共享等方面开展密切合作。

美国希望通过维持台海两岸的军事平衡来达到避免台海战争、阻挠中国统一的目的从根本上说很难达到。军事平衡是一种冷战思维，实际上是要维持台海两岸的“恐怖平衡”，是想“以战止战”，并不能给台海地区带来真正的安全，反而会使两岸笼罩在战争的阴影中。美国的这些做法与台湾当局“挟洋自重”的策略不谋而合，2004年9月，台“行政院长”游锡堃就宣称两岸要维持“恐怖平衡”，引起各方对台海局势恶化的普遍忧虑，足见“恐怖平衡”的危险性。正是由于美国持续对台湾的军事支持，才使得台湾当局敢于“以武谋独”，从而迫使大陆对国防力量作相应调整，进行军事斗争的准备。两岸的军备螺旋上升，虽然没有发生战争，但双方的军事实力都在不断增强，在对抗的态势下不能排除突发军事冲突的可能。有学者认为，美国对台军售是构成海峡两岸军备循环升级最重要的动因，这势必会对两岸的军事对抗起火上加油的作用。随着两岸之间军事相对平衡局面不断受到冲击，两岸建立军事互信和军事交流等建设性举措将更难实施，军事对峙会进一步加剧，台海形势将更加复杂和动荡。①

（三）在政治上尽可能防止台海地区发生战争的同时，为了因应台海地区的任何突发情势，美国一直在加快为可能卷入的军事冲突做准备，维持和加快在日本等周边地区的军事部署，很可能给“台独”势力发出错误信号，反而增加了今后引发台海军事冲突的潜在危险。

即便美国不断重申“一个中国”政策，表达不支持“台独”的立场，在两岸之间寻求政治军事平衡作为其在台海地区“预防冲突外交”的一部分，并通过不断对台军售和加强美台军事交流关系来增强台湾自身防卫能力，减轻美国的负担，但它自己也从来都没有停止过为难以预料的台海军事冲突做各方面的准备。政治上，美国不断渲染大陆对台湾的“武力威胁”和台海地区发生军事冲突的可能性，强调协防台湾问题的决心。2000年以来，美国每年就中国军力状况向国会提交报告，以评估大陆对台湾的威胁程度和台海军事冲突发生的可能性。克林顿时期，美国国防部每年递交给国会的中国军力报告都强调，中国没有用传统军事力量占领台湾的能力。但在2003

① 吴献斌：《美台军事关系强化的背景及影响》，《当代亚太》，2003年第2期，第19页。

年7月美国发表的“中国军力年度报告”中，美国提出“中国的策略正朝着在对台湾发动军事攻击之初就取得乘其不备、诱敌深入、出奇制胜效果这样的目标努力。中国正在探索能迅速让台湾屈服的恐吓性战略”，这些战略“可能包括空袭、导弹袭击或者海上封锁”。2004年的“军力报告”更明确提出，2005－2006年台海将很可能发生军事冲突。美国这样做的目的除了煽动中国威胁论、对台军售等考虑以外，也有为美国可能介入台海军事冲突进行舆论动员和准备的考虑。

在美国的亚太和台海安全战略中，军事威慑和干预向来都是一体的，威慑的目的是为了保证美国在不进行军事干预的情况下就达到战略目标，但一旦威慑失效，美国就会立即转为直接的军事干预。冷战后美国不断强化在亚太地区的军事同盟，继续在亚太地区进行军事部署，也有随时准备干预台海地区的考虑，美日安保条约中提出的对所谓“周边事态”的干预，明显包括台湾海峡在内。2001年8月，美国副国务卿阿米蒂奇也声称，美国今后万一为了台湾问题和中国发生冲突，美国期待澳大利亚部队和美军并肩作战。美国有人认为，如果中国对台湾发动军事进攻，美国除了进行干预并把美国军队投入风险之中，别无选择；而美军进行干预的形式可以根据台湾的具体需要和中国发动进攻的程度有所不同。①

美国的上述动作对今后台海地区的和平与安全构成了潜在的威胁，它们很可能向“台独势力”发出错误信号，被他们当做“台独无害论”的借口，从而使台湾当局错估形势，有恃无恐，对美国的军事介入过于信赖，采取冒险性和挑衅性的政策，加速其分裂行径，从而导致台海地区非和平情势的发生。因此，美国只有彻底改变对台海地区的干涉政策，才能够真正维护中美两国和台湾人民的利益，而有利于亚太地区的和平与安全。

---

① ［美］理查德·伯恩斯坦、罗斯·芒罗：《即将到来的美中冲突》，新华出版社，1997年版，第137页。

从"战略竞争者"到"利益相关者"[*]：美国对华战略定位转变与台湾问题[**]

——一种建构主义的分析视角

李　鹏

美国对中国在国际社会中的角色认知和战略定位向来是影响中美关系的重要因素之一。小布什政府第一任期上台伊始就将中国定位为"战略竞争者"而不是克林顿后期的战略合作伙伴，有时甚至认为中国是潜在的敌人。随着情势的发展和美国政府对华认识加深，美国对华战略定位也不断发生变化。2005年9月21日，美国副国务卿佐立克在美中全国委员会的晚餐会上发表《中国向何处去：从成员到责任》的演讲时指出，我们需要促使中国成为国际体系中的"利益相关者"。12月8日，中美第二次战略对话在华盛顿结束后，佐立克再次表示，因为中国已成为全球主要的参与者，美国希望中国作为"负责任的利益相关者"，与美国和其他国家一道，维持、改革、推进这个已经使中国获得成功的国际体系。2006年2月6日，美国国防部在最新发表的《四年防务评估报告》中明确提出，美国对中国的目标是，继续使中国成为经济上的伙伴和"负责任的利益相关者"。①"利益相关者"俨然已经成为美国对华战略的最新定位。这一定位的变化不仅在中美两国引起强烈

---

* 对于"Strategic Competitor"和"Responsible Stakeholder"的中文翻译，在学术界有不同的版本。有学者将"Strategic Competitor"翻译为"战略竞争对手"，也有人译为"战略竞争者"，前者更强调"对手"的性质，后者的表述更为平和。到目前为止，不论是官方还是学者，对"Stakeholder"尚没有形成统一和贴切的中文翻译，目前已有的翻译包括"利益相关人"、"持股人"、"共同经营者"、"利害共担者"、"股东"、"利害关系人"或"参股人"等。美国国务院的中文网站将其翻译为"负责任的、利益相关的参与者"。本文将采用"战略竞争者"和"利益相关者"的中性译法，以便能够在分析中客观反映其政策意涵。

** 本文原载于《台湾研究集刊》，2006年第1期。

① US Department of Defense, The Quadrennial Defense Review 2006, p. 29.

反响，也牵动了中美关系中台湾问题的敏感神经。本文将运用国际关系中的建构主义理论，从身份、认同、利益的角度入手，深入分析美国对华战略定位转变及其对台湾问题的影响。

一、身份、认同、利益与美国对华战略定位

国家利益是任何国家制定对外政策的基本依据，美国更是如此。但是，对于什么是国家利益，如何才能够最有效地实现国家利益，不同的国际政治流派有着不同的解释。现实主义和新现实主义都认为国家利益主要由国际体系中的物质结构，特别是国家间的力量分配来决定，它确定国家的对外政策行为，限制或制约国家间的相互作用。只要物质结构处于相对稳定的状态，国家的对外政策行为是相对固定不变的，或者说在客观上是可预见的。① 它们的分析框架主要以经济学的方法、理性主义的视角对国家对外政策进行成本-收益的计算，把国家看成是偏好固定不变的经济人，追求利益和效用的最大化。②但建构主义却从身份、认同、文化的角度对国家利益提出了新的诠释。

建构主义认为，一个国家的对外政策形成不仅受制于外界物质环境的压力，而且还与决策者的认知行为有关。国家或其他行为体的实践活动可以形成共有的观念，共有的观念可以形成文化，文化决定了行为体的身份、利益和行为。③国家的行为是由利益决定，而认同是利益的基础，利益由国家根据自身在国际体系中 的身份与认同来界定。④国家以自身的认知去确定自己的国家利益，根据不同的国际关系的结构处境，不断建构它的利益。国家利益是处于不断变化过程中的，国家在与其他行为体的互动过程中重新塑造新的

---

① 刘永涛：《美国对华政策中的认同政治：一个案例分析》，《国际观察》，2002 年第 1 期，第 11 页。

② 袁正清：《建构主义与外交政策分析》，《世界经济与政治》，2004 年第 9 期，第 8 页。

③ ［美］罗伯特·基欧汉：《权力与相互依赖》，北京大学出版社，2002 年版，第 4 页。

④ Alexander Wendt, "Anarchy is What States make of it: the Social Construction of Power Politics", International Organization, 46, No. 2, 1992.

身份，形成国家间新的认同，国家利益也随之改变。由于国家的自身利益是在与他人的关系中确定的，在考虑自身利益的同时，必须也要考虑其他人的利益。①在对外关系中，除了自身的认同以外，真正发挥影响的因素是集体认同，即国家和其他行为体建立积极的认同关系，在认知上把他人看做是自我的延伸。集体认同对国家外交决策的作用通过两个渠道得以实现：一是通过界定国家的利益，影响国家对外关系的选择；二是生成国际规范，通过规范规定国家的外交行为，制约国家的外交政策。②

集体认同的出现是国家或行为体在认知过程中的产物，是指行为体的自我界线变得模糊，并在交界处与他者产生融合，从而在界定利益时将个体身份转为集体身份，行为体的利益由此得以重新塑造。集体认同的过程是一个利益渗透、交汇和融合的过程，是一个共同利益越来越多产生的过程。虽然身份影响国家对利益的界定，但规范因素和国家身份塑造国家利益。③规范对集体认同的形成和国家利益的重塑具有关键性的影响。国家间的集体认同和互动在一定阶段可以固化为国际规范，而国际规范反过来规定着各国的身份和利益，当国际规范发生变化时，这些国家的认同也会随之变化，利益也将发生相应的转变。④由于国际社会处于无政府状态，在规范体系下的国家如果能够按照建构的身份和利益行动，就能够维持国家间关系和整个国际社会的稳定。

虽然多数人依然认为现实主义在美国对外政策中占据主导地位，但笔者认为，建构主义的认同、身份等概念在美国外交政策中同样有着明显的体现。美国对外政策中的“朋友”、“伙伴”和“对手”、“敌人”意识非常浓厚，经常通过寻找敌人的办法来界定美国的外交政策。美国新保守主义者欧文·克里斯托尔就认为，“半个世纪以来，是我们的敌人界定了我们的外交

① 倪世雄等著：《当代西方国际关系理论》，复旦大学出版社，2001年版，第228页。

② 孙溯源：《集体认同与国际政治——一种文化视角》，《现代国际关系》，2003年第1期，第40页。

③ John Ruggie, Constructing the World Policy: Essays on International Institution, New York: Routledge, 1998, pp. 14 – 15.

④ 倪世雄等著：《当代西方国际关系理论》，复旦大学出版社，2001年版，第42页。

政策。现在界定的任务落到了我们自己的身上，缺乏值得一提的敌人时，很难明确制定外交政策。毕竟，是国家的敌人帮助定义了国家利益，无论定义时用什么样的形式。如果没有这样的敌人，国家就会在大量相当琐碎的或者至少是边缘的选择中踌躇。"①在冷战期间，以苏联为首的东方阵营是美国的对手和敌人，冷战结束之初，苏联的突然解体让美国一度陷入"无战略对手"时期，而且全球化的发展也让美国难以分清谁是"敌"，谁是"友"，美国对外政策方向也开始出现迷茫和失焦。美国开始提出尝试一系列的替代对象，美国一方面不断抛出"无赖国家"、"流氓国家"、"邪恶轴心"国家的名单，将他们作为美国的敌人，另一方面，有些人开始将矛头指向实力不断增长的中国，伴随着"中国威胁论"的传播，美国开始担心中国会成为对美国国家利益构成潜在威胁最大的国家。

美国对中国的战略定位认知带有明显的建构主义特征。它包含两个方面的内容，一是美国如何认知中国的身份和建构认同，从而确立美国的国家利益，并影响到对华政策行为；二是在此过程中观念的作用，特别在相同或相似的物质环境中有不同观念的决策者可能做出的不同选择。冷战期间，美国对中国的认知和身份的认定就经历了从敌人到准战略盟友的过程。1949 年以后，中国实行"一边倒"的外交政策，意识形态的对立和美苏冷战的背景，都让美国感受到中国对美国的国家利益构成威胁，是美国的敌人。这种敌人的身份使中美之间无法形成集体认同，更不可能有共同利益的交汇出现，美国于是采取了不认同中华人民共和国主权国家身份的政策。但随着时间的推移，20 世纪 60 年代末，中苏关系恶化，甚至走向冲突的边缘，中美之间客观上开始产生在世界政治和地区安全领域的共同观念和利益，美国对中国身份的观念也发生了改变，开始认识到中国和苏联同为共产主义国家的身份差异。美国于是重建了对中国与苏联的观念结构，重新界定了对华关系中的国家利益，开始考虑给予中国外交上的身份承认，在抗衡苏联的问题上集体认同也逐渐形成，中国被认定为美国抗衡苏联的"准战略盟友"。

① Irving Kristol, "The Map of the World Has Changed", in Wall Street Journal, January 3, 1990; Irving Kristol, "In Search of Our National Interest", in Wall Street Journal, June 7, 1990.

冷战结束之后，美国对中国的身份认同又遇到了新的问题，苏联威胁的消失让中国“准战略盟友”的定位失去了支撑，美国出现了对华战略定位的模糊。90年代初，美国老布什和克林顿政府都一度认为，中国对美国的战略利益已经不再重要，共产党领导的中国与美国标榜的政治理想和价值观念大相径庭，中国是其主要的意识形态对手。①在此观念的支配下，意识形态因素重新成为美国认识中国形象的基本因素，也成为美国界定其国家利益的重要方面，影响到美国对华安全政策和经济政策的制定，最典型的例子是美国将人权问题同最惠国待遇挂钩。与此同时，美国国内不断出现要求对中国实行“遏制”战略的声音，这种遏制除了基于对中国是美国意识形态上敌人的认知外，也与不断浮现的“中国威胁论”有关。但随着对中美关系实践和中国对外政策的认知不断深入，美国开始调整其观念。克林顿政府开始较多的将中国的身份定位为“具有全球性影响的亚太大国”，认为“中国的未来对亚太地区和全世界的安全与繁荣产生深刻影响”。美国因此提出“接触”战略，表示“只有使中国进一步融入国际体系，才能够保证它成为国际社会强大而负责任的成员”，因此美国需要“与太平洋地区过去的对手进行合作，以建立新的关系”，“这既有利于中国利益，也有利于美国利益”。② 在此期间，应该说中美关系发展的国际环境和两国间的力量对比并没有发生太大的变化，是由于美国决策者的认知和观念发生了改变才导致美国开始认同中国的地区大国身份，并希望通过在集体认同中建构将中国融入国际体系的规范，通过规范中国的利益和行为来最终使之有利于实现美国的国家利益。

二、“战略竞争者”和“利益相关者”战略定位的意涵

从上面的分析我们可以看出，美国对华政策走向在一定程度上取决于其

① 冈栋俊、陈友：《美国对华政策50年》，广东人民出版社，2001年版，第320页。

② 克里斯托弗：《美国新外交：经济、防务、民主——美国前国务卿克里斯托弗回忆录》，新华出版社，1999年版，第407－408页。

对中国的身份和角色的认知问题。从建构主义的角度观察中美关系，将重心从现实主义的力量对比和权力结构暂时转向中美双方主体认知的规范结构，也能够有效分析出中美关系在某些时候的确是结构和身份相互作用的结果。小布什在争取第一任的竞选过程中曾经抨击与中国建立战略伙伴关系的克林顿政府，指责克林顿对是美国"战略竞争者"的中国推行绥靖政策，这一定位在布什入主白宫之初也有着明显的表现。"9·11"事件之后，恐怖主义作为美国首要敌人的身份比较明确，美国开始接受中国要求发展建设性合作关系的意愿。进入第二任期后，布什开始强调中美两国是"错综复杂而重要"的关系。严格地说，"建设性合作"和"错综复杂而重要"在很大程度上表明美国对中美关系有了进一步认识，但并没有给中国的身份以明确的定位。直到佐立克在2005年提出"利益相关者"一词后，人们才开始意识到布什政府对中国的身份认知和战略定位可能已经发生微妙的变化。以下笔者将从身份、认同、规范和利益的角度深入分析"战略竞争者"和"负责任的利益相关者"的政策涵义。

建构主义认为国家是有身份的，国家身份是指一个国家相对于国际社会的角色，表示这个国家是谁和它是怎样的国家。进一步说，国家身份是一个现代意义上的主权国家与主导国际社会的认同程度。①一个国家在国际社会的身份不是内在的或本身固有的，只能存在于和其他国家或地区的关系中，是通过与国际体系其他行为体长期和持续的互动而获得的。中美两国在双边关系的互动和在国际政治经济活动中，在建构自身身份的同时，也都在对对方的身份进行认知和判断，从而影响到相互间认同的建构。中国学者秦亚青将认同程度分为三个范畴：正向认同、零向认同和负向认同。不同的身份认知会导致不同的认同范畴。就美国对中国的"竞争者"和"利益相关者"两个不同身份来说，前者可能导致负向认同，而后者则更容易形成正向认同。

国际关系中的"战略竞争者"是指两个或两个以上的特定国家为了实现自己的最高国家利益和目标，运用政治、经济、文化和军事等多种手段，在

① 秦亚青：《国家身份、战略文化和安全利益——关于中国与国际社会关系的三个假设》，《世界经济与政治》，2003年第1期，第10页。

国家战略层次上相互攀比、你追我赶的状态。① 对美国来说，“竞争者”等于否定了克林顿政策此前将中国作为“战略合作伙伴”的定位，意味着中国已经或可能对美国构成威胁，是美国应当防范的对手或需要适时进行打击的敌人，在很大程度上是一种带有敌意或负面的认知。维·芬莱指出，国家制定自己的外交决策时，倘若认定对手为“敌人”，那么问题很严峻，“敌人”观念的形成预示着国家间可能出现某种冲突。而且“敌人形象”一旦确立，可能形成错误的假象，如一方有任何不利于对方的举动，双方的威慑和冲突就将螺旋式上升。②在这种认知下，中美两国互动过程中难以建立集体认同，更不可能形成双方都能够接受的规范，双方更加强调和关注的是利益冲突，认为共同利益是有限的，是从属于利益冲突的。在策略手段的选择上，对“对手”或“敌人”更加强调的是遏制和打击，而不是进行合作。美国的这些政策行为可能导致的后果是恶性循环，使中国对美国身份的怀疑和不认同，从而采取针锋相对的措施，反过来又会加深美国对中国“竞争者”身份的进一步确认。

事实上，在布什政府认为中国是“战略竞争者”期间，中美关系的确出现了恶化的趋势。以副总统切尼、国防部长拉姆斯菲尔德、国防部副部长沃尔福威茨为首的“鹰派人士”力主对中国采取强硬的外交方针。美国国内主流舆论也热衷于渲染中国崛起对美国形成的巨大挑战、美中两国在全球事务中的战略竞争性以及在亚太地区潜在的利益冲突。特别是在 2001 年 4 月 1 日中美发生撞机事件之后，美国国内的反华势力和媒体借此掀起新一轮的反华浪潮，布什政府也随之采取了一系列损害中美关系的行动，包括承诺不惜一切代价协防台湾，向台湾出售总价 60 亿美元的武器装备，中止中美军事交流、限制中美学术交往，在联合国人权委员会提出反华提案，指责中国向巴基斯坦扩散导弹技术等等。③

---

① 孙建社：《对布什上台后中美关系的认识》，《国际论坛》，2002 年第 1 期，第 26 页。

② Jianwei Wang, *Limited Adversaries: Post - Cold War Sino - American Mutual Images*, (Oxford University Press 1996) p. 5.

③ 胡礼忠、江西元：《布什执政以来的中美关系：回顾与展望》，《国际观察》，2002 年第 1 期，第 39 页。

相比之下，“利益相关者”的提法比较友善，表明美国对中国的身份认同朝着积极方向变化的趋势。美国中国问题专家兰普顿表示，“利益相关者”的含义与伙伴相接近，在美国，这个词意味着平等的权利和义务、平等的利益和责任。在美国看来，中国正成为维护现行国际体系并享受这一体系利益的重要一员。① 美国国务院发言人埃雷利则指出，美中关系远比单独一个词要更广泛复杂，美方把“利益相关者”看做是寻求在共同的框架下一起努力的方式，也就是传承国际体系，使中美两国的共同利益最大化。② 用建构主义理论，结合目前美国官员和学者对“利益相关者”的论述和解释来看，它至少包含以下三个层次的内容：

首先，美国开始考虑以非敌对的心态接受中国作为崛起中大国的身份。随着中国经济的迅速发展和国际影响力的空前提高，如何看待中国的和平发展和崛起是美国认知中国身份的重要前提之一。美国必须调适自己的心态，判断中国的和平崛起对美国和世界是机会还是威胁。布什 2002 年 2 月首次访华就表示，中国是一个伟大的国家，“我坚信，能够见到的中国将是正在变成大国的中国，一个走在世界前沿的国家，一个与其他人民无争的中国”，美国“欢迎一个强大、繁荣与和平”的中国。③ 2005 年 11 月布什访华时再次表示，中国是一个令人兴奋的、重要的国家。“利益相关者”表明美国已经正视中国是国际体系中美国不能忽视的重要一员，中国的和平崛起对美国来说机会远大于威胁。

其次，美国希望与中国在强调共同利益中与美国和美国主导下的国际社会建立集体认同。美国认为要想使崛起的中国不会挑战美国的霸权利益，就必须帮助中国融入美国主导下的国际体系并成为其中完全的成员，让中国的利益与美国的利益有更多的交汇点。这不仅包括经济上使中国接受和认同市场经济和全球化浪潮，也包括政治上向西方的民主价值观念靠拢。美国副国务卿佐立克在阐述“利益相关者”的概念时强调，中国应当不仅仅是一个参

① 新华网北京 2005 年 12 月 21 日电。

② 中新社华盛顿 2005 年 12 月 8 日电。

③ 中新网，http：//www. chinanews. com. cn/2002 - 02 - 22/26/163863. html。

与者，而应当和我们一道，维护使我们受益的国际体系；这个战略框架能够帮助美国确认与中国的共同利益，指导美国与中国在多领域的合作。①

第三，就是在集体认同中规范中国崛起的政策行为，鼓励中国承担相应的责任。美国将中国融入国际体系后的一个重要问题就是中国如何在体系内发挥作用？美国的考虑是用国际体系中的规范影响和改变中国的政策行为而不是被中国所改变，最好的途径则是让中国承担相应的责任。随着中国实力的增长和中美关系的发展，中美两国的确在一些重大问题上的理解趋于一致，中国对国际社会的参与度也越来越高，也表现出越来越强的责任意识。但美国认为中国承担的责任与崛起中的大国地位并不相符，因此要求中国更多地“承担相应责任”。美国战略和国际研究中心高级研究员葛莱仪就表示，中国现在是一个正在崛起的大国，大国在享受越来越多国际社会给予的权利的同时，应该承担更多的国际义务和责任。中国不能将自己的利益狭隘地定义在只关心国内事务，只关心、医疗、教育、经济建设等国内问题，也应该在国际上扮演负责任的角色。②

三、美国对华战略定位转变中的台湾问题

美国对华战略定位之所以引起人们的关注，一方面是战略定位反映出美国政府对华决策的主导思维和观念；另一方面，战略定位影响到中美关系中的诸多具体问题。台湾问题是中美关系中一个长期存在的重要问题，每次美国对华战略定位的调整多多少少都能找到台湾问题的影子。美国对华战略定位与台湾问题的关系至少有两个层次值得关注，一是台湾问题对美国对华战略定位的影响；另一个是美国对华战略定位转变后反过来对台湾问题所产生的影响。在布什政府对华战略定位从“竞争者”转向“利益相关者”的过程中，台湾问题同样发挥了某种程度的影响作用并受到这些定位的影响。

按照建构主义的观点，美国对华战略定位首先与对中国身份的认知和能

① 中新社华盛顿2005年12月8日电。
② 2005年8月26日上午笔者访问美国战略与国际研究中心时与葛莱仪的谈话。

否产生集体认同有关，台湾问题对此会产生有限的影响。之所以说这种影响是有限的，主要是因为：第一，中国和平崛起的客观现实是不受台湾问题影响的，即使台湾问题尚未解决，改革开放后的中国还是实现了实力的跨越式增长和国际影响力的大幅提升。第二，中国实行的是与美国不同的社会制度和意识形态也是客观存在的事实，美国并不是因为台湾地区实行的是美国式的“民主制度”才形成对中国所谓“非民主”形象的认知。第三，中美两国在相互交往和共同处理国际事务的过程中形成的利益冲突在绝大多数时候也不受台湾问题的影响。由此可见，美国在对中国身份进行认知和两国形成集体认同的过程中，台湾问题并不是起主导作用的因素。

但是，由于台湾问题的存在，“台独”分裂活动的加剧，台湾当局不断鼓吹大陆的“军事威胁”，刻意扭曲大陆不承诺放弃使用武力的对台政策，在美国面前刻意塑造中国大陆对台湾和本地区“武力威胁”的形象，影响到美国对中国身份的认知。这使得中国政府使用和平还是非和平的方式处理台湾问题、美中两国在台湾问题上冲突的频率和烈度成为美国认知中国身份的一个重要方面。此外，美国在与大陆和台湾建构集体认同的过程中，台湾的“民主政治”的确有助于台湾与美国在意识形态领域更容易建构认同感，美国甚至将保护台湾的“民主制度”作为其目标之一，这种认同感影响到美国台海政策中的理想主义部分。而中国与美国的认同更多的是建构在实际利益上，影响到美国台海政策中的现实主义部分。在台海安全层面，美国与两岸之间都有一定的认同，即中美和台湾都希望维护台海地区的和平稳定的现状，但美国与两岸的认同度则随着形势的变化而变化，有时候偏向中国大陆，有时候又偏向台湾。

在小布什政府上台之初，中美在台湾问题上的根本冲突不断加大，使美国将中国看做是一个“潜在的”可能成为美国威胁的军事对手在美国对华政策辩论中就更显得有说服力，也是布什政府将中国定位为“竞争者”的原因之一。① 在中国政府不断重申用和平方式解决台湾问题的决心，以及在深刻

① 郭学堂：《接触 + 围困：美国对华军事战略和政策分析》，http：//blog. chinabbs. com/article/5907. html。

了解到台海紧张局势的复杂背景和最新变化后，美国逐渐意识到“台独”分裂活动会威胁到台海和平与安全。中美两国在台湾问题上的共同点开始增加，出现了共同反对“台独”的态势，台海地区形势也趋向稳定。虽然美国并没有完全消除对中国“军事威胁”形象的警惕，美国对中国政治社会制度的偏见也难以在短期内消除，但与“竞争者”相比，“利益相关者”的战略定位表明台湾问题在中美关系中的比重和排序明显下降。美国在对中国的身份和集体认同的问题上将关注更多的台湾问题以外的领域。中国现代国际关系研究院副院长陶坚认为，中美双方在台海问题上已经纠缠数十载，这对双方都是很大牵扯，双方目前应有更多话题可以共同关注、合作，中美对话中不应该“第一句话就是台湾问题，最后一句话还是台湾问题”，中美 2005 年举行的战略对话已经超越台湾问题，这代表着中美关系的发展。①

美国对华战略定位从“竞争者”到“利益相关者”的转变，虽然目前尚未定型，还不能下定论说中美已经建构起中国作为“利益相关者”的共同认同基础和行为规范，但中美关系的战略定位本身就一个身份和认同建构的过程，是一个不断被发现，被认识的过程。况且建构是双方面的，中国对美国的身份认知和战略定位如何，是否会接受美国对华“利益相关者”的战略定位都还在讨论之中。但可以肯定的是，美国对中国从“竞争者”到“利益相关者”的认知过程是一个不断趋向务实的过程，如果抛弃“利益相关者”定位中的一些消极因素，将有利于建构中美稳定的关系互动架构。美国对华战略定位的转变过程和最终定位也必将对台湾问题产生一定的影响，主要表现在以下几个方面：

第一，台湾问题在中美关系中的紧迫性有所下降，但重要性并未改变，中美在台湾问题上的核心矛盾不可能因为“利益相关者”的战略定位而改变。

美国和中国政府对台湾问题的地位和性质有着不同的看法。中国始终强调台湾问题的重要性和敏感性，是涉及中国主权和领土完整的核心问题。但美国对台湾问题敏感性的认知是随着情势的变化而变化的，当台海情势紧张

① 《中美战略对话超越台湾问题，体现中国崛起》，中新网 2005 年 8 月 3 日电。

的时候，美国会对台湾问题投入更多的关注。笔者2005年8、9月间在美国访问期间，多数美国学者都表示当前台海紧张局势已经缓解，台湾问题已经不是中美关系中的重要和迫在眉睫的议题。中美双方的认识差异主要是因为两国对台湾问题的利益关注度不一致，台湾问题是中国在新世纪的三大历史任务，但美国的利益遍及全球，台湾只是涉及其全球战略利益的很小一部分。美国将中国定位为"利益相关者"的一个重要背景是两国能够暂时超越台湾问题上的矛盾和分歧，着眼于中美关系的长远发展和大的格局。但这种超越并不表明两国在台湾问题上不存在根本的利益冲突，"利益相关者"只是"求同存异"，并非"求同化异"，美国并没有放弃在两岸间玩弄"平衡"的战略，"以台制华"依然是某些保守主义者的顽固思维，美国也没有放弃对台湾的政治和军事支持，在中国统一问题上也没有表达过清晰支持的立场，而这些都涉及中国的核心利益。一旦情势发生变化，并不能排除中美在台湾问题上再度出现交锋的可能性。

第二，"利益相关者"要求美国在台湾问题上必须考虑到中国合理的利益需求，反对"台独"有望成为中美共同的"义务"和"责任"。

美国将中国定位为"利益相关者"，希望中国扮演负责任的角色，但任何的权利和义务都是相互的，美国在要求中国负责任的同时，也必然要顾及到中国的利益需求，也必须承担相应的义务，体现权利和义务的一致性。当然，中国和美国都会从最大限度符合自身利益的角度来考虑和权衡在台湾问题上的权利和义务关系，中国不可能要求美国履行可能损害美国利益，提出一些不切实际的责任。美国也必须考虑到中国在台湾问题上承诺的义务不能违背中国的利益，双方必须在有利于实现共同利益的基础上寻求权利和义务的平衡。坚持"一个中国"政策，遵守三个联合公报，反对"台独"，不向岛内"台独"势力发出错误信号就是中国要求美国所必须承担的责任和义务，而这种义务是符合美国的国家利益的。2005年，美国从总统到其他官员都多次重申反对单方面改变现状，反对"台独"的立场。有学者认为，这种政策与中国政府维护台海稳定的政策有共同之处，出现了一种中美两国政府联手遏制法理"台独"的新形势，台海紧张局势出现缓和，这反过来增加了中美关系中的稳定因素。①

第三，美国将会强化要求中国以“负责任的方式”解决台湾问题，制约中国使用“非和平方式”的可能性。

美国在“利益相关者”之前特意加上了“负责任的”限定词，这里的“负责任”不仅仅是指为美国分担部分国际责任，更重要的是采取“负责任”的行为。具体表现在全球问题上同美国合作，在朝核等地区问题上扮演建设性的角色，而在台湾问题上则是只能以和平的方式解决问题。在美国看来，只有和平的方式才是负责任的，才能够有效避免台海地区出现危及和平稳定的军事冲突。台湾学者吴瑞国认为，“利益相关者”的新界定，使得美国、中国大陆、台湾这个不等边的三角形找到了新的“利害关系”，确立了台湾海峡的“和平化”，即两岸间最核心的问题已经是怎么“维持现状、确保和平”。除非台湾宣布“独立”，或外国势力赤裸裸地介入台海局势，大陆对台动武的可能性已随着美中之间“负责任的利益相关者”的新界定，而大幅降低、甚至逐渐消失，而台湾片面宣布“独立”的可能性亦然。② 但实际上，用和平统一的方式解决台湾问题，本来就是中国政府的一贯政策，并不会因为美国的“利益相关者”定位而有所改变。问题是美国在履行对台所谓“安全承诺”、向台湾出售先进武器装备的做法本身就是“负不责任”的，有可能向“台独”势力发出“以武谋独”的错误信号，只有按照“八一七”公报以“负责任的”方式最终解决对台军售问题，才能够在台海地区实现真正的和平稳定。

第四，美国将台湾的“民主制度”作为样板，迫使中国大陆接受和融入西方的民主价值理念的力度可能性加大。

美国要求中国作为“利益相关者”，不仅仅只是要实现两国共同利益的一致，更重要的是，美国认为共同利益应该建立在相同或相似的价值理念基础上。在美国，民主国家不相互进行战争的“民主和平论”和“民主国家在贸易和外交上可以结成更好的伙伴”是根深蒂固的观点。美国并不认为中国

① 《2005：中美关系平稳过渡》，《人民日报》（海外版），2005年12月20日。

② 台湾《中国时报》，2005年9月30日。

在意识形态领域已经成为美国的“利益相关者”，只有将中国融入一个由西方的“民主”、“自由”、“人权”等理念所主导的价值体系，才能够确保中国成为一个“负责任的”国家。美国向来对台湾的“民主”赞誉有加，认为台湾是华人社会实现“民主制度”的典范。2005年11月16日，美国总统布什访华前夕在日本东京发表演讲时，称赞台湾是亚洲“成功实现民主化的例子”，认为台湾是个“实现了自由民主的社会”；布什在演讲中还充分表明对包括中国大陆在内的亚洲扩大“自由与民主”的期待。中国政府认为，中国的民主政治建设有着自己的国情和发展道路，它“借鉴了人类政治文明包括西方民主的有益成果，吸收了中国传统文化和制度文明中的民主性因素”，但“各国的民主是由内部生成的，而不是由外力强加的”。①如果美国在给中国“利益相关者”定位的过程中，不断通过加强与台湾在西方民主价值观方面的认同建构，并意图以此影响中国大陆，将会增加中美两国间的利益冲突，最终可能会影响到中美在其他共同利益领域的合作。

---

①《中国的民主政治建设》白皮书，新华网北京2005年10月19日电。

绝对获益、相对获益与美国“维持现状”的台海政策*

——以美台围绕“废统”的博弈为例

李 鹏

2006年1月29日，台湾当局领导人陈水扁在新春谈话中提出，“目前已是认真思考废除‘国家统一委员会’及‘国家统一纲领’的适当时机”。陈水扁的“废统”言论立即引起岛内外各界的关注和警惕，不仅在遭到了在野党和两岸绝大多数民众的强烈质疑和反对，美国也多次表态反对台湾当局违背“四不一没有”承诺和“单方面改变现状”的企图。2月27日，在各方的压力之下，陈水扁玩弄文字游戏，强行决定终止“国统会”运作和“国统纲领”适用，并声称此举“不涉及现状之改变”①。但是，对于“国统会”是否已经被“废除”的问题，台湾当局和美国存在着认知上的差距。美国和台湾当局在“废统”是否“改变现状”问题上的矛盾、较量和妥协实际上是美国长期以来力图维持一种平衡、模糊的台海政策的缩影。本文试图运用国际关系理论中的绝对获益和相对获益理论，以美台围绕“废统”问题的博弈为例，探讨美国“维持现状”台海政策的实质。

一、理论架构与分析途径

追求自身利益的最大化是当代国际关系中几乎所有国家或地区的对外政策的目标。但是，在国际政治现实中，两个行为主体之间的政策往往是一种相互影响、相互制约的互动关系，一个国家或地区的政策选择往往会影响到

* 本文原载于《台湾研究集刊》，2006年第2期。

① 台湾当局“陆委会”网站，www. mac. gov. tw。

其他国家或地区的政策走向，从而影响到双方的政策获益结果。在国家利益理论中，绝对获益和相对获益是最主要的两种分析途径，新现实主义和新自由制度主义对此有着不同的解释。新现实主义假定，在无政府状态的国际社会中，国家或地区主要关注的是相对获益而非绝对获益，即本国或本地区自身的获益一定要超过他人的获益。新自由制度主义则认为，各个国家或地区关心的是他们本身的绝对获益，而不关心和算计其他国家或地区获益和损失的多少。这两种理论对不同国家或地区在获益问题上偏好不同的假设，使得它们对国际冲突与合作的前景有着不同的预期。①一般来说，对外政策决策者关注相对获益越多，合作就越困难，矛盾就难以协调，冲突就越容易产生。反之，如果决策者更在意绝对获益，就更容易形成妥协和合作，并为最终解决争端创造条件。

在国际社会中，一个国家或地区到底会采取追求绝对获益最大化还是相对获益最大化的政策，并没有定论。即使现实主义者同样关注国家通过实力积累以形成相互伤害的绝对能力，只是他们更重视相对获益；自由主义者也不排斥相对获益，只不过他们更关注绝对获益一些。②在具体的决策过程中，决策者会根据当时的政策需要和形势的发展来作出选择，特别在对外关系的处理过程中，政策决策的过程往往是与其他国家或地区进行博弈的过程，对博弈后果的预期将决定决策者作出何种选择。博弈论其实就是关于相互影响的决策者的研究，它分析的是无法完全预测其决策结果的理性决策者个体之间的相互作用。③ 在进行绝对获益或相对获益的选择时，博弈分析是一种比较有效的分析途径。

博弈论主要研究的是决策主体的行为发生直接相互作用时的决策及决策的均衡问题。④博弈论追求实现的均衡，指的是博弈参与者的最优策略组合，

---

① 罗伯特·鲍威尔：《国际关系理论中的绝对获益与相对获益》，载大卫.A. 鲍德温主编：《新现实主义和新自由主义》，浙江人民出版社，2001年版，第209页。

② 大卫.A. 鲍德温主编：《新现实主义和新自由主义》，浙江人民出版社，2001年版，第5－7页。

③ ［美］丹尼斯·卡尔顿等著：《现代产业组织》（上册），上海人民出版社，1998年版，第334页。

④ 刘慧宏等：《合作竞争博弈及其求解》，《预测》，2005年第2期，第73页。

比如均衡概念中十分重要的纳什均衡，就是指给定他人策略不变的情况下，没有任何单个参与者有积极选择其他策略，从而没有任何人有积极性打破这种均衡。① 当所有的博弈参与者对自己的获益表示满意，他们就会维持均衡；反之，只要任何人不满意，他就可能打破均衡，重新博弈，进行获益的再分配。博弈有零和博弈和非零和博弈之分，零和博弈即一方所得是另一方所失；非零和博弈则是各方都能够获益，只是收益的多寡不一样。以博弈最基本形式之一的"囚徒困境"为例，如果博弈能够长期进行、决策者充分了解博弈的后果而且充分关心以后的获益，那么博弈双方有可能走出困境，实现妥协。实现妥协的途径是博弈双方避免采取冷酷报复战略：一旦一方采取对抗策略，另一方也会采取对抗策略进行报复。顾虑到采取对抗带来的长期获益损失，博弈双方就有可能选择妥协合作。如果双方决策者都要追求相对获益最大化，双方的关系就变成了一个零和博弈，无法实现妥协合作。②

获益选择和博弈行为在美国台海政策决策中表现得比较明显。美国的决策者在酝酿台海政策时，不仅要计算美国的可能获益或损耗，也要计算中国大陆和台湾的获益或损耗，还要对各方的获益进行权衡和比较，表现在具体政策上就是刻意模糊，以寻找最有利的获益空间。虽然美国认为这种刻意模糊最有利于实现美国的利益，但同时也为中国大陆或台湾与美国进行相互制约的决策时提供了不少博弈的机会。反对大陆或台湾任何一方"单方面改变现状"是冷战后美国台海政策的重要组成部分。早在克林顿政府时期，美国就强调过台海双方"避免挑衅性行动或可能改变台湾现状或对和平解决重要议题构成威胁的行动是十分重要的"③。2003 年 12 月，美国总统布什在会见中国总理温家宝时明确表示，"美国反对任何单方面改变现状的决定"。此后美国不断重申这一立场，但对于"现状"的定义，美国并没有明确的界定，这就为大陆、台湾和美国不断地围绕着"什么是现状"、"哪些是改变现状

① 周方银：《国际问题数量化分析》，时事出版社，2001 年版，第 92 页。

② 李彬：《绝对获益、相对获益与美国对华安全政策》，《世界经济与政治》，2002 年第 11 期，第 18 页。

③ 克里斯托弗：《美国新外交：经济、防务、民主——美国前国务卿克里斯托弗回忆录》，新华出版社，1999 年版，第 410 页。

的行为”、“改变现状可能会导致怎样的后果”等进行博弈提供了可能。而这种长期存在的或针对突发事件的博弈则是导致台海地区的和平稳定难以从根本上得以实现的原因之一。但美国似乎并没有深刻认识和了解到模糊政策和长期博弈可能导致的消极后果，美国与大陆、美国与台湾、大陆和台湾经常陷入“博弈－对抗/妥协－再博弈－再对抗/妥协”的重复循环博弈之中。最近，美国和台湾当局之间围绕“废统”的博弈就是一个典型的例证。

二、美国和台湾当局围绕“废统”的博弈分析

陈水扁上台以后，中国大陆、美国和台湾当局在不少问题上都进行过不同形式和程度的博弈，其中比较典型的有针对 2002 年“一边一国”论和 2003 年“公投制宪”的博弈。此后一段时间，三方进入了一个旨在“维持现状”的相对稳定阶段，陈水扁当局的挑衅行为受到各方面的制约不得不有所收敛。但在 2005 年底，陈水扁在“三合一”选举中大败以后，选择向极端“台独”势力靠拢、紧缩两岸关系的政策。除了提出“积极管理、有效开放”的政策外，一个最具挑衅性的动作就是要废除“国统会”和“国统纲领”。2000 年 5 月 20 日，陈水扁在就任台湾地区领导人时作出“四不一没有”的宣示，其中“一没有”就是“没有废除‘国统会’和‘国统纲领’的问题”。2004 年 5 月，陈水扁在连任就职时表示，“个人愿意在此重申，公元 2000 年 5·20 就职演说所揭橥的原则和承诺，过去四年没有改变，未来四年也不会改变”。2005 年 2 月，陈水扁在与亲民党主席宋楚瑜会面后，双方签署“联合声明”，其中也提到陈水扁在其任内“不废除‘国统纲领’与‘国统会’”。陈水扁公然背弃上述承诺的“废统”的图谋和动作立即引发了美台之间新一轮的博弈。

一般来说，博弈有静态博弈和动态博弈，“废统”是一种动态博弈。动态博弈是指参与博弈者的行动有先后顺序，且后行动者能够观察到先行动者所选择的行动。在这种情况下，后行动者会根据前者的选择而调整自己的选择，而前者自然会理性地预期到这一点，所以不可能不考虑自己的选择对其

对手选择的影响。①运用精练纳什均衡模型能够比较有效地解释完全信息下的动态博弈情形。陈水扁“废统”就反映出他对过去的均衡状态不满，希望通过“废统”来达到新的均衡。对“废统”可能带来的收益和可能导致的损耗进行理性算计是他决定是否“废统”的重要依据。陈水扁“废统”的动机最主要有两个，一是继续推进“法理台独”，挑衅两岸关系，民进党内有人提出“维持现状就是坐以待毙”，因此要想办法改变“现状”；另一个动机是向“台独”基本教义派靠拢，巩固民进党的基本盘，并“企图转移台湾社会舆论对他造成台湾经济不振、社会动荡的谴责及对某些弊案丑闻的追究，以摆脱困境”②。但陈水扁要想达到“废统”的目的，同样面临着困难和风险，其中包括在野党、台湾民众、中国大陆和美国的态度，他们都会参与到与陈水扁的博弈之中，从而导致混合博弈和多重博弈的出现。由于本文的重点是通过对美台之前围绕“废统”的博弈讨论美国的台海政策，笔者将重点讨论美国和陈水扁当局之间的博弈过程，即二人博弈，其他博弈方一定会对美台的战略选择产生影响，但不是本文讨论的重点。

在陈水扁与美国围绕“废统”的博弈中，我们假设他有两种战略可以选择，废除还是不废除，美国同样也有两种选择，默许还是反对。笔者将他们的选择绝对化为两种，主要的目的是为了有效地控制变量，让分析变得可能。当然，在实际博弈的过程中，各方的立场往往并不是那么明确清晰，还会不断地进行调整变化，博弈的结果往往也并非绝对化，而是妥协和模糊的产物。我们可以根据美台关系的利益量不对称的事实做如下假设，在维持现状的情况下美国可以获益 20 个单位，陈水扁“废统”后可获益 10 个单位，美国如果不制止将会损害自己 10 个单位的获益；如果美国反对将使自己少损失 5 个单位成本，而让陈水扁付出 5 个单位的成本。各种战略组合之下的获益矩阵如下：

---

① 张维迎：《博弈论与信息经济学》，上海人民出版社，1996 年版，第 12 页。

② 中台办、国台办负责人就陈水扁推动废除“国统会”和“国统纲领”发表谈话，新华网北京 2006 年 2 月 26 日电。

		美国	
		默许	反对
陈水扁	废除	I（10，10）	II（5，15）
	不废除	III（0，20）	IV（−5，20）

图 1：“废统”博弈矩阵

上图也可用博弈树的方式表述，它可以更有效地反映出陈水扁当局发出“废统”的信号后，美国作出反应、采取行动的先后关系，以及美台在博弈中可以选择的行动，和不同选择组合下的获益水平。

从上述的图表中我们可以看出，对陈水扁而言，只有“废统”他才能够获益，美国的态度决定只是他获益的多少，而不“废统”或“维持现状”的结果是不仅不能获益（即选择 III），甚至还会付出损失既有利益的代价（即选择 IV），这其实是一种绝对获益的考虑。因此，他最理想的选择是在美国的默许下达到“废统”的目标〔即选择 I〕，但“废统”不可避免地将损害到美国的利益，美国一定会提出反对或表示异议，不太可能采取放任和默许的立场。因此，在现实困境下，陈水扁只能够采取的次优策略（即选择 II），即保证美国利益损耗在其能够接受的范围内，同时调整并降低自己的获益预期，陈水扁不可能在此过程中要求自己的获益一定要超过美国的获益，这也是一种绝对获益的考虑。

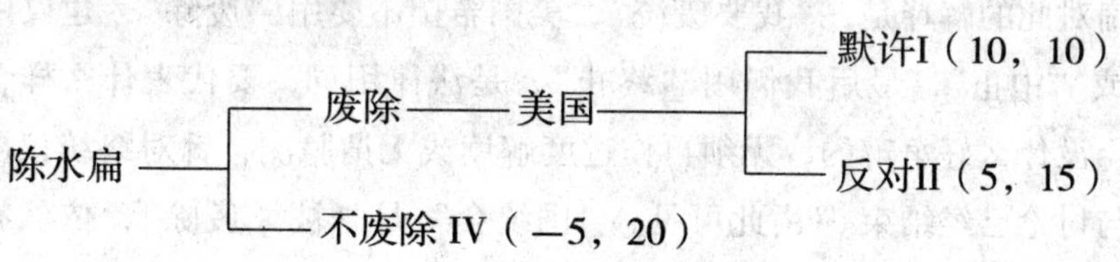

图 2：“废统”博弈树

对美国来说，最根本的考虑是“废统”不能侵犯到美国的既有利益，最好能够在处理“废统”问题的过程中获益，最理想的状态是陈水扁主动放弃“废统”（即选择 III）。但一旦美国了解到陈水扁不可能付出失去既有利益的代价，“废统”决心已定的情况下，美国也只能采取次优策略（即选择Ⅱ)。这时候选择Ⅱ就让陈水扁和美国的博弈行为达到均衡，成为双方虽不满意但可以接受的相对最优战略选择，即陈水扁在明知美国反对的情况下依然坚持选择“废统”。这一选择表明，美国和陈水扁都是从绝对获益的角度来看待“废统”，陈水扁不可能不顾及到美国的利益损耗，而美国也不得不考虑到陈水扁力图摆脱岛内政治困局的获益动机，是双方建立在不合作基础上的一种妥协。

美国和陈水扁当局围绕“废统”的最终博弈结果证实了以上的假设。美国从一开始就表达了不支持“废统”的立场，并通过公开和私下的渠道同陈水扁当局进行沟通。美国一再强调台湾方面应该自制，不要采取被看成是片面改变现状的行动，并发出了“后果自负”的威胁。美国还派出总统国家安全委员会主管亚洲事务的韦德宁亲赴台北，表明要求陈水扁信守承诺的坚定立场。最终，陈水扁选择了“终止‘国统会’的运作和‘国统纲领’的适用”的表述方式。至于“国统会”是否还存在，美国认为，陈水扁在“终统”时的保证清晰地说明“国统会”并没有被废除。在民进党当局狡辩说“终统”是“法律名词”，“终统”就是“废统”之后，美国国务院3月2日在其网站上发表书面声明，要求陈水扁当局“毫不含糊地确认台湾2月27日所做的行为是意在不要改变现状，一如陈水扁在他的7点声明中表明的。废除一项保证将会是改变现状，也违背这样的了解”①。此后，陈水扁当局便回避了“国统会”是否被废除的问题，在4月3日举行的“扁马会”上，陈水扁对此的解释是，“我要废统”，美国希望不要用“废除”，建议用“冻结”或“中止”，最后我们用“终止”，是法律用词，要代表什么样含意很清楚，没什么好争辩的，无须再作过度解读或无谓臆测，针对终统议题台美沟通与讨论已经结束。②由此可见，“国统会”是否被“废除”，依然有赖于各方不同的解读和理解。

美国和台湾当局围绕着“废统”的博弈背后其实隐藏着另一层次的两个博弈，也可以称为子博弈，即陈水扁对“废统”行为的可能性、可行性，以

① Press Statement by Adam Ereli, http: //www. state. gov/r/pa/prs/ps/2006/62488. htm.

② PC home online, http: //news1. pchome. com. tw/catnews_ index. html.

及可能导致美台关系、两岸关系受到何种程度影响的博弈；还有美国对中国政府对“废统”可能采取的态度，及对两岸关系和中美关系可能影响的评估预测的博弈。博弈论的纳什均衡中引入了一个概念叫“不可置信威胁”，即一种威胁是否被别人所相信在最终能否实现均衡中起着重要的作用。美国和陈水扁当局在博弈中首先需要判断的就是其他博弈方的立场、压力或威胁的可置信程度。

就陈水扁而言，他一直企图将“废统”作为一个可置信威胁来操作，他对美国和大陆摆出强硬姿态，试图让他们相信其“废统”势在必行，决无更改的可能，迫使他们在此基础上来考虑相对获益或损耗的问题。只要陈水扁认为美国的反应对美台关系的损害能够控制在他可以容忍和接受的范围内，不会引起大陆使用非和平方式，他就一定会坚持“废统”。也就是说，陈水扁必须考虑美国和大陆的强硬立场和威胁是否可以置信。但美国模糊暧昧的表态让陈水扁看到美国难以采取导致美台关系实质恶化的步骤。美国除了不断重申“不能单方面改变现状”外，从来没有将“废统”与“改变现状”直接联系起来，公开表态的层级也仅停留在国务院发言人。在 2 月 22 日的记者招待会上，当国务院发言人 艾瑞里被问及 如果陈水扁执意“废统”，美国将如何响应？他的回答是，不想谈论假设性的问题，美国会依照基于台湾关系法以及其他声明的对华政策来处理。①在美国不可置信的威胁面前，陈水扁相信，“废统”只要在某种程度上照顾到美国的关切，美国虽然不满意但也只能接受“废统”的结果。

而对美国来说，它在与陈水扁当局进行博弈的过程中，必须同时与中国大陆进行子博弈。一方面美国必须顾及中国大陆对“废统”强烈反对的立场，并评估“废统”是否触及大陆的底线，是否会导致中国的利益受到不可接受的损耗，甚至可能导致两岸出现让美国利益受到重大损耗的冲突。另一方面，美国又要坚持长期以来奉行的在海峡两岸维持“平衡”的政策，不要因为对台湾施压过度而让两岸感觉到美国对台政策明显偏向大陆，让大陆的可能选择危及到美国在台湾的利益。因此，美国不仅要让中国大陆相信美国

① Daily Press Briefing，http：//www. state. gov/r/pa/prs/dpb/2006/62460. html.

对台湾发出的威胁是可置信的，要让陈水扁通过“废统”的获益不要过度地损耗大陆的利益；同时，也要让台湾感觉到美国并不打算因为“废统”而抛弃台湾，因为这样可能会导致大陆在“废统”事件中实现绝对获益。美国需要在大陆的容忍限度和陈水扁当局可接受的政策调整限度之间，达到双方相对获益或损耗的均衡。当美国相信大陆认定“废统”只是迈向“法理台独”的重要一步，而非就是“法理台独”，大陆认为“废统”只不过是陈水扁的一场“闹剧”，不太可能采取激烈和非和平方式解决问题时，美国判断，即使陈水扁执意“废统”，只要美国反对的态度明确，即使损耗到大陆的部分利益，其反应对美国利益的损耗也是有限的。美国最终选择了不承认陈水扁“终统”就是“废统”，认定“现状没有被改变”的立场。

三、“维持现状”与美台重复博弈中的获益分析

在美国和台湾当局围绕“废统”的博弈过程中，“废统”是否是“单方面改变现状”的行为应该是博弈的核心内容。但美台之间不仅在“国统会”的存废问题上没有共识，在“终统”是否已经“改变现状”的问题上也没有一个明确的结论。其实，这些结论对陈水扁当局和美国来看并不重要，博弈过程中的获益考量要远重要于一个明确的结论。重要的是，陈水扁认为他已经通过“终统”在一定程度上获益，而美国也能够接受和容忍“终统”所带来的获益和损耗。一个模糊的“维持现状”政策能够最大限度地保证美国在每次与大陆或台湾当局的博弈中获益，或者能够将利益损耗控制在能够接受的范围。但这项政策的最大危险则在于不负责任博弈方可以利用模糊空间，不断地进行重复博弈，从而使各方的获益均衡不断遭受挑战。美国和陈水扁当局之所以能够在“废统”的矛盾中找到妥协的办法，关键还在于他们都将绝对获益作为他们博弈中的主要考虑。但这并不表明中美台三方的任何博弈都是以绝对获益为考量的，特别是在关系到统“独”、主权和领土完整等具有高零和性博弈的问题上，一方所得必为另一方所失，各博弈方特别是两岸之间的考量会呈现出对相对获益的关切。对中美两个大国来说，随着中

国经济和国防实力的增长，在安全问题上，美国已经变得非常关心其对中国的相对获益。①这种对相对获益的关切也必然会在台湾问题上表现出来。

对于陈水扁当局与美国围绕“废统”的博弈过程，很多人感到并不陌生，早在2003年到2004年，美国和陈水扁当局就“公投”问题已经展开过类似的博弈，当时陈水扁也是在选举利益的考量下，顶着美国反对的压力坚持举行了所谓的“和平公投”。“废统”博弈在某种程度上可以被理解为陈水扁的一次重复博弈过程。重复博弈是指同样结构的博弈重复多次，博弈方在进行新的阶段博弈时可以观测到过去博弈的历史和经验，并可以使自己在新博弈中的选择依赖于过去其他参与者的行动历史。②重复博弈的优点在于博弈参与者考虑到博弈要进行很多次，会在短期利益和长期利益间进行权衡，有时为了长期利益牺牲短期利益，从而导致信任的出现和合作的产生。但其危险性在于，不能排除某些参与者选择类似“冷酷策略”、“无赖策略”或“针锋相对策略”的可能性，如果一个参与者出于短视的考虑，从一开始就不负责任地利用其他博弈方对长期利益的考量，来获取自己短期的绝对利益；那么，一方出于大局考虑的让步和容忍可能会让另一方更加有恃无恐、得寸进尺，从而导致各方信任的缺乏，一个参与方的一次不合作可能会导致永远的不合作，最终将损害到各方的获益。

维护台海地区的和平稳定符合大陆、台湾和美国三方的共同利益，大家都可以从中获益，但由于实力的差异，各方获益的多少并不一致。只要三方都满意于这种获益，就能够维持均衡，不改变现状。但现在对于什么是“现状”，怎样的行为才是“改变现状”的行为，“改变现状”将会付出怎样的代价，各方的认知并不相同。中国大陆认为，“尽管两岸迄今尚未统一，但大陆和台湾同属一个中国的事实从未改变，这就是两岸关系的现状”③。而民进党当局对现状的解释是，“‘中华民国’主权独立就是现状，‘中华民国’是一个主权独立的国家，‘中华民国’的主权属于2300万台湾人民，台

---

① 李彬：《绝对获益、相对获益与美国对华安全政策》，《世界经济与政治》，2002年第11期，第19页。

② 周方银：《国际问题数量化分析》，时事出版社，2001年版，第108页。

③ 《人民日报》，2005年1月29日。

湾前途任何的改变，只有2300万台湾人民有权作最后决定。台湾绝不隶属于中华人民共和国。'中华民国'与中华人民共和国共存于世且互不隶属，这就是台海长久以来的现状。"[①]国民党主席马英九最近在访美期间则提到，美中台三方对现状的认知，可总结为“四不一没有”，这个定义符合三方共同利益。[②]而美国却没有对“现状”作出明确的定义，有学者认为保持模糊的政策空间最符合美国的利益，美国将根据具体的情况来判定是不是有“改变现状”的情况发生。[③]

在中、美、台围绕台海“现状”的博弈中，大陆、台湾和美国都有自己的获益考虑。陈水扁当局更多的只是看到自己的绝对获益，扮演着不负责任的“麻烦制造者”的角色，他试图采取不断挑衅，“边走边看”的策略，来达到实现自身利益的目的。这一方面是由于台湾当局对美国的依赖关系造成的，台湾不可能要求自身的利益所得超过美国的获益；另一方面陈水扁的获益考量中除了两岸和美国因素之外，很重要的一个方面是出于岛内的选举利益和巩固自身权位的利益考虑，这种利益与美国在台海问题上的获益性质内容都不一样，很难进行比较。对陈水扁当局和大陆的某些行为是否“改变现状”，美国一直徘徊在重视绝对收益和相对收益之间，对陈水扁当局的挑衅行为，美国更重视绝对获益，更明确地说是尽最大可能维护自身的利益不受损耗，它并不会去比较自己的获益是否比台湾当局要多。相对来说，美国在与大陆的博弈中对相对获益有更多的考虑。人们追求相对获益的根本原因是希望在当前的博弈中削弱对方，以便在今后的博弈中占据有利位置；或者担心对方在当前积蓄能力，在以后的博弈中利用这种能力伤害自己。[④]中国实力的增强并对台湾问题产生影响让美国越来越感觉到，中国的获益如果持续增长超过美国，将会影响到美国在台海地

① 东森新闻网，2005年3月14日，http：//gb. ettoday. com. tw：6060/politics。

② PChome online，http：//news1. pchome. com. tw/catnews_ index. html.

③ 2006年3月3日，美国兰德公司高级研究员柯瑞杰（Roger Cliff）访问厦门大学台湾研究院时同笔者的谈话。

④ 李彬：《绝对获益、相对获益与美国对华安全政策》，《世界经济与政治》，2002年第11期，第19页。

区的利益，美国越来越关注两岸军事实力对比问题，也非常在意美国的政策行为是否会导致大陆过多得分。因此，美国既关注中美之间的相对获益，也关注两岸间的相对获益。

美国在中美和两岸间的绝对获益或相对获益要想实现，有一个很重要的可置信度前提，即任何一方都不实施“单方面改变现状”的行为。陈水扁在“公投”和“废统”问题上的重复博弈就对美国“不改变现状”政策的可置信度提出了挑战。陈水扁之所以敢于公然违背自己三番五次所做的“四不一没有”承诺，提出“废统”的问题，在一定程度上是受到2004年“和平公投”闯关成功的鼓舞。当时，中国大陆和美国出于维护台海和平稳定的长期利益的考虑，对陈水扁举行“防御性公投”表达了反对立场，迫使他将“防御性公投”变成“和平公投”，但并没有采取非常激烈地阻止“公投”的行动。这让陈水扁在“废统”时看到了故伎重演的可能性，他几乎是重复了“公投”博弈的过程，先是提出“废统”，然后在美国和各界的压力下以“终统”的方式结束博弈，有人形容为“进两步、退一步”的策略。换句话说，“公投”博弈的结果让陈水扁确信美国要求台湾“不要改变现状”的威胁是一种不可置信威胁，这鼓舞了他进一步迈向“废统”博弈。一种威胁只有当事人在不施行这种威胁时，就会遭受到更大的损失的是否，即当事人必须为自己的“失信”付出成本的时候，才是一种可置信威胁。①一旦陈水扁从过去的博弈经验中得出结论，即不相信美国的威胁会真正付诸实施时，他就会选择重复博弈来实现自己的绝对获益。因此，不能排除他今后还会围绕“制宪”等其他问题再度挑衅和博弈的可能性。

当美国的压力在陈水扁面前变得不可置信，美国就必须为此付出利益损耗的成本，包括美国在台海地区的影响力受到质疑、面临台海地区出现“意外”事件的可能性增大、在中美关系中需要投入更多的精力应付台湾问题，甚至要作出一些妥协和让步等。陈水扁不负责任的重复博弈行为虽然让他一人一时实现绝对获益，但对台海地区的和平稳定、台湾经济社会发展、两岸关系、美台关系等造成的伤害却是长远的。从某种意义上说，陈水扁的每一

---

① 张维迎：《博弈论与信息经济学》，上海人民出版社，1996年版，第25页。

次重复博弈都是他搞切香肠式“渐进式台独”的一个步骤，陈水扁在前一个步骤中实现绝对获益，就会试图迈向下一个步骤，但一旦他的某一个步骤触及“法理台独”的底线，各方博弈的性质马上就会转变为零和博弈，到时候在“主权”或统“独”问题面前，陈水扁的绝对获益就是大陆的绝对损耗，这已经明显带有相对获益考量的博弈。中美之间也会因此而展开强化相对获益的博弈，美国不得不在自己亚太地区的战略利益、中国的主权利益、台湾的安全利益等之间进行获益权衡。无论最终的结果是什么，所有博弈参与方的获益都会受到冲击，这也有悖于美国“维持现状”政策的初衷。

重复博弈的正常结果应该是形成建立在信任基础上的合作均衡和共同获益。就美国来说，合作均衡就是陈水扁当局不要挑战“维持现状”的政策，但陈水扁当局的博弈却实际上是不断地侵蚀美台之间的“信任”关系，对美国的政策并没有采取合作的态度。要想避免因为陈水扁的冒险重复博弈行为不断挑衅或破坏台海和平稳定的现状，美国在博弈的过程中需要有以下的认知。首先，美国应该在与陈水扁当局过去的重复博弈经验中了解到，陈水扁已经完全失去政治诚信，他在每一次博弈后的新的“承诺”已经不可置信，即使在前一次博弈中达成妥协也是脆弱的，不能因为他的“承诺”和上一轮博弈的终结就排除他进行下一次重复博弈和挑衅的可能性。其次，要想实现重复博弈的合作均衡，美国的压力必须是可置信的，必须可以抑制陈水扁当局的机会主义行为，如果陈水扁当局再次制造麻烦，美国必须要进行一定的惩罚，而且惩罚必须是可信的，要让陈水扁感觉到不破坏现状的获益大于破坏现状的获益。此外，虽然美国出于自身国家利益和平衡两岸的战略考量，需要保持“维持现状”的整体政策模糊性，但针对陈水扁可能迈向“法理台独”的博弈具体挑衅行为必须传递清晰的反对或不支持的信息。因为对于失去诚信的陈水扁来说，任何的政策模糊都可能被其利用为在博弈中实现绝对获益而损害其他博弈方利益的机会。

四、结语

中国大陆、陈水扁当局和美国围绕“维持现状”等问题的博弈是一个相当复杂的过程，在这个过程中，虽然各方的确会有不同的获益考量，但博弈的最终目的是应该是要形成一种各方共同维护台海和平、稳定、发展的“合作均衡”状态。中国大陆一直从大局出发，致力于维护台海地区的和平稳定，致力于两岸关系的良性发展，认为这不仅符合两岸人民的长远利益，美国也可以从台海的和平稳定中获益。而陈水扁当局的“公投”、“废统”等挑衅举动，无论是出于在岛内维护自身权位的绝对获益考量，还是出于进行“法理台独”的相对获益考量，都是对台海和平稳定的重大挑战和威胁。美国在推行“维持现状”政策的过程中，在与陈水扁当局围绕“公投”、“废统”或其他问题的重复博弈中，只有清楚地看到陈水扁当局出于一己一党之私的获益本质，清晰明确地反对任何可能导致“法理台独”的挑衅活动，才能够保证各方都能够在获益均衡下共同维护台海地区的“现状”，也才能够最大限度地保障美国自身的获益不会因为陈水扁当局不负责任的挑衅和重复博弈而遭到损耗。

“朋友·伙伴”意象下美国台海政策的局限*

——以美国对“入联公投”的政策态度为例

李鹏

2008年3月22日，台湾陈水扁当局执意推动的所谓“以台湾名义加入联合国”的“公投”遭到失败。在陈水扁一意孤行坚持进行“入联公投”的过程中，不仅祖国大陆表达了强烈反对的立场，也遭到了国际社会的反对和谴责。美国政府不但多次明确表态反对“入联公投”，而且采取了某些带有惩罚性质的措施。有学者认为，美国政府此次针对台湾“入联公投”一案，政策底线极为清晰，有关政策表态的言词也日益严厉，不仅对陈水扁当局形成了有力的震慑，而且也使得中美两国在台湾问题上出现了某种被称为“共管台独”的互动模式。①笔者认为，虽然美国在此次“入联公投”问题上的政策态度相对比较积极，但依然有不少政策保留的余地，这种政策保留反映了长期以来美国对台湾“朋友·伙伴”意象对其台海政策所带来的局限。本文将运用国际关系认知心理学中“意象”和建构主义的“认同”概念，以美国在“入联公投”中的政策态度为例，来分析“朋友·伙伴”意象下美国台海政策的局限所在。

一、“朋友·伙伴”意象的理论涵义

国际关系认知心理学认为，一个国家或地区的“国家意象”或决策者的“意象”、“认知”或“价值判断”等对这个国家或地区对外政策的决策过

---

* 本文原载于《台湾研究集刊》，2008年第4期。

① 信强：《台湾“入联公投”与美国政策的调整》，《学习月刊》，2007年第10期（上半月），第45页。

程、政策倾向和外交行为有着重要的影响。美国学者亚历山大·乔治认为意象（Image）是一个国家或地区对其在国际政治斗争中对对手的本质特征的认识，是决策者认知图式中的重要组成部分，是认知者处理输入信息的认知系统的一个重要环节。①大陆学者胡键认为，所谓“意象”是指一个国家或地区有意或无意有选择地根据自身价值、知识、信仰体系而对外部世界产生的一种相对固化的认知。②意象与印象有着一定的联系，但意象并不等同于印象，意象是一个相对稳定的、建立在长期认知基础上的印象，它反映出的是一种有选择的认知过程，它涉及对认知客体的主观认知、情感和评价取向；是认知主体有选择地根据自身价值、知识和信仰体系、历史经验以及维持自我意象的目标下对客体产生的比较概括而固定的看法，容易导致“刻板印象”③。意象的主观性决定了其反映出的不见得是客观事实，有时候也可能反映出曲解和偏见。

建构主义也认为，一个国家或地区对外政策的形成不仅受制于外界物质环境的压力，而且还与决策者的认知行为有关。国家或其他行为体的实践活动可以形成共有的观念，共有的观念可以形成文化，文化决定了行为体的身份、利益和行为。④ 国家的行为是由利益决定，而认同是利益的基础，利益由国家根据自身在国际体系中的身份与认同来界定。⑤ 意象对一个国家或地区外交政策影响的途径在于，它会让决策者根据来自于经验和现实形势的知觉，对其他国家或地区进行特征分类，从而对某个事件、某个国家或地区“先入为主”地产生亲疏远近的“认同”或“不认同”的“刻板印象”，这种印象不可避免地会影响到决策者认识问题、分析形势和进行决策的心理，从而影响到政策倾向和政策内容。美国学者赫尔曼教授认为，决策者认识其

---

① Jianwei Wang, *Limited Adversaries: Post - cold War Sino - American Images*, Oxford University Press, 2000, p. 33.

② 胡键：《美国意象中的中国国际角色》，《国际论坛》，2007 年第 3 期，第 55 页。

③ 周晓红：《现代社会心理学：多维视野中的社会行为研究》，上海人民出版社，1997 年版，第 172 页。

④ ［美］罗伯特·基欧汉：《权力与相互依赖》，北京大学出版社，2002 年版，第 4 页。

⑤ Alexander Wendt, “Anarchy is What States make of it: the Social Construction of Power Politics”, International Organization, 46, No. 2, 1992.

他国家或地区时，一般会从三个维度考虑：第一是“威胁性”维度，即对他国和地区是否构成对本国的威胁或机遇的认识；第二是“能力性”维度，指他国和地区的包括军事、经济及其他各种指标在内的综合国力和总体能力是否超过、等于或弱于本国的综合国力和能力；第三是“政治制度和文化品质”维度，主要是他国和地区在政治制度、决策程序以及总体文化品质上是否优于或劣于本国的政治体制和文化品质。①也就是说，对其他国家或地区“威胁性”、“能力性”、“政治制度和文化品质”的主观认知会影响到决策者的“意象”和“认同”倾向。

美国对外政策中的“盟友”（Allies）、“朋友”（Friend）、“伙伴”（Partner）和“对手”（Adversary）、“敌人”（Enemy）意识非常浓厚，经常通过打击敌人、遏制对手、拉拢朋友、建立伙伴和依靠盟友的办法来界定和推行美国的外交政策。“盟友”是指通过条约等一定组织的形式结合起来的同盟，“朋友”是建立在志同道合和深厚友谊基础上的关系，“伙伴”往往是建立在共同利益基础上的关系结合，“对手”更强调竞争或竞赛的性质，“敌人”则是具有敌对和对抗性质的关系。中国学者秦亚青将认同程度分为三个范畴：正向认同、零向认同和负向认同，不同的意象会导致不同的认同范畴。② 很明显，“盟友”、“朋友”、“伙伴”倾向于正向认同，是对美国威胁性较小，能力比美国弱，价值和文化认同度高的国家或地区；“对手”、“敌人”倾向于负向认同，是那些对美国构成一定威胁，有一定实力或某方面能力，与美国存在制度或意识形态差异的国家或地区。在美国的对外政策实践中，盟友、朋友、伙伴是美国实现国家或地区利益所倚重的对象，而对手、敌人则是美国防范和打击的对象。美国企业研究院的一份研究报告就明确指出，美国必须靠盟国和伙伴才能维持它在亚洲的有利地位，而它也需要

---

① R. H. Hermann, “Perception and Foreigen Policy Analysis”, D. A. Sylvan and S. Chan edit, Foreign Policy Decision Making, (New York: Praeger, 1984), pp. 25 – 52.

② 秦亚青：《国家身份、战略文化和安全利益——关于中国与国际社会关系的三个假设》，《世界经济与政治》，2003 年第 1 期，第 10 页。

这些国家的协助才能维持该地区的和平、繁荣和自由。①因此，一个国家或地区在美国决策者的意象中到底是“盟友”、“朋友”、“伙伴”还是“对手”、“敌人”，对美国外交政策的认同取向与策略实施有着重要的影响。

台湾当局曾经是美国在亚太地区坚定的盟友，美台在上个世纪五十年代签订有《共同防御条约》，但在中美建交，美国履行与台湾“断交”、“撤军”、“废约”的承诺后，虽然美国还是有些官员、国会议员和学者将台湾视为实际上的“盟友”，但基于中美关系的现实考虑，在美国政府公开和正式的外交政策中，更多的还是认同台湾是美国的“朋友”与“伙伴”。这种“朋友·伙伴”意象主要来源于三个方面：（1）美国和台湾当局之间在历史长期的合作与情感，特别是在抗日战争、解放战争和中美建交前，美国和国民党当局都保持着密切的合作关系；（2）美国和台湾之间的“民主”价值观和意识形态的接近，在美国看来，民主的国家或地区之间相互认同度高，威胁比较小，容易形成共同的利益和伙伴关系，而台湾当局也需要借“民主”议题拉近与美国的情感距离；（3）美国和台湾在遏制中国大陆发展和崛起问题上的共同战略考虑和需求，美国希望能够以台制华，而台湾当局希望借助美国平衡大陆在军事、政治和外交上对台湾形成的压力。“朋友·伙伴”意象的长期存在对美国的台海政策产生了比较重要的影响，由于美国对台湾的意象在某种程度上是相对于其对大陆的意象而存在的。而近年来，由于受到价值驱动、政策驱动和利益驱动的影响，“中国崛起”和“中国威胁”伴生意象在美国的对华政策中顽固而执着地存在着。②两种意象的落差会使美国在制定和实施台海政策时产生一种先入为主的认同偏好，一方面中美关系发展的现实需要，要求美国必须要在与中国大陆和台湾的关系中进行权衡，特别是在两岸关系出现问题或危机时，美国有时候不得不做出相对清晰的政策表态；另一方面美国对大陆又带有明显偏见和误解的意象，影响到美国政策的客观性和可行性，从而导致政策效果不能有效显现，产生一些政策尴尬的

① 美国企业研究院台湾政策工作小组：《巩固自由亚洲：21世纪的美台关系议题》，美国企业研究院与阿米塔及国际顾问公司，2007年版，第2页。

② 朱锋：《中国崛起与中国威胁——美国“意象”的出来》，《美国研究》，2005年第3期，第57页。

现象。在针对陈水扁当局执意进行“入联公投”的政策反应中，美国对台湾的“朋友·伙伴”意象对其政策的局限性就表现得尤为明显。

二、“朋友·伙伴”意象在“入联公投”中的体现

2007年6月以后，陈水扁开始不遗余力地推动在2008年的台湾地区领导人选举同时举行“以台湾名义加入联合国”的“公投”。这一严重“台独”挑衅行为立即遭到多数台湾民众、祖国大陆和国际社会的质疑和反对。大陆国台办发言人就严正声明，“陈水扁当局推动举办以台湾名义申请加入联合国的公投，是以公投方式谋求改变大陆和台湾同属一个中国的现状、走向‘台湾法理独立’的重要步骤，也是一种变相的‘统独公投’”。发言人并警告说，“这一事态如果发展下去，必将严重冲击两岸关系，严重损害两岸同胞的根本利益，严重危及台海地区乃至亚太地区的和平稳定”。① 美国也意识到“入联公投”事态的严重，国务院也迅速和密集表态，反对陈水扁当局进行“入联公投”。陈水扁6月18日正式宣示进行“入联公投”仅三个小时，美国国务院便立即发表书面声明，强调美国根据“一个中国”原则，不支持台湾加入以主权国家为会员资格的国际组织。次日，美国务院发言人麦科马克公开警告并要求陈水扁“展现领袖能力”，收回公投提案。8月27日，美国副国务卿内格罗蓬特事先安排接受凤凰卫视的记者采访，公开批评“入联公投”是迈向“台独”的一步，台湾处理公投的态度是一个“错误”。第二天，美国国务院副发言人汤姆·凯西再次明确表态指出，美国坚决反对台海任何一方采取单方面行动改变现状，而“公投”将会引起若干“严重问题”。随后，白宫国家安全委员会亚洲事务资深主任韦德宁明确表示，加入联合国需要具有国家地位，而“台湾或‘中华民国’此刻并非国际社会上的一个国家”，“入联公投”只会增加两岸紧张，所以美国认为毫无必要。9月

① 《国台办新闻发布会实录》，http：//www.gwytb.gov.cn/xwfbh/xwfbh0.asp？xwfbh_ m_ id = 83。

11日，美国副助理国务卿柯庆生发表长篇演说，详细阐述美国政府反对“入联公投”的立场和理由，强调“公投对美、台利益可能伤害很大，而任何加入联合国的公投都对台湾的国际地位现状都毫无实质帮助，因此美国必须强烈反对公投这样的倡议”。12月21日，美国国务卿赖斯表示，美方认为“入联公投”是一项“挑衅性的政策”，这一政策毫无必要地加剧了台海地区的紧张局势，而且它也不会在国际舞台上给台湾老百姓带来任何实质性的利益，美方反对这项“公投”。

美国政府的上述相关表态无论从频率还是内容来看，应该说是历年来美国对台湾当局“台独”分裂言行最为严厉和明确的表态。但是，美国政府看似强硬的反对态度并没有改变陈水扁的顽固立场，“公投绑大选”如期举行。有学者认为，美国不是没有能力制止陈水扁的“台独”言行，而是不为也，是美国在台海问题上不断对其发出错误的或自相矛盾的信息，对其“台独”言行没有采取实质性的制裁或惩罚措施以及不断加强美台军事关系、提升美台协防能力的结果。①笔者以为，更深层次的原因在于美国在“入联公投”的问题上对陈水扁和台湾形成了两种不同的意象，这两种意象认知的矛盾基本上限定了美国政府对“入联公投”的政策目标和手段的选择。陈水扁此前一系列的“台独”活动已经让美国对陈水扁的意象认定为“麻烦制造者”，而对台湾，美国基本上还是抱持长期以来固有的“朋友·伙伴”意象。美国希望将陈水扁和台湾这两种意象分开作区隔处理，将“入联公投”认定为陈水扁为了一己之私进行的挑衅活动，而直接诉诸台湾人民不要支持这项“公投”，其基本立场是“陈水扁是麻烦制造者，但台湾是美国的伙伴和朋友”。因此，美国一方面强烈反对陈水扁的挑衅行为，另一方面又不希望对陈水扁的谴责扩及整体的美台关系。柯庆生就无奈地表明，若非我方在这一段时间内已疲于藉所有非正式机会传达一贯、无误且权威的讯息，问题不在误解或缺乏沟通，而是我方相信“入联公投”对台湾或美国无益，且我方已别无他

① 钱文荣：《陈水扁为何不顾美国反对而坚持“入联公投”》，《和平与发展》，2007年第4期，第16页。

法，只好向台湾人民直接表达我方观点。①但是，在台湾当时的政治情境下，美国对陈水扁的意象和对台湾的意象实际上无法截然分开，美国刻意凸显美台“朋友·伙伴”关系，反而让陈水扁产生了错误的知觉，使美国针对陈水扁这个“麻烦制造者”所采取的政策行为遭到很大程度的削弱。

在陈水扁进行“台独”分裂活动和推动“入联公投”的过程中，美国政府不断强调这些矛盾并不影响双方“朋友·伙伴”关系的性质，等于认知这是“朋友”与“伙伴”之间的“内部矛盾”，在某种程度上是向陈水扁发出了错误的信息。在陈水扁当局推动“入联公投”以前，就抛出了“一边一国”、“公投制宪”、“四要一没有”、“终统”等“台独”分裂言行，可以说“台独”图谋早就暴露无遗，但美国政府却不断在各种场合强调美台之间深厚的“朋友·伙伴”关系。美国在台协会台北办事处处长杨苏棣2006年5月在台北美国商会的演讲中，就强调说，“在台湾突出的演变中，美国一直是台湾亲密的伙伴，今后也会继续如此”，从1950年代初期以来，“美国始终是台湾走过困境时坚定不移的伙伴”；我们有意见不同的时候，就像亲密的朋友之间也会有不同意见。②在陈水扁明确抛出“入联公投”，美国国务院表达反对立场后，杨苏棣依然强调台湾是美国的伙伴身份，认为“美国身为台湾的伙伴，觉得有义务对台湾打算推动台湾‘入联公投’一事，表示意见”。9月11日，美国主管亚太事务的副助理国务卿柯庆生在美台“国防工业会议”上发表演说，在详细阐述美国政府反对“入联公投”立场的同时，也没忘记特别强调说，“台湾在敏感的区域中占有微妙的地位，是美国的重要盟友”，“美国仍将是台湾人民未来追求更大利益时的坚定伙伴”；“美台关系一如以往的密切和互惠，美国和台湾人民之间的友谊具备深厚基础，目前双方的一些政治歧见只是美台广泛关系的一小部分”。柯庆生提到说，“美国作为台湾的朋友，有义务警告台湾，这项入联公投的内容不仅规划不周，也潜藏很大的伤害性”；“朋友也有义务警告那些往不明智方向前进的朋

---

① Thomas J. Christensen, A Strong and Moderate Taiwan, http://www.state.gov/p/eap/rls/rm/2007/91979.htm.

② 杨苏棣：《美台关系：过去、现在、未来》，美国在台协会网站，http://www.ait.org.tw/en/news/officialtext/viewer.aspx?id=2006051101。

友”；“我们不愿意公开表达我们与陈水扁政府在公投或其他任何政策上的歧见。台湾是美国的长久朋友，我们不乐见彼此在重要议题上有重大分歧”。①在美国不断凸显台湾“朋友·伙伴”意象的情况下，陈水扁“麻烦制造者”的意象就显得相形见绌。虽然美国意图将陈水扁与台湾进行区隔，但陈水扁却不会因此而接受这样的区隔，而只会更加强调他与台湾的一体关系。陈水扁经常以“保卫台湾”、“守护台湾”的“台湾之子”自居，美国的这些表态反而会让陈水扁觉得无论他采取什么行动，美国都不会抛弃台湾这个“朋友”和“伙伴”，只要他将自己与台湾更加紧密地“捆绑”在一起，即使美国对他的“台独”活动有不同看法，但基本上还是在不满意但尚可容忍的范围之内，因此他可以肆无忌惮地推动“入联公投”。

美国对美台“朋友·伙伴”关系的强调，加上在反对“入联公投”的过程中始终拒绝采取对美台关系有实质性的“惩罚”动作，也未能形成对陈水扁的有效制约。有美国学者认为，只有将台湾视为“一个成功的伙伴”，而不是“一个麻烦”或“一个挑衅者”，才能够达到政策效果，“羞辱和孤立台湾的决策不但破坏台海的稳定，更削弱华盛顿对台北的影响力”。②实际上，由于在美国的意象认知中，台湾是朋友，是伙伴，导致美国在进行反对“入联公投”的政策宣示、出台某些惩罚性措施时就会投鼠忌器，在政策宣示的层级、方式和采取行动上均有所保留。美国对外政策部门表态官员的层级，在某种意义上反映出美国对某项议题的关注程度。2003 年 12 月，温家宝总理访问美国时，布什总统所作“最近台湾领导人的一些言行有可能导致单方面改变台海现状，这是美国所反对的”的表态，就被不少人解读为美国在不支持“台独”方面最高层级的反应。在“入联公投”问题上，美国政府的前期表态基本上停留在国务院发言人、美国在台协会理事主席、美国在台协会台北办事处处长、副国务卿、副助理国务卿、白宫国家安全委员会亚洲主任的层级上，在一系列的警告无效后，美国国务卿赖斯才出来表态，并

① Thomas J. Christensen, A Strong and Moderate Taiwan, http://www.state.gov/p/eap/rls/rm/2007/91979.htm.

② 美国企业研究院台湾政策工作小组：《巩固自由亚洲：21 世纪的美台关系议题》，美国企业研究院与阿米塔及国际顾问公司，2007 年版，第 4 页。

没有再提升到更高层级的官员。而且，美国在强调反对陈水扁推动“入联公投”的谈话中，也充斥着美国对台湾经济、民主的赞誉和对台湾安全的承诺。美国第一副国务卿内格罗蓬特就表示，“我们强烈支持台湾的民主，我们支持台湾的经济，我们对台湾蓬勃发展的经济印象深刻”，“我们依据台湾关系法，致力于台湾的防卫。所以当我们讨论台湾的情况，我们要在良好友谊的框架内讨论”。① 美军太平洋司令基廷7月24日在演讲中一方面表示反对“入联公投”，但另一方面又说“美国有能力迅速采取军事行动，保卫台湾免受中国的袭击”。柯庆生在演说中也明白无误地表示“美国反对中国威逼台湾是毋庸置疑的”，“美国坚决反对北京动武，并很严肃看待动武的可能性”。②杨苏棣也强调，“美国是台湾坚定不移的伙伴，并兼顾台湾的安全需求”；赖斯同样表示说，美国仍然致力于维护台海和平与安全，反对任何武力威胁或单方面改变现状的举动。这些言论加上美国在过去对陈水扁进行“台独”分裂活动时并不坚决的表态和没有实质意义的“惩罚”，都无异于向陈水扁传递一种信息，即使因为“入联公投”引起台海地区的紧张和安全危机，美国依然会坚守对台湾的安全承诺，帮助台湾“防卫”大陆的“武力威胁”。就由此可见，在美国的意象中，台湾是美国的“朋友”与“伙伴”，而中国大陆却可能是台湾安全的“威胁者”，这种意象的偏见也导致陈水扁无所顾忌。

三、“朋友·伙伴”意象对美国台海政策的局限

美国在陈水扁当局推动“入联公投”问题上的政策保留和态度暧昧，在一定程度上反映出美国对台湾“朋友·伙伴”认知意象的片面性和局限性。由于美国与台湾之间的意象并不是简单的双边意象，在很多时候会投射到两岸关系的和平稳定发展上，亦会影响到大陆对台政策的动向，如果美国对台

① 《凤凰专访美副国务卿：美视“入联公投”为宣布“台独”》，http：//news. phoenixtv. com/taiwan/1/200708/0828_ 351_ 204336. shtml。

② Thomas J. Christensen, A Strong and Moderate Taiwan, http：//www. state. gov/p/eap/rls/rm/2007/91979. htm.

湾坚持某种盲目的意象认同，就可能导致政策不到位，损害美国的政策公信力，也得不到两岸民众的支持，反而被台湾方面的某些政治人物和“台独”势力所利用，从而不利于台海地区的和平稳定。总体来说，美国对台湾“朋友·伙伴”意象的盲目坚持可能会导致其台海政策出现以下局限。

第一，无法解决对台湾的长期意象和台湾当局某些政治人物短期挑衅行为之间的矛盾。毋庸置疑，美国对台湾“朋友·伙伴”意象的形成是一个长期认知的过程，一旦形成，反过来又会对美国的认知过程发生反作用，具有积极和消极两方面的影响。从积极层面看，意象本身包含一定合理、真实的成分，有助于简化认识过程。从消极方面来分析，长期意象一经形成便具有较高的稳定性，很难随现实的变化而发生变化，所以它又是导致“封闭型”意象的重要因素，不但使人们局限于原有的认知框架内认识和观察问题，而且还容易在决策者认知过程中形成“认知偏差”。[①]美国对台湾“朋友·伙伴”意象的认知并不能适用于美台关系的任何时候和任何场合，特别是一旦台湾当局领导人进行“台独”挑衅时，就要充分考虑到过分强调“朋友·伙伴”关系是否会造成某种政策伤害。1995年李登辉访美导致两岸关系紧张，到1999年李登辉抛出“两国论”，再到陈水扁上台后提出“一边一国”、“公投制宪”、“入联公投”等导致两岸关系多次濒临危机边缘，美国都不断地发表言论或威胁进行惩罚，希望迫使台湾当局收回他们的言论或者进行澄清和解释。但是，效果却往往并不理想，李登辉和陈水扁都对美国玩弄两手策略，一方面进行所谓的澄清或说明，另一方面在岛内和两岸强化他们的“台独”主张。陈水扁甚至公开呛美，表示“不做美国的龟儿子”，质问美国“以台湾名义加入联合国，到底是哪个环节出了问题?”；他还消遣美国说，如果美国和台湾建立“外交关系”，“入联公投”可以考虑停办，但这可能吗？陈水扁之所以敢对美国如此态度，他自己的解释是，因为“台湾绝对是美国最忠实的友邦，而美国也是全世界对台湾最友善的朋友”，纵使美国政府提出公开的批评，特别对“公投入联”的议题有某些不同的保留意

① 沙莲香：《社会心理学》，中国人民大学出版社，1987年版，第105页。

见，又有一些非常担心的地方，“但是我们仍然将它解读成善意。”①也就是说，美国一味地坚守其对台湾的“朋友·伙伴”意象，盲目强调与台湾的朋友情谊和伙伴关系，导致其反对“入联公投”的信息并没有被陈水扁所接受，或被陈水扁刻意忽视。一旦台湾的领导人在采取“台独”挑衅行为时，感觉不到美国实实在在的压力，认定美国不会采取实质性制裁或惩罚措施时，就可能“强化不妥协的态度，减少了对于威胁和价值平衡的敏感性，增加了冒险的决心，增加了极端行为的可能性”②。

第二，无法取信于中国政府和两岸人民，反而使他们质疑美国的台海政策从一开始就带有倾向性。美国对台湾的“朋友·伙伴”意象反映出的不仅仅只是对中国大陆和台湾的孤立的心理认知和制度认同现象，其背后实际上折射出美国长期以来在台海两岸玩弄所谓的战略平衡和两手策略。美国对外政策中有一种根深蒂固的意识形态偏见，加上利用台湾问题遏制中国崛起的长期考虑，使得美国在制定台海政策时从一开始就带有浓厚的主观色彩，他们担心批评台湾会不会导致中国大陆从中渔利，会不会向大陆发出错误的信息，在制定政策时就表现得畏首畏尾，进退失据。美国一方面强调不支持“台独”，表示要维护台海地区和平稳定，同时又不希望因为批评陈水扁而伤害到美台“朋友”与“伙伴”关系的做法，会不可避免地让中国政府和两岸人民对美国政策的可信度和有效性表示质疑。在陈水扁推动“入联公投”期间，中国政府就对美国依然不断强调对台安全承诺的做法表示不满，多次敦促美方以实际行动履行中美三个联合公报，恪守在台湾问题上向中方作出的郑重承诺，停止售台先进武器，不向陈水扁当局发出错误信号，共同维护台海和平稳定和中美关系大局。有大陆学者也观察到，对于陈水扁处心积虑地改变现状的“台独”图谋，布什政府虽然不止一次地表示不满甚至反对，但始终没有对台湾当局采取实质性的制裁或惩罚措施。美国所采取的一些措施如禁止陈水扁过境美国本土、推迟移交售台武器或不准他在美国发表公开

① 《陈水扁接受美国华尔街日报专访》，http://www.mac.gov.tw/big5/mlpolicy/ch960912.htm。

② ［美］乔纳森·默瑟：《人性与第一意象：国际政治中的情绪》，《世界经济与政治》，2006年第12期，第10页。

言论等，都不伤及台湾的核心利益或生存问题，不会使美台关系受到太大损害，也就不能阻止陈水扁任何一次“台独”言行。①连台湾学者也注意到，台湾入联公投问题已点燃民进党当局与布什政府之间的战火，在美方大幅降低陈水扁过境美国的规格之后，台北被迫吞下苦果，看似输了一招，但北京显然认为华府尚未尽力。②实际上，美国模糊暧昧的表态也并没有得到台湾民众的认同，根据台湾《中国时报》2007 年 8 月 22 – 23 日所做的民调，在美台因“入联公投”引发矛盾后，认为美国是可以信任的“友邦”的台湾民众，比例只剩 29%，37. 5% 的人则坦言美国并不是可以信任的国家，不信任美国的台湾民众反而超过信任美国的民众比例。③由此可见，美国意在平衡的台海政策反而陷入左右不讨好的尴尬境地。

第三，不利于美国决策部门加强对台湾问题重要性和“台独”危险性的认知，不利于台海地区长期的和平稳定发展。美国政府和国会在很长一段时期内对台湾问题在中美关系中的敏感性和重要性，以及“台独”可能引发台海地区危机的危险性认知不足。不少美国政府的官员和国会议员长期受到台湾当局的游说和影响，潜意识中已经烙下台湾是“朋友 · 伙伴”的意象，这种意象在决策过程中会在很大程度上影响和左右美国政府和决策团队对台湾问题的理解。比如在“入联公投”的事件中，美国最后不得不将“入联公投”归咎于陈水扁的个人挑衅行为，认为只要直接诉诸台湾人民，寄希望于台湾新的领导人，就不仅可以超越这个问题所带来的麻烦，而且能够保证美台“朋友 · 伙伴”关系的延续。实际上，美国的这一策略带有明显暂时性和权宜性的特点，在认知心理学中被称作“基本的归因错误”，即它忽视某种行为产生的复杂的环境因素，而将行为看成是行动者自由选择的结果，是个人稳定和人格品质的一种系统反映，忽视了个人行为背后更为深刻的历史、

---

① 钱文荣：《陈水扁为何不顾美国反对而坚持“入联公投”》，《和平与发展》，2007 年第 4 期，第 17 页。

② 陈一新：《台美中：入联公投大战》，台湾《苹果日报》，2007 年 8 月 17 日。

③ 《民众对美国的不信任度飙至历史新高》，台湾《中国时报》，2007 年 9 月 16 日。

政治、文化、社会等等因素。[①]陈水扁推动“入联公投”除了他的人格特质外，背后其实还有着深刻的政治、社会背景和选举考量，美国很难将当时还是台湾当局领导人和对民进党有重要影响力的陈水扁与台湾社会做完全的切割，从而达到阻止陈水扁举办“入联公投”的目的。那种认为只要区隔了陈水扁，就消除了岛内的“台独”隐患，美台依然可以保持“朋友·伙伴”关系的想法是短视的，也无法从根本上消除威胁台海和平稳定的潜在因素。

四、结　语

美国认同台湾是“朋友”和“伙伴”本无可厚非，只要不损及中国政府在台湾问题上的国家利益，美国和台湾保持友好的非官方民间经贸往来关系，中国政府并不持异议。但是，美国对台湾是“朋友·伙伴”的固有意象，似乎已经成为影响美国台海政策的一个重要因素，已经影响到美国对“台独”危险性的认知，以及对李登辉、陈水扁等“麻烦制造者”的态度；特别是这种刻板意象可能会导致美国对中国处理台湾问题的立场产生认知偏差，从而出台一些带有明显倾向性、局限性的政策。这种情况如果继续下去，将不利于台海地区长期的和平稳定，以及两岸关系的和平发展。

① 周晓红：《现代社会心理学：多维视野中的社会行为研究》，上海人民出版社，1997年版，第202页。

第三篇　两岸产业与区域合作

海峡两岸金融往来的困境及其突破探讨*

邓利娟

前　言

近20多年来，以台商对大陆投资与两岸贸易为主体的海峡两岸经贸关系迅速发展扩大，不仅促进了两岸各自经济的发展，而且对推动两岸经济的融合、增进两岸人民的沟通了解发挥了积极的作用。然而，作为配套服务的两岸金融往来关系则长期严重滞后发展。进入21世纪后，随着台湾当局调整放宽相关政策，这种局面才逐渐有所突破。

迄今为止两岸金融往来的进展主要表现在两方面，其一，实现了两岸直接通汇，且两岸金融业务量快速增长。2001年与2002年台湾先后开放了台湾银行业的国际金融业务分行（即Offshore Bank Unit，简称OBU）与大陆进行直接金融业务往来及岛内外汇指定银行（DBU）与大陆银行直接办理汇款及进出口外汇业务，两岸直接通汇终于实现。据统计，2002年台湾全体银行对大陆的汇出汇入款合计不到200亿美元，2004年这一数字接近1000亿美元，而2006年则超过2000亿美元达2015亿美元，② 两岸金融业务量如此快速增长，显示出两岸之间对于直接金融往来的巨大需求。其二，台湾的银行赴大陆设立代表处，跨出了两岸互设金融机构的重要一步。除了1995年和1997年，两家以外资名义在宁波和上海设立台资银行，即协和银行和华一银行外，自2002年起到目前，已有7家台湾银行正式到大陆设立代表处。此

---

* 本文原载于《台湾研究》，2008年第1期。

② 台湾“行政院”金融监督管理委员会银行局，http：//www. banking. gov. tw。

外，大陆现已批准设立3家的台资保险公司及14家台湾保险公司的17个代表处。台资证券公司也有20多个代表处在大陆设立。与此同时，两岸金融往来还在货币兑换、台商融资等方面取得一定的成效。

尽管目前两岸金融直接往来已取得难得的成果，但整体而言，两岸金融往来发展严重滞后的局面并未改变。为了推动两岸经济关系向深层次发展，也为了跟上世界金融区域化发展潮流，十分迫切需要突破这种局面。本文拟首先剖析现阶段两岸金融往来中存在的主要问题，接着阐明造成两岸金融往来困境的原因，最后探讨如何突破两岸金融往来的困境。

一、现阶段两岸金融往来中的主要问题

现阶段两岸金融往来涉及面广泛，问题多，但其中最突出的问题主要有：两岸货币兑换与清算问题；两岸互设金融机构与两岸金融监管问题及大陆中小型台资企业融资问题等。①

（一）两岸货币兑换与清算问题

1. 人民币与新台币兑换问题

随着两岸经贸活动与人员往来规模的日益扩大，两岸货币兑换问题越来越引人注目。由于现阶段两岸金融管理当局对对方货币未进行合适的定位，两岸货币不属可兑换货币，这就造成了两岸经贸活动与人员往来的严重损失与诸多不便。

目前两岸经贸关系十分密切，大陆已是台湾最大的贸易伙伴、台湾的第一大出口市场、最大的贸易顺差来源地以及第一大投资地区；而台湾也是大陆第七大贸易伙伴及第三大进口市场。两岸金融业务往来如上所述，2006年已突破2000亿美元。但在如此大规模的经贸活动与资金往来的背后，两岸资金结算业务却只能通过人民币、新台币以外的第三种可自由兑换货币（如美元、港元）进行，这种第三种货币通汇方式造成了两岸同胞特别是广大台

① 参阅邓利娟：《两岸入世后金融交流与合作问题的探讨》，《台湾研究集刊》，2002年第3期。

商巨大的兑换损失。另一方面，目前两岸人员往来极其频繁，2006年台胞来大陆441.3万人次，而大陆居民赴台也达20.8万人次。但因两岸货币兑换问题，同样使两岸人员往来必须承受两次货币兑换的损失与麻烦。

为了突破两岸货币兑换的困境，多年来大陆政府逐步扩大推进两岸货币兑换的试点工作。在中国银行福建分行试办新台币兑入业务多年后，2003年6月中央有关部门又批准福州、泉州、漳州、莆田、厦门的中国银行试点开办新台币兑出业务。2005年福建省公布实施《福建省对台湾地区旅游外汇管理暂行办法》，并经中国人民银行批准，同意福建省旅行社在与台湾地区旅行社之间开展业务往来中，可以自行兑换货币与进行人民币结算等业务。台湾方面，面对岛内要求开放人民币兑换业务的强大压力，2006年5月，台湾当局先行开放金门及马祖金融机构办理人民币现钞买卖业务。但是上述这种小范围货币兑换试点的开展，远无法满足两岸民众对两岸货币兑换的巨大需求。

2. 两岸货币清算问题

与两岸货币兑换问题紧密相关的就是两岸货币清算问题。由于两岸银行至今没有建立人民币与新台币直接买卖与结算机制，两岸银行有关人民币现钞或新台币的抛补与结算，都要透过境外银行这个"第三者"，不但增加成本，也影响效率。目前中行厦门市分行的新台币消化渠道主要为定期将兑入的新台币押送至境外卖出，经营成本高，而且在人民币日趋升值的背景下，容易因无法及时轧平新台币现钞头寸而蒙受汇兑损失。而台湾银行与台湾土地银行的金门、马祖分行，有关人民币现钞或新台币的抛补与结算则是透过美国银行或香港汇丰银行进行。①

（二）两岸互设金融机构与两岸金融监管问题

1. 两岸互设金融机构问题

大陆在加入WTO后，认真履行入世承诺，逐步开放外资银行经营人民币业务的地域范围和客户对象范围，外资金融机构纷纷加快进入大陆市场的

① 张春雄：《促进两岸金融合作共创互惠经济环境》，2006年"国共经贸论坛"论文。

步伐。根据大陆银监会的统计,① 到2006年年底，已有22个国家和地区的74家外资银行在大陆25个城市设立了200家分行和14家法人机构；有41个国家和地区的186家外资银行在大陆24个城市设立了242家代表处。此外，还有20多家外资金融机构参资入股了大陆全国性或地方性商业银行。就在外资银行大量分享大陆经济快速发展成果的同时，台湾金融业在大陆市场的发展仍仅限于办事处业务，无法设立营业据点，及早布局大陆。这不仅使台湾金融业失去了参与大陆金融市场开放的契机，损失巨大的商业利益，也使大陆的台资企业迟迟无法获得有效的融资支持。另一方面，大陆早在2003年就批准了上海浦东发展银行、招商银行、兴业银行以及总部在香港的工银亚洲银行（ICBC）等4家银行赴台设立办事处，但因台湾当局的政策限制，至今未能成行。

2. 两岸金融监管问题

各国或地区银行跨国跨境提供金融服务，自然就衍生出跨国跨境的银行监管问题。同样，两岸互设金融机构，有关两岸金融监管问题就会出现。目前国际上对跨国跨境的银行监管一般是以巴塞尔委员会的《有效银行监管的核心原则》为标准，两岸金融监管比照国际惯例及根据两岸各自的相关规定，需要两岸金融监管当局相互交流与合作才能达到有效监管互设金融机构的目的。但在目前两岸政治关系陷于僵局的情况下，仍迟迟无法做到这一点，从而造成两岸金融机构设立问题无法顺利推展。

三、大陆中小型台资企业融资问题

据国家商务部的统计，截止2006年，台商对大陆投资累计已达71847项。虽然近年来台商投资大型化趋势十分明显，但总体而言，目前中小企业仍是大陆台资企业的主体。② 据台湾“经济部”投审会统计资料，除了一些金额在20万美元以下的小额投资项目外，历年台商赴大陆投资，平均每件

① 中国银监会:《中国银行业监督管理委员会2006年年报》。

② 邓利娟:《21世纪以来的台湾经济：困境与转折》，九州出版社，2004年版，第342页。

投资金额都在 463 万美元以下，2006 年平均每件投资金额提高至 701 万美元。[①] 中小型企业固有的特点，使得大多数的台资企业与大陆其他中小企业一样存在普遍性的资金缺乏问题。同时，台资企业作为大陆企业中较为特殊的群体，受制于海峡两岸关系的现状，特别是两岸金融无法正常往来，使得大陆台资企业的资金来源缺乏问题更显突出。根据 2006 年台湾“经济部统计处”的“制造业对外投资实况调查报告”显示，“资金调度或周转困难”是台商对外投资所面临的第三大困难，所占比重达 28.25%，而大陆台商投资事业面临“资金调度或周转困难”的则占 31.06%。[②]

事实上，台资企业融资难的问题已经引起国家有关部门的重视。2005 年 9 月国务院台办和国家开发银行公布了《台资企业国家开发银行贷款暂行办法》，对大陆台资企业推出总额为 300 亿元的开发性专项贷款，主要服务大型台资企业。2006 年 7 月，国务院台办和华夏银行签署《支持台资企业发展合作协议》，5 年内华夏银行将主要向大陆中小台资企业提供 200 亿元贷款。但是，需要进一步加强的是有针对性创造有利的金融环境支持中小型台资企业，以切实缓解或解决台资企业融资难的问题。

二、造成两岸金融往来困境的原因分析

两岸金融往来滞后发展、存在诸多问题，固然有技术上的原因，即金融业作为现代经济的核心行业，不仅涉及面广，敏感性高，而且操作技术的难度也高于其他行业。但根本性的原因显然是基于复杂的两岸关系现状下的主观性限制障碍。深入细致地理清这种障碍，对于突破当前两岸金融往来的困境，无疑十分必要。

（一）台湾当局的政策法规限制是两岸金融往来的主要障碍

关于人民币与新台币的兑换问题，2003 年以前，《台湾地区与大陆地区人民关系条例》（以下简称《两岸关系条例》）第 38 条规定，“人民币不得

① 台湾“经济部”投审会，http://www.moeaic.gov.tw。

② 台湾“经济部”统计处，《制造业对外投资实况调查报告》2006 年。

在台买卖、兑换或进行其他交易”。因此，2002年台湾开放两岸直接通汇后，两岸的通汇也只能使用外币。台湾OBU原本就规定“以非当地货币为交易媒介”，而《两岸金融业务往来许可办法》也规定“各款业务限于台湾地区及大陆地区货币以外之币别。”迫于现实的压力，2003年10月，台湾对《两岸关系条例》第38条调整修正为，“大陆地区发行之币券，于台湾地区与大陆地区签订双边货币清算协定后，其在台湾地区之管理，准用管理外汇条例有关之规定。”① 这样的调整似乎有所松动，但相关障碍依旧。台湾当局将两岸货币兑换问题解决的前提定为“签订双边货币清算协定”，而出于政治上的目的，台湾当局又坚持该协定签订应属于“官方与官方之间的公权力事务”，致使两岸货币兑换问题的解决迟迟难有实质进展。

有关两岸互设金融机构问题，按照2003年10月修订的《两岸关系条例》第36条第2项规定，台湾地区金融保险证券期货机构在大陆地区设立分支机构（包括代表处、分行及子行）应报经主管机关许可。因此，开放岛内金融机构赴大陆设立分行、子行已有所谓法源依据。但作为相关主管部门，台湾“经济部投审会”先后于2002年8月和2005年3月修正《在大陆地区从事投资或技术合作服务业经营项目》，开放保险业和证券业赴大陆投资，却至今仍把银行业赴大陆投资列入“禁止类”，从而导致岛内银行业无法赴大陆设立分行及子行，甚至无法透过第三地赴大陆投资或参股。而对于大陆金融机构赴台投资问题，同样是停留在《两岸关系条例》这一所谓“母法”层面宣示开放，而相关主管部门却一直不出台相关的配套“子法”，致使开放陆资对台投资无从落实。事实上，台湾当局将两岸须先签订“两岸金融监管备忘录”（MOU）作为两岸互设金融机构的前提，这就使政治因素再次成为两岸金融往来进程的障碍。

以上分析可见，台湾当局在政策法规上的限制是两岸金融往来的主要障碍。对台湾而言，实际上开放两岸金融往来的经济利益是显而易见的，它有利台商融资、有利岛内金融业发展与全球布局、也有利台湾总体经济的发展。台湾当局之所以仍坚持限制性原则，主要是出于政治考虑，开放两岸金

① 台湾《台湾地区与大陆地区人民关系条例》，第38条。

融往来势必进一步深化与密切两岸经济关系，这是坚持“台独”分离政治立场的台湾当局所不愿意见到的。

（二）大陆相关政策的主动灵活性不够也影响了两岸金融往来的进程

在大陆方面，积极促进两岸各种交流与合作是大陆一贯的政策方针，因此大陆在总体政策上对两岸金融往来向来持开放立场。不过，由于大陆没有专门针对两岸金融往来进行立法，而是把台湾金融机构视同外资金融机构进行规范。随着大陆5年的入世缓冲期的结束，基于国民待遇与最惠国待遇原则，大陆更难以对台湾采取一些特殊优惠政策，主动加强对台金融关系的政策着力点似乎更少了。但事实上，两岸金融往来毕竟是“一国之内的特殊金融往来”，在不违反WTO规则下，大陆主动推动两岸金融往来进程仍有很大的弹性空间。

1．两岸货币兑换试点工作较保守滞后

在两岸金融交流合作中，有些方面是可由大陆单方面政策先行推动的，如人民币与新台币的兑换工作。实际上如前所述，在中央政策的支持下，近年福建在两岸货币兑换业务方面已经先行发展。但目前在新台币兑换方面的相关配套措施仍显滞后缺位，① 主要表现在：（1）新台币定位不明。与对港元、澳门元视同外汇的定位和管理不同，目前大陆对新台币定位仍不明确，只将其视为一种表外记账外汇，不视同外汇管理，不公开挂牌兑换、不做宣传。（2）新台币兑换网点少，业务功能单一。目前福建仅有中行开办新台币兑换业务，其他银行和各外币兑换点尚未开办该项业务；银行的新台币业务仅限于现钞的兑入和部分兑出业务，新台币筹措和运用渠道极为匮乏。（3）新台币定价不合理。目前中行厦门市分行执行的新台币兑换价为其总行统一制定内部价，无法结合本地新台币的实际供需进行任何价格调整，定价机制缺乏弹性且易偏离行情。上述问题带来的后果：一是新台币不公开挂牌、不做宣传导致许多台胞持有新台币“兑换无门”，加之目前银行不合理的新台币定价，不利于满足两岸合理的货币兑换需求，并予外汇黑市可乘之机。二

① 参阅国家外汇管理局厦门市分局课题组：《关于新台币在闽南地区流转及两岸通汇的现状及对策探讨》，载欧阳卫民主编：《两岸金融研究》，厦门大学出版社，2003年版，第194页。

是由于新台币定价无弹性，同时，新台币消化渠道又不畅通，这就大大影响了银行拓展新台币业务的积极性。凡此种种，均是大陆方面相关政策可以改进的地方。

2. 台湾金融机构进入门槛偏高

根据现行的《中华人民共和国外资银行管理条例》，外国银行具备在大陆设立代表处两年以上、提出申请前1年年末总资产不少于200亿美元等条件才能申请将代表处升格为分行。但据2007年6月底台资银行资产排名，在41家台湾银行中一半左右总资产在100万美元以下，扣除已在大陆设立代表处的7家银行，只剩余7家银行能满足上述设定的资产条件，大多数中小台资银行进驻大陆无望。

表1　台湾银行资产状况

单位：亿美元

排名	银行名称	总资产	排名	银行名称	总资产	排名	银行名称	总资产
1	台湾银行	831	16	上海商业储蓄银行	160	31	京城商业银行	55
2	合作金库银行#	730	17	联邦商业银行	115	32	高雄银行	46
3	台湾土地银行#	572	18	台湾新光商业银行	113	33	宝华商业银行	42
4	华南商业银行#	540	19	大众商业银行	109	34	庆丰商业银行	36
5	兆丰国际商业银行	535	20	复华商业银行	109	35	中华商业银行	36
6	第一商业银行#	523	21	远东国际商业银行	108	36	台湾工业银行	33
7	中国信托商业银行#	474	22	安泰商业银行	96	37	华泰商业银行	32
8	彰化商业银行#	415	23	中华开发工业银行	87	38	三信商业银行	32
9	国泰世华商业银行#	387	24	台中商业银行	82	39	中国输出入银行	23
10	台北富邦银行	344	25	华侨商业银行	81	40	台东区中小企业银行	10
11	台湾中小企业银行	338	26	阳信商业银行	78	41	花莲区中小企业银行	4
12	永丰商业银行	308	27	中央信托局	78			
13	台新国际商业银行	260	28	日盛国际商业银行	76			
14	玉山商业银行	248	29	万泰商业银行	63			
15	新竹国际商业银行	169	30	板信商业银行	57			

资料来源：台湾“行政院”金融监督管理委员会

注：1. 按6月份最后一个交易日新台币对美元汇率换算

2. “#”为已经在大陆设立代表处的台湾银行

在保险业方面，大陆对外资保险业市场准入的条件有“532规定”，即最低总资产50亿美金、30年以上设立时间、2年代表处。这一门槛对台湾保险业而言也明显偏高。

此外，在证券业方面，目前台湾政策上开放券商赴大陆设立分公司或子公司，但根据大陆对外资证券业准入规定，赴大陆投资证券业需双方金融监管当局签署备忘录，而两岸签署备忘录又有政治方面的障碍。大陆方面应可弹性解决备忘录相关问题，推动台湾证券业赴大陆投资早日实现。

三、突破两岸金融往来困境的思考

如上所述，两岸金融往来的关键障碍是政治因素，特别是台湾当局的政策限制，在此背景下，寻求突破两岸金融往来困境的途径应该是，以“先易后难”、“先我后他”为原则，首先从大陆单方面可操作工作入手，在此基础上进一步寻求应对台湾当局的限制性政策。

（一）积极做好台资企业的金融支持①

当前台资企业融资难的主要原因是他们在大陆的信用积累和担保物少，而大陆银行又无法调查其在台湾的担保物和信用，因此，如何提高台资企业的信用担保能力是突破台资企业融资难的关键，相关部门首先应由此入手做好台资企业的金融支持。

其一，将台资企业纳入大陆中小企业信用担保体系。自1999年国家出台《关于建立中小企业信用担保体系试点的指导意见》后，大陆逐步建立起以政策性担保为主体，以商业性与互助性担保为两翼，国家、省、市为三层的“一体、两翼、三层”的全国中小企业融资信用担保体系。如果能将大陆各地台资企业有效纳入这一信用担保体系，就可为台资中小企业提供一种有效的融资渠道，缓解其资金短缺的矛盾。

其二，推动建立两岸民间性的台商信用担保公司。台商协会是台商的会员组织，了解当地台资企业情况，是银行较可信赖的机构。由台商投资集中地区的台商协会牵头、联合两岸的银行组成台商信用担保公司应是个比较理

① 邓利娟：《论台资企业技术创新的金融支持》，《福建金融》，2007年第8期。

想的模式。台湾的银行可以对台资企业在台母公司的担保物和信用进行征信工作，而大陆的银行则可完成当地大陆台资企业的征信工作。

当然，从长期来看，通过第三方担保的方式解决台资企业融资难并不能从根本上解决问题，台资企业融资能力的提高最终还是取决于企业自身的信用状况的改善。政府相关部门还应重视对台资企业的指导与监督，使其在经营过程中符合大陆相关法规的要求，提高经营管理水平，不断积累良好的信用记录，逐步实现由外部担保融资到本企业独立融资的转变。

（二）推进新台币兑换与流通机制的逐渐完善

在目前两岸关系现实状况下，中央相关部门应加大对福建试点的力度，采取更加开放、务实、灵活的措施以有效解决新台币在大陆兑换与流通中存在的问题。

1. 适当定位新台币，公开办理新台币兑换

中央可允许福建先行参照港元、澳元来适当定位新台币，将其视同外汇进行管理；允许新台币兑换业务公开挂牌或者设置兑换简易告示牌，并加大对新台币兑换业务的宣传力度。

2. 完善人民币对新台币定价机制，使其更具市场弹性

中央可允许福建的银行在报备当地外汇局的前提下，将目前由中国银行总行对新台币统一定价改为由开办新台币兑换业务的银行根据自身新台币头寸情况，参照国际行情，以国家公布的美元交易基准汇价为依据，自行套算人民币对新台币的买卖价，使新台币汇价波动随行就市，更贴近市场供求实际，增强银行新台币兑换业务的吸引力和竞争力。

3. 降低新台币兑换业务经营成本，增强银行经营新台币业务的积极性

积极与台湾有关方面协商，允许福建借助“小三通”渠道，将福建银行收兑的新台币直接押送至金门，与台湾的银行直接兑付美元或人民币，以降低两岸银行经由香港等第三地进行人民币和新台币现钞头寸平补的经营成本，同时应积极有序地增加福建银行新台币兑出功能，扩大新台币消化渠道，降低银行持有新台币现钞头寸的风险和成本，增加银行经营新台币业务的积极性。

（三）试行建立民间性的两岸货币清算机制

为了避开目前两岸间的政治障碍，摸索出两岸货币清算的有效渠道，可先行采取以下措施：

1. 走民间路线，力争避开两岸政治障碍。根据近年两岸其他行业成功合作的经验，如两岸包机直航谈判模式，两岸间遵循“行业性、民间性”谈判原则，由中央授权大陆权威的民间金融组织作为谈判组织，与台湾方面授权的民间金融组织进行谈判磋商，就建立两岸货币清算机制、认可人民币和新台币为计价结算货币，指导两岸银行构建两岸货币清算平台等议题达成共识。双方协商的结果经各自金融监管当局认可后推动落实。

2. 选择有清算能力的银行，试点构建两岸银行间人民币和新台币资金清算平台。具体可分两个步骤来推动。其一是“间接清算”机制，即通过第三地如香港、澳门的银行建立两岸的人民币和新台币清算渠道。鉴于台湾当局短期内开放两岸银行互开结算账户的难度较大，大陆银行和台湾银行可在第三地同一家清算银行分别开立新台币清算账户和人民币清算账户，同时该清算银行分别在大陆和台湾的代理行开立人民币和新台币账户，便可实现银行间资金清算。其二是“直接清算”机制。当条件成熟时，两岸商业银行间直接互设人民币、新台币账户，进行人民币和新台币直接清算。

（四）降低门槛，使更多台湾金融机构可能进入大陆市场

基于上述台湾银行资产现况，大陆应考虑将在大陆设立分支机构的台资银行资产条件降低，可参考签订 CEPA 协议后的港澳做法，把银行业准入的总资产要求降至 60 亿美元，这样，在台湾当局政策限制解除后，就能使大约 75% 的台湾银行有机会进入大陆市场发展，提高台湾银行对两岸金融合作的兴趣。保险业及证券业也可比照此精神进行。

（五）尽快建立两岸金融监管当局的交流机制

两岸金融关系若要进一步深入发展，两岸金融监管当局以适当方式建立沟通渠道是必不可少的，如前所述的两岸互设金融机构的跨区金融监管问题；两岸货币的兑换与流通问题；两岸金融业务往来中纠纷解决的问题，协调双方打击金融业违法犯罪活动，防范企业信用欺诈活动；联合打击地下钱庄、黑市，加强反洗钱方面合作等等，都需要有一个机制两岸共同协商解决。但基于两岸政治关系的现实，目前建立官方性质的交流机制尚较困难。因此可以先行“官方授权民间操作”的模式。由两岸金融监管当局分别授权各自相关的权威民间组织，如大陆的中国金融学会，台湾的银行公会，在作为国际金融中心的香港成立区域性的金融监管组织，该组织协商的相关结果经各自金融监管当局认可后推动落实。

总而言之，只要两岸采取积极务实、灵活变通的措施，就有可能迟早突破现阶段两岸金融往来的困境。

当前海峡两岸贸易形势分析*

李　非

一、引　言

贸易关系一般有间接和直接两种形式。由于台湾方面拒绝两岸直接“三通”，两岸贸易关系主要以间接形式为主，包括转口（transfer）、转运（transhipment）和过境（cargo in transit）等。对海峡两岸贸易关系的研究始于20世纪80年代，笔者曾于1986年撰写《台湾通过香港的转口贸易》，[①]着重论述两岸转口贸易，1988年又发表《台海两岸经贸关系的发展与趋势》，[②]分析两岸贸易的发展形势，1992年针对两岸贸易失衡问题，撰写《海峡两岸间接贸易不平衡性剖析》，[③]1993年就两岸贸易发展趋势发表《论海峡两岸贸易关系的周期性波动》；[④]1996年台湾学者左原发表《两岸贸易统计方法的探讨》，[⑤]对两岸贸易的统计方法进行分析。从经济学的角度看，由于两岸贸易基本上属于自发性交易（voluntary transaction），交易厂商考虑到各种运送方式的经济和风险因素，往往会选择成本最低、效率最高的运送方式将交易商品运送至指定目的地，从而影响以至决定两岸贸易的基本形态。2000年笔者就这一问题发表《论海峡两岸贸易型态的变化》一文进行

* 本文原载于《厦门大学学报》，2006年第12期。

① 李非：《台湾通过香港的转口贸易》，《台湾研究集刊》，1986年第3期。

② 李非：《台海两岸经贸关系的发展与趋势》，《台湾研究集刊》，1988年第3期。

③ 李非：《海峡两岸间接贸易不平衡性剖析》，《国际贸易》，1993年第5期。

④ 李非：《论海峡两岸贸易关系的周期性波动》，《亚太经济》，1993处第4期。

⑤ 左原：《两岸贸易统计方法的探讨》，《问题与研究》，1996年第5期。

初步探讨;① 2005年香港学者宋恩荣撰写《如何准确估计两岸贸易：各种统计方法的评价》，阐明对两岸贸易统计方法的新见解。② 各种针对两岸贸易关系的学术研究，是本文研究的基础。

二、海峡两岸贸易发展现状

（一）两岸贸易向直接形态转化

1. 转口贸易增长加速

转口贸易在1992年以前一直是两岸贸易的主流。两岸贸易与一般贸易最大的不同在于台湾当局对贸易方式的限制。贸易厂商在选择运送方式时，不仅会考虑成本因素，也会考虑风险问题。当利润与风险同时成为决定厂商行为的主要因素时，厂商常面临成本与风险两难的处境。在两岸贸易发展初期，由于台湾对大陆经贸政策严格限制，贸易厂商大都以转口方式进行商品交易，以避免风险因素。因此，两岸贸易起步不得不从转口贸易开始，即由大陆或台湾将贸易货物直接运至第三地口岸，在无经过制造程序，即未改变产品的形式、性质、形状或效用而仅是装卸，或改包装、稀释、分类、装饰，或原封不动地停靠后，再转运至目的地，并在进入或离开第三地口岸时，均须与其他进出口货物一样办理报关手续。从经济学的角度看，转口商品在所有权转手流程中有一道中间人的附加价值创造过程，无形中增加了交易成本。③

由于香港优越的区位、人文以及商业条件，两岸转口货物大都通过香港中转。两岸经港转口货值从1979年的7800万美元增至1994年的98亿美元，15年成长了125倍，平均每年递增率达38%。从90年代中期起，由于转运贸易迅速崛起，转口贸易发展速度明显放缓，转口货值连续九年（1995－

① 李非：《论海峡两岸贸易型态的变化》，《台湾研究集刊》，2000年第2期。

② 宋恩荣：《如何准确估计两岸贸易：各种统计方法的评价》，“经济全球化下的两岸产业合作”学术研讨会论文，2005年。

③ Richard Schaffer, Beverley Earle, and Filiberto Agusti, International Business Laws and Environment (St. Paul: West Publishing Co., 1990), Chapter 5, pp. 121 - 153.

2003）大致在100多亿美元的线上徘徊。近2年在台商投资热潮的带动下，转口贸易又突然“发力”，出现快速增长势头，2004年猛增至172亿美元，比上年增长22.9%；2005年达197亿美元，又增长14%，其中台货自香港转口大陆为171亿美元，增长15.5%，大陆货自香港转口台湾为26亿美元，增长6%，经港转口贸易逆差145亿美元。

2. 转运贸易蓬勃兴起

从转口贸易简化而来的转运贸易是离岸贸易的一种重要形式。它以联货提单的方式付运货物，其付货点及提货点，或在大陆，或在台湾，无须向第三地海关申报货值，货物也不需要在第三地加工或重新包装，只在中间港海域重新集装整合，经短暂停留之后，再以原来或其他的运输工具转往目的地，因而是一种多模式混合的运输方式。这种货物运送方式相对于转口贸易，既节约了运输成本，又节省了运输时间。然而，由无须在转运地清关，转运贸易有关数据并不记录于转口贸易的统计资料中，仅以转运货物的重量反映其转运规模。据统计，2005年两岸经港转运总重量约为700多万吨，其中从台湾经港到大陆约为550多万吨，从大陆经港到台湾约为150多万吨；另两岸经日本（石垣岛）、韩国（仁川）等地转运的货物也在1000万吨以上，合计约2000多万吨。据测算，2005年两岸转运贸易总金额约715亿美元，占贸易总额的78%。

两岸转运贸易在1998年超越经港转口贸易后，出现快速发展势头。这主要是由以下因素促成：（1）货物流向趋于分散。随着台商在大陆投资逐步由南向北转移，两岸贸易货物流向不再只集中于东南沿海地区，而是向北、向西逐渐转移。无论从实际需要，还是从地理角度看，许多贸易货物越来越不必再经港转口或转运，而是通过日本、韩国等地转口或转运，或通过其他变相的“准直航”模式进行。（2）货物服务项目出现内移趋势。随着大陆港口基础设施不断完善，港口吞吐量和海上运输能力持续提高，相关贸易服务项目逐渐扩大，两岸贸易货物中原先需在香港完成的各种贸易辅助服务，包括货物保险、商品质检、货物集装、航班排定、发出提单等均可在大陆完成，从而使部分转口变为转运。（3）台湾当局对两岸间接航运的认定有所松动，一方面简化了转口手续，对于转运货物从分段开立提单放宽为可在起运地直接开具全程转运提单，减少了作业流程；另一方面，放宽了转运限制，对于航行于两岸的外籍或权宜籍商船，从须在第三地进港靠泊放宽为只需在港外办理转运手续而不一定要入港停泊，从而减少了港口费用。

3. 过境贸易迅速扩张

在两岸转运贸易兴起后，一种由其衍化而来的过境贸易形式随之出现。根据国际惯例，过境（或弯靠）是指运送交易商品的运输工具途经某中间港海域，但并未在中间港重新装卸与转换运输工具。因过境（或弯靠）贸易（广义的转运贸易包含过境贸易）不需中介服务，在运输成本和时间上都较转运更加经济。在利益的驱动下，越来越多航行于两岸的商船从原来从事转运转为从事过境贸易运输，从而形成过境贸易超过转运贸易（狭义的转运贸易）的趋势。由于过境贸易只办理过境手续，无须向第三地海关申报货值，有关贸易数据并未统计。但据有关方面估算，两岸过境贸易货值约400亿美元，占转运贸易总额的近六成或两岸贸易总额的四成多。

两岸海运因最近距离仅149海里，而经第三地绕道弯航（过境）至少增加数百海里，航程增加3倍以上，贸易商每年额外花在海运中转上的费用达数亿美元。为了节约运输成本，节省运输时间，贸易商和航运界在过境贸易经营中，又摸索出一种“转单不转运”的变通形式，即航行于两岸的国际商船，主要是大陆或台湾的权宜籍（即在海外注册）商船直接往来于两岸之间，只在形式上办理“航自第三地”的过境手续。目前，航行于两岸的船舶每年都有1000多艘在距离台湾100多海里的日本冲绳县石垣岛的外海寄港，有的甚至在远离石垣岛的公海上通过直升机或快艇办理过境手续，甚至采取“飞单”（转运单据直接送达船舶航行目的地）的做法，以取得“航自日本的形式”。这一变通形式简化了过境贸易的手续与程序，是一种在形式上过境（即办理过境手续）、实质上相当于直接付运的“准直接”贸易。据测算，2005年两岸通过“转单不转运”形式进行的贸易货值约200亿美元，占过境贸易总额的一半，或转运贸易总额的三成、两岸贸易总额的二成多。未来这种“转单不转运”的贸易形式将日益活跃，手续更加灵活，大有取代转运贸易并主导两岸贸易的趋势。由于在行政上或技术上均无法有效规范，台湾当局对两岸贸易的政策也在不断调整，对运送两岸货物的船舶，虽规定仍须弯靠第三地，但已开放定期航线，使货主在船期选择上更加灵活。所谓的“定期弯靠”模式，在运送两岸贸易货物时，船舶实际上并未完全弯靠，只是在航线上略有迂回，大多采取“船上换单”的做法，办理形式上的转运或过境手续，因而与直接贸易形态基本相近。从发展趋势看，这种变通的过境贸易形式因经济实惠而日益成为运送两岸贸易货物的主要方式，从而逐渐突破间接贸易的限制。

（二）两岸贸易依存度进一步加大

1. 台湾对大陆贸易依存度加深

由于台湾与大陆的综合实力和总体规模存在较大差距，台湾经济总量（GDP）约为大陆的15%，人口也仅为大陆的2%，土地更少至0.38%，两岸贸易交往所产生的相互影响与冲击，对台湾而言，远超过大陆，其依赖性也相对高于大陆。两岸贸易占台湾外贸总额的比重相对较高。虽然整个80年代其指数一直在3%以下，但自1990年起开始迅速上升，以平均每年近1个百分点的比例不断提高，1996年突破10%；此后在10%线上徘徊了约5年，至2001年快速攀升至14%，2003年超过20%，至2005年达25%，约占台湾外贸总额的四分之一。26年间两岸贸易占台湾外贸的比重提高了24.34个百分点，平均每年提高近1个百分点，尤其是21世纪初期平均每年提高约3个百分点，比80－90年代的上升速度（平均每年提高0.5个百分点）高出5倍。台湾对大陆贸易依赖度的上升速度明显高于大陆对台湾的贸易依赖度，2005年其比重比大陆高出18.17个百分点。目前，大陆已先后超过日本（2001）和美国（2003），成为台湾最大的贸易伙伴。

台湾对大陆的贸易依赖主要表现为对大陆的市场依赖。台湾对大陆出口占台湾出口总额的比重在90年代以前一直在5%以下，1991年在台商投资的带动下，提高了近一倍，达9%，翌年便越过10%的门槛，至2001年突破20%，2003年又超过30%，至2005年达到创纪录的37.6%。26年间台湾对大陆的市场依赖度增加了37.33个百分点，平均每年提高约1.44个百分点，特别是在21世纪初期上升速度最快，平均每年提高约4个百分点。2005年台湾对大陆出口总量超过700亿美元，大陆已超越美国（2002），成为台湾最大的出口市场。

更重要的是，大陆一直是台湾最重要的顺差来源地。从1992年起，台湾对大陆的贸易顺差就超过对美国的顺差，2005年更高达581亿美元，是当年台湾外贸顺差（113亿美元）的5倍之多。因此，两岸贸易在很大程度上影响以至左右台湾的国际收支。如果扣除台湾方面在两岸贸易中享有的顺差，台湾外贸顺差将转为严重的逆差（468亿美元）。从某种意义上说，台湾对大陆的贸易顺差弥补了台湾对日本、韩国贸易出现的庞大的逆差缺口。

台湾对大陆的供应依赖也在快速提高之中。台湾自大陆进口占台湾进口总额的比重在1999年以前均在4%以下，2002年突破5%之后开始快速提高，2003年上升至7%，2004年超过8%，至2005年达到9.06%。26年间其供应依赖度增加了8.68个百分点，平均每年提高0.33个百分点，远高于大陆对台湾的市场依赖。2005年台湾自大陆进口总量接近200亿美元（台湾方面估算），大陆已仅次于日本，接近美国，成为台湾第三大进口市场。

2. 大陆对台湾贸易依存度减弱

相对而言，由于大陆经济贸易规模较大，大陆对台湾的贸易依赖程度较低。两岸贸易占大陆对外贸易总值的比重在1987年以前均在2%以下，1989年突破3%，1991年超过4%；1992年上升速度进一步加快，达6.31%，翌年又突破7%；此后一直在7%线上浮动，最高一年（1996年）一度达7.66%，至2005年略回落至6.42%。这主要是由于大陆对外贸易扩张的速度略高于两岸贸易。26年间两岸贸易在大陆对外贸易中的地位不断提高，比重上升了6.15个百分点。台湾曾一度是大陆第四大贸易伙伴，仅次于香港、美国、日本，而目前则降为大陆第七大贸易伙伴，但在贸易差额方面，却上升为大陆最大的贸易逆差来源地。

大陆对台湾的供应依赖相对较高。大陆自台进口占大陆总进口的比重，1979年时仅有0.14%，翌年便提高到1.24%；其后一路上升，1988年突破4%，1990年进而达6.14%。从90年代起，由于台商投资拉动大陆台资企业对台湾机械设备和原材料的需求，其比重上升速度进一步加快，至1992年超过12%后，1995年又突破13%，1997年进而创下14.4%的历史最高纪录。此后大陆对台湾的供应依赖有所减轻，所占比重逐年回落，至2005年降至11.31%，这主要是由于大陆近年来进口规模快速扩大所致。26年间大陆对台湾的供应依赖度增加了11.17个百分点，平均每年提高0.4个百分点，尤其是在90年代上升最快，平均每年提高近1个百分点。目前，台湾已成为大陆第四大进口来源地，仅次于日本、欧盟和韩国。

大陆对台湾的市场依赖相对较低。大陆对台出口占大陆总出口的比重，在1986年以前一直未超过0.5%，1988年突破1%后，便在此线上徘徊，至1995年才越过2%，并一直稳定在这一水平上，最高一年为2.32%（1999），至2005年略降至2.17%，26年间其市场依赖度仅提高1.76个百分点。目前，台湾市场在大陆出口市场中的地位排在第七位。

（二）两岸贸易结构向互补形态发展

1. 两岸贸易商品构成趋向多元化

两岸贸易的商品构成在20世纪80年代转口贸易主导时主要还是台湾轻工消费品如日用品和家用电器等（其比重占70%以上）与大陆土特产如中药材等（其比重占90%以上）之间的交易。从90年代起，由于台湾厂商，尤其是大企业投资的增加，台湾工业原材料、半成品、零组件以及机械设备输往大陆的数量大幅扩增，逐步居于主导地位（其比重高达90%以上），而台湾消费品进口比重则明显下降。同时，大陆输往台湾的商品因台湾陆续开放农工原料及半成品的进口，其对台出口数量不断增加，逐渐成为大陆输往的主流产品，而土特产品的出口比重则趋于萎缩。因此，两岸贸易商品构成已从过去消费品与土产品之间的交易模式，转变为机械设备及生产零组件与农工原料及半成品之间的交易模式。

从2005年两岸贸易商品构成看，交易商品在50亿美元以上的有四类：居首位的是机电设备及其零件，成交金额超过200亿美元，占两岸贸易总额的三分之一；其次是机械用具及其零件，成交金额为近100亿美元，占总额的13%；光学、照相等仪器及其零部件为第三位，成交金额80多亿美元，占总额的11%。以上四类商品合计贸易金额达464亿美元，占总额的近三分之二。

若以集中系数考察两岸贸易商品结构，显示两岸贸易商品的集中程度相对较高。贸易商品的集中程度，反映了贸易商品的增销潜能。一般而言，一地贸易商品的集中程度与其贸易业绩有着某种关系，如所集中的贸易商品的增销潜能比一般输出品高，则集中程度与贸易业绩有着正相关关系；反之，则呈负相关关系。就两岸贸易结构而言，其呈正相关关系，因为贸易商品多为原材料及半成品，而这些商品又为大陆台资企业生产所急需，其增销潜能较高，因而集中程度越高，发展趋势越好。

2. 大陆自台进口商品以生产资料为主

大陆自台湾进口商品多属中下游工业产品，加工层次较高。其构成按大类区分，以生产原材料及半成品为最大宗，包括电机零件、光学产品及零附件、机械用具及其零件、塑料及其制品、钢铁、有机化学产品、铜及其制品、人造纤维丝、工业用纺织物及杂项化学产品等，约占80%；资本设备次之，包括电机设备、机械设备等，结构比重在10%左右；消费品最少，不到10%。在三大类进口商品中，生产资料，即前两类所占比重合计为90%以上，金额近达700亿美元。这从一个侧面反映了台商在大陆投资设厂与扩产的效应。

从2005年大陆自台进口情况看，进口商品结构以机电、电子、光电、石化等产品为大宗。受到全球消费电子产品推陈出新以及液晶电视需求逐渐增温，在两岸产业分工带动下，电机设备及零件、光学产品包括液晶面板、发光二极管与印刷电路板等项目进口快速成长，而原来表现良好的钢铁等项目却反呈衰退态势。2005年受到各界关注的一个亮点是大陆方面扩大台湾农副产品的进口，其中自8月1日起对台湾产菠萝、木瓜、杨桃、芒果等15种水果实施零关税措施，将便捷检验检疫的水果由原确定的12种扩大到20多种，激发了两岸农产品的贸易热，尤其是各地纷纷举办台湾水果与农产品展销会，促进了台湾水果等农产品在大陆市场的销售。依台湾方面统计，2005年，台湾对大陆与香港农产品出口额超过10亿美元，占台湾农产品出口总额的四分之一，内地与香港已是台湾第二大农产品出口市场。

若以集中系数考察大陆自台进口商品结构，其指数相对较高。但是，由于其所集中的进口商品多为增销潜能较高的生产原材料，而此类产品的需求弹性相对较高，它所呈现的关系是正相关关系，即集中程度越高，发展趋势愈好。

3. 大陆对台出口商品以农工原料及半成品为主

大陆对台出口商品多属中上游工业产品，加工层次较低。其构成以大类区分，主要是农工原料及半成品，包括机电零件、金属、化工原料、纺织原料和矿产品等，约占80%以上；消费品次之，包括动植物产品和食品、烟酒等，约占10%左右；资本设备最少，结构比重不到10%。对台出口商品结构有一个明显的特征，就是消费类商品虽然比重不高，但项目集中；农工原料虽然比重较高，但项目分散。值得注意的发展动向是，近年台资企业生产的半成品及制成品返销台湾或经台转口至欧美市场的数量逐步增多，这对挖掘对台出口商品潜能具有积极作用。

从2005年大陆对台出口情况看，出口货物主要为机电设备及零件、机械用具及零件、钢铁、矿物燃料、光学产品及零件、有机化学品、塑料及其制品、石料石灰及水泥、铝及其制品、车辆及其制品等项目，约占对台出口金额的80%。台湾方面根据市场供需情况，对大陆产品进口进行调控。2005年台湾“经济部”在台湾企业的强烈要求下，开放大陆钢板、电子与食品等多项产品进口，工业品开放项目达到7250项，开放比率升至83.3%。同时，在欧洲商会的强大压力下，台湾于2006年4月起开放大陆部分巧克力进口。①

若以集中系数考察大陆对台出口商品结构，其指数虽然较高，但是，由于其所集中的出口商品多为增销潜能较低的消费品，而且需求弹性较低，它所呈现的关系是负相关关系，即集中程度越高，发展趋势愈差；反之，集中程度越低，发展趋势愈好。从近年对台出口商品结构的变化情况看，其集中

① 吴新华：《2005年两岸贸易情势分析》，台北：“经济部国际”贸易局新闻资料，2006年2月24日。

程度已在逐步减低之中，表明对台出口商品的发展趋势日益好转。

三、海峡两岸贸易失衡问题

（一）大陆对台贸易逆差持续扩大

由于台湾货物输往大陆远大于大陆货物输往台湾，发展结果必然导致贸易不平衡性加大的问题。从1980年两岸贸易恢复起，台货输入就一直多于大陆货输出，前者占两岸贸易的比重平均约为80%，其中最高一年（1985）达89.5%，最低一年（1979）为27.6%，大部分年份则在80%线上摆动，2005年为81.9%；后者占两岸贸易的比重平均约为20%，其中最高一年（1979）为72.4%，最低一年（1985）仅为10.5%，大部分年份则在20%以下摆动，2005年为18.1%；两者之间的差额占两岸贸易的结构比重平均约为60%，其中最高一年（1985）达79%，最低一年则为27.4%（1983），大部分年份在60%-70%之间浮动。台货输入与大陆货输出之正比例，最大一年为1985年的8.52∶1，最小一年为1979年的0.38∶1（若1979年除外则为1983年的1.75∶1），平均约为4∶1。可见，自1980年起台货进口超过大陆货出口后，一直以4倍左右的比例维持这一差距。这是两岸贸易发展中最显著的特征。

由两岸贸易失衡引发的直接问题就是大陆对台贸易长期处于逆差状态，并且呈日益扩大趋势。除1979年大陆对台转口贸易略有3480万美元的盈余外，1980年以后便一直处于入超状态，其变化趋势大致与贸易总值的波动幅度相同。大陆对台贸易逆差的增减幅度，主要是随着台湾货物输往大陆增长率的波动而变化的，自台进口货值增长量直接影响以至左右大陆逆差的大小。1980-2005年，大陆对台贸易逆差最小一年（1983）为6790万美元，最多一年达581亿美元（2005），尤其是自1993年起，每年均在100亿美元以上，2000年达200多亿美元，2002年超过300亿美元，2003年又越过400亿美元的门槛，2004年突破500亿美元大关。26年间大陆对台贸易逆差累计已高达3323亿美元，平均每年入超128亿美元。巨大的入超使两岸贸易失衡问题尤为突出。

（二）大陆对台贸易逆差的前因后果

首先，大陆对台贸易逆差的存在有其经济原因，是区际贸易商品优化选择的结果。一般而言，台湾出口商品质量相对较好，价格也适中，是大陆进口市场的替代产品。如台湾的机电设备、电子元器件等具有技术中等先进、操作容易、价格合理、售后服务好以及培训快等优点，比较适合经济处于起步阶段的大陆用户。更直接的原因是，大陆台资企业进口的机器设备有许多是从台湾原有生产线上转移过来的，台资中下游企业在经营习惯上也一直沿用由台湾中上游企业提供的生产原材料，从而在一定程度上扩大了大陆对台贸易的逆差。因此，台湾货物从中间商品到小型成套生产设备都具有一定的竞争力，能够在迅速扩大的大陆进口市场中占据一定的份额。可见，由于台湾对大陆出口潜力得以充分发挥，而大陆对台湾出口潜能尚待进一步发掘，大陆对台贸易出现较大逆差。要改变逆差状况，还不能消极地降低台货进口，以缩小两岸贸易规模作为代价。

其次，大陆逆差的存在有其特殊性，是两岸政策因素互相作用的结果。由于台湾实行“出松进严”的贸易倾斜政策，大陆货物入台在商品项目等方面遇到过多的政策障碍。虽然台湾方面对大陆产品的限制已从正面表列规定转为负面表列规定（1996 年 7 月 1 日起），但是大陆农产品入台仍以正面表列规定处理。相对而言，台湾当局对台货输往大陆的规定弹性度较高，即除在原则上规定战略物资包括高科技产品以及军事工业产品等不得出口外，其他商品项目均不受限制。这种不平等政策是对两岸贸易关系正常化的人为设障，使台货可以源源不断地输往大陆，而大陆商品入台却不能货畅其流。另一方面，从大陆对台经贸政策看，适度贸易逆差的存在，既是两岸经济关系发展的必然结果，又是在政策上吸引台湾经济融入大陆市场的必要条件。它不仅有利于增强大陆市场对台湾厂商的吸引力，而且也符合两岸经济合作的现实需要，有利于促进两岸各项交流与交往，从而为推动两岸经济整合提供必要的经济基础。

其三，大陆逆差的存在属于过渡性，是两岸投资关系发展的必然现象。

在80年代贸易主导时期，台商在大陆投资尚处起步阶段，大陆对台转口贸易逆差主要来自在港采购台货。因为数量有限，逆差金额不算太高，至1990年年底累计尚未超过100亿美元，平均每年不到10亿美元。其后，由于两岸投资关系迅猛发展，由投资带动贸易的迹象愈加明显，大陆对台贸易逆差不断扩大，绝大部分来自台商投资大陆时输入的机械设备、原材料、零部件及半成品，其所占比重从1991年的40%提高到2005年的90%以上，逆差也从35亿美元扩大到581亿美元，15年累计高达3223亿美元，平均每年达214亿美元，是80年代的21倍。由台资企业自台湾转口或转运输入而产生的入超，是大陆在吸引台商投资时出现的过渡性现象。随着台资企业进入生产稳定期后，其生产和出口能力会大幅提高，并充分体现其创汇优势，从而弥补原来的入超。目前许多台资企业以“台湾接单、大陆加工、香港转口、海外销售”的营销模式运行，其进口生产原材料与机器设备而产生的逆差，通过产品销往欧美市场或部分返销岛内而获取外汇收入来平衡，即以扩大大陆出口、实现大陆整体外贸顺差来消化对台贸易的逆差，从而在宏观上解决两岸贸易本身在短期内还难以扭转的逆差状况。如果扣除台商作为投资进口的设备、来料加工或来件装配的半成品以及一些无偿赠送等由台商自行平衡而不由大陆收付外汇的进出口因素后，大陆对台贸易实际承受的逆差比表面上的统计数据要少得多。

可见，两岸贸易产生的不平衡性是由主、客观等多种因素造成的，既有贸易本身的原因，也有政策因素的影响，还有贸易以外的其他经济因素。各种因素交织在一起，共同导致大陆对台贸易的巨额逆差。就两岸贸易关系而言，大陆方面承受着巨额的入超，而台湾方面享有巨额的出超；但若从双方整体经济关系看，大陆对台贸易的不平衡通过其他形式的经济合作关系得到弥补，进而达到总体上的大致平衡。据统计，至2005年年底，台商在大陆投资，包括通过第三地中转的协议投资金额累计已达1800亿美元，实际到资900多亿美元，台胞赴大陆探亲、旅游所带入的外汇包括花费与馈赠也在1000亿美元左右，加上每年由台湾汇入大陆的民间汇款等其他外汇收入，大陆在贸易领域以外的经济联系中享有的外汇顺差合计约2000多亿美元，接近贸易逆差的规模，正好抵消贸易入超。因此，从整体上看，两岸经济关系在外汇收支上是大致平衡的。

（三）改善两岸贸易失衡的对策

在两岸贸易问题上，面对大陆逆差不断扩大的严峻现实，应采取何种积极、稳妥、有效的政策措施，减轻逆差压力，增强入超承受力，促使两岸贸易从不平衡走向平衡。

1. 引导台商投资，实现“以产代进”。大陆对台贸易逆差绝大多数是大陆台资企业从台湾进口生产原材料及半成品产生的。这主要是由于部分台资企业尚未完全在大陆寻找到原材料替代市场。为此，要缩小由台商投资产生的过渡性逆差，一方面要吸引台湾大企业，即中上游生产企业前来大陆投资设厂发展原材料基础工业，就地向台湾中小企业，即中下游生产企业提供生产原材料，在大陆形成产销联动、配套协调、连锁服务的产业分工体系，从而促进“以产代进”关系的协调发展；另一方面，针对台资企业扩大投资形成的生产原材料需求，积极开发大陆原材料市场，加强对台资企业生产的上游供应，以减少其自台湾进口原材料、零配件、组装件以及半成品的数量比例，实现进口替代。可见，改善两岸贸易失衡的关键因素在于积极发展两岸投资关系，进一步加大力度引进台资，促进台资大企业在大陆建立原材料供应市场，逐步替代从台湾输入原材料。

2. 扩大对台出口，达到“以出抵进”。要改变两岸贸易失衡局面，必须充分、有效地发挥大陆对台出口贸易潜能。主要方法有：一则利用外资包括台资开发大陆潜在的资源，发展原材料基础工业，促进工业生产能力及经济效益的提高，在此基础上，积极扩大对台出口，协助大陆农工原料以及优势产品挤进台湾市场，并带动其他逐渐成熟商品输台；二则有步骤地建立对台贸易销售渠道与网络，鼓励大陆厂商积极开拓台湾市场；三则鼓励台资企业将其产品及半成品部分返销台湾，扩大对台出口，减少贸易入超，促进两岸贸易协调发展。大陆各类企业，包括台资企业生产的机械、电子和电机产品，正逐步取代大陆的农工原料，成为对台出口的主导产品。

3. 完善贸易机制，广开贸易渠道。一则营造对台贸易的法制环境，侧重研究与制定有关对台贸易的政策法规，颁布与涉台法律及法规相配套的实施细则和政策措施，逐步从依靠优惠政策吸引台商转向依靠经济立法扩大对台贸易；二则有关涉台经贸部门应加大力度开展优质服务建设，在审批、检验、核查等手续与程序上简单明了，进一步提高行政办事效率，尽快建立起与国际接轨、按国际惯例办事的对台贸易管理与服务机制；三则广开对台贸易渠道，探讨“试点直航口岸”与台湾“加工出口区”、“经贸特区”对接的可行性，在借鉴“保税区”发展经验的基础上，选择适当时机，开辟方便人员、货物和资金进出的对台自由贸易口岸。建立两岸贸易机制，“主要是建立会议制度和协调机构，商讨两岸经济交流与合作的重大问题，协调两岸之间的投资与贸易政策，进行合理的资源配置与分工合作，充分发挥优势互补的经济效果，实现两岸经济关系的正常化、规范化和稳定化”。①

四、结　论

两岸贸易从上世纪80年代转口贸易起步，到90年代转运贸易崛起，从20世纪后期过境贸易扩张，再到21世纪初期“准直接”贸易兴起，显示贸易形态从间接逐渐向直接转化的发展趋势。随着两岸贸易关系日趋热络，两岸经济关联程度不断加深，两岸贸易对台湾经济，尤其是对外经贸发展的影响日益深刻。从总体上看，两岸贸易相互依赖主要表现为台湾对大陆的市场依赖和大陆对台湾的供应依赖，但相对而言，由于大陆贸易规模较大，大陆对台湾的贸易依赖程度较低，两岸贸易交往所产生的相互影响与冲击，对台湾而言，远超过大陆，其依赖性也相对高于大陆。目前两岸贸易商品构成已从过去消费品与土产品之间的交易模式，转变为机械设备及生产零组件与农工原料及半成品之间的交易模式。由于两岸贸易所集中的商品多为原材料及半成品，而这些商品又为大陆台资企业生产所急需，因而其增销潜能较高的现象反映了两岸贸易日益看好的发展趋势。

---

① 贾庆林：《全面深化和扩大两岸经济交流与合作，努力促进两岸关系朝着和平稳定的方向发展》，在第一届两岸民间菁英论坛开幕式上的演讲，2005年9月15日。

两岸贸易快速发展主要是由台湾商品通过转口、转运和过境等方式源源不断输往大陆而产生的。自台进口与对台出口出现的非同步扩张，导致了两岸贸易在进出口比例构成上的严重倾斜，引发了两岸贸易的失衡问题。改善两岸贸易失衡状况，既要大力发展两岸投资关系，吸引台湾大企业前来投资，实现“以产代进”，也要充分挖掘贸易出口潜能，积极扩大对台出口，达到“以出抵进”，更要在遵循国际贸易规则的基础上，构筑和优化对台贸易的市场机制，进一步密切两岸经济联系，促进两岸政策互动，使两岸贸易关系进入良性循环的发展轨道。

近期台湾服务业投资大陆的趋势及影响*

王　华

随着台湾后工业化时代的来临，台湾岛内的服务产业逐渐步入成熟期，并日益成为岛内经济的支柱和对外投资的主力军。近20年间，祖国大陆在承接台资产业转移中成就突出，但受两岸关系及服务贸易政策障碍的影响，在吸收台资服务业方面尚无太大进展。海峡两岸加入WTO已逾5年，大陆服务业开放迫在眉睫，及时对台湾服务业投资祖国大陆的趋势和影响加以预判分析，尽早确定有效的应对策略，对于承接新一轮台资产业转移、提高现有台资存量的社会经济效益、实现大陆经济均衡增长，具有重要的理论和现实意义。

一、台湾服务业发展现状及对大陆投资情况

上世纪80年代以来，服务业逐渐成为台湾经济的支柱。服务业增加值从1981年的9064亿新台币增加到2006年的84973亿元新台币，年均增长率7.55%，占GDP的比重也由1981年的49.99%上升到2006年的73.44%，占将近四分之三；近年来服务业年增长率有所下降，但占GDP比重仍不断上升，对于GDP增长的贡献率基本也都维持在60%上下。有关数据如表1所示，表明台湾经济已经逐步实现从工业化向后工业化时期的过渡。①

* 本文原载于《台湾研究》，2007年第4期。

① 李非：《台湾经济发展通论》，九州出版社，2004年版，第152－161页。

表1　台湾服务业发展现状

	服务业增加值（亿台币）	服务业比重（%）	服务业增长率（%）	服务业对 GDP 增长的贡献率（%）
1981 年	9 064	49. 99	–	–
1990 年	25 472	57. 58	8. 95	–
1995 年	46 338	63. 89	7. 28	–
2000 年	69 152	68. 93	5. 89	70. 36
2001 年	69 553	70. 53	0. 08	–
2002 年	72 036	70. 66	3. 59	59. 76
2003 年	74 033	71. 75	3. 39	69. 39
2004 年	78 335	72. 73	5. 28	60. 96
2005 年	81 736	73. 33	3. 54	61. 04
2006 年	84 973	73. 44	3. 74	55. 94

资料来源：根据台湾“行政院”主计处资料整理

在服务业当中，批发零售及餐饮业、金融保险不动产及租赁业的发展最为迅猛，1986 年占 GDP 比重分别略超 10%，到 2006 年则都已经在 20% 上下，近 20 年来的年均增长率分别达到 7. 71% 和 7. 94%；其次是社会及个人服务业，20 年来占 GDP 比重也翻了一番，达到 12%，年均增长率 9. 75%。运输仓储及通信业占 GDP 比重变化不大，基本在 6% 到 6. 5% 之间。上述四大类产业占服务业比重将近 8 成，增长速度超过总体服务业，更超过总体 GDP 的增长。

伴随服务业的发展，对外投资规模也不断扩大。截至 2006 年年底，台湾对海外服务业投资 5450 项，占对海外投资总项数的 47. 39%，服务业投资总额 292. 7 亿美元，占对海外投资总额的 59. 94%；而 2000 年至今服务业投资总额即达 185. 54 亿美元，占比 68. 84%。可见服务业投资已经成为台湾对海外投资的主力军。在服务业当中，金融投资及其辅助业对海外投资规模高居榜首，投资金额 202 亿美元，占海外投资比重 41. 37%；其次是批发零售业，投资金额 40. 7 亿美元，占海外投资比重 8. 33%；而专业技术服务业与运输仓储及通信业的投资比重也都在 4% 左右。

表2 台湾服务业对外投资情况

年份	对海外服务业投资总额（亿美元）	对海外投资中服务业比重（%）	对大陆服务业投资总额（亿美元）	对大陆投资中服务业比重（%）	服务业对外投资中对大陆投资所占比重（%）	对外投资中对大陆投资所占比重（%）
2000年	40.92	80.59	1.96	7.50	4.57	33.93
2001年	23.74	54.05	2.29	8.21	8.80	38.80
2002年	24.97	74.09	5.33	7.93	17.59	66.60
2003年	32.11	80.91	7.82	10.16	19.58	65.98
2004年	18.47	54.61	5.49	7.91	22.91	67.24
2005年	17.30	70.68	6.53	10.87	27.40	71.06
2006年	28.03	64.94	9.12	11.95	24.55	63.89
合计	185.54	68.84	38.54	9.54	17.20	59.98

资料来源：根据台湾"经济部"投审会资料整理

与对海外投资的高涨势头相比，台湾服务业对大陆投资的规模却远为逊色。自1991年至2006年年底，台湾对大陆服务业投资4699项，仅占对大陆投资总项数的13.22%，服务业投资总额48.6亿美元，仅占对大陆投资总额的8.85%。从台湾总体对外投资角度看，台湾对外投资中对大陆投资比重近年来已超过六成，但服务业对外投资中对大陆投资比重却不到四分之一。同时，平均单项投资的金额偏低，仍以批发零售业和居民服务业为主，占对大陆服务业投资的58.7%；其他如专业技术服务业、运输仓储及通信业、不动产及租赁业，占对大陆服务业投资的比重分别为20.13%、9.35%和6.46%，金融保险业的投资比重也仅为5.5%。

研究表明，台商在祖国大陆投资的产业结构变化，与台湾岛内产业结构的变化大体同步，台资在祖国大陆的产业升级与岛内的产业升级存在正相关关系。[①] 上述结论主要是针对制造业得出的，但这一点在台湾服务业的海外投资中也得到证实，由表2的第3列可知，近年来台湾对海外投资中服务业所占比重已接近7成，与台湾岛内服务业占GDP的比重大体相符。而台湾服

① 殷存毅、姜山：《台商在祖国大陆的投资现状及其发展趋势》，《亚太经济》，2003年第3期，第48－50页。

务业对大陆投资却明显背离了这一规律。台湾服务业对大陆投资的低迷态势源于两岸关系的紧张与大陆服务业的不完全开放。如台湾当局对服务业赴大陆投资还有诸多限制，邮政和电信业、金融及其辅助业、期货及创业投资公司、公路、铁路、机场和港湾的建设运营等仍被列为禁止投资类项目，对于不动产投资也有投资金额、经营能力与资金回馈等方面的限制和要求。在大陆方面，根据国家发改委和商务部于2004年11月联合修订发布的《外商投资产业指导目录》，对于交通运输、电信、批发零售、金融保险、信息咨询、高等教育等行业都设有合作方式或外资比例方面的严格限制。

祖国大陆服务业比重偏低，面临产业升级和结构优化的任务，对于外资而言存在巨大的拓展与赢利空间。加入WTO以来，大陆不断加大服务贸易的开放力度，尤其是2003年内地与港澳地区签署《更紧密经贸关系的安排》（简称CEPA），对于港澳地区服务贸易准入给予专属优惠，加快了服务业开放的步伐。而台湾岛内服务业逐渐步入成熟期，基于扩展赢利空间与发展领域、谋取竞争优势的要求，扩大对大陆投资的愿望也是日益迫切。2000年以来，台湾对大陆服务业投资金额年均增长29%，占对大陆投资总额的比重也连年增长。

综上可知，不论从对外投资的发展规律而言，还是从两岸提高开放层次、扩大开放力度的迫切性而言，台湾服务业移资大陆都是大势所趋，必然会冲破各种自然与人为阻隔，掀起经劳动密集型、资本密集型和技术密集型产业投资之后的第四波知识密集型产业（主体是服务业）投资的浪潮。

二、台湾服务业投资大陆的区位分析

在投资区位的选择方面，服务业与制造业有着不同的特点与要求。本部分区分生产性服务业和生活性服务业，分析两类台资服务业在对外投资方面的特征，探讨其所重视的投资区位条件，对其投资趋向做一预判。

（一）台湾生产性服务业投资大陆的区位分析

金融保险业、运输仓储业和专业技术服务业等生产性服务业，业已成为支撑制造业发展的最为重要的外部力量，但作为制造业的上游产业，同时也形成了对制造业较高的依赖性，成为“大产业链”——生产性服务业与制造业所构成的产业链——上的一环。随着台湾岛内制造业大举外迁，生产性服务业也要面临跟进与否的抉择。不论是基于巩固已有客户群的考虑，还是为了拓展市场、提升在同行业中的竞争优势，跟进似乎都是不容迟疑的选择。现实也证明了这一点，金融保险业已经成为近年来台湾对外投资的第一大产业，增速迅猛，累计投资额占海外投资总额比重超过40%。从另一方面考虑，外移的台资制造业也迫切需要岛内相关服务业提供帮助。台资制造业多中小企业，而大规模的产业转移又容易产生“水土不服”，在融资、技术咨询、信息获取、物流及贸易各方面都面临诸多困难，在受资地一时（甚至是长时期内）难以寻找到满意的合作对象，导致资金流、信息流及物流短路。与此同时，海外台资制造业与岛内相关服务业在管理理念、制度理解、技术水平方面的匹配关系较好，不需要过长的磨合期，可以节约相关交易费用（寻找、评估和选择交易对象，谈判，具体交易，进一步评估）、且风险较小，存在共同进退的可行性。

综合考虑，上述生产性服务业在确定投资区位时会注重以下条件：(1)台资企业（产业）的密集度。作为“一对多”性质的服务提供商，加之服务产品的可复制性，只有面对较多的客户群体，才能确保服务效率和赢利水平，因此在确定投资区位时首先会选择台资企业较为密集的地区。(2)基础设施的完备程度。对于金融保险业主要是资本市场的发育，对于运输仓储业主要是运输通路（公路、铁路、水路、空路）及海关、港口码头的建设情况，对于专业技术咨询业则主要是信息基础设施（媒体、电话、网络等）的建设情况。(3)对外开放程度。对外开放程度较高的地区，不仅存在吸收外资服务业参与本地市场竞争、带动本地产业升级和服务企业竞争能力提升的动机，并且往往也形成了与外资服务业的良性互动机制，从而减少台资服务业市场进入的风险。(4)政策环境，这一点对于金融保险业尤为关键，在准入资格、进入形式以及业务范围等方面会有较多考量。

就台商对大陆投资而言，相关产业的分布仍然会同现有台资产业、尤其是资本和技术密集型产业的分布格局高度相关，对现有台资产业聚集的磁吸作用的感受较为明显：体现为向东部沿海地区聚集，并渐次向北部有所转移。如大陆最早的两家台资银行分别设立于宁波和上海，2002 年批准设立代表处的 7 家台资银行中有 4 家在上海或昆山，2 家在北京，1 家在深圳；台资证券公司和保险公司目前在大陆获准设立的代表处，基本也都集中在上海和北京两地（个别设立于深圳、广州、苏州、成都等地）。① 台资运输业的投资也以上海为重，至 2005 年比重高达 53.76%。② 中西部地区在吸引台资生产服务业投资方面的吸引力仍然不足。

（二）台湾生活性服务业投资大陆的区位分析

随着台湾岛内经济增长与居民生活水平的提高，相关生活性服务业——如批发零售业、住宿餐饮业、房产中介、居民服务以及教育、医疗、旅游等产业——也快速发育，并进入产业成熟期阶段。由于岛内的消费市场有限，已无太大市场潜力可以挖掘，各相关产业需要向海外拓展，以寻找新的赢利空间；同时，跨境投资经营也可以有效降低交易成本，弥补跨境服务贸易渠道的滞涩与效率的低下。

与“追随客户型”的生产性服务业不同，生活性服务业与已经外移的制造产业的关联度不高，更加注重受资地的市场潜力，属于“追求市场型”，因此在确定投资区位时会注重受资地的以下条件：（1）经济发展水平，反映一个地区的经济活力与潜在市场容量；（2）居民生活水平，反映一地区居民现实的消费能力和消费水准；（3）居民素质，包括居民的心理素质（受教育程度）和身体素质（医疗条件）等，既反映当地居民对台资服务业的接纳能力，也在一定程度上预示特定服务行业的市场容量；（4）专有资源，如文化习俗、文物古迹、风景名胜、高校等。

根据上述区位条件，台资生活性服务业对大陆投资的布局，一般会选择如下几类地区：一是与台湾民俗文化相近的地区，如闽南地区，两者在地缘、血缘、文缘等方面的关系极为密切，可望成为台资生活性服务业投资的

① 国务院台湾事务办公室：《两岸金融往来现状》，http：//www.gwytb.gov.cn/lajm/lajrwl0.asp。

② 段小梅：《台湾服务业投资大陆的地域结构分析》，《海峡科技与产业》，2005 年第 6 期，第 20－25 页。

首选地区；二是经济开放度较高的地区，这类地区不论是居民的消费水平和消费理念都较为超前，并且在吸引其他国家同行业投资方面已经取得较好成绩，形成了良性竞争环境和较好的包容氛围，投资风险较小；三是有特殊专有资源的地区，尤其是拥有优质的旅游资源而开发程度又较低的地区，属于旅游产业重点考虑的对象，在开辟旅游路线、开发旅游景点方面有望获取竞争乃至垄断优势。

总体而言，对外投资的台资服务产业基本上都属于“知识密集型”产业，对于劳动、资本、资源的要求不高，但生产性服务业对于已有台资对外投资布局的依赖性较高，生活性服务业投资布局的变数则较大。

三、台湾服务业投资大陆的经济影响

台湾岛内服务业对外投资对于受资地和出资地无疑都会产生一定的影响，本文主要就对祖国大陆作为受资地的经济影响加以分析，又可以分为正面影响和负面影响。

（一）台湾服务业投资大陆的正面影响

目标学术界对于 FDI 及其产业集聚的影响进行了大量研究，但研究结论未必都适用于台资服务业的对外投资及集聚，因此需要作专门分析。

首先，促进受资地台资制造业企业提升竞争优势。生产性服务业构成制造业的上游产业，二者在融资、研发、资讯、管理和行销等各个方面形成细致分工，有利于制造业企业不断提高生产经营效率；同时台资服务业与当地台资企业易于产生共生关系，将外部交易在一定程度上予以内部化，在降低交易费用方面有所作为。由此可知，生产性服务业“落户”受资地，有助于推动台资制造业企业致力于工艺革新和制度改造，从而不断提升竞争优势。

其次，易于产生知识外溢效应。与制造业不同，服务业（尤其是现代知识型服务业）的竞争优势主要在于现代化的服务手段和经营管理，在跨国投资中不存在技术屏壁的可行性，母公司和子公司之间多数只能构成平行分工体系，因此服务业跨国公司向海外分支转移的技术更接近母公司的水平。①而对外投资的台资服务业一般处于产品生命周期中的相对成熟阶段，企业在运营、管理及品牌营销等方面形成了较为规范和高效的模式，可为当地企业提供学习和模仿的范本。如果在受资地采用合资或合作方式，对于当地管理人才的培养和理念更新更是会起到直接的带动作用，有助于当地企业经营的规范化和国际化。

再次，从产业和市场两方面推动地方服务业发展与产业升级。台资服务业可以缓解受资地在服务业发展过程中面临的资金短缺和经验贫乏问题，为之提供国际化的经营视角和渠道，带动同行业乃至整个服务业的发展；在市场层面则可培育市场消费潜力，根据“供给创造需求”的萨伊定律，新型服务产品的提供会促进居民逐步转变消费观念和生活方式，甚至是培育新的服务行业或服务模式，最终使之产业结构不断得以调整和优化。

最后，在扩大受资地对外开放程度、增进地方就业等方面可以发挥一定作用。服务产品本身不如货物产品那样具有很强的跨境交易的可流动性，但台资制造业企业长期以来的外向型运营方针却决定了会借助各种支持与帮助来发展对外贸易，而台资服务业无疑成为其有力的后援；台资运输与贸易企业在促进跨国（地区）贸易尤其是两岸贸易方面的作用更是不容忽视。台资服务产业虽然多为“知识密集型”，但也不乏需要大量从业人员者，如零售业、住宿餐饮业等生活性服务业。总之，台资服务业的进入，对于受资地改善国际收支、充分就业等宏观调控目标的实现不无裨益。

（二）台湾服务业投资大陆的负面影响

台资服务产业的介入，会加速受资地台资企业独立生态系统的形成，加剧台资产业集聚对受资地所产生的不利影响。首先是会削弱台资企业与当地企业的联系（包括横向与当地同行业企业的联系和纵向与当地服务业企业的联系），减少制造业企业正向外部性的产生（包括技术外溢和知识外溢）；如果承接当地服务业本来可向台资企业提供的服务，进一步通过竞争抢夺当地市场份额，

---

① 孙雅玲：《服务业对外直接投资（FDI）的特点及宁波的机遇》，《经济师》，2005 年第 11 期，第 266、268 页。

还会形成对当地服务产业的挤出效应。其次是降低了集体搬迁的成本和风险，增强了台资企业群体与当地谈判的砝码，可以以集体撤资相威胁谋求更有利的政策优惠；而一旦真正为寻求更好的区位条件而集体搬迁，必然会对受资地造成严重的打击。再次是削弱政府宏观调控的力度以及对市场秩序的控制力度。台资服务业企业与制造业企业通过企业联盟乃至企业购并，或者制造业企业转投资于服务产业，从而在融资、贸易等方面变外部交易为内部交易，绕开当地政府在相关方面的限制规定，导致政府的调控意图难以实现，也不利于市场秩序的维持和掌控。最后是在教育、医疗等领域的投资也可能造成与当地情势的不协调乃至冲突矛盾，容易产生社会性的冲击和影响。

综上可见，在承接台资服务业投资方面，必须从正反两方面进行考量，结合本地区的现实情况、区位条件、发展要求以及地方与台资企业的相互依赖程度，最终决定具体应承接的服务业类型，制定适宜的市场准入政策，并做好事中监测与预警工作、及时处理好涉台引资过程中的突发事件。

四、吸引台湾服务业投资的政策建议

祖国大陆在历次台商对外投资浪潮中都取得了显著成绩，承接了大部分台资产业的外移。随着台湾岛内新一轮服务业对外投资浪潮的兴起和大陆服务业的不断开放，为了继续保持在吸引台资方面的优势，促进台商投资存量不断发挥更大效用，有关方面需要在以下方面加大政策力度。

（一）不断改善投资环境，加大对台资知识型服务业的引资力度

服务业门类繁多，而知识型服务业是指用知识为其他产业、企业（组织）或个人提供服务的行业，具有长积累、高增值性产业特征，对国民经济发展和产业结构调整起到明显的带动作用，代表着未来整个服务业的发展方向。① 为使引进的台湾服务业投资能有效带动受资地产业结构调整，应根据本地区区位条件，与制造业调整的目标相一致，着力引进高附加值、高带动

① 卓俏青：《当前我国服务业引资形势及策略探讨》，《河南社会科学》，2005年第5期，第61－63页。

性的知识型服务行业，主要包括金融保险、专业咨询、技术服务、中介服务、通信、教育和医疗等行业。为此必须不断改善地区区位条件和投资环境，并给予适当的政策倾斜。

（二）加强市场准入审核与运营监管

外资的基本特征是流动性和逐利性，台资也不例外。地方政府应对台资服务业进入本地区的影响和风险以及当地服务业的承受能力加以全面评估和衡量，加强对台资投向的引导和规范；应杜绝在引资方面的盲目跟风和相互攀比，加强对台资服务业企业在投资方式、资本结构、业务范围、市场需求等方面的审核；另一方面，简化审批程序、提高办公效率也是非常必要的。对于已实施投资的台资服务业企业，应加强日常性运营监管，及早化解可能的市场风险与负面社会影响。

（三）加快建立完善的市场经济法律体系，加强对知识产权的保护力度

服务业相较制造业更易于产生知识外溢效应。从受资地方面考虑，吸引台资服务业投资可以享受知识外溢所形成的利益，但从台资服务企业方面考虑，又存在对知识资产的垄断需求，担心知识资产过快地向外扩散。因此，通过加强对知识产权保护方面的立法与执法，是确保台资知识型服务业投资积极性的基础条件。当然在长期内，台资服务业的知识外溢是必然趋势，从而实现投资方与受资地的互利共赢。

（四）继续发挥港澳地区的中介功能，协助台湾岛内服务业赴大陆投资

港澳地区是两岸经贸交流的重要中介，同时港澳与内地的经贸关系也为两岸经贸关系的发展起到示范作用。签署 CEPA 后，港澳地区在对内地的服务贸易准入方面拥有了先入优势，台资服务业在投资祖国大陆过程中会面临港澳地区服务业企业的有力竞争；但同时这也为台资服务业开启了合作与中转之门，台资服务业可以经由港澳，采取合作联盟等方式投资大陆，避开台湾当局的政策限制。为此，应注重并不断完善港澳地区的中介功能，使之成为台资服务业进入祖国内地的便捷渠道。

大陆台资企业研发创新问题分析*

邓利娟

技术创新是企业生存与发展的灵魂和动力源泉，而研发活动则是企业实现自主创新、掌握独占核心技术，进而提升企业竞争力的有效手段。台资企业作为祖国大陆企业中较为特殊的群体，多年来在研发创新方面发挥了积极的作用，对台资企业自身及两岸经济均有较大影响。但是，近年来随着市场形势的快速变化，原来拥有相对竞争优势的台资企业，已经面临着迅速崛起的大陆民营企业与纷至沓来的跨国公司的双重挑战，如何通过加强研发创新取得新的竞争优势，进而实现产业的 转型和升级，是现阶段台资企业所面临的紧迫课题。

一、台资企业的发展与研发创新

（一）重视研发创新是台资企业发展成功的重要因素

伴随着祖国大陆改革开放的进程，台资企业在大陆发展已有 20 多年历史了。据国家商务部的统计资料，截止 2006 年年底，台商对大陆累计投资项目为 71847 个，协议台资金额累计为 1016.33 亿美元，实际投资金额为 439.14 亿美元。数量庞大而且仍在持续增加中的台资企业，在为大陆经济快速发展作出重要贡献的同时，自身也在不断成长壮大。像鸿海、宏碁、友达、仁宝、华映光电、台达电子、翔鹭、正新轮胎、顶新、灿坤、捷安特、宝成等一大批台资企业不仅在海峡两岸知名度高，而且在国际上也具有较强的竞争力。促成台资企业发展成功的因素固然很多，但重视研发投入，追求技术创新无疑是其中关键性的因素。不论是厦门灿坤从一个生产电熨斗底盘

* 本文原载于《台湾前沿》，2007 年第 12 期。

的小加工厂成长为今天拥有雄厚生产能力的家电“世界工厂”，除了创造“成本领先”的法宝外，就是通过不断的研发创新，以产品差异化创造其核心竞争力。为了在成熟的小家电制造行业不断创造并扩大产品的差异化来占领市场前沿，灿坤集团在技术研发上大力投入，每年将营业额的5%以上从事新产品的研究发展，并分别在台湾、香港、美国、日本等地设立了6个开发部。目前集团拥有500名研发人员，每年新产品开发数超过100种，平均每两三天研发出一个新产品。同时，厦门灿坤还扩建了一个200人规模的技术中心，巩固和扩大产品研发上的领先优势。①

台达电子是全球电源技术的领导者，是个拥有3.3亿美元总资本的国际性大企业，年营业额高达31亿美元，其最大的竞争优势也是突出表现在领先的研发上。台达坚持的信念是，“要永续经营就必须掌握最新技术，随时有创新”，“不做新产品研发，就没有明天”，因此十分重视研发的高投入，1995年－2002年研发投入占营业额比例由2.9%持续上升至4.5%。② 公司分别在大陆、台湾及美国设立多个集团独立、集中的研发中心，其中，上海台达电力电子研究中心是个综合性研究单位，近年来完成了大量研究项目，为台达产品的改善与提高做出了突出贡献。东莞台达电子自20世纪90年代初期到大陆投资设厂以来发展十分快速，相当程度上得益于重视产品品质与技术创新。从90年代中期以后东莞台达开始放弃“低成本、低价格”的竞争模式，在大陆10多所著名的工科院校如哈尔滨工业大学、华中科技大学等网罗人才，并在这些学校设立企业奖学金，建立内地人才储备库，专门从事产品的研发升级。经过几年的艰苦努力，东莞台达成功地完成了产业转型和升级。目前，东莞台达成为台达系统最大、最重要的主力生产基地，产值占全台达的70%。③

值得关注的是，21世纪以来台湾高科技产业加快对大陆投资，为了给企业在当地的生产活动提供技术支持与售后服务，越来越多的台商加快了研发

---

① 刘震涛等著：《台资企业个案研究》，清华大学出版社，2005年版，第35－37页。

② 同上，第100页。

③ 刘震涛等著：《台资企业个案研究》，清华大学出版社，2005年版，第100页。

与创新的步伐。英业达、宏电、广达、大众、华硕、明基、华宇、旺宏、耀华等多家电子厂商，均先后在大陆地区设立研发中心、IC设计中心或软体开发基地。在台商投资密集的昆山地区，据学者的调查，台资企业中设有研发部门的占57.4%，电子资讯行业台商则占61.9%。①

表1　部分台商在大陆设立研发中心的地理分布

设立地点	厂商名称
上海	金宝、大霸电子 、神达电脑 、大宇资讯、盛群、扬智、英业达、智邦、大众、广达、汉康科技
北京	金宝电子、研华科技、宝成集团、威盛、凌阳、英业达、宏基、微星科技、德鑫科技、鸿海（富士康）、蓝点软件、华茂、蒙恬、智冠科技、冶天科技、台康咨询、大宇资讯
苏州	华硕、明基、华鼎科技、华邦光美电子
南京	明基
昆山	微星科技、统一企业、恩克斯、神达电脑、汉钟精密机械
深圳	鸿海（富士康）、义隆电、蓝点软件
杭州	鸿海（富士康）、丰腾
厦门	士林电机
天津	顶新集团、英业达
株海	第三波、瑞昱

资料来源：刘孟俊，《1986年以来两岸研发的合作与发展》，《两岸经验20年》，台湾天下远见出版公司，台北，2006年，第249页。

（二）台资企业转型升级迫切需要加强研发创新

尽管许多大陆台资企业在发展过程重视研发创新，使企业保持了旺盛的生命力。但就大陆台资企业整体而言，资本规模相对较小、技术层次相对较低，在过去的发展过程中一定程度上是依靠拥有与大陆相同文化背景、抢先进入大陆市场及享受大陆对台商的特殊优惠政策等而维持

① 李保明等：《研发创新再造辉煌——对昆山台资企业研发创新的调查与思考》，2006年两岸产业合作发展论坛。

竞争力的。但是随着大陆改革开放的深入发展及21世纪两岸加入WTO后，大陆台资企业面临的竞争形势日益严峻。除了原有优势逐渐淡化外，台资企业遇到迅速崛起的大陆民营企业与加快进入大陆市场的国际跨国公司的双重挑战。大陆改革开放初期，民营企业尚在初步发展阶段，台资、外资企业是他们学习与追赶的目标。但是经过20多年的发展，日益壮大的民营企业已逐渐成长为台资企业的有力竞争对手，他们不仅有价格竞争优势，而且在质量的竞争、人才的竞争等方面的竞争实力也日益增强。在另一方面，大陆台资企业原来与美、欧、日、韩等大财团等相比，在规模与技术上已相对处于劣势，在大陆加入WTO后，国际跨国公司更是纷纷加快进入大陆市场布局，而台商依旧受制于台湾当局的政策限制无法有效拓展大陆市场，特别是金融业迟迟无法进入大陆市场。台商因此流失大量商机，同时竞争力也被削弱。

正是在上述背景之下，近年来台商对大陆投资增长速度已呈现减缓趋势。国家商务部资料显示，2001年与2002年台商对大陆实际投资金额分别达29.79亿美元与39.71亿美元，年增长率分别为29.7%及33.2%。但自2003年以来，台商对大陆实际投资持续呈负增长状态，2005年台商实际投资额21.5亿美元，比2002年减少了46%。2006年台商实际投资额为21.4亿美元，仍为负增长。（见表2）而从台湾“经济部投审会”资料来看，2005年核准台商对大陆投资项目1297项，投资金额60.07亿美元，分别较上年下降35%及13%。2006年投资项目1090项，比上年减少16.0%，投资金额则回升，达76.42亿美元。①

面对大陆市场日益严峻的挑战形势，台资企业将如何进行新的定位？如何与民营企业、外资企业的产品进行新区隔？显然，通过进一步加强技术创新取得新的竞争优势，进而实现产业的转型和升级，已是台资企业十分迫切的现实选择。

---

① 台湾“经济部”投审会，http//www.moeaic.gov.tw。

表 2　21 世纪以来台商对大陆投资增长趋势的变化

单位：个；亿美元

年份	项目个数		实际台资	
	个数	同比　%	金额	同比　%
2000	3108	24.4	23.0	-11.7
2001	4214	35.6	29.8	29.8
2002	4853	15.2	39.7	33.8
2003	4495	-7.4	31.2	33.3
2004	4002	-11.0	31.2	-14.9
2005	3907	-2.4	21.6	-31.0
2006	3752	-4.0	27.4	-0.7

资料来源：国家商务部。

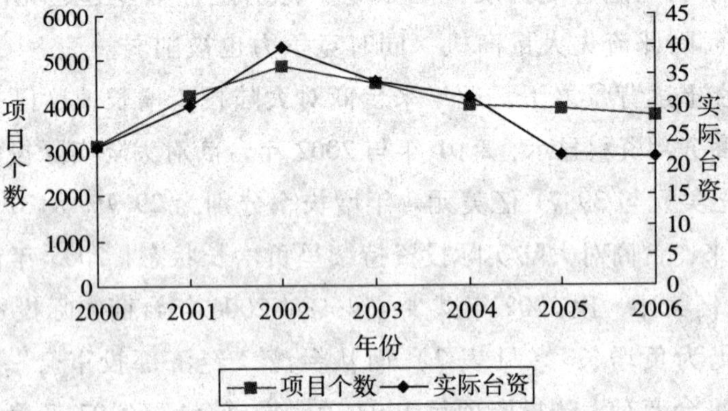

图 1　21 世纪以来台商对大陆投资增长趋势的变化

资料来源：同表 2。

二、台资企业研发创新的问题

如前所述，近年来已有越来越多的台资企业在大陆设立研发中心，加快研发与创新的步伐。但总体而言，目前大陆台资企业的研发创新尚处较低水平，远不足于支撑企业转型升级的需要。

（一）台资企业技术来源仍主要依赖台湾母公司

企业技术来源构成直接反映企业的研发创新水平。根据历年台湾“经济部统计处”的调查资料，迄今为止，大陆台商企业的技术来源85%以上来自台湾母公司，来自大陆企业自行研发的仅占2成左右。从纵向发展来看，比较2006年与1999年的调查结果可见，大陆台商企业的技术来源主要依赖台湾母公司的状况基本没有改变，所占比重仅略有下降；而大陆台商企业自行研发的比重也大致不变，所占比重还小幅降低。（参见表3）从横向比较来看，2006年大陆台商企业的技术来源86.85%由台湾母公司提供，远高于发达国家美国及日本台商企业的67.21%及58.82%，也高于新兴工业化地区香港及新加坡台商企业的84.29%及80.00%，甚至高于泰国及马来西亚等发展中国家；另一方面，2006年自行研发仅占大陆台商企业的技术来源的20.46%，分别低于美国企业的28.69%、日本企业的23.53%、香港企业的22.86%及泰国企业的22.58%。（参见表4）由此可见，大陆台资企业的研发创新总体上仍处较低水平，企业的生产技术由台湾引进向自行研发转变，仍需要很长的过程。

表3　台商大陆投资事业技术来源情况

技术来源	1999年	2004年	2006年
由台湾公司提供	87.43	88.43	86.85
海外企业自行研发	21.83	21.95	20.46
由合作企业提供	11.85	13.57	12.74
来自共同研究发展计划	8.85	7.82	7.72
从接受辅导过程中学习	6.83	4.71	5.18
同业观摩	7.60	5.51	5.26
对外购买技术	4.55	3.35	2.96
委托研究开发	3.57	2.87	2.55
向同业挖角	2.59	1.35	1.15
其他	1.40	0.64	1.81

资料来源：台湾“经济部”统计处：《制造业对外投资实况调查报告》。

表 4　2006 年台商大陆投资企业与其他海外企业技术来源比较

	大陆	美国	香港	越南	泰国	西欧	马来西亚	日本	新加坡	印尼
由台湾公司提供	86.85	67.21	84.29	89.90	83.87	87.50	86.36	58.82	80.00	90.00
海外企业自行研发	20.46	28.69	22.86	14.29	22.58	6.25	18.18	23.53	0.00	20.00
由合作企业提供	12.74	1.64	12.86	14.29	16.13	6.25	9.09	17.65	20.00	15.00
来自共同研究发展计划	7.72	10.66	2.86	6.12	6.45	0.00	4.55	5.88	10.00	10.00
从接受辅导过程中学习	5.18	0.82	7.14	2.04	6.45	0.00	4.55	11.76	0.00	5.00
同业观摩	5.26	2.46	2.86	4.08	0.00	0.00	9.09	0.00	0.00	5.00
对外购买技术	2.96	4.10	0.00	2.04	0.00	0.00	4.55	0.00	0.00	5.00
委托研究开发	2.55	4.10	4.29	0.00	0.00	12.50	0.00	0.00	0.00	10.00
向同业挖角	1.15	0.82	0.00	0.00	0.00	0.00	0.00	0.00	0.00	0.00
其他	1.81	4.10	2.86	2.04	3.23	6.25	0.00	0.00	0.00	0.00

资料来源：台湾“经济部”统计处：《制造业对外投资实况调查报告》，2006 年。

大陆台商事业的技术来源主要依赖台湾母公司的状况相当程度上是由台商的两岸分工策略所决定的。为了顺应经济全球化的潮流，越来越多的台商将其大陆投资事业纳入其全球布局的一环。台湾厂商采取全球化经营重要目标之一就是通过强大的低成本的量产能力达成扩大世界市场占有率，而大陆特有的优势正是可以扮演这一重要角色。因此，台商在全球布局中，对两岸的分工是，将大陆定位为制造重心或生产基地，在大陆从事生产附加价值相对较低、劳力密集度较高的产品，或大陆具有制造优势、符合大陆内需市场需要、应客户要求在大陆制造的产品等。而台湾母公司则主要发挥运筹管理的功能，如制定企业集团的经营策略、财务调度、研发、行销等，在制造活动方面仅保留少量、多样、高价、高阶产品以及新产品试量产的制造。但是，随着大陆市场潜力的不断释放及大陆区位优势持续强化，大陆市场对台商全球化的作用已不仅仅局限于生产基地了，跨国公司早已纷纷加快对大陆的研发布局。面对与日俱增的大陆民营企业与跨国公司的竞争压力，台商原有的两岸分工格局已受到越来越大的挑战，调整营运模式、加强大陆事业在研发与创新方面的分量势在必行。

（二）台资企业与大陆研发力量合作不足

据台湾刘孟俊教授的调查研究，①台商在大陆研发活动的动机大致可分为两类。其一为市场及生产动机。主要是厂商为提高海外市场占有率，开发新产品以符合海外市场需求，或就近服务客户，而设立研发据点。其所衍生的研发模式主要偏向于“技术优势应用”。其二为技术动机。企业运用海外技术，以提升效率，并就近利用当地研发资源（研发机构），建立技术网路关系、监测竞争对手的技术发展，以避免技术发展落后于竞争对手。其研发形态大多是“技术优势扩张”，注重与研发机构或大专院校合作，目的在于取得较前瞻的技术，提升实质竞争力，进而可引进台湾母公司所用。从实际情况来看，迄今为止，赴大陆投资的台商大多偏向于生产基地外移，随后重视当地市场开发，因此，“技术优势应用”是多数台商选择的研发策略，研发活动主要透过自行设置研发中心等进行。在此背景之下，台商研发活动利用大陆研发资源明显不足，两岸研发合作层次停留在较低水平，主要是台商利用大陆的高科技人才。由表5可见，不少台商在大陆设立研发中心的动机，就是为了获取当地工资相对低廉的高级研发人才，以降低研发人力成本。不过，值得关注的是，近年来逐渐有少数台商与大陆当地高等院校及学术机构进行“产学合作”，如鸿海，与华中科技大学、武汉邮电科学院等单位合作，合资成立光通讯研发中心；宝成集团，与中国科学院合作研发龙芯二号CPU，并成立研发中心；威盛，与北京大学合作培养微处理器及无线通讯人才，设立研发中心及营运总部。

---

① 刘孟俊：《1986年以来两岸研发的合作与发展》，《两岸经验20年》，台湾天下远见出版公司，2006年版，第233－234页。

表 5　部分台商在大陆设立的研发中心

台商	产业领域	区位选择	设立动机与运作形态
金仁宝集团	IT 产业	北京、上海	主要为运用大陆廉价优秀的高科技人才与就近提供市场技术服务而设立研发中心（台湾负责新产品研发，大陆负责后续设计与软件支援研发）
鸿海	IT 产业	北京、杭州	设立无线电通讯产品研发中心
丰腾科技	光盘产业	杭州	利用大陆高科技人才设立光盘软件开发部门，降低研发人力成本（由台湾部分负责企划行销，大陆部门负责系统软件设计与美工、美国部门负责技术引进）
大霸电子	IT 产业	上海	大陆工程科技人才充沛、素质较高、工资又较低，将在台研发部门移往大陆、降低研发人力资本
微星科技（MSI）	IT 产业	江苏昆山	设立研发与生产中心
研华科技（Advantech）	软硬件研发设计	北京、西安、上海、深圳	大陆专业高科技人才充沛，能配合当地行销网路，加强技术支援能力，提升对客户服务回馈速度，设立研发中心
神达电脑	IT 产业	上海	设立环达电脑科技中心、开发电脑及电子产品相关软件
第三波（宏基集团）	软件设计	珠海	设立游戏软件研发中心

台商	产业领域	区位选择	设立动机与运作形态
英业达	IT 产业	上海、天津、北京	天津负责软件设计、上海负责软、硬件研发设计
汉钟精密机械	精密机械生产	昆山	借助当地廉价且高素质人力资源以降低研发成本
智邦	IT 产业	上海	借助当地廉价且高素质人力资源以降低研发成本，将开发未来数字娱乐与通讯产品
华邦电子	IT 产业	苏州	苏州当地人文环境较适合居住，有助激发研发人员创意，设立华邦光美电子（苏州）有限公司研发中心
广达电脑	IT 产业	上海	将台湾部门研发能力转移到上海原有的生产基地内，与台湾的研发机构进行分工
义隆电子	IT 产业	深圳	FAE 设计支援中心
汉康科技	IT 产业	上海	研发大陆本地适用的 ERP 系统，设立软件设计研发中心
明基	IT 产业	南京	运用南京地区大学院校专业人才，2005 年设立 3G 产品研发中心
蓝点软件	软件设计	北京、深圳	2000 年在北京设立资讯家电研发中心、2001 年深圳设立系统开发中心

资料来源：刘孟俊：《1986 年以来两岸研发的合作与发展》，《两岸经验 20 年》，台湾天下远见出版公司，2006 年版，第 250 页。

（三）融资困难制约台资企业的研发创新

大陆台资企业的研发创新处于较低水平，除了自身的问题外，也有外部环境的问题。其中，资金支持困难尤为突出。资金投入是研发创新活动得以进行的最基本的先决条件。从理论上讲，企业研发创新的资金可以来源于企业自有资金、银行贷款、政府专项资金的投入、证券市场融资以及风险投资等。但实现情况是，尽管研发创新对大陆台资企业的生存与发展有举足轻重的意义，可是由于种种原因，特别是两岸关系现状的制约，大陆台资企业总体上不仅研发创新的资金来源缺乏，就是一般性融资都存在诸多困难，从而严重制约了研发创新活动的进行。

1. 台湾当局对大陆金融往来政策的限制

现阶段对台资企业资金来源影响最大的政策限制，一是台湾当局至今不允许台湾银行到大陆设立分行，使得广大的大陆台资企业无法得到台湾银行业直接、便利的金融服务。目前在大陆设立办事处的七家台资银行，早已跨过设立分行的时限，但因未升格成分行，迟迟不能为台商提供急需的融资服务。二是台湾相关法令规定台商到大陆投资金额不得超过企业资本净额的40%。这严重束缚了台资企业资金的运用与调度。

2. 大陆台资企业向岛内银行融资不易

通过岛内母公司向台湾银行融资目前仍是大陆台资企业获取资金的主要渠道。但因两岸关系的现状，这一渠道并不十分通畅。岛内银行尽管对台商母公司信用及经营状况比较了解，但对台商大陆子公司的经营活动则无法充分掌握，而授信之后，又难以追踪其资金使用情况，因此要承担较高的授信风险。再加上台湾当局对两岸金融往来政策上的种种限制，岛内银行对大陆台资企业的融资意愿并不很高。而在台湾若无母公司的大陆台资企业就更难得到台湾金融体系的支持了。

3. 大陆台资企业自大陆银行贷款困难

大陆银行向台资企业资金融通主要有信用贷款与抵押贷款两种形式。但在实际操作上也存在较大困难。在信用贷款方面，除了少数信用等级较高的企业，可获得免担保贷款外，大部分企业都必须提供有效的信用担保才能得到融资。但由于受台湾当局有关政策的限制，到大陆投资的台商很多是通过第三地进行，企业原有的信用不能接续，造成信用断裂，因此很难提供必要的信用保证。至于抵押贷款，一方面，大陆银行对台商在台湾的资产无法进行现场核对与评估，另一方面不少台资中小企业在大陆缺乏土地、厂房、设备等足够的抵押物，所以台资企业要获得抵押贷款也十分不容易。

三、提供台资企业研发创新的有利环境

要提高大陆台资企业研发创新的水平，首先且关键在于大陆台资企业自身有努力提高企业技术创新能力的强烈意识，致力练好自己的“内功”。但在另一方面，还需要大陆政府努力创造有利大陆台资企业研发创新的环境。当前举国上下都在大力推动建设创新型国家，企业创新的整体环境日臻完善，但台资企业作为大陆企业中较为特殊的群体，又正面临转型升级的关键时期，为其营造有利的创新环境，有特别重要的意义。

（一）真正将台资企业纳入国家技术创新体系

尽管现行台资企业在管理上是参照外资企业，但在“大陆和台湾同属一个中国”的概念下，台资企业与外资企业是有本质区别的。台湾资本应是中国资本，台资企业应属民族企业。基于这样的认识，国家或地方政府在制定和贯彻科技扶持政策时，真正尽量做到对台资企业一视同仁，如将台资企业的自主创新一同纳入总体发展规划中，让其同等享受国家科技三项经费和各有关部门用于技术进步的其他专项资金，特别是科技型中小企业技术创新基金；加大政府采购台资企业技术创新成果的力度；鼓励台资企业参与名牌产品、驰名商标的评选；保护台资企业自主创新产品的知识产权等。①

（二）为台资企业研发创新提供有力的金融支持②

如前所述，台资企业融资难的主要原因是他们在大陆的信用积累和担保物少，而大陆银行又无法调查其在台湾的担保物和信用，因此，如何提高台资企业的信用担保能力是突破台资企业融资难的关键。其一，将台资企业纳入大陆中小企业信用担保体系。自 1999 年以来，全国各地陆续组建了 300 多家为中小企业服务的信用担保机构，所筹集资金已超过 100 亿元。这些机构主要由地方经贸委会同财政部门、银行等共同组建，担保资金主要是地方政府预算拨款。若能将当地台资企业纳入这一信用担保体系，就可为台资中

---

① 庄威：台资企业也是自主创新主体，《厦门日报》，2006 年 5 月 3 日。

② 邓利娟：《论台资企业技术创新的金融支持》，《福建金融》，2007 年第 8 期，第 19－21 页。

小企业提供一种有效的融资渠道，缓解其技术创新资金短缺的矛盾。其二，国家开发银行与地方政府融资平台联合建立担保公司，为台商提供信用担保。作为政府开发性金融机构，国家开发银行除了采取向台资企业直接贷款方式外，为了加快向台资企业贷款的落实进度，惠及更多台商，还应进一步与地方政府融资平台联合成立相应的担保公司，支持地方政府的融资平台对台资企业进行统一贷款、统一管理。其三，推动建立两岸民间性的台商信用担保公司。台商协会是台商的会员组织，了解当地台资企业情况，是银行较可信赖的机构。由台商投资集中地区的台商协会牵头、联合两岸的银行组成台商信用担保公司应是个比较理想的模式。台湾的银行可以对台资企业在台母公司的担保物和信用进行征信工作，而大陆的银行则可完成当地大陆台资企业的征信工作。

（三）支持台商投资密集地区建立公共技术平台

所谓公共技术平台是在信息、网络等高新技术支撑下，由研究实验基地、大型科学设施和仪器装备、科学数据与信息、自然资源等组成，通过有效配置和共享，服务于平台覆盖区域科技创新的支撑体系，是科技创新的可靠保障。台商对大陆投资有两个明显的特征，一是投资地区分布相对集中，主要集中于珠江三角洲、长江三角洲及海峡西岸经济区等地；二是产业群聚现象突出，特别是电子资讯业的产业，如台湾半导体厂商，从上游的IC设计，到中游的IC制造，再到下游的封装测试，关联产业都已相继在大陆群聚式的投资，形成了完整的产业链。这些特征十分有利于政府在台商投资密集地区建立公共技术平台，以提升台资企业自主创新的能力。这个公共技术平台可分两个层次，其一，政府直接在台商密集地区搭建创新服务平台，通过市场化运作，为台资企业等自主创新和成果转化提供场地、仪器、技术人才、信息、设计、研发、试验、检测、新技术推广和技术培训等全方位的服务，增强产业集群的整体竞争力。这些创新服务平台可包括，人才的公共服务平台、科技文献及科学数据共享服务平台、大型仪器设备共享和科技资源保障平台、研发和实验协作平台、创新技术产品开发平台、行业公共技术服务平台、专业技术服务平台、检验检测服务平台、知识产权保护服务平台、科技创新投融资平台、科技成果转移平台、科技创业孵化服务平台、科技交流合作服务平台等等。其二，在台商投资密集地区，建立由政府引导、行业组织牵头、依托龙头台资企业的公共技术服务平台，鼓励、支持有条件的大企业向中小企业开放其技术开发中心，实现企业间的资源共享、良性互动，全面提高台资企业的自主创新能力。

海峡经济区区域治理管见*

石正方　刘严毅

二十多年来，海峡两岸经济交流与合作获得了长足发展，不但跨海峡贸易、投资持续增长，而且，伴随着台商大陆投资的区位转移与扩散，两岸经济交流网络的覆盖面不断扩展——一个以台湾海峡为纽带，以海峡两岸经济互补性、地缘临近性以及文化同源性为背景，以两岸经济功能性一体化发展为基础的区域经济板块——海峡经济区日益显现出来。作为海峡两岸不同属性经济空间交接、重组、整合的丰硕成果，海峡经济区已不再是一种泛区域经济整合的“构想”，而是业已形成以海峡两岸大规模贸易投资往来、垂直与水平混合型产业分工网络，以及大陆台商产业集群及本土化初步发育的区域经济板块实体，其区域经济空间具有明显的“结节化”特征——形成了“珠三角”、“长三角”、福建沿海地区等两岸经济交流致密地区。①

“海峡经济区”的未来发展，从区域经济整合演进的阶段性来看，是构建两岸物流、资金流、信息流直接畅达的沟通管道，同时借由结节区功能的提升及其扩散与辐射作用的加强，进一步扩大两岸经贸交流规模和范围（包括产业范围、地域范围），推动两岸经济整合空间由“结节区域”向“网络区域”的演进；从区域经济整合的层次来看，“海峡经济区”的未来发展在于推进两岸经济一体化，矫正两岸经济交流中的制度性扭曲，建立两岸商务仲裁制度，设立两岸自由贸易区等，达成两岸经贸直接、双向、共赢。换言之，海峡经济区进一步成长发育的关键在于推进两岸经济机制性一体化。

然而，与两岸经济的功能性一体化进程相比，两岸经济的机制性一体化

---

* 本文原载于《台湾研究集刊》，2007 年第 4 期。

① 石正方、邓利娟：《海峡经济区的空间演进：结构、特征与问题》，《厦门大学学报》（哲社版），2005 年第 5 期，第 77－83 页。

因受制于两岸政治僵局和台湾当局的限制性两岸经贸政策，而迟迟未获得突破性进展。近年来，受两岸经济整合发展趋势的要求，有关两岸“机制性一体化”实施模式的讨论受到两岸学界的热切关注，先后提出“两岸更紧密经贸制度安排”①、“两岸共同市场”②、“厦金自由贸易区”③ 等设想。这些设想都是从区域经济一体化角度出发，把两岸经贸合作纳入区域经济整合视野，落实到实体的地域空间版图，进而通过制度性建构深化两岸产业、企业乃至城市等不同层级、性质的合作，促进两岸经济网络的充分对接和区域空间的整合，最终达成完全意义上的两岸经济一体化。这些关于两岸经济整合模式的构想不同于企业或行业之间的合作行为，必须由两岸官方主导、协商，经由制度化的安排实施、推进。因此，要深化两岸经贸合作，推进两岸经济机制性一体化发展，就必须找到行之有效的途径，使两岸区域经济整合能够有效规避政治壁垒，更快地取得突破性进展。

这里所谓行之有效的途径，是指能够有效促进政府间协商机制的构建或能够弥补政府协商缺失、使两岸经济整合充分回归市场逻辑的途径。海峡经济区作为一个区域板块实体的显现，为我们从区域治理理论视角观察、分析上述问题奠定了物质基础：一直以来，囿于两岸特殊政治环境，跨海峡经贸合作的发展一向不能充分按照市场经济规律运行，更无法在政府积极协商下适时推进。也就是说，两岸经贸交流方面存在着特定意义上的“政府失灵”和“市场失灵”。因此，两岸经济合作的深化需要更多倚重政府、市场之外“第三方”力量，也即两岸经济一体化需要建构以行业协会等“第三方力量”为主体的多元化协调治理结构。

一、治理理论对区域治理模式的探讨

治理（governance）一词源于拉丁文和古希腊语，原意是控制、引导和

---

① 杨春：《从 CEPA 看两岸经贸合作之前景》，《开放导报》，2003 年第 10 期。

② 邓利娟：《评萧万长的“两岸共同市场”构想》，《台湾研究集刊》，2001 年第 3 期。

③ 唐永红：《从开放性次区域自由贸易区到全面性两岸经济一体化》，《国际经贸探索》，2006 年第 2 期。

操纵；治理理论兴起于公共行政管理领域，强调多元化、民主化、合作化、非意识形态化的公共行政管理理念。20世纪末期以来，随着全球化和公共事务环境的变迁，“治理”被赋予新内涵，治理理论也被作为一种管理思想和分析框架广泛应用于经济、教育、医疗、环保等各个领域。

综观各国学者关于“治理”概念的理论界定，比较有代表性和权威性的是联合国全球治理委员会在1995年发表的研究报告《我们的全球伙伴关系》中提出的：“治理是个人和公共或私人机构管理其公共事务的诸多方式的总和。它是使相互冲突的或不同的利益得以调和并且采取联合行动的持续的过程。它既包括有权迫使人们服从的正式制度和规则，也包括人民和机构同意的或以为符合其利益的各种非正式的制度安排”。① 另外，作为治理理论主要创始人之一的罗西瑙（J. N. Rosenat）在其代表作《没有政府统治的治理》和《21世纪的治理》等文章中，将治理定义为一系列活动领域里的管理机制，它们虽未得到正式授权，却能有效发挥作用。与统治不同，治理指的是一种由共同的目标支持的活动，这些管理活动的主体未必是政府，也无须依靠国家的强制力量来实现。由上述两个定义来看，可以总结出治理的几方面特征：治理的行为主体具有多元性，不仅包括政府，而且包括各种社会中介组织乃至被管理者以及普通的公民个体；治理的基础不是传统意义上的政府行政权威，而是建立在多元治理主体共同认可基础上的权威；就实质而言，治理不是一种管理活动，也非管理机制，而是倡导多元主体互动协商的管理思想和管理理念；治理的方式不是传统理念上的单向、强制性的自上而下的控制和干预，而是基于多方民主对话的协商管理方式。②

“治理”的目标在于“善治”，即用“协商治理”替代“控制、干预”。在经济运行中，存在市场机制与政府管制两种调节手段，二者互相补充，促进资源优化配置，这是获得普遍认同的观点。政府管制与市场机制是相互替

① 俞可平：《治理和善治——一种新的政治分析框架》，《南京社会科学》，2001年第9期，第40页。

② 王凤春：《治理理论视野下的高等教育质量保障问题研究》，《内蒙古师范大学学报》（教育科学版），2006年第11期，第35页。

代的作用，① 现实经济生活中也时常出现“市场失灵”、“政府失灵”现象。前者主要是由于市场在限制垄断、提供公共产品、约束投机行为、克服生产的无政府状态等方面存在内在的局限性，因此，单纯依靠市场手段（看不见的手）往往无法达成资源配置的高效率，从而导致资源浪费；后者则是指政府（看得见的手）在通过计划和指令干预市场以矫正市场失灵的过程中，由于干预不当，不但未能有效克服市场失灵，反而阻碍和限制了市场功能的正常发挥，从而导致经济关系扭曲，市场缺陷和混乱加重，社会资源配置效率低下。正是由于存在政府失效和市场的失效，西方学者提出了治理理论，倡导“新公共行政主体”——“第三方力量”（如行业协会等非政府组织）——参与管理社会经济资源的配置，以形成多元化协调治理结构。

这里所谓的“第三方力量”、或称“第三部门”、“非政府组织”、“非营利组织”、“公民社会”等，是指独立于政府和企业之外的非营利组织，其主要特征是民间性、自制性、自愿性和非营利性。随着治理主体的多元化和居民需求的复杂化，作为“第三方力量”的非营利组织，在公共行政治理领域发挥越来越重要的作用，其主要功能在于提供公共物品满足特殊群体的需求以弥补政府与市场的双重失灵。② 然而，作为“第三方力量”的非营利组织也存在局限性，也即“公益不足”、“独立不足”和“志愿失灵”。一方面，非营利组织作为社会某些群体利益的代言人，由于不同的利益关注与利益取向，其行为模式不同于政府部门，对公共需求的满足缺乏宏观考虑；另一方面，民间非营利组织往往独立性不足，在其设立、组织、运作等方面对政府存在一定程度的依赖性，这种现象在我国表现更为突出。加之“志愿失灵”的存在致使非营利组织所能提供的社会公共产品往往不能达成最优。

在社会公共管理领域，政府失灵、市场失灵、第三方失灵的存在，说明社会公共管理需要一个健全的由政府、市场、第三方力量协同作为的多中心

---

① 余东华：《政府与市场：一个管制经济学的视角》，《经济体制改革》，2004 年第 1 期，第 44－48 页。

② 吴光芸、方国雄：《市场失灵、政府失灵与非营利组织失灵及三者互动的公共服务体系》，《四川行政学院学报》，2005 年第 1 期，第 19－21 页。

体制和互补机制，需要充分发挥政府、市场、第三方力量等三方面的作用，建立新的公民与政府及与市场之间的联系和交流方式，构建充满活力的公共服务体系。

二、海峡经济区的治理问题

承上，海峡经济区是一个客观显现的经济区域，是在经济全球化、区域化潮流催化下，两岸经济资源努力按照市场逻辑交流、重组以追求效益最大化的结果，然而，其成长却由始至终受到“两岸政治”的深刻影响。“政分经合”——两岸政治对峙与两岸区域经济一体化的悖论，致使海峡经济区的发育相对于两岸经济互补性、地域临近性、文化同源性所提供的成长空间而言远为滞后。从区域治理理论视角出发，两岸区域经济整合存在着特定意义的“政府失灵”与“市场失灵”。

1. 两岸政治对峙下的“政府协商失灵”。

区域经济合作，是建立在区域内不同地域单元之间经济互补性基础上的，其动因在于追求比较利益，而其原则是区域内合作方的互利共赢。两岸区域经济整合是以双方的经济利益为驱动，以民间企业的交流协作为形式，以产业分工与对接为内容，循序渐进逐渐走上市场化、规范化轨道，最终实现区域经济一体化的发展过程。应该说在海峡经济区的区域治理方面，市场应该发挥基础性作用，政府协商提供政策、规制、协调等公共服务。然而，海峡经济区具有复杂性——两岸政治对峙局面，特别是台湾当局推行“台独政治”，不但在政治、文化方面谋求与大陆分立，在经济上也推行“去中国化”。从李登辉时代的“戒急用忍”到陈水扁时期的“假开放、真管理”，都体现了台湾当局不惜背离市场经济原则，以限制性两岸经贸政策阻碍两岸经济合作正常发展的狭隘政经思维。

囿于特殊政治环境，一直以来，两岸在经贸交流政策、法规方面各说各话，无法建立共同认可的商务协调机构以妥善调解两岸间的商务纠纷；无法就直接“三通”等重大经贸合作问题进行磋商谈判；等等，从而严重阻碍了两岸经贸交流的健康发展。

自1979年元旦以《告台湾同胞书》的发表为标志，祖国大陆政府对台政策出现历史性转折以来，大陆不仅在对台经贸政策、法规方面秉承积极鼓励、充分保护和适当管理的态度，[①] 相继出台了数十项鼓励台商投资及开展两岸其他领域经贸交流的法规、政策，以建构和逐步完善大陆对台经贸制度环境，而且积极促成两岸民众团体之间的经贸协商，并表示愿意在一个中国原则下与台湾当局开展包括政治对话在内的“一切有利于和平统一，有利于发展两岸关系”的对话。[②] 然而，由于台湾当局坚持“台独”政治立场，在两岸经贸交流方面一直推行“限制性”政策。虽然1980年代以来，迫于世界经济全球化、区域化的大趋势下台湾经济持续发展的需要，台湾当局不得已逐步放宽对两岸经贸交流的政策限制，如1990年代初配合“台湾地区与大陆地区人民关系条例”的制定，台湾当局相继出台了《台湾地区与大陆地区贸易许可办法》、《在大陆地区从事投资及技术合作许可办法》、《台湾地区与大陆地区金融业务往来许可办法》、《在大陆地区从事商业行为许可办法》、《大陆地区产业技术引进许可办法》、《大陆地区专业人士来台从事专业活动许可办法》等一系列配套经贸法规，赋予两岸经贸交流一定的弹性发展空间，使两岸经贸交流由“法律上的不可能”渐次演化为“法律上的混乱脱序”、“有限制的法律上的可能”，[③] 但这些法令存在许多“歧视性”规定，对两岸经贸交流设置了重重障碍。而且，台湾当局对于两岸政府部门之间的经贸协商，虽然不再是严格意义上的“不接触、不谈判、不妥协”，却依旧坚持要以承认台湾为与祖国大陆对等“政治实体”为前提。而且在两岸相继“入世”后，台湾当局不是利用WTO平台积极推动两岸经贸政策、法规的交流对话，而是刻意滥用世贸组织中的争端解决机制将两岸经贸争端

---

① 彭莉：《法理结构的改变与台湾当局的两岸经贸立法》，《厦门大学学报》（哲社版），2005年第3期，第94－101页。

② 台盟网：《光辉的文献历史的篇章：纪念<告台湾同胞书>发表二十周年》，http：//www.taimeng.org.cn/fwzx/zyyl/wdh/t20060729_137123.htm。

③ 彭莉：《法理结构的改变与台湾当局的两岸经贸立法》，《厦门大学学报》（哲社版），2005年第3期，第94－101页。

“国际”化。

在“台独政治”诉求下，台湾当局不断以政治分歧干扰两岸经贸交流，阻挠两岸经贸合作，致使两岸政府间有关两岸经贸往来问题的谈判一次次陷入僵局。迄今为止，两岸之间没有直接的“政府协商”，能够代表政府意图的“间接协商”严格地说也只有“两会协商”，即由两岸政府分别授权“海协会”和“海基会”就两岸经贸文化交流及人员往来的衍生性问题所进行的“事务性”协商。然而，“两会”协商这一在两岸协商谈判历程上有所建树、同时被两岸民众寄予厚望的会商平台也因李登辉“两国论”的抛出而遭到破坏，无法继续发挥作用。

由此可见，在海峡经济区区域整合方面，存在特定意义的“政府协商失灵”——或言“区域政府”治理缺位——两岸政府无法协同一体为区域提供政策、规制等“公共服务”。两岸政府协商，无论是经贸交流还是政治对话，其基础都是“一个中国原则”。只要台湾当局继续推行“台独”政治，不肯回归“九二共识”，两岸政府间的直接协商就难以开启。两岸政府协商难以实现，那么主要由“区域政府”提供公共管理服务以达成海峡经济区域的“善治”目标，则更加不可企及。

2. 台湾当局限制性两岸经贸政策下的“市场扭曲失灵”

就理论层面分析，区域间的经贸往来，包括商品流动和资本、劳动力、技术等要素流动。无论是何种内容的经贸往来，其发生、发展都是基于区域间资源禀赋和生产要素结构、丰度的不同。区际之间的经贸往来，不论是商品贸易还是要素流动，其内在的动力均是经济利益。在市场经济条件下，追求盈利最大化是企业目标，发挥生产功能是生产要素的本性，只要区域之间的资源禀赋与生产要素存在互补性，只要商品与要素在区际之间流动的管道和体制畅通，这种区际经贸交流就成了一种挡不住的潮流。

从现实层面看，海峡两岸的经贸交流属于两个经济区域之间的经贸交流。由于台湾与大陆之间的资源禀赋不同和经济发展阶段上的差异，两岸经济上具有很强的互补性。这种经济互补性在两岸交流“解禁”的政治背景下，通过市场机制的作用转化为两岸经济合作的现实图景。然而，两岸经济合作作为市场经济规律作用的结果，却深受两岸政治环境的制约，特别是台湾当局推行限制性两岸经贸政策，如直接“三通”问题、陆资入岛问题、台商赴大陆投资产业、资本权重限制问题，等等，致使两岸经贸交流在相当程度上需要绕过政治壁垒，于间接、迂回过程中枉费成本、错失良机。从这个意义上说，两岸经贸交流源于市场经济，而又不能充分依照市场逻辑运行，存在着特定意义的“市场扭曲失灵”。从海峡经济区空间发育水平观察，这种“市场扭曲失灵”特征更为明显。

海峡经济区是以两岸经济一体化为物质内容的，是两岸不同属性经济空间借助经济要素流动(“生产力流动”)实现交接、重组、整合而为一体的过程。区域经济空间作为经济活动的地域投影，其结构组成有节点、信道、流、网络和体系等要素。① 上述五大要素中，“流”、“网络”、“体系”作为动态的或非物质性的内容，更具有空间结构的规定性，更能代表经济空间发育水平。海峡经济区作为两种不同经济区域的链接空间，在上述五大要素发育方面业已达成一定成果，② 但由于台湾当局推行限制性两岸经贸政策，大大阻碍了两岸经济要素的自由流动，进而影响到海峡经济区结构重组的效率，造成海峡经济区空间发育的明显不对称性。主要表现在以下几个方面：(1) 经济流量规模大但“信道”阻塞。“信道”是经济交流得以实现的沟通管道，包括物质的交通管道，也包括非物质的信息、资讯交流管道等。没有吞吐能量相匹配的“信道”支撑，规模经济流量的实现是不可想象的。近年来，两岸经贸交流仅贸易往来一项每年就达到数百亿美元交易额度，但都是在没有全面直接“三通”的条件下通过“间接”管道进行的。(2) 结节特征明显发育但网络结构单一化。海峡经济区已形成长三角、珠三角、闽东南等空间网络致密地区，显现明显的“结节”区域特征。但迄今为止，两岸经贸交流是以民间组织的形式、以企业的跨海峡投资为推动的，空间网络以产业、企业网络为主；没有建立以城市为单元的交流机制，更不用说跨海峡城

① 陈修颖：《区域空间结构重组：理论基础、动力机制及其实现》，《经济地理》，2003 年第 4 期，第 45 – 50 页。

② 石正方、邓利娟：《海峡经济区的空间演进：结构、特征与问题》，《厦门大学学报》（哲社版），2005 年第 5 期，第 77 – 83 页。

市交流网络；两岸高科技产业园区、出口加工区、自由贸易港区等专业化区域尚未实现对接，更无法企及借由其网络化联系实现区域创新网络的对接——海峡经济区的区域空间网络结构单一，亟待向多元化、复合化发展。(3) 空间网络结构单向成长。由于两岸资本流动以台商投资大陆为主，由此推进的产业分工网络、企业集群网络也偏集大陆区域，此外商品流动也是以台湾出口到大陆为主，两岸的商务往来活动也主要集中在大陆——海峡经济区空间网络结构具有单向成长属性。这种单向性不利于两岸经济互补交流机制的形成，从而大大压缩了两岸经济互动双赢的回旋空间。

上述区域空间要素发育的不对称性对海峡经济区的空间结构成长形成瓶颈制约，使两岸经济空间的对接、整合不能达成在充分、合理利用资源基础上的“帕累托”最优。

三、着重发挥“第三方力量”建立海峡经济区多元化治理结构

作为特殊政治背景下、不同关税区之间，不同属性经济空间的交接、重组，海峡经济区的区域治理存在特定意义的“政府失灵”和“市场失灵”，在相当程度上阻碍了海峡经济区的发育进程。然而，在经济全球化、区域化潮流的推动下，两岸经济一体化已是历史发展的必然趋势。自1980年代两岸恢复经贸往来至今，虽然有政治因素的重重阻碍，两岸经贸交流还是顽强地循着市场经济的逻辑轨道前行，形成如今的规模和气候。其中，一个不可忽视的力量——两岸民间团体等非政府组织——“第三方力量”发挥了至关重要的作用。事实上，这些民间团体或接受官方授权、委托（如“海协会”与“海基会”），或自行发起（诸如行业协会、各种经贸论坛等），就解决两岸经贸交流衍生的具体问题进行商谈，进而达成协议的行为模式，① 有效地规避了“两岸政治”的敏感

① 王建源：《两岸授权民间团体的协议行为研究》，《台湾研究集刊》，2005年第2期，第37－47页。

话题，在一定程度上使经济问题能够绕过“政治壁垒”得到有效解决。因而，对于两岸经贸合作的制度性建构、促进两岸经贸合作的深化发展，这些民间团体起到了积极的不可替代的作用。正是这些民间团体的积极协商和有效推进，使两岸经济合作在渐进发展中不断有所突破。如在两岸直航“三通”方面，从1986年开始间接通航、到1995年开始“试点直航”，从2001年福建沿海地区局部直航，到2003年两岸“春节包机直航”再到近年来“节日客运包机机制化”、“两岸货运包机专案化”，以及“小三通”适用范围及航线增加，等等，这些阶段性成果的取得，无不得益于两岸航空业界的对话磋商。

海峡经济区具有特殊的政治背景，存在特定意义的“政府失灵”和“市场失灵”，因而其区域经济治理面临更多的挑战，而“政府”与“市场”之外的“第三方力量”的回旋空间较大，对于海峡经济区的功能性一体化发展及机制性的推进，业已发挥不可替代的重要作用。两岸经济一体化是市场经济的产物，虽然可能由于台湾当局的“政治壁垒”而延宕一时，但终究会突破层层阻碍，不断演进到新阶段，一个“信道”畅达、网络结构发育均衡、完善的海峡经济区终将会成为现实，这是历史的必然的发展趋势．然而，其现实发展和务实推进，还需建构由政府、市场、民间团体等三方协同运作的治理机制，从“我”做起，主要有以下几个方面：

1. 在目前两岸政治对峙的局势下，海峡经济区域的协同治理应以行业协会等民间团体为主体，可以有效规避目前“政府协商”的“不作为”和市场作用的不充分；与此同时，推动政府部门对话机制的建构。

2. 政府应为行业协会授权，使行业协会有更多的自主权，使其更具“民间性”、“事务性”、“功能性”。目前，祖国大陆行业协会大多还具有政府“附庸”属性：市场地位不独立，政、会不分；功能缺失，服务水平低；内部运行机制不合理等。[①] 因此，政府应在规范和扶持的同时，转变职能，通过法律法规“让位”授权。使行业协会真正成为企业的代言人，以民间

① 冯赫：《外国行业协会的业务职能及其对我国的启示》，《学会月刊》，2004年第12期，第5–7页。

性、事务性、功能性在两岸经济合作协商领域发挥作用。

3. 加快经济体制改革步伐，遵照 WTO 规则适时适度开放市场，尽快实现与世界经济接轨，与此同时，对台商给予适度优惠，充分运用市场杠杆机制开展对台经济合作。

建立两岸（福建）农村建设合作示范区探讨*

赵玉榕

随着台湾大选的结束，两岸关系进入一个新的发展时期，给两岸经贸合作带来了重要的发展机遇，两岸之间未来的走向是社会的全面融合，以福建为主的海峡西岸经济区未来也将向两岸社会融合试验区发展，以求在经济、政治、文化、教育、生活和社会管理制度上进一步融合。因此，闽台农业合作有待于在包含农村、农业、农民在内的农村建设这一更大的领域，进行两岸合作模式的创新尝试，在两岸的农民组织交流合作、两岸农业经营管理模式以及乡村治理等方面先行先试，实现双方经济和社会的进一步融合。在此基础上，我们提出建立福建两岸农村建设合作示范区的设想。本文在分析建立两岸农村建设合作示范区的重要意义和必要性以及在福建建立两岸农村建设合作示范区的可行性的基础上，阐述两岸农村建设合作示范区的基本设想，并提出相应的对策建议。

一、建立两岸农村建设合作示范区的重要意义和必要性

（一）是继续做好台湾人民工作的需要

随着台湾新领导人当选，两岸关系将由高危期转向和平稳定期，进入一个新的阶段，给两岸经贸合作带来了重要的发展机遇，但由台湾岛内政治斗

* 本文原载于《台湾研究集刊》，2008 年第 4 期。

争复杂等原因所决定，两岸关系的发展将是个长期而曲折的过程，不容我们盲目乐观。根据2008年3月选举后的台湾“陆委会”的一项民意调查，主张广义维持现状的民众仍占绝大多数（91.1%）。① 另外，2005年专门针对两岸农业交流的民意调查显示，有32.8%的受访者不赞成两岸进行农业合作，有24.2%的受访者认为两岸农业交流不能够改善台湾农民生活，认为大陆能给台湾农民带来实质性帮助的仅22.5%，63.7%的受访者认为零关税对台湾农民收入没帮助，有89.5%的受访者认为台湾不会将大陆作为水果的主要市场。② 可见，两岸经济、社会文化等各领域交流虽然日趋频繁，但是仍然存在许多差距和隔阂，未能达到有机的融合，还有一部分台湾民众对大陆的状况和政策不理解或者持怀疑的态度，甚至还存在敌意，做台湾人民的工作任重道远。当前我们除了要对相关政策的效果进行梳理，适时推出惠台措施外，还需要进一步拓展合作交流的领域，寻求经济和社会全面融合的更加务实和有效的途径，把台湾中南部民众特别是农村民众纳入大陆的经济发展和民主政治建设中，增强他们对国家和民族的认同，把做台湾人民，尤其是中南部民众的工作提到更高的层次。

（二）是贯彻党中央建设和谐社会和社会主义新农村决策的具体体现

闽台农业合作已经有了坚实的基础，也形成了一定的依存关系，但两岸合作不仅是搭建农业交流的平台，为做好台湾农民工作奠定坚实的经济基础和感情基础，终极目标是要结合对台农业合作来提升大陆农业现代化水平，推动社会主义新农村建设，解决“三农”问题。

社会主义新农村是一个全面、综合、和谐和科学的范畴，其所具有的基本特征全面反映了农村经济发展和社会文明的进步的程度，不仅仅是一个农村经济建设的问题，而且包括社会、政治、经济、教育、文化等方方面面的有机统一，是社会综合发展程度的重要标志。十六届六中全会通过《关于构建社会主义和谐社会若干问题的决议》提出积极开展农村社区建设的要求和

---

① 2008年8月台湾“行政院大陆委员会”委托台湾政治大学选举研究中心就“民众的统独立场”所做的民意调查，台湾“行政院大陆委员会”，www. mac. gov. tw。

② 2005年11月台湾“行政院大陆委员会”委托台湾“国立中正大学民意及市场调查中心”就“对大陆开放台湾农产品进口”所做的民意调查，“台湾行政院大陆委员会”，www. mac. gov. tw。

任务："整合社区资源，逐步建立与社会主义市场经济体制相适应的农村基层管理体制、运行机制和服务体系，全面提升农村社区功能，努力建设富裕、民主、文明、和谐的新型农村社区"。① 建设社会主义新农村除了发展农村长期、稳定的产业支撑外，同时要推进文化和民主政治建设。社会主义新农村不仅仅是一个村镇建设的问题，而且是一个城乡统筹发展和人与自然和谐的问题，通过推进改革创新农村基层管理体制和运行机制，疏解工农矛盾和城乡矛盾，推进现代农业的发展，为构建和谐海峡西岸经济区，为争取台湾民心奠定牢固的经济基础。因此，建设两岸（福建）农村建设合作示范区是贯彻党中央建设和谐社会和社会主义新农村决策的具体体现。

（三）符合建设两岸人民交流合作先行区的要求

两岸人民交流合作先行区建设是对全面推进海峡西岸经济区建设提出的新的和更高的要求，也是当前和今后一个时期福建对台工作的新方向。两岸人民交流合作先行区的总体目标是：从全国区域发展布局和和平统一祖国大局出发，在中央对台方针政策的指引下，发挥福建的独特优势，全面加快社会经济发展，推进闽台经济文化交流，拓展合作领域，把福建建成更加开放、功能更齐全、作用更突出的和平统一祖国的前沿平台。闽台农业合作是福建对台经贸合作的亮点，也是两岸人民交流合作先行区的重要组成部分，进一步发挥农业的资源和潜力优势，实施更加开放的政策、措施，继续扮演好先行的角色，是两岸人民交流合作先行区建设的要求。

（四）有利于提高闽台农业合作交流的层次

农业是福建对台经贸的基础产业，也是先行产业，长期以来，福建在对台农业科技交流、经贸合作以及学术交流和人员互访等方面，无论是规模、层次、水平都始终走在全国前列，合作的模式也在不断完善和创新之中，农业合作试验区和农民创业园等创新模式，为两岸农业往来提供了良好的载体和平台。但现行的两岸农业合作模式主要以贸易、投资、人才和技术等传统模式为主，制度和组织层面的合作有待深入。台湾在农村建设方面的理念和策略模式有值得借鉴的经验，两岸农业之间应该在包含农村、农业、农民在

① 新华网，www. xinhuanet. com。

内的农村建设这一更大的领域，探索新的合作的途径，通过在农民组织交流和合作建设农村社区等方面先行先试，以点带面，探索建立相关的体制模式和运行机制，在保证对台农业合作继续走在全国前列的同时，建立一种覆盖农村全体群众的新的管理和服务体系，推动福建传统农村向现代农村新社区转变。

二、在福建建立两岸农村建设合作示范区的可行性

（一）福建具有建立两岸农村建设合作示范区的有利条件

近几年来，随着海峡西岸经济区发展战略的实施，福建经济、政治、文化、社会建设和党的建设不断取得新成效，对台经济文化交流不断取得新突破。拥有这样坚实的发展基础，福建有能力、有条件在推进两岸人民交流合作上走在全国前列。福建在对台农业合作方面已经有成功的举措。在合作平台方面：率先成立海峡两岸农业合作试验区、台湾农民创业园以及两岸林业合作实验区；在建立台湾农产品批发市场体系方面：2005 年首次组织台湾水果零关税进入大陆展销、率先建成台湾水果销售集散中心、两岸水产品集散中心、海峡两岸（福建东山）水产品加工集散基地、泉州闽台农产品市场、福建海峡农产品批发市场，已形成一个涵盖福建对台主要口岸的海峡两岸（福建）农产品批发交易市场体系；率先恢复对台渔工合作业务，率先实施台湾居民在大陆申办个体工商户；在落实对台湾农民的优惠政策措施方面，福建率先进口台湾水果，率先扩大台湾农产品准入及零关税的实施，率先启动对台湾农产品紧急采购。这些先行的举措和实践，不仅有力地促进了两地农业交流的进一步升级，在实践的过程中积累了丰富的经验，为建立两岸农村建设合作示范区打下了良好的基础条件，同时也说明闽台农业合作有先行的基础、先行的优势和先行的成效，完全有条件扮演两岸人民交流合作先行区建设先行的角色。

（二）闽台农业交流合作为建立两岸农村建设合作示范区打下了坚实的基础

截至 2007 年底，全省累计批办农业台资项目 2048 项，合同利用台资 25.8 亿美元，实际到资 14.8 亿美元，累计引进台湾优良品种 2500 多个，其中有 150 多个得到规模化推广，引进台湾农产品生产、加工设备 5000 多套，先进种养技术 800 多项;① 合作领域从产业拓展到科教、农业经营管理、水土保持和渔工劳务合作，合作区域也从沿海向内陆山区延伸，建成了一批台湾农民创业园区和台湾农产品集散中心。闽台农业合作已经形成了宽领域，高层次的良好格局，无论引资数、大项目数、集散中心建设、农业园区建设都走在全国前列。海峡两岸（福建）农业合作试验区设立，以及台湾农民创业园升格为国家级，为进一步扩大两岸农业合作提供了更为广阔的平台，使闽台农业合作进入了新的阶段。闽台农业交流合作之成效为建立两岸农村建设合作示范区打下了坚实的基础。

（三）两岸关系新形势将为深化两岸农业交流创造更为宽松的环境

台湾新领导人执政以来，有利于两岸关系良性互动的因素在增长，负面因素受到相当程度的遏制，两岸关系的有利氛围正在形成，台湾方面的一些“设限”正在逐步解禁中，两岸周末包机启动、实现大陆居民赴台旅游、投资上限放宽至 60%、开放人民币兑换台币、两会协商重启并取得实际成果等等，标志着两岸关系已经从危机走向和缓，未来两岸关系改善和发展有了一个良好开端。今年底以前，还将有不少于 20 项的台湾对大陆的经贸政策将“松绑”，包括开放陆资赴台投资生产事业，开放台湾的投信、银行、证券、期货业到大陆投资，教育人员以及文化、演艺界的交流等。② 台湾县市长可赴大陆参加相关业务交流或会议，台湾精致农业和大陆的交流也有望逐步放宽。我们有理由相信，今明两年两岸经贸关系将更紧密，并趋于制度化，全面开放交流成为难以逆转的发展趋势。未来随着两岸总体关系的不断改善，

① 海峡两岸（福建）农业合作工作领导小组办公室：《充分发挥“五缘”优势推进闽台农业全面合作》。

② 台湾《新生报》，2008 年 7 月 26 日。

两岸经济交流、民间往来将会有更为宽松的环境。

三、两岸农村建设合作示范区的基本内涵

两岸农村建设合作示范区是两岸社会融合试验区的重要组成部分，是一个经济和社会的融合体，两岸农村建设合作示范区建设的基本思路是：在示范区内选择产业对接、组织合作模式创新、农村社区建设合作等新途径，通过施行更加开放的政策和措施，促进两岸农业、农村和农民更紧密的结合，将两岸农村建设合作示范区建设成融合两岸农业、农村和农民的连接点和大陆农村建设的新的经济增长点，并对深化两岸农业合作发挥积极的效应。

（一）在两岸农业产业对接与合作上先行示范

根据《海峡两岸（福建）农业合作试验区发展规划》，今后一段时间，闽台农业合作的总体目标是：在台湾农业资金、良种、技术及管理经验尤其是台湾“五新”（新品种、新技术、新农药、新化肥、新机具）的引进、创新和推广方面取得明显成效，使双方的交流与合作向更高层次、更大规模发展。两岸农村建设合作示范区应该在闽台农业产业对接方面寻求突破点，先行示范，从大农业的角度延伸闽台农业合作产业链。在产业经济学中的概念中，产业链是指各个产业部门之间基于一定的技术经济关联，并依据特定的逻辑关系和时空布局关系客观形成的链条式关联关系形态。农业产品产业链是指农产品从原料、加工、生产到销售等各个环节的关联。现代农业是一个由市场导向的与发展农业相关、为发展农业服务的产业群体，从农产品生产过程看，农业产业链由产前、产中和产后的各行各业所构成。闽台农业间产业链构建已经初见成效，但仍处于发展阶段，表现在产中和产后的合作发展已经有了一定的基础，但在机械、肥料、种子、饲料、农药、农膜、电力及其他物资等产前产业的合作方面几乎还是空白。两岸农村建设合作示范区应该将农业合作的领域拓宽到“大农业”，着重发展农业产前领域的合作，以引进农产品加工先进技术和设备为重点，合作生产和开发高质量的化肥、有机肥、生物肥、高效安全的农药、薄膜产品、饲料添加剂及饲料蛋白等，通

过延伸闽台农业合作的产业链来推进闽台农业资源要素的进一步整合。

（二）在两岸农村组织经营管理模式合作上先行探索

有针对性的借鉴台湾农村组织行之有效的发展机制、经营模式和管理经验，在两岸农村建设合作示范区进行探索。重点是结合贯彻《农民专业合作社法》，扶持一批农民合作经济组织开展试点，探索有效的组织运作机制，总结推广好的做法和经验，力争有新的突破。

1．借鉴台湾经验发展农民经济合作组织

农民专业合作经济组织是农民自愿参加的，以农户经营为基础，以某一产业或产品为纽带，以增加成员收入为目的，实行资金、技术、生产、购销、加工等互助合作经济组织，是实施农业产业化经营的一支新生的组织资源。新近颁布的《农民专业合作社法》明确了农民专业合作社的市场主体地位，体现了国家高度重视发挥农民专业合作社在促进农民增收、发展农业生产和农村经济中的作用。福建农民合作组织发展还处于起步阶段，目前参加专业组织的农户仅占总农户数的8.6%，[①] 存在内部管理不规范，市场组织化程度较低、资金短缺以及合作紧密程度不足等一些比较共性的问题，致使其无法充分发挥引导农民生产，保护农民权益等应有的作用。台湾在农业产业化过程中通过发展农民专业合作组织，降低了农民在市场竞争中的风险，提高了农民的谈判地位和利益保护能力，有效地保证了农民收入的稳定增加。

台湾发展农民专业组织的成功经验使我们看到了大陆在农民专业合作组织建立中存在的差距，同时对大陆农业也有很大的借鉴意义。两岸农村建设合作示范区要在两岸农业的组织合作方面有所突破，选择基础较好、群众积极性高的地方的农民合作经济组织，借鉴台湾的经验开展试点。首先将农民专业合作组织定位为经济、教育和社会组织，而不是政治组织；其次，从实际出发循序渐进，尊重农民的意愿和选择，有助于增强组织的活力和发展后劲；第三，以服务农民为宗旨，不以盈利为目的，成员在买卖和盈余的处理

---

① 郑少红、张春霞：《台湾地区农业产销班经营模式对福建农民合作组织的启示》，《福建农林大学学报》，2007年第10期。

上有自主权和分配权，合作组织与主管部门、社会团体以及其他企业享有平等的市场主体待遇；第四，管理部门在发展农民专业合作组织过程中给予税收、财政、金融等经济方面的支持和其他政策的扶持。

2. 进行与台湾农民组织之间的交流与合作

两岸农民行业协会的跨地区合作，是两岸农民在农业生产和经营中整合资源，获得规模效应的有效途径。其不仅能够借鉴台湾发展农民合作经济组织的经验，同时能够通过组建闽台农民经济合作组织，更直接地让两岸农民充分享受到农民合作组织给两岸农业发展、农民富裕和农村繁荣带来的促进作用。两岸农村建设合作示范区既然是两岸农业合作的先行区域，有必要进行两岸农业合作模式的创新尝试，寻求提升闽台农业合作层次的突破口，通过两岸的农业组织合作方面“先行先试”，为深化两岸的农业交流与合作，为全国的新农村建设起积极的示范和推动作用，并且稳固福建在全国对台农业交流中的地位。可采取的对接机制与具体合作途径包括：

(1) 开展两岸农民合作组织和学界之间的互访，进行理念和实务的沟通与交流。每年定期或不定期地进行农民合作组织代表之间的访问、考察和培训，进行沟通并接受指导；开展学术研究，探讨福建农民合作经济组织的发展问题，了解台湾农民合作组织的管理方式、运作模式以及发展趋势等；邀请台湾农民来指导、创建农民合作经济组织；组织村镇干部、种植大户或经营能手赴台学习台湾的相关制度与经验；通过台湾的农民合作经济组织在福建设立办事处，台商或台农参与本省的各类合作经济组织等方式进行两岸间多种渠道和不同方式的沟通。

(2) 开展两岸农民合作组织之间的交流与合作。台湾农民合作经济组织拥有农会健全的功能作为支撑，这一点是大陆农民合作经济组织所缺乏的，面对这样的现实，可在两岸从事同类或不同类产品生产的农业行业协会或经济组织之间展开多种形式的交流与合作，例如生产技术合作形式，可包括引进台湾新品种、邀请台湾专家开展农业指导讲座、对农民进行新技能、新技术、新方法和新理念方面的培训；组成跨区域的联合社的形式，① 带动专业化生产，降低生产成本和运销成本，创立品牌，依靠台湾农民合作组织的渠道，共同开拓国际市场；由台湾水果、蔬菜等产销班到福建设立分社的形式，组建类似联合社的供应链联盟，联合从事农产品运销事业等等。

根据经济发展水平的差异性，各地农民合作组织发育的程度以及农民参与的意愿的高低选择建立不同方式的对接试验点来进行闽台农业合作组织交流与合作的尝试，而后总结经验，进行推广。当然，两岸农民合作组织的交流与合作如同大陆农民合作组织的建立发展一样，不仅取决于自身内部制度的安排，同时也取决于外部制度环境的影响，因此此项交流效果如何有赖于农产品市场体系的不断完善和政策的支撑。

（三）在基层民主建设和乡村治理方面追求闽台农业的更全面合作

农村基层民主，是我国社会主义民主法制建设和政治体制改革的一项重要内容，也是当今中国农村提高农村治理水平的一种有效方式，其本质是以市场经济为基础，以整合新时期农村利益结构和权威结构为目标，按民主理念设计的具有现代意义的乡村民主制度，其核心在于能有效地保证人民群众直接参加国家和社会事务的管理。② 扩大基层民主，是完善发展中国特色社会主义民主政治的必然趋势和重要基础。两岸农业合作的重要意义之一是为大陆新农村建设服务，社会主义新农村建设需要有良好的制度环境作为保证，加强农村民主法治建设，完善乡村治理机制是当前新农村建设的主要举措。随着社会经济的发展，我国现行乡村治理体制的弊端逐渐显露出来，乡镇政府机构臃肿，功能低下；基层民主不规范，农民无序参与政治突出；乡村治理采用“压力型”体制，村级自治组织受乡镇政府控制和干预等。我国已落伍的乡村治理体制已不符合社会主义新农村建设提出的新要求，需要进行变革。乡村治理体制变革的路径有待于深入探讨，例如在治理理念方面，农村建设规划要体现经济、社会、文化、政治诸多方面的发展要求，制定包

---

① 刘艳、王晓光：《借鉴台湾农民合作组织建设，推动合作组织健康有序发展》，《合作经济》，2007 年第 1 期。

② 奚洁人：《科学发展观百科辞典》，上海辞书出版社，2007 年版。

括经济建设、社区发展、政治需求和社会福利等在内的完整的新农村建设规划；在治理体制方面，有待于构建“政府为主导－农民为主体”的治理体制等，借鉴台湾乡村治理方面的理念和策略模式，进行福建乡村治理体制变革的尝试，对乡村治理体制变革有积极和特殊的意义，其既能为当前新农村建设创造良好的微观环境，又有助于融合两岸的优越要素，缩小双方的体制差距，通过吸纳台湾同胞参与到祖国大陆民主政治建设中，使他们与大陆同胞一道行使人民当家做主的权利，一道推进民主法治的健全和完善，让台湾同胞尤其是中南部民众了解大陆，真切体会到大陆政治文明的优越，真正享有国家主人翁地位的尊严和荣耀，从而逐渐构建其对祖国的政治认同。

四、设想与建议

建立两岸农村建设合作示范区的终极目标不仅是搭建两岸农业合作交流的平台，把两岸农业合作与大陆发展现代农业、解决“三农”问题相结合，提升大陆农业现代化水平，推动社会主义新农村建设，更在于通过这种方式与台湾民众实现融合，为做好台湾民众的工作奠定坚实的经济基础和感情基础。因此，两岸农村建设合作示范区应该发挥有针对性地做台湾中南部民众工作的作用，同时需要赋予相应的政策以及与涉台法律及法规相配套的实施细则予以规范，营造良好的政治和政策环境。

（一）进行两岸农村建设合作示范区乡村治理合作的试点，让台湾人参与农村经济、社会事务管理，促进两岸民心进一步融合

两岸农村建设合作示范区建设应进行分步实施、重点推进的部署，在区内选择更具先行条件的地区，作为两岸农村建设合作示范区的核心区，率先试行某些更开放的政策与措施，进行农村发展理念交流、建立农村组织试点，并在乡村治理方面进行尝试，取得突破后，再逐步向更大范围延伸和拓展。

1. 借鉴台湾“富丽农村”建设的策略模式，进行两岸农村发展理念的交流

台湾在20世纪90年代为缩短城乡差距，改善农村生活环境，提出“富丽农村”建设计划，进行农宅整建改建、社区环境绿化、道路拓宽、设置公共设施，进行农村社区更新，农村生产条件与生活环境得到明显改观，农民的生活品质得到明显提高。学习借鉴台湾“富丽农村”建设的理念和政策，可通过民间或其他途径，与台湾农村建设较为成功的典型乡镇定期联系与交流，学习其发展思路和模式，在试点乡村进行实践；聘请台湾专家、学者、乡村基层工作人员为乡、镇、街道领导干部授课，传授农村建设理念和管理方式，聘请台湾专家参加新农村建设专家咨询，为试点村做长期、具体的技术指导。

2. 建立农村组织试点

台湾的农会等农村组织在农业生产、农民生存环境改善和农村社会发展等方面扮演了极为主要的角色。台湾农会组织的经验对大陆新农村建设具有实际性的借鉴意义，目前在大陆由于具有政治敏感性的原因，短期内尚不可能恢复农会组织的情况下，可在小范围进行农村乡镇管理体制改革的试点，选择较具条件的乡村建立具有经济、社会和文化功能，以农民为主体，体现农民意志的农会组织，聘请台湾地区农会的理事、监事、总干事等指导或参与农会的组建和运作。

3. 借鉴台湾模式进行乡村治理的试点

以推进农村的民主化进程，完善村民自治机制为目的，在试点村尝试构建以农民为主体，让农民得实惠的乡村治理机制，明确政府、政党和社会的分工，让农民群众对村务大事和村务管理真正享有知情权、参与权、管理权、监督权；遵循以农民为主，政府的支持为辅的原则；淡化“官办”的色彩；以经济职能为主，政治职能为辅；按现代化企业管理方式进行运作。邀请台湾农村社会基层领导人前来进行乡村治理方法的指导，有条件时，甚至可聘请台湾对农村乡镇的管理有丰富经验的区长、乡长、里长或村长到当地乡镇兼职或介入农村管理层，成为领导成员之一，直接参与农村社会事务的管理。这一方面增加台湾基层人物与当地农民接触的机会，增进其对大陆农村经济社会以及基层民主政治建设的进程的了解，另一方面争取台湾农村社会基层更多中华民族的认同感。

（二）营造更完善的投资环境，吸引台湾中南部民众融入大陆农村建设

1．为闽台农业往来创造良好的法律环境

根据国家有关法律、法规，结合福建实际，加紧《促进闽台农业合作条例》等相关法律条例的制定工作，遵循优势互补、全面合作、互利共赢、沟通发展的原则，以法律的形式规范台湾同胞在福建从事农业生产经营、涉农产业开发和农业经济活动的行为。《条例》顺应两岸关系的发展和国家有关两岸农业交流合作的政策取向，体现福建先行先试的发展战略思想，坚持公平、共赢的原则，制定具有前瞻性的有针对性地法律条例，以产业集群的培育、农产品的物流和交易平台的建设、农业科技的创新能力建设、体制创新以及把台湾农民创业园办成闽台农业合作先行先试点等作为立法重点，在合作的内容及政策、政府服务和社会支持以及法律保障等几方面制定详细的法规条文进行规范，创造优良的法制环境，促进闽台农业交流与合作持续、快速发展。

2．赋予实验区综合配套改革政策，增强对台湾的吸引力和对接能力

（1）完善投资机制，加大资金扶持力度，给予专项的资金扶持

第一，加大基础设施建设的扶持力度，如在国家农业开发办设立海峡两岸农业合作发展基金，增设开发项目，逐年下达示范区建设任务和配套资金，完善基础设施建设，由地方政府申报并组织实施，提高示范区承接台湾农业外移的能力。将重点合作项目列入国家计划、设立实验区专项扶持资金，用于基础设施建设、交流、科技培训等，并且要保证一定的增长幅度。

第二，加大对台资企业的扶持力度，解决台资农业企业用电等具体困难。降低台资种植、养殖企业的电费收费标准，将农业生产用电范围扩大至农作物产品、畜禽产品、园艺产品等的生产全程和不改变农产品原状的初加工阶段。

（2）建立长效的投、融资机制，赋予更加灵活的金融政策

在金融政策方面给予倾斜，建议国家有关金融机构扶持台资中小企业发展的贷款资金，优先向在实验区的台资农业企业倾斜；在融资方面，针对台

商拥有使用权的土地性质一般均为集体土地，不能依法抵押的问题，建议相关部门明确集体土地使用权在向银行进行融资时可供流转、抵押；允许台资农业种、养业的地面物、厂房、设备作为金融机构的抵押物解决融资问题；台企业依法取得山地使用权，在山地上种植的果树、茶叶、林木等地面物可以申请办理林权证，并可作为抵押物，向金融机构申请短期流动资金贷款；允许台商成立担保公司，为台商提供融资担保服务。

（3）采取更加灵活的土地管理政策

针对目前对台农业合作实验区用地来源主要是占用各省、市、自治区自有的用地指标，由于土地资源有限，难免出现土地紧张的情况，建议将涉及台商投资农业项目的用地与工业用地区分开，对加工企业的用地指标根据园区规划功能安排一定比例建设用地，不占地方用地指标，给种养殖和加工一体的企业单独的用地指标，对有固化建筑物的设施农业基地仍按农业用地管理，对基地附属管理用房按临时用地管理。

（4）给建立农民组织以特殊政策

赋予由政府部门引导在两岸农村建设实验区试点建立“农会”的特殊政策，政府以引导、宣传、服务为主，行政干预为辅，并在税收、资金方面给予扶持；在政策、资金方面加大对农民产销经济合作组织的扶持力度；允许台湾农民合作经济组织在实验区内设立办事处以及台资企业和农民设立农民合作经济组织，并争取以法律的形式予以规范。

（5）出台专门性政策措施

专门针对个体台湾农民或小业主来福建从事农业经营活动的政策，应该有新突破。例如，在园区内设立海关窗口，简化种子、种苗进口的手续，设立专门的隔离区，建立检验检疫中心，完善设备配套，既为台湾农民提供便捷服务，也为农业安全提供硬件保障；在规模生产某些濒危植物比较集中的区域，下放单一品种的审批权，以利企业出口。

（6）保障台商权益

要杜绝向台资企业或个体工商户征收除国家规定外的行政事业性费用，以及随意提高良种进口审批和产品进口检疫费用；台商一旦依法取得土地所有权，在合同期限内，因国家建设征收或集体公益事业需要时，均应该予以补偿；台农资企业申报各级产业化龙头企业和品牌农业企业，申报无公害农产品、绿色和有机食品，通过认定，可以优先享受各级政府相关扶持政策；针对农业保险风险比较大，商业保险公司不愿意开办农业保险业务的现实，由政府出资，组建以社会效益最大化，不以盈利为目的政策性农业保险，为农民和农企提供抵御风险的可靠保证；在自然灾害救助等方面给农业台资企业以“国民待遇”，缩小台湾和大陆农民所接受服务的差异，使之与大陆农民一样能减少受灾损失，尽快恢复生产，增强台胞的“向心力”。

关于两岸特色的经济合作机制问题研究*

陈先才

随着“两岸三通”的基本实现，长期以来制约两岸民间关系发展的重大障碍基本得到消除，也使中国大陆和台湾这两个60年来相对独立发展的社会进入全面交流融合的新时期。为了最大限度地实现两岸优势互补，最大可能地促进两岸互利双赢，最有成效地增进两岸同胞福祉，在当前区域经济合作不断加强和两岸经济合作规模不断扩大的形势下，在当前两岸关系和平发展局面不断形成的新时期，积极推动实现两岸经济关系的正常化，促进两岸经济关系制度化和经济合作机制化，这已成为当前不断推进两岸关系向前发展的重要历史趋势。因此，在当前探讨建立具有两岸特色的经济合作机制，对于实现两岸经济关系正常化，实施两岸合作双赢战略都具有重要的现实意义，它本身也是推进两岸关系和平发展进程的重大课题。

一、两岸特色经济合作机制的内涵与特征

鉴于两岸问题的敏感性和复杂性，目前海峡双方就经济合作机制的“两岸特色”有着高度的共识。两岸都强调未来的经济合作机制必然要适应两岸特殊的情况，其两岸特色是不能忽视的。在中国大陆方面，无论是胡锦涛在纪念《告台湾同胞书》发表30周年的讲话，还是温家宝今年的政府工作报告，都明确表示要建立“具有两岸特色的经济合作机制”，而台湾方面也已将两岸经济合作机制界定为“属于两岸特殊性质的经济合作协议”。这说明在“两岸特色”这个问题上，双方已形成了共识。下面就两岸特色经济合作

* 本文原载于《厦门大学学报》（哲学社会科学版），2009年第6期。

机制的内涵及特征做一些探讨。

（一）两岸特色经济合作机制的内涵

所谓特色，是指一事物显著区别于另一事物的风格或形式，是该事物所独有的东西。两岸经济合作机制的两岸特色，从字面上讲，就是指在两岸在经济合作方面完全实行内外有别的特殊安排。即两岸特色的经济合作机制必须同时兼顾两岸特殊的政治、经济、文化关系的现状，同时又不与 WTO 等国际通用规则相违背和抵触。① 也就是说两岸特色的经济合作机制，既不同于中国大陆与港澳地区签署的 CEPA 模式，也不同于中国与新西兰等国家签署的 FTA 模式。它是中国大陆与台湾地区两个经济体之间的一种特殊安排，它与欧盟、东盟等经济合作模式也有本质区别。这就是两岸特色的独特性所在。这在世界其他国家或地区没有这种先例。其逻辑思维类似于两岸之间的航线定位问题。双方为化解分歧，既不视为国内航线，也不视为国际航线，而是笼统称之为两岸航线。

建立正常的经贸关系，是建立两岸特色经济合作机制的基本要求。建立正常的经贸关系主要包括降低两岸人员往来的门槛，加速推进两岸签订 MOU 和两岸货币清算协议，尽快使两岸资金的双向流动、企业的双向流动、人员的来往正常化，并在此基础上签署两岸投资保护协议、避免双重征税协议、贸易争端解决协议等等，逐步消除其他影响两岸经济关系发展的障碍，满足两岸经贸关系正常化的基本要求。② 具体而言，两岸特色经济合作机制的内涵主要有以下几个方面：

第一，两岸经济合作的身份问题。两岸特色的经济合作机制是为了实现双方在经济合作方面的制度化安排，它只是一个经济合作协议，不会强调两岸在政治上的相互关系，双方以经济体的身份来回避政治的分歧。

第二，两岸经济合作的保护条款。其目的是为了保护两岸部分产业，特别是台湾一些产业不会受到两岸政策调整的过度冲击，根据现实需要为部分产业设置过渡期限。两岸在产业保护问题上不会完全基于市场对等开放的原

① 王新奎：《世界贸易组织与发展中国家》，上海远东出版社，1998 年版。

② 曹小衡：《两岸红贸关系现状与经济合作机制内涵探讨》，《两岸关系》，2009 年第 1 期。

则来进行。例如在农业领域及部分制造业方面，大陆会对台湾方面作出适当的妥协与让步。

第三，两岸经济合作的国际接轨。目前两岸都是WTO的成员，都是单独关税区，这是一个现实存在。因此，双方达成的任何协议都不能违背WTO的相关原则，不能与之相抵触。由于两岸特别是台湾方面面临与其他经济体签署经济合作协定的现实压力，双方将通过两岸经济合作机制的建构，来为台湾的国际接轨创造条件和可能性。

第四，两岸经济合作的实施步骤。由于两岸经济合作面临的困难还比较多，两岸经济合作机制的建立非一日之功就能完成，还需要双方的共同努力。两岸在政治关系正常化、陆资入岛、两岸货币清算、两岸知识产权保护及两岸金融合作等问题上都还有很多困难需要克服。两岸经济合作机制的建构必须有计划，有步骤，分阶段的实施。

（二）两岸特色经济合作机制的特征

两岸特色的经济合作机制，既要坚持国际社会经济合作规范的普世价值，但又要有鲜明的两岸特色，二者缺一不可。同时，它还要兼顾双方的利益需求，共同维护两岸经济的良性健康发展。两岸特色经济合作机制的主要特征有：

首先，国际化与国内属性高度结合的特征。所谓国内属性，是指两岸同属一个中国的事实无法回避。无论是国际社会，还是两岸官方，目前对此均持普遍接受的态度。两岸之间建立的经济合作机制自然无法回避和拒绝。两岸经济合作机制的国际化特征主要是指在经济全球化和区域经济一体化的大背景下，大陆和台湾作为两个单独关税区，其经济合作的国际化趋势日益明显。两岸经济合作机制只有同时兼顾国际化特征和国内属性的高度统一，才能有效化解大陆方面的担忧和消除台湾方面被矮化的顾虑，也才能有利于两岸经济的良性整合。

其次，互利互惠和片面优惠相结合的特征。两岸之间的经济合作机制必须要考虑两岸各自经济的现状。建议两岸特色经济合作机制的目的就是要最大限度地实现两岸的优势互补，互惠互利，推动两岸经济的共同发展。它不但为台湾经济走出困境不断创造条件，而且也有利于大陆经济的持续快速发展。鉴于两岸关系的复杂性和敏感性，以及两岸实力对比的不对称性，大陆会顾及到台湾方面的担忧，会对台湾的某些产业予以保护的特殊待遇，甚至会对台湾一些产业给予片面的优惠政策和措施。

再次，官方推动与民间主导相结合的特征。长期以来两岸在经贸关系领域取得的巨大成就主要是由民间力量来加以推动的。随着两岸经贸关系的进一步发展，特别是在“大三通”背景下，仅靠民间力量来作为两岸经济关系的助推力显然不够。官方的直接推动显得更为重要。但是，由于两岸问题的复杂性，特别是岛内“台独”分裂势力的破坏活动，两岸在推进经济合作机制建立的过程中必须要非常谨慎。因此，两岸可以采取官方授权与民间牵头的模式来进行这一工作，这即可以减轻官方的色彩，同时又可以推动两岸经济合作机制的建立。

最后，框架性与先行先试相结合的特征。两岸问题无小事，建立两岸经济合作机制必须要有严密的战略规划与设计加以配套，才能切实保证两岸经济合作的互利双赢。两岸经济合作机制之所以要采取框架性的模式，其目的就是暂时不去碰及较为敏感的具有政治意涵的方面。但在具体的实践中，两岸可以采取先行先试的办法。两岸双方可以各自指定某一块区域作为两岸经济合作机制的试验区。在试验区内，可以实施特殊的经济制度和经济政策，推动相关产业的分工和升级，打通内部市场与外部的通道，发挥台湾在高端技术，研发能力方面的优势，以及大陆在制造业方面的优势，增强试验区内部两岸企业的互补性。试验区可以在积累经验的基础上逐步扩大。

二、两岸特色经济合作机制的机遇和挑战

（一）历史机遇

首先，“两岸三通”的基本实现。

“两岸三通”的基本实现使两岸经济关系的正常化迈出了重要的一步，也为两岸特色经济合作机制的建立奠定了重要的基础。在“两岸三通”基本

实现的背景下，双方都希望建立起紧密的经济合作机制，以适应新的两岸关系发展。两岸对经济合作达成制度性安排的呼声日益高涨，客观上为两岸经济合作机制的建立提供了强大的动力。以两岸贸易为例，目前两岸贸易的很大部分是加工贸易。其中两岸贸易的七成左右又属于转口贸易。“两岸三通”后，两岸贸易结构将由转口贸易向一般贸易的方向变化。这将使两岸以出口为导向的经济结构相应会发生变化，两岸过去偏重出口的战略随着“两岸三通”的基本实现而发生改变。对于台湾来说，两岸从转口贸易到一般贸易，对优化两岸贸易结构，优化经济环境有巨大的积极作用。同时，随着“两岸三通”的基本实现，可能会在两岸产生新的产业集群，也会产生一些新的市场。可以说，“两岸三通”使过去两岸之间扭曲的资源配置得到很大改观。正是由于“两岸三通”的基本实现，对两岸投资、贸易及生产布局产生了积极而重大的影响，客观上必然对两岸经济合作的制度化安排产生强大的助推力，成为推动两岸建构具有两岸特色的经济合作机制的重要推动力量。因此，“两岸三通”的基本实现是两岸特色经济合作机制建构的重要前提和基础。从这个角度上说，“两岸三通”是两岸特色经济合作机制建构的第一步。

其次，政治互信和经济基础等条件基本具备。

国民党在岛内全面执政后，两岸政治互信的基础开始建立起来。特别是去年政党轮替后，马英九当局坚持“九二共识”，在两岸政策上也持开放立场。双方通过谈判协商在诸如两岸周末包机，大陆游客赴台，“两岸三通”等问题上取得了共识并基本实现。对于两岸关系和平发展而言，这些都是重要的积极因素，使两岸政治互信的基础开始建立。同时，由于目前两岸经济合作的密切程度相当高，加之民间广泛的经济合作基础，因此，建构两岸特色的经济合作机制的经济基础也已经基本具备。① 最后，当前国际金融危机的刺激作用。

目前遍及全球的金融危机和经济危机，使台湾经济陷入严重的困境之中，台湾当局的执政压力空前增加。改善台湾经济发展的环境，无疑是马英九当局的重要挑战。在这方面，台湾对大陆的需求增加。其与大陆建立经济

---

① 邓利娟、石正方：《海峡西岸经济区发展研究》，九州出版社，2008 年版。

合作机制的意愿空前提升。对于大陆来说，毕竟国民党执政当局坚持“九二共识”，主张两岸开放，大陆也希望帮助台湾走出经济困境，从而稳定台湾岛内的政局，这对于两岸关系和平发展具有重要作用。在经济危机的冲击下，这场经济危机使两岸认识到双方建立经济合作机制的好处。因此，在这次的金融危机面前，两岸携手应该是一个很好的机会。同时，我们看到两岸特别是台湾以出口为导向的经济增长模式面临巨大的结构性调整的压力，两岸只有建立具有两岸特色的经济合作机制，才能相互配合，共同抵抗经济危机的冲击力。因此，金融危机为两岸经济合作机制的建立提供了可能性和动力。

（二）建构两岸特色经济合作机制的现实挑战

首先，台湾社会内部分歧严重。蓝绿对抗一直是台湾社会结构的显著特征。蓝绿双方基于政治立场上的差异，完全持着一种为反对而反对的政治思维逻辑。在这里，没有正误之分，只有颜色之别。国民党重新执政后，蓝绿对抗的态势非但没有消除，相反，却有增强之势。在两岸建立经济合作机制这个问题上，蓝绿双方对立的态势非常明显，而且不断加码。从区域经济一体化的发展趋势来看，两岸经济的合作对台湾而言，已是一种不得已而为之的选择。当前，国民党执政当局为了防止台湾经济被边缘化的危险，积极推动两岸之间建立起经济合作机制。但由于绿营还抱着经济泛政治化的思维定式，对两岸经济合作进行污蔑化宣传，并将之贴上统独的政治标签。岛内社会内部的严重分歧，无疑给两岸经济合作机制的建立增加了难度。当前，蓝绿对立已成为两岸签署经济合作协议的最主要障碍。

其次，两岸关系中政治因素的干扰。两岸关系中还有大量的结构性矛盾存在，这些都给两岸关系的发展带来了严重的险情。长期以来，两岸之间始终存在着不易化解的结构性矛盾。如台湾当局的政治定位问题，“中华民国”问题，台湾的“国际活动空间问题”等，这些问题并没有随着两岸关系的改善而消解，相反，随着两岸关系和平发展的进程不断推进，这些问题将会更加彰显出来。① 此外，台湾是一个选举社会，不排除在选举时期，国民党执

① 陈先才：《马英九上台：两岸关系面临的机遇和挑战》，《中国评论》，2008 年第 4 期。

政当局为了选情而采取一些影响两岸关系发展的举措。因此，两岸经济合作机制的建构还受到两岸关系中政治因素的强力干扰。

再次，外部势力的干扰与影响。长期以来，台湾问题的国际因素非常复杂，特别是美日为首的西方势力一直把台湾视为制约中国发展和强大的棋子，成为影响台湾问题最终解决的外部重要障碍。① 冷战后，美日等国介入台湾问题的力度不断加强，给两岸关系和平发展带来严重的战略险情。当前，随着两岸关系和平发展态势的不断形成，我们不能完全排除外部因素从中杯葛与干预的可能性。因此，两岸经济合作机制的建构还受到外部势力的严重影响。

最后，两岸经济关系还没有实现正常化。两岸签署经济合作协议必须要建立在两岸贸关系正常化的基础上，这是一个必要的条件。但目前两岸经济还没有实行正常化，台湾方面还对大陆的2000多种商品没有完全开放，在农业等领域也没有开放，包括在大陆工人台等方面都存在严重歧视性的政策限制，客观上不利于两岸经贸关系的正常化发展和两岸经济合作机制的建立。同时，我们还要看到，尽管目前两岸已基本实现“三通”，但两岸“通而不畅”的现状在很大程度上也影响到两岸经济合作关系的深入发展。

三、两岸特色经济合作机制的模式分析

随着两岸交流的日益拓展和加深，特别是在经济关系领域的不断发展，如何使两岸在生产要素和资源配置方面实现优化，整合两岸经济，提升两岸经济在全球经济中的竞争能力，一直是困扰两岸经济合作的重要难题。长期以来，两岸双方就如何建立经济合作机制先后提出了一些模式，下面将对这些模式进行分析，从而为两岸特色经济合作机制的建立积累经验和奠定基础。

（一）FTA模式

即两岸自由贸易协定。这是由台湾方面提出来的，希望两岸之间能够签

① 李鹏：《台海安全考察》，九州出版社，2008年版。

署自由贸易协定，从而为两岸经贸关系作出制度性的安排。在国际社会中，FTA（Free trade Agreement）模式是国与国之间在经济合作领域的一种普遍安排模式，其主旨包括不同国家之间实现关税及货币一体化的过程。[①] 因此，FTA 模式的政治意涵相当明显，签署 FTA 的主体是主权国家，这种制度安排凸显的是主权国家之间的地位与角色。由于两岸同属一个中国，很显然，台湾方面提出的此种模式自然不被中国大陆所接受。此外，根据国际惯例，FTA 协商不仅模式繁多，而且经常需要漫长的谈判过程，这对于复杂而敏感的两岸关系并不适合。

（二）CEPA 模式

即更紧密经贸伙伴关系安排。在两岸经济关系制度性安排的设想中，中国大陆希望能够参照中国大陆与香港签署的“更紧密经贸伙伴关系安排”模式，以解决两岸经济合作问题。因为 CEPA（Closer Economic Partnership Arrangement）模式成功地解决了中国大陆与港澳之间的经济合作问题，事实上它已成为中国大陆破解与港澳台等地区经济合作制度性安排方面难题的一种切实可行的有效模式，[②] 而且也能够充分体现两岸同属一个中国的根本性质。这是中国大陆方面最愿意采用的模式。但由于台湾方面一直以被矮化为由，拒绝在两岸之间采用 CEPA 模式。

（三）CECA 模式

即综合性经济合作协议。这是马英九在竞选台湾地区领导人期间提出的一项重要政见。马英九认为两岸签署 CECA（Comprehensive Economic Cooperation Agreement），是当前两岸签署经济合作协议的第三条道路。因为两岸签署这种综合性经济协议，在不存在矮化台湾地位的同时，还可以逐步消除两岸所有货物的贸易关税与非关税壁垒，让服务贸易自由化、建立开放的投资机制，甚至还可以采取共同的对外关税及贸易政策。[③] 英九上台后，特别是在全球经济危机冲击下，台湾方面越来越希望与大陆能够最终签署 CECA。

---

① 唐永红：《两岸经济一体化问题研究——区域一体化理论视角》，鹭江出版社，2007 年版。

② 杜玉琼：《CEPA 争端解决机制的构建》，《四川师范大学学报》（社会科学版），2006 年第 1 期。

③ 参见马萧竞选白皮书的内容。

而大陆方面目前也持积极态度。两岸高层在签署 CECA 议题上有着高度的共识。但由于岛内蓝绿双方在 CECA 议题上存在严重的对立，岛内达成共识的可能性非常低。

（四）ECFA 模式

即两岸经济合作架构协议（Economic Cooperation Framework Agreement）。这是马英九当局为了化解岛内的强大阻力，缓和反对势力的杯葛，特别是民进党和台联党的强烈反对而提出的一个类似妥协性质的替代方案。马英九将两岸综合性经济协议（简称 CECA）改名为经济合作框架协议（简称 ECFA）。其内涵不涉及具体的实质内容，只是一个框架性的协议。这种协议主要是规范两岸协商项目的顺序和时程，强调哪些项目在什么时候应该最终完成协商等等。

从上面两岸就双边经济合作的制度性安排的四种模式来观察，台湾对于两岸经济合作制度性安排的设想方案中，近期目标就是签署 ECFA，认为它既可以为台湾经济走出困境创造有利的条件，同时又希望能够通过两岸签署 ECFA 的举措，未来有助于台湾与新加坡，美国，日本等国签署自由贸易协定。远期目标就是 FTA，台湾方面希望两岸最终能够签订自由贸易协定。

四、两岸特色经济合作机制的实现路径

在当前“两岸三通”基本实现的背景下，建构起具有鲜明两岸特色的经济合作机制，这对于推进两岸关系的和平发展无疑有着重要的意义。

第一，加强对两岸特色经济合作机制的顶层设计。

所谓顶层设计，是指从高端开始的总体构想，其核心就是强调整体和全局，强调完成任务的目标。顶层设计的内涵就是指运用系统论的方法，以全局的视角，对项目建设的各方面、各层次、各种要素进行统筹考虑，和谐各种关系，确实目标，选择实现目标的具体路径，制定正确的战略战术，并适时调整，规避可能导致失败的风险，提高效益和降低成本。[①] 对于两岸特色

① 《解放军报》，2008 年 4 月 29 日。

的经济合作机制而言，搞好其顶层设计至关重要。因为在两岸经贸制度化安排的过程中仍然面临着诸多的现实挑战和严峻考验。两岸特色的经济合作机制完全可以确定以“融”为主的顶层设计。海峡两岸的经济各有优势和不足，只有双方进行完全的整合，才能提升两岸的国际竞争力，也才能把两岸合作双赢的效应充分发挥出来。就两岸特色的经济合作机制的顶层设计而言，双方都要有高度的智慧。特别是在目前台湾蓝绿高度对抗，岛内共识严重缺乏的情势下，这一点尤为重要。在两岸特色经济合作机制的顶层设计上，至少要体现以下要义：一是要体现两岸领土及主权合为一体、不可分割的性质；二是要强调两岸经济合作机制的普世性价值；三是要突出两岸经济合作机制的特殊性；四是要有包括两岸产业升级及对接的内容；五是要强调两岸经济共同发展、共同繁荣的一面。

第二，加强对两岸特色经济合作机制的战略规划。

由于目前两岸经济合作的密切程度非常高，这使得两岸经济合作机制建构的经济基础已经完全具备。因此，在两岸特色经济合作机制的战略规划方面，我们可以从以下几个方面来加强：一是两岸特色经济合作机制的模式不必完全遵循既有模式的束缚。也就是说两岸不必完全按照国际社会经济体的实施步骤来进行，不一定要拘泥于经过自由贸易区，关税同盟等阶段，可在两岸经济关系进入双向、直接正常化之后，进一步通过促进资金、人力、货物、服务等四个方面的流通深入拓宽双向直接往来的内涵，从而在获得岛内对两岸经济合作认同的基础上继续推进，跨阶段交叉发展相关制度。二是当前要尽快实现两岸经济关系的正常化。这是两岸经济合作机制建构的重要前提。三是两岸要加强在经济领域的合作与研究，双方要对相关政策进行检讨与处理，进行资源整合，进行产业对接试验，探索一条符合两岸现实，又符合双方需要的经济合作道路。四是两岸要在金融监管、货币清算、投资保障、相互避税等议题上进行谈判和协商，尽早达成制度性安排。

第三，构建两岸特色经济合作机制的实践平台。

由于两岸关系的敏感性以及台湾内部分歧的严重性，两岸特色的经济合作机制在具体实施上必须要谨慎行事。因此，为了降低风险和忧虑，两岸共同构建经贸特区无疑是一个可行的办法。例如两岸可以各自划出一块区域作为经济合作机制的试验区域。两岸可以先在这个特定区域内对两岸特色的经济合作制度先行先试，积累经验后再全面推行。当然，这个试验区域的选择要具有可行性。对于大陆而言，可以选择福建地区。因为闽台两地不仅地缘相近，而且同属闽南文化，风俗习惯、宗教信仰等方面有很大的相似性。同时，闽台之间的经济合作互补性较强。而台湾方面也可以在中南部区域划出一块作为对接。在试验区内部，两岸可以推进金融机构互设，完善双方的资金清算支付体系，加强金融基础设施的建设；双方可以探索在试验区内设立产业投资基金，为境内外资金支持试验区建设搭建平台和桥梁，以解决重大项目建设的融资问题，支持关键性技术的研究；在试验验区试行更为宽松灵活的两岸经济整合政策。对台资企业与内资企业一视同仁。双方对进入试验区的企业采取完全国民的待遇和优惠，两岸都要视之为内资。并在投资者权益保障、经贸纠纷调解及仲裁、知识产权保护、避免双重课税等问题上建立起完善的制度规范。

第四，增强两岸特色经济合作机制的动力基础。一是大陆方面要加快经济发展的步伐，增强安全实力。改革开放 30 年来，中国大陆已发展成为全球重要的一支经济力量，大陆经济实力的快速增强，这是确保两岸特色经济合作机制发挥功效的关键因素。因为大陆经济的持续快速发展，将会为台湾经济的振兴及发展提供更多的机会和空间，也才能使台湾民众越来越直接享受到大陆经济发展所带来的实际利益。二是要充分挖掘两岸关系和平发展中的一切积极因素，不断为两岸特色经济合作机制的建构增添动力。双方要本着求同存异的原则，本着推进两岸关系和平发展的原则，本着为两岸民众谋利造福的原则。三是努力转变两岸经济发展的动力。长期以来，两岸经济关系发展的动力来自于民间，而非官方。两岸特色的经济合作机制就是要完成这种转变，使两岸经济关系发展的主要动力由民间转变为官方。四是尽快解决两岸“通而不畅”的窘境，使“两岸三通”真正通畅起来，使两岸在人员、货物及生产要素诸方面的流动真正顺畅，使两岸大交流、人开放的格局早日形成，这对于推进两岸经济合作机制的建构具有重要的帮助作用。

综上所述，两岸特色的经济合作机制，其根本目的就是要使两岸在经济发展领域形成正常化、机制化和制度化的安排。从1949年以来，台湾经济就脱离中国经济体，逐渐发展成为西方产业链的一环。在当前“两岸三通”基本实现的背景下，两岸在经济合作机制的建构过程中，双方可以发挥出各自的比较优势，共同在建设整个中华经济体的过程中作出各自的贡献。

第四篇　两岸关系中的法律问题

WTO 下两岸经济一体化的法律定位、依据与原则*

唐永红

WTO 下两岸经济一体化安排因两岸关系的特殊性，不仅要考虑经济、政治层面的条件与可行性，而且还要从相关的国际法与国内法的角度考虑其法律层面的可行性。近年来，包括笔者在内的一些学者对此问题做了一定的分析与探讨。本文拟在学界现有研究基础上，对 WTO 下两岸制度性经济一体化的法律性质定位、法律依据与途径、法律原则等问题进行进一步的探讨。首先，基于 WTO 的成员资格规定以及两岸四地在 WTO 中“一国四席”格局的形成及其形成因素，阐明 WTO 下两岸四地及其经贸关系的法律地位，进而阐明 WTO 下两岸四地彼此之间进行制度性经济一体化的法律定位与依据，以及两岸四地各自与其他 WTO 成员方之间进行制度性经济一体化的法律可行性。在此基础上，鉴于两岸（祖国大陆与台湾地区）关系的特殊性，以及两岸制度性经济一体化因这种特殊性的存在需要探讨其适宜的机制与模式安排，本文进一步探讨了 WTO 下两岸制度性经济一体化的法律定位对 WTO 下两岸经济一体化机制与模式安排的规范性意义，认为实践中两岸经济一体化机制与模式安排选择，应在 WTO 规则、一个中国的国家主权架构、一体化深化发展要求三者构成的约束空间中进行，提出并阐明了两岸经济一体化机制与模式安排应遵循的一套基本原则。

---

* 本文原载于《台湾研究集刊》，2006 年第 4 期。

一、两岸经济一体化的法律定位与依据：相关争论

众所周知，由于《马拉喀什建立世界贸易组织协定》（以下简称《WTO协定》）关于WTO成员资格的规定、包含两岸四地在内的整个中国独特的历史发展进程和“一国两制”的政策取向等因素的综合作用，两岸四地在WTO中形成了“一国四席”的格局：中国大陆经济体以中华人民共和国主权国家的资格、台湾经济体以“台湾、澎湖、金门、马祖单独关税区”（简称“中国台北”）[①] 的资格分别于2001年12月11日、2002年1月1日成为WTO的正式成员，而在此前的1995年1月1日，中国香港（Hong Kong，China）、中国澳门（Macao，China）已分别以单独关税区的资格和GATT缔约方地位成为了WTO创始成员。

尽管WTO成员间可以援引“WTO一体化例外”规则进行经济一体化安排[②]，但由于作为一个主权国家内的不同关税领土的两岸四地，在WTO中的“一国四席”的特殊法律地位以及在此基础上进行一体化安排，在国际上均没有先例可言，因此，加入WTO前后，包括笔者在内的许多学者对WTO下两岸四地经贸关系的法律定位以及在此基础上进行一体化安排（或更紧密经贸关系安排）的法律途径与可行性做了较多探讨与争论。归纳起来，代表性的观点有如下三种。

其一是所谓的“国内经贸关系论”，认为WTO下两岸四地经贸关系本质上为国内经贸关系，至少在产品和服务市场准入领域，WTO其他成员方不能援引最惠国待遇原则，两岸四地可以据此法律依据与基础进行更紧密经贸

---

① 在加入WTO的有关文件中英文为the Separate Customs Territory of Taiwan，penghu，Kinmen and Matsu，简称英文为Chinese Taipei。对此简称，中国大陆一般译为“中国台北”或“中国台湾”，台湾地区一般译为“中华台北”。

② 参见曾令良：《论WTO体制下区域贸易安排的法律地位与发展趋势——兼论中国两岸四地建立自由贸易区的几个法律问题》，载于陈安主编：《国际经济法论丛》第7卷，法律出版社，2003年版；唐永红：《经济全球化、WTO与两岸四地经济一体化》，《台湾研究集刊》，2004年第1期；唐永红：《WTO框架下海峡两岸经济交往及合作方式探讨》，《国际经贸探索》，2005年第1期。

合作①。

其二是所谓的“泛国际化论”，认为WTO这一国际经济组织下的成员之间的关系是一种国际关系，同为WTO成员的两岸四地因此具有同等的对外签订国际经贸关系条约、参加国际经济组织的权力，两岸四地不仅相互间可以而且可以自由地与WTO其他成员进行经济一体化安排②。

其三是认为WTO下两岸四地经贸关系，一方面是作为WTO平等成员之间的经贸关系，WTO下两岸四地经济合作与一体化安排因此须符合WTO有关规则，并需要援引众所周知的“WTO一体化例外”规定③；另一方面又是同一主权国家内部不同关税区之间的经贸关系，其中，作为非主权国家的单独关税区的香港、澳门、台湾，对外签订国际经贸关系条约、参加国际经济组织必须得到其所属主权国家（中国）的授权或确认④。

笔者持第三种观点。下面着重阐明笔者对WTO下两岸四地经贸关系与一体化的法律定位、法律依据与途径等问题的基本看法。

二、两岸经济一体化的法律定位与依据：基本认识

两岸四地在WTO中“一国四席”格局的形成及其形成因素，确立了WTO下两岸四地及其经贸关系的法律地位，进而构成两岸四地经济合作与

---

① 参见朱兆敏：《论“入世”后中国各单独关税区间建立紧密经贸合作关系的法律基础和框架》，载于陈安主编：《国际经济法论丛》第7卷，法律出版社，2003年版。

② 同上。

③ 参见曾令良：《论WTO体制下区域贸易安排的法律地位与发展趋势——兼论中国两岸四地建立自由贸易区的几个法律问题》，载于陈安主编《国际经济法论丛》第7卷，法律出版社，2003年版；曾华群：《两岸四地建立更紧密经贸关系的法律思考》，载于陈安主编《国际经济法论丛》第7卷，法律出版社，2003年版；唐永红：《经济全球化、WTO与两岸四地经济一体化》，《台湾研究集刊》，2004年第1期；唐永红：《WTO框架下海峡两岸经济交往及合作方式探讨》，《国际经贸探索》，2005年第1期。

④ 参见范宏云、余雄：《关于建立两岸自由贸易区的国际法思考》，《湖北经济学院学报》，2003年第1期；王红霞：《建立中华自由贸易区的可行性及框架安排研究》，中国对外经济贸易大学博士学位论文，2003年。

一体化安排的法律前提和基础，并决定了 WTO 下两岸四地制度性经济合作与一体化的法律定位与依据。

其一，WTO 下两岸四地经贸关系首先是作为 WTO 平等成员方之间的经贸关系，WTO 下两岸四地经济合作与一体化安排必须遵循 WTO 的有关规定与要求，并需要援引“WTO 一体化例外”规定。

根据《GATT1947》第 26、32、33 条的规定，主权国家并不是 GATT 缔约方资格的必要条件；任何经济体，无论是否是主权国家，只要构成一个关税区，就可按照一定的条件与程序成为 GATT 的缔约方。WTO 沿袭了 GATT 有关缔约方资格的规定。根据《WTO 协定》第 11、12 条（WTO 关于成员资格的规定）①，WTO 成员有创始成员（Original Members）与加入成员（Members by Accession）之分，任何主权国家或单独关税区都可按照与 WTO 议定的条件与程序成为 WTO 成员。两岸四地由于众所周知的独特历史发展进程和“一国两制”的政策取向等因素事实上形成了四个独立的关税区，而作为主权国家的中华人民共和国对此也予以了确认。正是这种确认与 WTO 关于其成员资格的规定，构成了两岸四地都能成为 WTO 成员、在 WTO 中形成“一国四席”格局的法律依据和基础。

中华人民共和国关于香港、澳门、台湾作为单独关税区的这种确认，既体现为国内法层面上的明确规定，也体现在中国政府与相关外国政府或国际组织在处理港、澳、台问题的灵活安排与共识上。《中华人民共和国对外贸易法》第 69 条明确规定“中华人民共和国的单独关税区不适用本法。”在 1984 年签订的《中华人民共和国政府和大不列颠及北爱尔兰联合王国政府关于香港问题的联合声明》（简称《中英联合声明》）及 1987 年签订的《中华人民共和国政府和葡萄牙共和国政府关于澳门问题的联合声明》（简称《中葡联合声明》）的有关规定基础上，1990 年《中华人民共和国香港特别行政区基本法》第 116、151、152 条及 1993

---

① 《WTO 协定》第 11 条第 1 款规定，“本协定生效之日的 GATT1947 缔约方和欧洲共同体，如接受本协定和多边贸易协定，并将减让和承诺表附在 GATT1947 之后，将具体承诺减让表附在 GATS 之后，则应成为 WTO 创始成员。”第 12 条第 1 款规定，“任何国家或在处理其对外贸易关系及本协定和多边贸易协定规定的其他事项方面拥有完全自主权的单独关税区，可按它与 WTO 议定的条件加入本协定，此加入适用于本协定及所附多边贸易协定。”

年《中华人民共和国澳门特别行政区基本法》第112、136－138条分别赋予了香港及澳门特别行政区的单独关税区地位和以“中国香港”及“中国澳门”的名义单独同各国、各地区及有关国际组织保持和发展经济、文化关系，并签订有关协议的权力。1994年祖国大陆确定两岸经贸交流的性质属于中国主体同其单独关税区（台湾）之间的经贸交流，纳入对外经贸管理体系进行管理。事实上，祖国大陆在处理其与港、澳、台的经贸关系方面，除非有单独的法律法规，通常比照适用国家有关涉外经济法律、行政法规。

1995年1月1日《WTO协定》生效后，香港及澳门基于单独关税区和GATT缔约方地位成为WTO的创始成员。1992年10月，中国大陆与GATT代表理事会达成共识，在大陆先“恢复”GATT席位后，台湾以“台、澎、金、马”单独关税区（简称“中国台北”）名义，按《GATT1947》第33条加入GATT。1993年9月29日GATT理事会通过成立台湾加入工作小组决议时，首先郑重引用联合国第2758号决议，声明支持“一个中国”的原则，并以“中国台北”名义通称台湾，将其定位为中国的一个单独关税区（与香港、澳门一样）。1995年WTO成立后，按照《WTO协定》第12条规定，并遵循GATT下的共识，在大陆以主权国家身份成为WTO成员后，台湾以“台、澎、金、马单独关税区”（简称“中国台北”）的名义加入WTO。在大陆加入WTO之后的2002年1月1日，台湾成为WTO的正式成员。

但是，WTO的各种成员，无论是创始成员还是加入成员，也不管是主权国家还是单独关税区，在WTO中的权利与义务方面并无区分，在WTO中的法律地位是平等的。根据《WTO协定》第12条、第14条第2款①的规定，一旦成为WTO成员，就必须遵守《WTO协定》及其所附的多边贸易协定。后者包括《货物贸易多边协定》、《服务贸易总协定》、《与贸易有关的知识产权协定》、《关于争端解决规则与程序的谅解》。《WTO协定》的“解释性说明”特别指出，“本协定和多边贸易协定中使用的‘国家’一词应理解为包括任何WTO单独关税区成员”。可见，WTO下同属一个主权国家的中国大陆、香港、澳门、台湾相互之

① 《WTO协定》第14条第2款规定，“在本协定生效之后接受本协定的成员，应执行自本协定生效开始的期限内应执行的多边贸易协定中的减让和义务，如同该成员在本协定生效之日即接受本协定。”

间的经贸关系以及两岸四地同其他成员之间的经贸关系，正如WTO下其他成员之间的经贸关系一样，是没有区分的。换言之，WTO下两岸四地经贸关系是作为WTO平等成员方之间的经贸关系，两岸四地因此具有依据WTO相关规定而进行区域经济一体化安排的主体地位，这就是两岸四地经济体能够进行一体化安排的法律依据。但是，除非可以援引《WTO协定》第13条（多边贸易协定在特定成员间的不适用）或修改WTO规则使得“一国多席”情况可适用非歧视原则的例外，WTO下两岸四地经贸关系与一体化安排必须援引“WTO一体化例外”规定。

然而，从现实角度看，两岸四地难以援引《WTO协定》的互不适用条款。《WTO协定》第13条第1款规定，任何成员，如在自己成为成员时或在另一成员成为成员时，不同意在彼此之间适用《WTO协定》及其附件1（即《货物贸易多边协定》、《服务贸易总协定》、《与贸易有关的知识产权协定》）与附件2（即《关于争端解决规则与程序的谅解》）所列多边贸易协定，则这些协定在该两成员之间不适用。但是，第13条第3款同时规定了第1款规定的适用条件，即只有在不同意对另一成员适用的一成员在部长级会议批准关于加入条件的协议之前，已按此通知部长级会议的前提下，第1款的规定方可在该两成员之间适用。而该成员必须得到WTO部长级会议2/3多数成员的支持，方能加入WTO。两岸四地各自成为WTO成员时都未向WTO部长级会议提出彼此不适用的要求，也就意味着WTO有关《WTO协定》及所附多边贸易协定的法律义务对两岸四地都适用。而在加入WTO后，两岸四地任何一方要想免除对他方的WTO义务，就必须按照第13条第4款提请WTO部长级会议审议通过。也就是说，两岸四地必须在得到2/3多数WTO成员支持的情况下才能援用第13条的例外。显然，在可以预见的将来，这在实践中是难以办到的。所以，WTO下两岸四地援引《WTO协定》第13条以使其间的经贸关系游离于WTO之外的可能性与可行性都极小。同样地，要在法律上修改WTO现行规则，规定“一国多席”情况可适用非歧视原则的例外，其难度之大也是不言而喻的。

事实上，WTO下的两岸四地经济合作与一体化安排也必须遵循WTO的有关规定与要求。根据《中华人民共和国加入议定书》第4条，“自加入起，中国应取消与第三国和单独关税区之间的、与《WTO协定》不符的所有特殊贸易安排，包括易货贸易安排，或使其符合《WTO协定》。”WTO对两岸四地也有着类似的要求。这种要求表明，WTO下两岸四地经济体要建立的任何区域经济合作与一体化安排，包括两岸四地经济合作与一体化安排，都必须符合《WTO协定》有关规定，具体而言，就是要遵循众所周知的WTO关于区域经济一体化安排的一般规则与要求。

总而言之，WTO下两岸四地经贸关系首先是作为WTO平等成员方之间的经贸关系，“国内经贸关系论”是难以成立的，WTO下两岸四地经济合作与一体化安排因此须符合WTO有关规则；由于在实践中要援引《WTO协定》第13条的互不适用条款，或者修改WTO规则以使“一国多席”情况可适用非歧视原则的例外的可能性与可行性也都极小，因此，援引“WTO一体化例外”规定，既是WTO下两岸四地经济合作与一体化安排的法律依据，也是其现实选择。

其二，WTO下两岸四地经贸关系又是同一主权国家内部不同关税区之间的经贸关系，其中，作为非主权国家的单独关税区的香港、澳门、台湾，对外签订国际经贸关系条约、参加国际经济组织必须得到其所属主权国家（中国）的授权或确认。

WTO下两岸四地经贸关系首先是作为WTO平等成员方之间的经贸关系，但是，由于两岸四地作为WTO成员的资格如上所述是不一样的，因此，两岸四地经贸关系又有其特殊性，两岸四地作为国际法主体的身份与权力也是不能等同的。

从WTO成员资格看，《WTO协定》第12条的“国家”与“单独关税区”是并列的两类主体概念。这既表明WTO本身并不是主权国家政府间国际组织，也排除了单独关税区等于国家的可能性，从而既赋予了两岸四地都可以成为WTO成员的法律前提，并使得WTO下两岸四地经贸关系成为WTO平等成员方之间的经贸关系，又不仅不影响两岸四地隶属一个主权国家的客观事实与国际社会普遍承认的“一个中国原则”，而且以“一国四席”这一客观事实本身明确反映和强化了 WTO 各成员和国际社会对“一个中国原则”的共识，表明了 WTO 下两岸四地经贸关系是作为同一主权国家内部不同关税区之间的经贸关系，而不是国家间经贸关系。

事实上，两岸四地在 WTO 中“一国四席”的法律安排，是在借鉴了以往两岸四地加入相关国际组织的经验的基础上加以发展而做出的安排。目前，同时能够容纳两岸四地的国际组织，重要的有亚洲开发银行、国际刑警组织、亚太经济合作组织及 WTO。这些组织一方面是基于章程都允许非主权国家的区域加入，另一方面是经中国政府与这些组织协商，同意香港、澳门、台湾地区分别以“中国香港”、“中国澳门”、“中国台北”的名义作为中国的一个区域的身份加入。显然，这种灵活安排本身体现了这些国际组织对“一个中国原则”的认可。进而言之，WTO 中“一国四席”的形成并不意味着香港、澳门、台湾在国际上的法律地位得到了改变或提升。事实上，为了防止此类胡乱引申，《WTO 协定》在其“解释性说明”中就明确指出，“本协定和多边贸易协定中使用的‘国家’一词应理解为包括任何 WTO 单独关税区成员。对于 WTO 单独关税区成员，如本协定和多边贸易协定中的措词被冠以‘国家（的）’一词，则此措词应理解为与单独关税区有关，除非另有规定。”

此外，WTO 中“一国四席”的形成，并不意味着同为 WTO 成员的两岸四地因此具有同等的对外签订国际经贸关系条约、参加国际经济组织的权力，也并不意味着香港、澳门、台湾不仅相互间可以而且可以自由地与 WTO 其他成员进行经济一体化安排。因为，从国际法主体身份看，非主权国家实体虽然可以作为国际法主体，但其主体资格与权力是受到严格限制的。例如，作为非主权主体的国际组织的权力与权利是成立该组织的成员授予的，不能超出授权的范围。单独关税区通常是一个主权国家的组成部分。由于单独关税区不是主权国家，作为有限的国际法主体，它本身没有缔约权，对外签订国际经贸关系条约、参加国际经济组织的资格必须得到其所属主权国家的授权或确认，并且其行为与活动要受到一定的限制。事实上，《GATT1947》第 26 条第 5 款（c）在规定单独关税区被视为缔约方的条件时，就强调该单独关税区需要经对其负国际责任的缔约方提议并发表声明证实该单独关税区“在其对外贸易关系和本协定中规定的其他事项上”享有完全自主权。正是基于此认识，WTO 下的香港、澳门、台湾并不天然具有独立的与其他主权国家或单独关税区签订经济一体化协议的权利，需要得到中国政府的授权或确认。事实上，如上所述，关于这一方面，香港、澳门已分别在《中英联合声明》及《中华人民共和国香港特别行政区基本法》、《中葡联合声明》及《中华人民共和国澳门特别行政区基本法》中得到了中国政府的授权。但由于两岸政治僵局的障碍，两岸当局尚未就此问题进行磋商，中国政府也没有就此问题发表声明，台湾还没有得到中国政府的授权。所以，当前，台湾是不能与任何其他 WTO 成员签署经济一体化协议的，除非中国政府确认。与此同时，如果两岸当局能达成共识，那么如前所述，WTO 下两岸制度性经济一体化是有其法律可行性的。

综上可见，WTO 下两岸四地经贸关系既是作为 WTO 平等成员方之间的经贸关系，同时又是同一主权国家内部不同关税区之间的经贸关系。所谓“国内经贸关系论”与“泛国际化论”，从国际法与国内法的角度看，都是难以成立的。WTO 下两岸四地之间的制度性经济一体化，本质上是同一主权国家内部不同关税区作为 WTO 平等成员方之间的经济一体化安排。援引“WTO 一体化例外”规定，既是其法律依据，也是其现实选择。

三、确立两岸经济一体化机制与模式原则的依据

区域一体化的机制与模式是指在一体化过程中所建立起来的管理一体化活动的各种组织机构、规范一体化活动的各种规则章程，以及处理一体化问题（反映、议决、执行）的各种程序体制，甚至包括在一体化进程中形成的各种习惯、观念和认同。实践中的区域一体化机制与模式是依据一定法律准则或原则而建立和运行的。也就是说，区域一体化安排需要遵循一定的基本原则。两岸经济一体化倡议提出以来，两岸经济一体化的管理机制与模式问题，就因两岸关系问题的特殊性成为了一个广为关注的议题，并处在了广泛的争论之中。总体上主要有三种主张：

其一是以台湾方面人士为代表的国际区域一体化模式论者，主张两岸经济一体化的管理机制与模式效法欧洲联盟的精神，体现主权对等原则，在从模式的设定到发展的目标，都企图将两岸关系纳入实质的“两个中国”框架内，达到从经济合作、经济主权的共享扩大到政治主权的共享的目的①。

其二是前述“国内经贸关系论”者希望以所谓国内经贸关系规范两岸经济一体化安排的主张，完全排除在两岸间建立任何形式的由两岸当局共同参与的组织管理机构②。

其三是包括笔者在内的一些学者认为，WTO下两岸经济一体化机制与模式安排，一方面应遵守WTO的有关规范，而另一方面，由于特殊的两岸政治关系而不能全盘照搬国际区域经济一体化的现成机制与模式，而只能在有所借鉴的基础上，考虑WTO框架的相关要求与特殊的两岸政治关系，基于两岸一体化发展进程的需要，建立一套适合海峡两岸特定情况的机制与模式③。

事实上，区域一体化机制与模式的安排选择一方面取决于特定的一体化发展程度，另一方面也取决于一体化各成员之间的特定关系。明确地说，笔者认为，特定的一体化发展程度仍然是实践中两岸经济一体化机制与模式性质的一个主要决定因素，而WTO下两岸制度性经济一体化的法律性质定位，乃是确立实践中两岸经济一体化机制与模式原则的根本依据；较之于国际区域经济一体化，两岸经济一体化机制与模式安排既应有其共性的一面，也应有其特殊的一面。

首先，WTO下两岸制度性经济一体化的法律性质定位，乃是确立实践中两岸经济一体化机制与模式原则的根本依据。

① 邓利娟：《评萧万长的“两岸共同市场”构想》，《台湾研究集刊》，2001年第3期。

② 朱兆敏：《论“入世”后中国各单独关税区间建立紧密经贸合作关系的法律基础和框架》，载于陈安主编：《国际经济法论丛》第7卷，法律出版社，2003年版。

③ 曹小衡：《东亚经济格局变动与两岸经济一体化研究》，中国对外经济贸易出版社，2001年版；陈向聪：《两岸经济合作机制的选择及制度框架》，《现代台湾研究》，2002年第5期；莫世健：《论世贸组织内的大中国自由贸易区法律框架》，载于陈安主编《国际经济法论丛》第5卷，法律出版社2002年版；李非：《建立“两岸共同市场”问题研究》，《台湾研究》，2005年第3期；唐永红：《经济全球化、WTO与两岸四地经济一体化》，《台湾研究集刊》，2004年第1期；唐永红：《WTO框架下海峡两岸经济交往及合作方式探讨》，《国际经贸探索》，2005年第1期。

前面的研究表明，由于两岸加入 WTO 的身份资格不同，大陆是以中国这一主权国家的身份资格、台湾是以作为中国的一个单独关税区的资格加入 WTO 的，WTO 下两岸制度性经济一体化，本质上是同一主权国家内部不同关税区作为 WTO 平等成员方之间的经济一体化安排，换言之，是同为 WTO 成员方的中国主体与其单独关税区之间的一体化安排，而不是通常意义中的主权国家之间的经济一体化安排。WTO 下两岸制度性经济一体化的这一法律性质定位，对确立 WTO 下两岸经济一体化机制与模式安排的原则有着明确的含义，或者说，对 WTO 下两岸经济一体化机制与模式安排有着明确的规范：既要体现两岸经济体作为 WTO 平等成员方之间的经贸关系，又不得突破两岸同属一个中国的国家主权架构。显然，这既排除了“国内经贸关系论”者希望以所谓国内经贸关系规范两岸经济一体化安排的可能性，也从根本上否定了“泛国际化论”者以所谓国际区域一体化模式规范两岸制度性经济一体化的主张。前者显然意味着两岸经济一体化机制与模式安排应遵守 WTO 相关规则，而后者则意味着两岸经济一体化机制与模式安排需要防止任何过分强调主权对等原则以图将两岸在 WTO 下的平等经贸主体关系上升到国际社会的平等政治主体关系、将两岸关系纳入实质的“两个中国”或“一边一国”框架内的做法。

其次，特定的一体化发展程度仍然是实践中两岸经济一体化机制与模式性质的一个主要决定因素。

区域一体化理论与实践表明，尽管实践中一体化的机制与模式从本质上看仍然是政府间性质的，受成员方利益所决定，作为成员方利益的最小公分母，是主导与控制一体化进程的成员方政府之间讨价还价的结果，但一体化的机制与模式可以是政府间性质的，也可以是超国家性质的，或者是两者兼具的，这主要取决于特定的一体化发展程度，并且本身就是一体化发展程度的一种体现。WTO 下两岸制度性经济一体化虽有其如上所述的特殊性一面，但在一体化的发展进程方面也仍会体现作为一体化深化发展规律的共性。相应地，实践中两岸经济一体化机制与模式也有随着一体化发展程度的深化适时调整的内在要求。当然，如上所述，实践中两岸经济一体化机制与模式的这种调整与安排无疑应受到两岸同属一个中国的国家主权架构的约束。

显然，探讨在一个中国的国家主权架构约束下的、适应一体化深化发展要求的并符合 WTO 规则的两岸经济一体化机制与模式安排选择的空间，正是研究工作需要努力的方向。这里仅提出并阐明在这三者构成的约束空间中进行机制与模式安排选择时应遵循的一套基本原则。

四、两岸经济一体化机制与模式安排的基本原则

根据上述 WTO 下两岸制度性经济一体化的法律性质定位及其对两岸经济一体化机制与模式安排的明确规范，并借鉴实践中国际区域一体化法律机制与模式安排的一般原则，笔者认为，建立两岸经济一体化机制与模式应遵循以下基本原则：

其一，一个中国原则。

两岸制度性经济一体化本质上是同一主权国家内部不同关税区之间的经济一体化安排，是中国主体与台湾单独关税区之间的一体化安排，而不是通常意义中的主权国家之间的经济一体化安排。因此，两岸经济一体化的机制与模式安排首先必须坚持两岸同属一个中国的原则，必须在两岸同属一个中国的国家主权架构下进行，避免陷入“两个中国”或“一边一国”的政治陷阱，防止被“台独”势力滥用而成为台湾取得“独立国体”资格的证据。实践中，这一原则的具体含义有三：一是没有作为主权国家代表的中国中央政府的授权或许可下，台湾不能够与任何 WTO 成员建立经济一体化安排与相应的经济组织。二是虑及政治效应与政治筹码作用，只有在“两岸一中”成为两岸当局的共识的前提下，才能通过恢复两岸平等谈判，启动全面性的两岸制度性经济一体化。①

三是至少在“两岸一中”成为两岸共识之前，在两岸经济一体化的机制与模式安排中，必须排除由两岸首脑会议作为一体化的最高决策机构、由两

① 一方面，两岸经济一体化并不必然导致两岸统一；另一方面，两岸经济一体化安排需要两岸当局的协商与谈判。

岸最高领导人直接谈判解决问题的可能性。但这并不排除在“两岸一中”与和平统一成为两岸共识之后，根据一体化发展进程的客观要求与两岸政治关系向国家统一目标发展的现实需要，建立两岸首脑会议机制甚至某种“超国家性”机构的可能性。

其二，平等互利原则。

在上述一个中国原则下，具有各自关税领土、同是WTO成员方的两岸经济体在一体化过程中的关贸地位应是平等的，两岸经济交流合作方式以及一体化安排应是互利的。两岸经济交流合作方式以及一体化安排本身不决定两岸之间的政治地位问题。在一体化过程中，两岸都以WTO成员身份平等互利地进行经贸合作。上述一个中国原则与平等互利原则显然是决定两岸经济一体化的管理机制与模式设置的两个主要因素。根据一个中国原则与平等互利原则，可以由各方参加WTO会议的部长级首脑组成的“部长会议”作为两岸经济交流合作方式以及一体化安排的最高决策机构，以协商一致方式决定两岸经济交流合作方式以及一体化安排。

其三，政经暂时分离最终结合原则。

虽然政治与经济之间、政治关系与经济关系之间具有相互作用的互动关系，但经济活动有着自身内在规律，并在长期上对政治关系问题起着决定性作用。而进一步发展两岸经贸关系是客观趋势所致，海峡两岸有关方面应就建立两岸经济合作机制问题积极地交换意见。鉴于即便在“两岸一中”成为两岸共识的条件下两岸当局在短期内也难以就两岸统一问题达成共识，两岸经济一体化安排可以在两岸都坚持“两岸一中”与和平统一的立场下，采用经济合作与政治合作暂时分离最终结合的原则。虽然两岸经济一体化未必一定导致两岸统一，但两岸之间经济交流与联系的不断加强，特别是两岸在渐进的交流与合作中获益的增进与经济一体化程度的不断提高，将会有助于两岸政治互信与共识的建立与累积，为消减两岸之间的政治分歧、最终实现两岸和平统一构筑必要的经济、社会和政治基础与动力。在“两岸一中”与和平统一共识立场下，坚持政经暂时分离最终结合原则，意味着两岸经济一体化的管理机制与模式可以根据一体化发展进程的需要有着从“政府间性质的”到“超国家性质的”较大的选择空间。

其四，灵活简便与循序渐进原则。

理论上，区域一体化的机制与模式可以是政府间性质的，也可以是超国家性质的，或者是两者兼具的，这主要取决于特定的一体化发展程度，并且本身就是一体化发展程度的一种体现。实践中，区域一体化是一个在政府控制下的循序渐进的外溢过程，具有一定的路径依赖性；基于现实的和可以预期的两岸政治经济关系发展态势，两岸制度性经济一体化也必将呈现为一个渐进发展的过程。两岸经济合作与一体化机制与模式的选择与定位，应坚持灵活简便与循序渐进原则，根据不同的阶段选择相应的机制与模式。鉴于两岸当局在当前缺乏起码的政治互信基础，难以就“两岸一中”问题达成共识；预计在可预见的将来也难以就两岸如何统一问题达成共识，两岸经济合作与一体化的机制性安排，在坚持上述政经暂时分离最终结合的原则基础上，应当基于两岸政治经济关系发展的形势、需要与可能，采取灵活简便的方式，自解决紧迫问题着手，从易到难，从简到繁，由民间到官方，由非正式到正式，从松散到紧密，循序渐进地进行。

其五，符合WTO规则原则。

两岸经济体都已是WTO成员方，WTO下两岸经济交流、合作与一体化方式安排自然应遵守WTO的法律原则和有关规定。多年来，台湾当局禁止或限制两岸进行直接的贸易、投资与航运，并对与大陆交往设立种种限制，拒绝给予大陆最惠国待遇和国民待遇，从而造成对大陆公司和居民的歧视，并使两岸经贸交流长期处于局部、间接、单向状态，严重阻碍了两岸经济互补性优势的充分发挥。WTO下两岸制度性经济一体化过程中，台湾当局更有义务遵守WTO非歧视规则，调整其大陆经贸政策，按照对WTO的承诺开放市场，给予大陆最惠国待遇和国民待遇。此外，坚持符合WTO规则原则还要求遵照WTO的“一体化例外”规定建立两岸经济一体化协定，并对之进行组织管理。例如，根据WTO关于区域贸易协议的规定，向WTO的“区域贸易协定委员会”提交相关的文件，履行通知义务，接受相关审议。

行政立法[*]的"泛化"与"缺位"[**]

——台湾当局大陆经贸法律规范构成及存在问题分析

彭　莉

基于两岸经贸交流的特殊性，行政立法在台湾对大陆经贸法律规范体系中一直占有重要地位。① 值得注意的是，近些年来尤其是政党轮替后，台湾当局有关对大陆经贸行政立法"泛化"与"缺位"现象日益凸显，已严重阻碍了两岸经贸关系的正常发展。

一、台湾对大陆经贸法律规范的构成

为因应两岸经贸发展的需要，近10余年来，台湾地区逐渐形成了一套相对独立的两岸经贸法律关系的法律规范，其具体构成如下：

---

* 关于行政立法，大陆法学界有两种定义：一种从主体的角度，指行政机关依照法定的权限和程序制定行政规则和行政规章的活动，其范围包括了行政法规、部门规章和地方政府法规；另一种从内容角度，认为行政立法是指有关国家机关制定行政法律规范的立法活动，其范围包括行政法规和人大制定的行政性的法律和地方性法规。本文采前一种定义。另外，前一种意义上的行政立法乃行政法学理上的名称，而非法定名称，惟其相关用语因学者探究角度不同而显得庞杂，在台湾，有称委任立法者，也有称行政立法者，又有称行政命令者；在大陆，学者大多以行政立法称之（吴万得：《行政立法的概念及其意义》，《行政法学刊》，2000年第2期）。本文使用行政立法的名称，指台湾地区行政机关依照法定的权限和程序制定行政命令的活动和结果，侧重于行政立法静态方面的含义。"行政立法"作为动词理解是指行政机关的立法活动，包括制定行政法规、部门规章和地方规章等的活动。"行政立法"作为名词理解，是指已经制定出来的有关行政行为的法律、法规、规章。

** 本文原载于《台湾研究集刊》，2006年第4期。

① 由于台湾有关大陆经贸立法采行的时有特别法适用特别法，无特别法适用普通法的立法方式，如《台湾地区与大陆地区人民关系条例》第1条后段规定："本条例未规定者，适用其他有关法令之规定"；《在大陆地区从事投资及技术合作许可办法》第2条规定："台湾地区人民、法人、团体或其他机构在大陆地区从事投资或技术合作，依本办法之规定办理；本办法未规定者，适用其他有关法令之规定"；《台湾地区与大陆地区贸易许可办法》第2条也有类似规定，因此，台湾对大陆经贸立法包含了两方面的内容，其一是一般性的涉外经贸法令，如《贸易法》；其二是专门性对大陆经贸法令，如《台湾地区与大陆地区贸易许可办法》、《在大陆地区从事投资及技术合作许可办法》。本文主要以后者为研究对象。

1.“宪法增修条文”第11条

1991年5月台湾当局对实施了40余年之久的“宪法”进行了第一次增修，在“宪法增修条文”中规定：“自由地区与大陆地区间人民权利义务关系及其他事务之处理，得以法律为特别之规定”。① 该条文首次在“宪法”层面将两岸关系定位为“一国两区”，并为立法机关制定两岸关系法令提供了法源依据，确立了两岸经贸交流的“宪法”基础。

2.“立法院”制定的“法律”：《台湾地区与大陆地区人民关系条例》

以“宪法增修条文”为依据，1992年7月，台“立法院”通过了酝酿多年的《台湾地区与大陆地区人民关系条例》（以下简称“两岸人民关系条例”）。“两岸人民关系条例”是一部全面规范两岸人民交往中出现的民事、刑事、经济、行政等法律问题的综合性立法，也是台湾当局调整两岸人民关系之母法，它的出台，标志着台湾大陆政策的系统化、规范化和法制化的开始。“两岸人民关系条例”颁布迄今，先后历经了9次修正，最后一次修正为2006年7月。该条例共分6章，其中规范两岸经贸事务的条款集中体现在第2章及第5章部分条款中，这些条款主要就两岸贸易、投资、金融交流法律问题作了原则性规定，并将具体实施办法的定制权授权相关行政部门。

1992年9月，台“行政院”根据“两岸人民关系条例”第96条的授权，订定了《台湾地区与大陆地区人民关系条例实施细则》，“实施细则”就“两岸人民关系条例”一些问题作了具体的规定，并与“两岸人民关系条例”一并于1992年9月18日正式施行。

3.“行政部门”制定的法规

(1) 贸易方面：《台湾地区与大陆地区贸易许可办法》等

在两岸自发的民间贸易推动下，1985年7月台湾当局宣布了“转口贸易三原则”，1988年8月又出台了“大陆产品间接输入处理原则”，允许大陆产品有条件地间接输入台湾。20世纪90年代初，两岸贸易额不断上升，为

① 1991年以来，台湾当局对其所谓“宪法”共进行了多次增修，该条文在1997年7月前订于“中华民国宪法增修条文”第10条，之后调整为第11条。

因应这一形势的发展，台湾当局于1990年8月及1992年3月先后发布了《对大陆地区间接输出货品管理办法》、《大陆地区物品管理办法》等“权宜性”法令。1993年4月依照“两岸人民关系条例”第35条的授权，台“经济部”发布了《台湾地区与大陆地区贸易许可办法》，该办法全文13条，除规定两岸贸易方式外，还对大陆物品允许输入台湾的种类、通关等等问题作了规定。

以《台湾地区与大陆地区贸易许可办法》为法源，近10余年来，台湾当局陆续出台的相关法令有《大陆物品输入管理规定》、《古物、宗教文物、民族艺术品、民俗文物、艺术品、文化资产维修材料及文教活动所需少量物品之输入条件》、《进口大陆物品自用研究用样品之处理原则》、《大陆地区产业技术引进许可办法》等等数十项。

（2）投资方面：《在大陆地区从事投资或技术合作许可办法》等

1987年11月台湾当局开放大陆探亲后，台湾厂商不顾种种禁令，纷纷奔赴大陆投资设厂，日益成为一股人力所无法抗拒的潮流，台湾当局被迫于1990年10月公布了《对大陆地区从事间接投资或技术合作管理办法》，随后公布了首批准许赴大陆间接投资的3千余项投资项目。1993年3月，依照“两岸人民关系条例”第35条的授权，台湾“经济部”正式出台了《在大陆地区从事投资或技术合作许可办法》，同时废止了《对大陆地区从事间接投资及技术合作管理办法》。《在大陆地区从事投资或技术合作许可办法》全文共15条，主要就台湾厂商对大陆投资及技术合作的方式、出资种类、申请程序等问题作了具体的规定。

以《在大陆地区从事投资或技术合作许可办法》为法源，近10余年来，台湾当局先后出台了《在大陆地区从事投资或技术合作项目审查原则》、《大陆投资负面表列——农业、制造业及服务业等禁止赴大陆投资产品项目表》、《在大陆地区投资晶圆厂审查及监督作业要点》、《违法在大陆地区从事投资及技术合作案件裁罚基准》等管理办法。

（3）金融方面：《台湾地区与大陆地区金融业务往来许可办法》等

长期以来，两岸金融业务往来开放的速度与程度远远不如贸易和厂商投资。20世纪90年代以前，两岸金融合作与交流基本上是空白，近数年来才有了初步的发展，目前尚处于低层次往来阶段。对于金融这一相对敏感的行业，台湾当局一向高度重视，并分别于1993年4月、1994年9月、1996年10月根据“两岸人民关系条例”第38条的授权，由“财政部”依次发布了《台湾地区与大陆地区金融业务往来许可办法》、《台湾地区与大陆地区保险业务往来许可办法》、《台湾地区与大陆地区证券及期货业务往来许可办法》等法规，对与大陆进行金融业务往来的机构及业务范围等作了规定。

（4）商业行为：《在大陆地区从事商业行为许可办法》等

所谓“商业行为”主要指在大陆地区从事投资、技术合作及贸易以外之从事工商活动所需之各类管理及咨询顾问服务、从事商品或服务之促销及各类推广服务、从事商情调查等行为，乃两岸经贸交流重要内容之一。1994年台“经济部”根据“两岸人民关系条例”第35条授权，发布了《在大陆地区从事商业行为许可办法》，办法主要规定了台湾地区人民、法人、团体或其他机构在大陆地区从事商业行为之申请、审查等事项，若为从事投资、技术合作及贸易所衍生的相关商业行为则不予适用。此外，商业行为一旦转换为投资、技术合作及贸易行为，就必须适用《在大陆地区从事投资或技术合作许可办法》或《台湾地区与大陆地区贸易许可办法》。

以《在大陆地区从事商业行为许可办法》为法源，台湾当局还先后出台了《在大陆地区设立办事处从事商业行为审查原则》、《在大陆地区从事商业行为应经许可或禁止之事项公告项目表》等。

（5）知识产权方面：《大陆地区人民在台申请专利及商标注册作业要点》

专利权、商标权直接关系工商业者的切身利益，健全的专利、商标制度对于两岸经贸关系的正常发展有着重要的影响，因此，知识产权问题一直是两岸交流一系列法律问题中引人注目的问题之一。为配合两岸经贸交流的需要，1994年5月台“经济部”发布了《大陆地区人民在台申请专利及商标注册作业要点》，该要点主要就大陆自然人、法人如何通过委任在台专利商标主管机关登记有案之专利代理人或商标代理人，在台湾地区申请专利、注册商标问题作了具体规定。

从台湾对大陆经贸法规体系构成及其相关内容可见，“两岸人民关系条例”采行的是高度“空白授权”的立法模式，行政部门的行政立法在其中占有重要地位，并以“授权命令”为主，① 这些授权命令在相当程度上掌控着两岸经贸交流的“话语权”。由于两岸关系复杂多变，涉及面广，规范这一领域的“母法”——“两岸人民关系条例”较高程度地“授权”行政部门订制专业性强、时效性高的实施办法有其必要，然值得探讨的是，一直以来尤其是陈水扁执政期间，台湾当局始终以“管制”为处理两岸经贸交流的主要政策导向，行政立法因此成为“管制”两岸经贸交流的重要工具，并呈现出“泛化”与“缺位”并存的现象。

二、行政立法的“泛化”

所谓行政立法“泛化”是指政府制定和实施的经济管理法规和规章，超过了立法机关制定的经济管理法律，并且进入了它不该介入的领域，成为“人治”甚至“计划”的翻版，造成了市场主体的巨大成本。② 台湾对大陆经贸行政立法“泛化”现象在诸多方面有所体现。

第一、台湾对大陆经贸行政立法“泛化”现象首先表现为“立法院”立法与行政部门立法的严重失衡。以贸易问题为例，在台湾现行大陆经贸立法构成中，以“法律”位阶规范两岸贸易关系仅一条款，即“两岸人民关系条例”第35条第3款：“台湾地区人民、法人、团体或其他机构，经主管机关许可，得从事台湾地区与大陆地区间贸易；其许可、输出入物品项目与规定、开放条件与程序、停止输出入之规定及其他输出入管理应遵行事项之办法，由有关主管机关拟订，报请‘行政院’核定之。”相反，近10余年来，台湾行政部门却出台了《大陆物品输入管理规定》、《大陆地区产业技术引

① 因为《行政程序法》的制定，台湾所以原本授权命令与职权命令的区分，现已用法规命令与行政规则代替。本文为了行文方便，仍采授权命令之用语。

② 周林彬：《法律经济学论纲》，北京大学出版社，1998年版，第304-306页。

进许可办法》大量相关的行政立法，据不完全统计，多达20余项。[①] 从定量的角度判定行政立法是否存在“泛化”问题似乎难以找到绝对的标准，然台湾方面在两岸贸易问题上以“两岸人民关系条例”第35条第2款的“寥寥数语”对之20余项行政立法的“洋洋洒洒”的悬殊比例，仍可以认定为行政立法存在“泛化”现象。大陆学者周林彬在分析大陆经济行政管理法规“泛化”现象时引用了如下一组统计加以佐证：1979年间，国务院及其部委制定了有关涉外经济管理事项的400多个法规和规章，约等于全国人大及其常委会所立法涉外经济法律的7倍。[②] 以此为参照，台湾大陆经贸立法则显然存在行政“泛化”问题。

第二、台湾规范两岸经贸关系的行政立法以源自授权为主，权源主要出自“两岸人民关系条例”，相关条款包括第28、35、36、37、38、69、73等等，检视这些条款可见其鲜明的“高度空白授权”特征。以“贸易、投资及商业行为”问题为例。长期以来，“两岸人民关系条例”有关大陆地区人民大陆投资或进行商业活动以及两岸贸易的规定为：“台湾地区人民、法人、团体或其他机构，非经主管机关许可，不得在大陆地区从事投资或技术合作，或与大陆地区人民、法人、团体或其他机构从事商业行为。台湾地区与大陆地区贸易，非经主管机关许可，不得为之。前二项许可办法，由有关主管机关拟订，报请‘行政院’核定后发布之。”[③] 2003年7月台湾当局对“两岸人民关系条例”进行大幅调整时，为配合新《行政程序法》确立的授权明确性原则，[④] 该条文被修改为：“台湾地区人民，法人、团体或其他机构，经‘经济部’许可，得在大陆地区从事投资或技术合作；其投资或技术合作之产品或经营项目，依据国家安全及产业发展之考虑，区分为禁止类及一般类，由‘经济部’会商有关机关订定项目清单及个案审查原则，并公告

① 笔者根据台湾“国贸局”网站相关资料统计，http：//cweb. trade. gov. tw/kmDoit. asp? CAT328&CtNode =600。

② 周林彬：《WTO规则与中国经济法理论的创新——一种法律经济学的观点》，中国政法大学出版社2003年，第51页。

③ 第八次修订之前之“两岸人民关系条例”第35条。

④ 台湾《行政程序法》第150第2项规定：“法规命令之内容应明列其法律授权之依据，并不得逾越法律授权之范围与立法精神”。

之。但一定金额以下之投资，得以申报方式为之；其限额由‘经济部’以命令公告之。台湾地区人民，法人、团体或其他机构，得与大陆地区人民、法人，团体或其他机构从事商业行为。但由‘经济部’会商有关机关公告应经许可或禁止之项目，应依规定办理。台湾地区人民、法人、团体或其他机构，经主管机关许可，得从事台湾地区与大陆地区间贸易；其许可、输出入物品项目与规定，开放条件与程序，停止输出入之规定及其他输出入管理应遵行事项之办法，由有关主管机关拟订，报请行政院核定之。第一项及第二项之许可条件、程序、方式，限制及其他应遵行事项之办法，由有关主管机关拟订，报请行政院核定之。”比较两者，新条文一定程度上改变了旧条文投资、贸易许可办法“由有关主管机关拟订，报请行政院核定后发布之”这一完全空泛、极具弹性的授权立法方式，而将行政机关拟定管理办法的范围限定于“许可条件、程序、方式、限制及其他应遵行事项”或“许可、输出入物品项目与规定，开放条件与程序，停止输出入之规定及其他输出入管理应遵行事项”，但“两岸人民关系条例”将两岸投资、贸易上述事项笼统授予行政部门仍显过于宽泛。这不仅因为上述事项的制定权对两岸经贸交流有实质性意义，更由于在台湾目前的政治体制与决策机制下，执政当局对两岸经贸交流的消极立场与政策容易通过行政立法得以实现。

由上可见，台湾大陆经贸立法中行政立法“泛化”倾向明显。行政立法“泛化”的法律结果之一即行政部门的行政权空间被高度放大，不同的执政党执政，会因其“两岸交流”理念的差异，对“两岸人民关系条例”的作不同的解读，通过制定和修改相关的许可办法等对两岸关系产生实质性影响。总言之，执政者决定执行力，“两岸人民关系条例”执行效果在相当程度上取决于哪个政党执政。

三、行政立法的“缺位”

2003 年 10 月台“立法院”对“两岸人民关系条例”进行了第 8 次修

订。"两岸人民关系条例"的此番修订被认为是近10余年来最大的一次变动,① 内容涉及两岸协商、人员往来、入出境制度及担任大陆地区职务或成员、联合设立法人、缔结联盟或为合作行为、经贸往来、文教往来等诸方面，其中两岸经贸往来或与两岸经贸往来有关的变动主要有：（1）建立复委托机制，授权海基会经过委托机关同意，得委托其他具公益性质的法人，协助处理两岸未来事务；（2）维持直航许可制，台湾船舶、航空器及其他运输工具，经主管机关许可，可航行至大陆，台湾交通主管部门应会同有关机关在18个月内订定管理办法；（3）改大陆投资产业分类为一般类与禁止类，并建立新管理机制；（4）参照侨外投资核准制度，适度开放大陆人民经许可在台湾从事投资行为；（5）经许可进入台湾的大陆物品、劳务、服务或其他事项，得在台湾从事广告活动；（6）台湾金融、保险、证券期货机构经许可得与大陆有业务上直接往来，并在大陆设分支机构；（7）放宽民众携带小额大陆币券进出台湾地区；（8）增订境外航运中心与"小三通"法源依据。上述多数议题的落实有赖于行政部门出台具体的实施办法予以配合。然而，"两岸人民关系条例"第8次修订迄今已近3年，台行政部门虽然新出台了《大陆地区物品劳务服务在台湾地区从事广告活动管理办法》、《民众携带人民币出入境限额规定》等行政命令以因应"两岸人民关系条例"第38条、第34条的调整,② 但在直航、陆资对台投资、复委托机制等两岸经贸交流核心议题上，相关配套子法始终付之阙如。

1. "两岸直航"配套子法的缺位

台湾第5届"立法委员"选举结束后，"立法院"在泛绿阵营与泛蓝阵营两大联盟对立之下，"直航条款"在"两岸人民关系条例"修正草案审议

---

① 据统计，"两岸人民关系条例"原条数102条，本次共修正83条，修正后总条数计132条，修正幅度超过80%。

② "两岸人民关系条例"第34条规定："依本条例许可之大陆地区物品、劳务、服务或其他事项，得在台湾地区从事广告之播映，刊登或其他促销推广活动。前第一项广告活动之管理，除依其他广告相关法令规定办理外，得由'行政院大陆委员会'会商有关机关拟订管理办法，报请'行政院'核定之。"第38条规定："大陆地区发行之币券，除其数额在财政部所定限额以下外，不得进出入台湾地区。但其数额在所定限额以上，自动向海关申报者，由旅客自行封存于海关，出境时准予携出。主管机关于必要时，得订定办法，许可大陆地区发行之币券，进出入台湾地区。"

过程中，始终是最关键的争点所在。[①] 经过蓝绿双方阵营的激烈角逐，条例中的“直航条款”条款有一定程度的突破，原“大陆船舶、民用航空器及其他运输工具，非经主管机关许可，不得进入台湾地区限制或禁止水域、台北飞航情报区限制区域。前项限制或禁止水域及限制区域，由‘国防部’公告之。第一项许可办法，由交通部会同有关机关拟订，报请行政院核定后发布之”的规定，[②] 被修正为“‘中华民国’船舶，航空器及其他运输工具，经主管机关许可，得航行至大陆地区。其许可及管理办法，于本条例修正通过后十八个月内，由交通部会同有关机关拟订，报请行政院核定之；于必要时，经向立法院报告备查后得延长之”，[③] 其主旨即希望通过通航“日出条款”推进两岸“三通”早日实现。“两岸人民关系条例”第八次修订至今早已超过 18 个月的限期，但台湾行政部门却置“法律授权”而不顾，“直航条款”配套子法始终处于缺位状态，从而导致了“两岸人民关系条例”中“直航条款”的“休眠化”。

2. “陆资对台投资”配套子法的缺位

近 20 多年来，海峡两岸的经贸关系有了长足的发展，但台湾方面的大陆经贸政策法令却一直没有真正全面突破“间接、单向”的限制。在这种政策法令的规制下，长期以来，两岸间的经贸交往并没有体现自由、平等与公正的原则，尤其是在投资关系方面，基本上是台湾方面的人、物、资金等生产要素单向流入大陆，而大陆厂商则不能入岛投资设厂。两岸加入 WTO 后，台湾方面虽然没有从根本上改变原有陆资对台投资的法律限制，但进行了一定的调整。2003 年 10 月台湾“立法院”就“两岸人民关系条例”作了第 8 次修订，其中有关两岸投资关系最重要的变动之一即参照侨外投资核准制度，适度开放大陆人民、法人、团体、其他机构或其余第三地投资的公司，经许可在台湾从事投资行为。条例增设了第 73 条第 1、3 款，规定：“大陆地区人民、法人、团体，其他机构或其于第三地区投资之公司，非经主管机

---

① 李炳南、彭艾乔：《“台湾地区与大陆地区人民关系条例”的第八次修订——主要议题之分析》，“两岸政经发展”研讨会论文（2005 年，金门）。

② 第八次修订前之“两岸人民关系条例”第 28 条。

③ 第八次修订后之“两岸人民关系条例”第 28 条。

关许可，不得在台湾地区从事投资行为”，“第一项所定投资人之资格，许可条件、程序、投资之方式、业别项目与限额、投资比率、结汇、审定、转投资，申报事项与程序，申请书格式及其他应遵行事项之办法，由有关主管机关拟订，报请‘行政院’核定之”。[①] 经过以上调整，在“法律”层面，台湾方面突破了原有“单向”性的两岸投资关系立法模式，开始有条件允许大陆地区法人、团体、其他机构或陆资公司对台投资。然而，与“直航条款”一样，由于台湾行政部门一直未颁行相关子法，开放陆资对台投资只能停留在“母法”的宣示层面。2004 年 6 月台“陆委会”确立了陆资赴台投资的“三不原则”：一、不得超过侨外来台投资范围；二、不得投资禁止台商赴大陆投资的项目；三、不得投资台湾当局目前正在推动发展的新兴产业。“三不原则”的出台进一步表明，台湾开放陆资来台投资，宣示性意义大于实质性意义。

3. “复委托”配套子法的缺位

“两岸人民关系条例”第八次修订中，还有一项但是几乎无争议，结果却引起海峡两岸共同关瞩目的议题：那就是“复委托”机制。[②] 修订前的条例第 4 条规定：“行政院得设立或指定机构或委托民间团体，处理台湾地区与大陆地区人民往来有关之事务。前项受托民间团体之监督，以法律定之。第一项委托办理事务之办法，由‘行政院’定之”。修改后的条例规定，除“海基会”外，“陆委会”或其他主管机关可按所属事务的性质与需要，委托符合相关资格的民间团体协助处理两岸事务；“陆委会”委托处理两岸事务的机构或民间团体（包括“海基金”）可“复委托”其他法人协助处理两岸事务。这表明，“海基会”将不再是台当局唯一授权处理两岸事务的机构，将一定程度上被各种“复委托”的民间机构与团体取代，民间机构由此被引

① 第八次修订前之“两岸人民关系条例”规定为：“大陆地区人民、法人、团体或其他机构，持有股份超过百分之二十之外国公司，得不予认许。经认许者，得撤销之。外国公司主要影响力之股东为大陆地区人民、法人、团体或其他机构者，亦同”（第 73 条），第修订后增设了第 73 条之一及第 73 条之二。

② 李炳南、彭艾乔：《“台湾地区与大陆地区人民关系条例”的第八次修订——主要议题之分析》，“两岸政经发展”研讨会论文（2005 年，金门）。

进两岸协商渠道。“复委托”机制法源的建立，被台湾方面认为是条例第八次修订非常重要的成果，将有助于改善两岸关系僵局。但自从该机制设立之后，迟迟未见台湾当局的实施办法出炉，换言之，就算“复委托”机制已经有了法源，但没有实施办法，一切都只能是空谈。①

行政立法“缺位”是近年来阻碍两岸经贸交流的原因之一。为改变这一状况，基于政党轮替后“朝小野大”的行政立法互动格局及国民党两岸经贸交流思维导向一定程度上的转变，台湾“立法院”在部分议题上不得不以明订“日出条款”的方式制衡行政机关的行政立法不作为，但由于体制上的原因，“日出条款”似乎无法从根本上解决问题。②

四、行政立法“泛化”与“缺位”成因探析

行政立法是指行政机关依照法定权限和程序制定行政法规、规章的活动及结果。晚近，由于议会等代议制机构日益无法适应社会发展的需要，而经济危机以及深度经济结构和社会结构失衡带来的市场失范等社会问题，从某一侧面又凸显了政府的作用，行政立法应运而生，并在社会生活中充当着越来越重要的角色。两岸交流衍生的法律问题复杂多样，非但涉及民事、经济问题，同时也涉及行政、刑事等问题，“是故欲以立法解决两岸人民由往来而生的法律冲突问题，一则须有‘时代法理’之根据，再则须有相当程度的‘政治法’的意义。在立法技术上将此诸问题，概括性的置于同一法律中处理。事项虽多，但文字宜简，裨利两岸人民之了解”。③ 也就是说，台湾当局规范两岸人民关系的综合性“母法”采行较高程度的“授权立法”方式有其特殊的客观必要性，近10余年来，有关两岸经贸交流的行政立法不但弥补了“两岸人民关系条例”骨骼式立法的不足，早期更有填补“立法院”

① 李炳南、彭艾乔：《“台湾地区与大陆地区人民关系条例”的第八次修订——主要议题之分析》，“两岸政经发展”研讨会论文（2005年，金门）。

② 同上。

③ 刘清波：《两岸人民交流的立法原理和国家整合》，载《两岸法律适用之理论与实务》，台湾蔚理法律出版有限公司，1993年版，第14页。

立法“真空状态”之功能，有其一定意义。但近些年来日益凸现的“泛化”与“缺位”问题，却严重阻碍了两岸经贸关系的正常发展，究其原因，似可从以下方面探寻。

第一，长期以来，台湾当局始终注重对岛内经济活动的干预，早期更采“政府主导型”宏观经济管理模式，以直接限制及管理人民经济活动之经济管制法令为核心，① 行政立法在台湾经济生活中始终扮演着重要角色。20 世纪 90 年代后，在渐进演变中台湾逐步建立起了自由市场经济体制，在立法上则表现为开始注重与国际规则接轨，重视有关市场规制法律规范的制定，其标志性立法即 1992 年出台的《公平交易法》，这部有着“经济宪法”之称的法令的制定象征着台湾当局进行市场干预理念上的转变。但经济立法理念实务上一定程度的转变并不意味着台湾“政府角色”已走向英美的“服务性”模式，这一时期台湾当局仍然通过了如《“国家”六年建设计划》等一系列经济发展计划与策略。两岸经贸交流问题一直被台湾当局认定是非单纯的“经济议题”，而被放大为与所谓“台湾定位”、“国家安全”密切相关的“政治议题”，“政府干预”立法的动机与痕迹自然更为明显。

第二，台湾原有行政立法，表面上因为采行“五权宪法制”，其监督体系较法国、德国、美国更为复杂。然实际上既未有德国式的授权实质限制，亦未有美国式的程序监督机制，法院审查亦相对宽松。② 从授权明确性原则来看，台湾的授权条文，长久以来都是不明确的，最普遍的就是在母法的最后一条说：“本法施行细节由主管机关制定”。至于施行细则到底要写什么，根本没说清楚，完全不符合授权明确性的要求。③ 台湾法律界人士张文贞先生 1995 年间检验了台湾 1200 个法规命令中，只有 103 个命令的授权有提供

---

① 廖义男：《经济法之发展与展望》，台湾《月旦法学杂志》，2003 年第 9 期。

② 汤德宗：《论行政立法之监督》，载《行政程序法论》，台湾元照出版公司，2001 年版，第 222 页。

③ 杨智杰：《授权明确性原则之法理分析与经济分析》，http：//homepage. ntu. edu. tw/ ~ d92341001/ lawpaper/economic_ anlaysis_ of_ specific_ delegation. htm。

相当标准，占8.6%。[①] 1999年以来，随着《行政程序法》的颁行，授权明确性原则正式确立，[②] 然而，各行政机关对《行政程序法》的因应是，一一检查其下的子法，看看是否有明确的授权依据，倘若无，则赶紧提出一个母法的修正草案，送到“立法院”，待“立法院”通过。[③] 从这样的行动可以发现，台湾的行政命令并没有因为授权明确性的要求而更保障人民权益，因为实质的内容都没变。反之，却耗费大量行政成本，拖垮立法程序。[④] 从事后监督机制来看，虽然台湾的授权命令受到行政、立法、司法、考试、监察多种管道的监督，例如按照《“立法院”职权行使法》规定，所有授权命令订定后都要送到“立法院”，倘若“立法院”对于该行政命令认为有违反、变更或抵触法律者，或应以法律规定之事项而以命令定之者，可经由决议后，通知原定颁机关更正或废止之，[⑤] 但在一些具有争议性的问题上，现有的事后监督机制似乎未能发挥应有的功能，两岸经贸立法中的“直航条款”即为典型例证。如前所述，为推动两岸“直航”的实现，台“立法院”在2003年10月“两岸人民关系条例”第八次修订时增设了“日出条款”，然而，当行政部门对“日出条款”置之不理时，“立法院”只能寻求再次修订“两岸人民关系条例”中的“直航条款”。

第三，关于行政立法，英国部长权力委员会于1932年提出的著名的“杜哥赫姆报告”（DonoughmoreReport），提出了如下支持的理由：（1）议会受时间的限制，必须将具体的法律细节交由行政机关加以规范；（2）立法事项的专业化特点使拥有大量专家的行政立法更为适宜；（3）议会对难以预见的情况很难制定有效的规范；（4）立法需要一定程度的灵活性；（5）行政

① 张文贞：《行政命令订定程序的改革——多元最事原则程序的提出》，台湾大学法研所硕士论文，1995年，第90－91页。

② 台湾“行政程序法”第150第2项明订：“法规命令之内容应明列其法律授权之依据，并不得逾越法律授权之范围与立法精神”；第174条之一进一步规定：“本法施行前，行政机关依‘中央法’规标准法第七条订定之命令，须以法律规定或以法律明列其授权依据者，应于本法…，以法律规定或以法律明列其授权依据后修订或订定；逾期失效”。

③ 杨智杰：《授权明确性原则之法理分析与经济分析》，http：//homepage. ntu. edu. tw/～d92341001/lawpaper/economic_ anlaysis_ of_ specific_ delegation. htm。

④ 林美玲：《数百法案待审，行政程序法最棘手》，台湾《联合报》，2001年9月1日。

⑤ 台湾《“立法院”职权行使法》，第60、61、62等条文。

立法灵活且容易修改，适宜于进行社会改革实验；（6）紧急状态下行政立法更加成为不可或缺。台湾“两岸人民关系条例”大量采用“授权立法”方式，赋予行政部门掌控两岸关系高度权限除了基于上述考量外，另一重要原因在于，条例制定之初国民党当局不愿让“立法院”拥有处理两岸关系的“主控权”、“主导权”、“主动权”。这一立法模式在政党轮替后被民进党当局充分利用。陈水扁执政时期不一致的“府院”关系、“朝小野大”的格局以及“泛蓝”与“泛绿”在“开放”或“管制”两岸经贸交流立场上的种种歧见，使得民进党当局“限制性”大陆经贸政策更倾向于通过行政部门的行政规范得以体现。而在另一方面，在野党似乎亦未理性运用《“立法院”职权行使法》等法令赋予的职权，就相关行政命令以监督、审查。事实上在野党六年来空自拥有“立法院”多数席次，却从未以具体行动将其主张与理念落实于相关法规上，充分显示其无知无能，也因而授予“执政党”推诿拖延回避的最大空间。①

“两岸人民关系条例”宽泛的授权立法方式无疑为台行政部门限制两岸经贸往来提供了平台。对此，台湾各界人士多有批评。台湾媒体评论道：“依该条例之规范，台湾人民与对岸贸易，须经主管机关许可，而其许可之项目、程序、办法等，完全授权主管机关拟定。对于两岸之间的商业行为，‘经济部’也能公告禁止或应经许可之项目，超越许可范围即不得进行”，“这样的立法授权完全没有指明许可或不许可的原则与范围，堪称空白授权”；“该项规范台湾人民赴中国大陆的投资或技术合作，其管制内涵比贸易要严格得多。对于赴对岸投资或技术合作，‘依据国家安全及产业发展之考虑’，得由经济部拟出禁止名单或金额限制。至于什么是‘国家安全’、什么是产业发展、能禁止多少项目、限制之金额要如何计算，完全交由‘经济部’以行政命令订之，也形同一项空白授权”；“正因为授权空白如此，所以经济部与陆委会等行政机关可以上下其手，松紧之间完全系乎一个人、一篇文告、或积极（有效）等一两个形容词的调整。经济部虽然可以召集产、官、学会商讨论，但要找哪些御用学者或业者参与背书，完全由他们自行决

① 《直航条款只是搬开一块大石头》，台湾《联合报》，2006年5月16日。

定。正因为如此，才会订出一些令大多数业者捶胸顿足的奇怪规范”。[①] 对于两岸经贸立法中空白立法泛滥问题，许宗力先生早有强力的批评，许先生认为：两岸关系条例将关系人民权益至钜的许可办法与限制要件等重要内容，全盘委由“行政院”以命令定之，显有“以命令代替法律”的严重缺失。行政命令虽具有弹性、迅速的优点，且法理也不禁止“委任立法”的采行，问题是“委任立法”绝不可空白授权，换言之，授权母法至少必须对授权的目的、内容与范围做原则性的明确规定，而被授权的行政机关所以能以命令规定者，亦仅限于授权范围内之更具体、更细节的事项而已。[②] 李炳南教授在对“两岸人民关系条例”第八次修订主要议题深入分析后亦提出：有了法源之后，若被束之高阁，徒法亦难以自行，其中显现的是，行政当局的主导力量，比之于朝野各政党的影响力，是有过之而无不及。[③] 因此，亲民党主席宋楚瑜先生呼吁：目前（台湾方面）以行政命令来曲解当前政治和安全问题，应是到了好好重新检讨的时候了。[④]

---

① 主要指台湾“两岸人民关系条例”第35条，下同。《两岸经贸关系是朝野政党的寒假作业（二之一）》，台湾《中国时报》，2006年1月23日。

② 许宗力、魏逢亨、吕荣海：《两岸关系法的尝试与突破》，台湾业强出版社，2000年版，第109页。

③ 李炳南、彭艾乔：《“台湾地区与大陆地区人民关系条例”的第八次修订——主要议题之分析》，“两岸政经发展”研讨会论文（2005年，金门）。

④ 岳武熊：《亲民党主席宋楚瑜今天赴上海参加两岸论坛》，http：//www. apfnews. net/modules/newschina/article. php？storyid = 1197。

两岸互涉性经济立法:演进路径、框架构成及待遇问题*

彭　莉

20世纪80年代后期,两岸关系在民间交流领域找到突破口,以日新月异之势迅猛发展,并由此衍生了大量的法律问题。这些因历史遗留和现实交往而产生的法律问题相当程度上促使了两岸交流法制由以单纯的政策宣示或刑事规范为内容转向综合性规范的建立,两岸互涉性经济立法由此展开,并逐步成为双方法制建构中不可忽视的重要内容之一。20余年来,两岸互涉性经济立法伴随着两岸经济关系的跌宕起伏而曲折前行,取得了一定的成效,也存在诸多有待完善的空间。本文拟从演进路径、框架构成及经贸待遇等层面就此试做分析。

一、两岸互涉性经济立法的演进路径

(一)大陆方面:从法规到法律

1949年到20世纪70年代末,大陆对台政策是"解放台湾",这在《中国人民政治协商会议共同纲领》、1978《宪法》中均有体现。1979年元旦,全国人大常委会发布了《告台湾同胞书》,倡议尽快结束两岸军事对峙状态,实现通航、通邮、通商,进行旅游观光、探亲访友、学术、体育工艺等交流。1981年9月叶剑英委员长在向新华社记者发表的谈话中,进一步提出了实现两岸和平统一的九条方针政策。1982年,"和平统一"对台方针首次被载入《宪法》之中。

"和平统一"对台方针的确立,标志两岸关系发展开始进入一个新的发展

* 本文原载于《当代亚太》,2008年第4期。

阶段。为落实这一方针，规范两岸间的各项交流活动，20世纪80年代后期以来，大陆方面相继制定了一系列专门性涉台法律、法规和司法解释，涉台经济立法活动由此开启。所谓涉台经济立法即规范大陆与台湾地区间经济关系的法律、法规，因此，它的产生、发展始终无法摆脱两岸经济关系的大背景，换言之，不同阶段两岸经济关系发展的重点，直接影响着大陆涉台经济立法的进程。大体而言，大陆涉台经济立法的演进大致可分为两阶段：第一，单一化时期（1988年－1995年）。1988年至1995年间，大陆涉台经济立法主要以台商大陆投资为核心内容。众所周知，20世纪80年代末期，两岸经济关系出现了新的转折，随着大陆对台经济政策的改变及台湾当局开放民众赴大陆探亲政策的推行，台湾岛内的"大陆热"日益高涨，台湾厂商借到大陆探亲的机会，纷纷到大陆考察市场，台商大陆投资机会大增。面对这一两岸经贸新形势，1988年大陆方面出台了旨在"鼓励台湾的公司、企业和个人在大陆投资"的《国务院关于鼓励台湾同胞投资的规定》（下称"22条"），①与此同时，各省市也纷纷制定了一系列鼓励台商投资的地方性法规以配合"22条"的实施。② 20世纪90年代后，台湾同胞来大陆投资经商逐步取代探亲访友成为两岸交往的主流，台商大陆投资项目、投资金额均大幅成长，1994年3月全国人大常委会又及时通过了《台湾同胞投资保护法》（下称"台胞投资法"）以为因应。"台胞投资法"颁行后，地方涉台投资立法再掀高潮。③ 除投资问题外，这一时期大陆涉台经济立法主要有1993年原外经贸部会同海关总署颁布的《对台湾地区小额贸易管理办法》。第二，多元化时期（1996年至今）。1996年以后，大陆涉台经济立法突破了在此之前以规范台商大陆投资为核心内容的特点，开始日渐多元化。在这一时期，涉台投资立法虽然仍为大陆涉台经济立法的重点之一，《台湾同胞投资保护法实施细则》（下称"实施细则"1999年12月）、《台湾同胞投资

---

① 《国务院关于鼓励台湾同胞投资的规定》第1条。

② 如《珠海经济特区关于鼓励台湾同胞投资若干问题的规定》（1989年4月）、《湖北省关于鼓励台湾同胞投资的规定》（1990年5月）、《黑龙江省鼓励台湾同胞投资的规定》（1991年4月）等，共约20项左右。

③ 如《厦门市台湾同胞投资保障条例》（1994年9月）、《北京市鼓励台湾同胞投资的若干规定》（1994年10月）等，共10余项。

企业协会管理暂行办法》(2003 年 3 月)等法规和规章先后颁行,但规范其他涉台经济活动的法规如《对台湾地区贸易管理办法》、《大陆居民赴台湾旅游管理办法》等也纷纷出台,内容广泛涉及贸易、海运、旅游、渔工劳务合作、经济技术展览等诸多方面,这些法规多为国务院各部委办及地方权力机关及行政机关所制颁。

由上可见,大陆涉台经济立法呈现较明显的地方先行探索、部门推动全局的演进路径。在涉台经济立法过程中,各省市、各行政部门的探索与创新,在相当程度上推动了涉台法制建设全局的发展。就地方立法而言,近 20 年来,全国绝大多数省市都出台了涉台经济法规,地方涉台经济立法数量庞大。这些地方性立法不但有助于该区域内涉台经济关系的发展,也为日后中央立法起到了一定的借鉴作用;在行政立法方面同样如此,再以投资问题为例,早在 1994 年"台胞投资法"制定之前,国务院便公布了"22 条",换言之,"22 条"的成功实践为"台胞投资法"的制定奠定了一定的基础。在大陆现行涉台经济法律架构中,国务院各部委办制定的行政规章数量最多,涉及面也最广,包括了两岸经济交流的方方面面,这些法规将为日后大陆制定综合性、高位阶的涉台立法提供有益的经验。

大陆涉台经济立法从法规到法律之建构模式的成因可以从不同面向考察,职权式的行政立法体制及权限较宽泛的地方立法体制应是其中主要原因之一。在美国、德国等西方国家,行政机关制定立法性规则或法规命令需要取得议会的明确授权,行政机关通常不享有立法职权。而在大陆,按现行立法体制,行政机关可以依据职权制定创制性的行政法规、规章,一般情况下无需权力机关另外授权。① 而根据《立法法》第 8、9 条的规定,大陆地方立法机关有权在相关法律尚未作出规定前,或为执行有关法律、行政法规的规定等情形下,结合本行政区域实际情况出台地方涉台经济法规、规章。涉台地方性经济立法虽有一定的特殊性,但对部分需要通过立法加以规范而制定全国法律、法规条件又尚未成熟的经济关系,地方立法在一定程度上被默许先试先行。这

① 张涛:《论授权式行政立法体制的确立》,《行政法学研究》,2006 年第 4 期。该文之目的在于论证以授权体制取代职权体制的可能。

一立法体制为大陆涉台经济立法从法规到法律的建构模式提供了可能性。

（二）台湾方面：从“法律”到法规

基于特殊的历史因素，长期以来，台湾岛内关于“两岸定位”一直存在着所谓“理想”与“现实”的冲撞，由此导致了两岸交流的法理结构有主观主义与客观主义之分。在主观主义与客观主义冲突中，由于时空变化及价值评价之异，可能出现四种立场，分别为：绝对主观主义、相对主观主义、相对客观主义、绝对客观主义。① 1949 年后，随着台湾岛内政经局势及价值理念的变化，台湾当局有关两岸交流的法理结构历经了以绝对主观主义为主导向相对主观主义为主导的嬗变，两岸经济交流也由“法律上的不可能”渐次转变为“有限制的法律上的可能”。② 20 世纪 90 年代初期是台湾进入了相对主观主义法理结构主导的关键时期时期，其主要表现为：第一，1991 年 4 月 30 日，台“总统令”发布了“宣告动员戡乱时期终止”，长期以来严重制约两岸经济关系的“惩治叛乱条例”第 4 条第 1 款第 6 项也随之正式废止。第二，基于“动员戡乱时期”的终止，台湾当局必须就大陆政权做一个“合宪”的定位。为此，1991 年 5 月公布的“宪法”增修条文明定：“自由地区与大陆地区间人民权利义务关系及其他事务之处理，得以法律为特别之规定”，③这一条文说明台湾方面正式在“宪法”层面将两岸关系的法律定位确立为“一国两区”，表明台湾方面有关大陆法制基本价值理念的变化，其法律后果之一即确立了两岸经济交流的所谓“宪法”基础。

按照“宪法”增修条文的规定，1992 年 7 月台湾“立法院”三读通过了酝酿 4 年之久的“台湾地区与大陆地区人民关系条例”（下称“两岸关系条例”），以“规范台湾地区与大陆地区人民之往来，并处理衍生之法律事

---

① 绝对主观主义主张“一个国家”，但完全隔绝两岸联系，从根本上“否定”大陆的存在，相对主观主义主张“一个国家”，但承认大陆之客观存在，以“一国两区”作为处理两岸互动关系的法理基础，并引用部分国际规则作为两岸交流之参考。参见尹章华：《论两岸交流之法理结构》，台湾《法令月刊》，第 45 卷第 1 期。

② 彭莉：《法理结构的改变与台湾当局的大陆经贸立法》，《厦门大学学报》（哲社版）。2005 年第 3 期。

③ 台湾《“宪法”增修条文》第 10 条。

件”。[1] 该条例虽然带有相当的保守性，但也反映出台湾务实的一面。首先，“两岸关系条例”承袭了“宪法”增修条文，将两岸关系定位为“一国两区”；其次，“两岸关系条例”类推适用了“国际私法”的基本原则，以解决因“一国两区”所形成的特殊法律现象——两岸既有法律规范对于“对岸人民”可能出现的“虚效”效应。“两岸关系条例”是一部全面规范两岸人民交往中出现的民事、刑事、经济、行政等法律问题的综合性立法，也是台湾方面调整两岸关系之母法。作为概括性的综合法，大量的“授权立法”或“委任立法”是“两岸关系条例”一大特色，尤其是在经济交流领域。以条例第35、36等条文为依据，1992年以来台湾方面陆续出台了大量有关两岸经济交流的配套法令，主要有“台湾地区与大陆地区贸易许可办法”、“在大陆地区从事投资及技术合作许可办法”、“台湾地区与大陆地区金融业务往来许可办法”等等，初步构成了台湾有关两岸经济交流的法规体系。近10余年来，台湾有关大陆经济立法在内部与外部、政治与经济、官方与民间各方力量的角力下曲折前行，虽然迄今仍然存在诸多“歧视性”、“限制性”的规定，但也在一定程度上因应了两岸日趋热烙的经济交流活动的需要。

与大陆不同，台湾有关大陆经济关系立法框架的建构历经了从“法律”到法规的演进过程。20世纪90年代初期以来，基于“宪法增修条文”有关两岸关系“一国两区”模糊定位的确立，1992年台湾“立法院”通过了研拟多年的“两岸关系条例”，以该“条例”为法源，台湾各行政部门从各自的职能角度陆续出台了投资、贸易、金融、人员往来等各领域的配套子法。虽然在“两岸关系条例”颁布之前，台湾当局曾出台了“对大陆地区间接输出货品管理办法”（1990年8月）“对大陆地区从事间接投资或技术合作管理办法”（1990年10月）等法令，但这些法令随着“两岸关系条例”的出台而陆续失效，大多属“应急之方”。台湾有关大陆经济关系立法框架从法规到“法律”之建构模式的成因同样可以从行政及地方立法体制角度进行考察。在台湾，“授权明确性原则”虽非“宪法”之明文规定，但是台湾主流理论一般认为该原则可以从“宪

---

① 台湾《台湾地区与大陆地区人民关系条例》第1条。

法”中自然推出而无待规定。1993年,台湾大法官首度在“释字第三一三号”的解释文中,正式引进了德国的授权明确性原则。① 1999年台湾“立法院”通过了“行政程序法”,授权明确性原则进一步被立为明文。另一方面,就台湾“地方制度法”及“两岸关系条例”进行全面考察可见,台湾的地方立法难以在两岸经济关系问题上似难有所作为,澎湖县政府2006年9月制定“澎湖大陆地区通航自治条例”被“交通部”、“内政部”等部门认定无效乃典型案例。这种立法体制相当程度上决定了台湾有关大陆经济关系法令框架的建构必须是从“法律”到法规的模式。

二、两岸互涉性经济立法的框架构成

(一)大陆方面:“低位阶”与“高位阶”

如前所述,20世纪80年代后期以来,两岸经济关系以日新月异之势迅猛发展。为解决由此衍生的大量的法律问题,大陆立法机关及相关部门出台一系列的法律、法规,其框架构成如下:第一层次为全国人大及其常委会通过法定程序制定的法律。1994年3月第八届全国人大常委会通过的“台胞投资法”是一部专门性的保护台湾投资者的法律,也是大陆唯一一部由全国人大常委会出台的涉台经济立法。第二层次为国务院颁布的行政法规。这一层面的立法主要有1988年的“22条”、1999年的《台湾同胞投资保护法实施细则》。此外,国务院于1991年制定的《中国公民往来台湾地区管理办法》虽非以经济问题为主要规范对象,却对两岸经济交往有一定影响。第三层次是国务院各部委办发布的有关规范两岸经济关系的行政规章和规范性文件。在大陆现行涉台经济法律架构中,这一层面立法的数量众多,涉及面也最广,主要包括(1)贸易方面:原外经贸部发布的《对台湾地区贸易管理办法》、《关于放开对台贸易经营权的通知》等;(2)海运方面:交通部发布的《台湾海峡两岸间航运管理办法》、原外经贸部发布的《关于台湾海峡两岸间

① 杨智杰:《授权明确性原则之法理分析与经济分析》,http://homepage.ntu.edu.tw/~d92341001/lawpaper/economic_anlaysis_of_specific_delegation.htm。

货物运输代理业管理办法》、交通部发布的《关于加强台湾海峡两岸间接集装箱班轮运输管理的通知》等；(3)旅游方面：国家旅游局发布的《大陆居民赴台湾旅游管理办法》等；(4)渔工劳务合作方面：原外经贸部等发布《关于向台湾地区远洋渔轮派遣渔工劳务有关问题的紧急通知》、《关于整顿对台远洋渔工劳务经营秩序的紧急通知》等；(5)经济技术展览方面：原外经贸部发布的《关于在祖国大陆举办对台湾经济技术展览会暂行管理办法的通知》等。第四层次为地方性涉台经济立法。近10余年来，大陆绝大多数省、直辖市和有立法权的市都制定了地方性涉台法规，如《北京市鼓励台湾同胞投资的若干规定》、《广东省实施 < 台湾同胞投资保护法 >办法》、《福建省闽台近洋渔工劳务合作办法》等。这些法规是对国家涉台法律、行政法规、行政规章的一种补充和完善，其作用不可低估。

上述框架显示，大陆涉台经济立法呈现一定程度的涉台投资立法“高位阶”与其他经济立法“低位阶”的特征。就投资问题而言，大陆已形成了较完整的涉台投资立法体系，不仅立法数量多，而且法律位阶高，“台胞投资法”及其“实施细则”、“22条”、地方专门性涉台投资法规，以及《中外合资经营企业法》、《中外合作经营企业法》、《外资企业法》等一般性涉外投资法，从横向与纵项一并构成了台商在大陆投资最基本的法律保障。就投资以外的其他经济问题而言，则主要以部门规章、地方法规及地方规章为主，呈现立法位阶不高、立法主体多元化的特点。长期以来，台商在大陆的投资活动始终是两岸经济交往中最重要的内容，相应地，由此衍生的法律问题也一直是两岸经济关系中一系列法律问题的核心部分，因而需要制定专门法来加以调整，在其他经济领域则更多地采取部门规章和地方立法的形式，这一立法方式体现了相当长一段时间内两岸经济交流的特点与“热点”，对促进两岸经济发展起到了积极作用。然而，两岸关系发展至现阶段，大陆对台政策已逐步趋向稳定，两岸经济交往不断多元化，两岸金融交流与合作等领域立法滞后现象日益凸显，现行立法框架中明显侧重于部分领域的立法模式已非最优选择。可考虑的调整路径即出台一部全面规范两岸关系的综合性立法，明确两岸经济交流的基本原则，并授权各行政部门根据实际需要出台相应的行政法规、规章。此外，鉴于台商大陆投资仍为两岸经济交流核心议题，因此专门性涉台投资立法仍具有无可替代的地位，但必须厘清"台胞投资法"与"实施细则"、"22条"间的关系，以使涉台投资立法架构更具合理性。

（二）台湾方面：行政立法的"泛化"与"缺位"

为因应两岸经济关系发展的需要，近10余年来，台湾地区同样形成了一套相对独立的两岸经济关系法律规范，其构成如下：第一、"宪法"。台湾"宪法增修条文"第11条规定："自由地区与大陆地区间人民权利义务关系及其他事务之处理，得以法律为特别之规定"，该条文确立了两岸经济交流的"宪法"基础；第二、"立法院"制定的"法律"。1992年7月，台"立法院"通过了酝酿多年的"两岸关系条例"。该条例共分6章，其中在第2章及第5章部分条款中就两岸贸易、投资、金融等法律问题作了原则性规定，并将具体实施办法的定制权授权相关行政部门。1992年9月，台"行政院"根据"两岸关系条例"第96条的授权，订定了《台湾地区与大陆地区人民关系条例实施细则》；第三、"行政部门"制定的法规命令。主要包括(1)贸易方面："台湾地区与大陆地区贸易许可办法"、"大陆物品输入管理规定"、"古物、宗教文物、民族艺术品、民俗文物、艺术品、文化资产维修材料及文教活动所需少量物品之输入条件"、"进口大陆物品自用研究用样品之处理原则"、"大陆地区产业技术引进许可办法"等数10项。(2)投资方面："在大陆地区从事投资或技术合作许可办法"、"在大陆地区投资晶圆厂审查及监督作业要点"、"违法在大陆地区从事投资及技术合作案件裁罚基准"、"大陆地区人民在台湾地区取得设定或移转不动产物权许可办法"等。(3)金融方面："台湾地区与大陆地区金融业务往来许可办法"、"台湾地区与大陆地区保险业务往来许可办法"、"台湾地区与大陆地区证券及期货业务往来许可办法"等。(4)商业行为方面："在大陆地区从事商业行为许可办法"、"在大陆地区设立办事处从事商业行为审查原则"等。(5)"小三通"方面："试办金门马祖与大陆地区通航实施办法"、"试办金门马祖与大陆地区通航人员出入境作业规定"、"大陆地区人民进入金门马祖数额"等；(6)人员往来方面："大陆地区专业人士来台从事专业活动许可办法"、"大陆地区人民来台从事商业活动许可办法"、"跨国企业内部调动至大陆地区人民申请来台服务许可办法"等。

上述框架显示,行政部门的"法规命令"在台湾有关大陆经济法令框架中占有重要地位,这些根据"两岸关系条例"授权而制定的法规命令在相当程度上掌控着两岸经济交流的"话语权"。由于一直以来尤其是陈水扁执政时期,台湾执政当局始终以"管制"为处理两岸经济关系的主要政策导向,行政立法因此成为"管制"两岸经济交流的重要工具,并呈现出"泛化"与"缺位"并存的现象。以贸易问题为例,在台湾现行大陆经济立法构成中,以"法律"位阶规范两岸贸易关系仅一条款,即"两岸关系条例"第35条第3款,而近10余年来,台湾行政部门却出台了"大陆物品输入管理规定"、"大陆地区产业技术引进许可办法"等大量相关的"法规命令",据不完全统计,多达20余项。在"泛化"的同时,台湾有关大陆经济立法还存在更为值得关注的行政立法"缺位"问题。2003年10月台"立法院"对"两岸关系条例"进行了第8次修订,大幅开放了原有的"限制性"经济政策,但在两岸经济交流部分核心议题上,相关配套子法迄今仍处于"缺位"状态。首先,"两岸直航"配套子法缺位。"两岸关系条例"第8次修订后,"直航条款"条款有一定程度的突破,原第28条条文被修正为"'中华民国'船舶,航空器及其他运输工具,经主管机关许可,得航行至大陆地区。其许可及管理办法,于本条例修正通过后18个月内,由'交通部'会同有关机关拟订,报请'行政院'核定之;于必要时,经向立法院报告备查后得延长之",其目的即希望通过通航"日出条款"推进两岸"三通"早日实现。然而,"两岸关系条例"第8次修订至今早已超过18个月的限期,台湾行政部门却置"法律授权"而不顾,"直航条款"配套子法始终处于缺位状态。第二、"陆资对台投资"配套子法缺位。"两岸关系条例"第8次修订有关投资问题最重要的变动之一即适度开放了大陆资金经许可得在台湾从事投资,在"法律"层面突破了原有"单向"性的两岸投资关系立法模式,开始有条件允许大陆地区法人、团体、其他机构对台投资。然而,与"直航条款"一样,由于台湾行政部门一直未颁行相关子法,开放陆资对台投资只能停留在"母法"的宣示层面。根据上述分析,台湾当局有关大陆经济立法中行政立法“泛化”与“缺位”倾向明显。行政立法“泛化”与“缺位”的法律后果之一即行政部门的行政权空间被高度放大，不同的执政党执政，会因其“两岸交流”理念的差异，对“两岸关系条例”的作不同的解读，并透过行政部门通过作为与不作为对两岸经济关系产生实质性影响。①

三、两岸互涉性经济立法中的待遇问题

(一)大陆方面:“非歧视待遇”与“最优惠待遇”

非歧视待遇是世界贸易组织法律体系的首要原则，一直被认为是影响两岸互涉性经济立法最重要的因素。与一般性涉外经济立法不同，非歧视待遇对大陆涉台经济立法的影响主要体现为台商大陆投资中的“‘最惠国’待遇”的适用问题。

由于“台胞投资法”及“实施细则”反复重申，台湾同胞投资适用其规定，有未规定者，比照适用国家有关法律、行政法规；国务院 1988 年出台的“22条”第 5 条又明确指出：除适用本规定外，参照执行国家有关涉外经济法律、法规的规定，享受相应的外商投资企业待遇，因此，就大陆涉台投资立法而言，长期以来台商在大陆投资所享受的待遇和所拥有的保障不仅不低于外商投资企业，②在许多问题上，台湾投资者还享有“最优惠待遇”(详见下表)。

① 关于台湾当局大陆经贸法律框架中行政立法“泛化”与“缺位问题，笔者曾在专文探讨。详见《行政立法的”泛化“与缺位”——台湾当局大陆经贸法律框架构成及存在问题分析》,《台湾研究集刊》,2006 年第 4 期。

② 大陆涉台投资立法赋予台商“最优惠待遇”的立法诚意虽已获两岸绝大多数人民的认同，但在“台胞投资保护法”制定之初也少数人认为台商部分待遇仍次于外商。持此一观点者部分是因为误解，例如关于“仲裁地点”问题；另一部分则是将两岸经济中的单边立法和双边立法的混为一谈。

台商与外商投资待遇比较

身份 项目	一般外商	台商
投资形式	中外合资公司、中外合作公司、外商独资公司、中外合作开发,以及BOT、投资性公司、外商投资股份公司、购并等。	原则相同。但对台商投资方式,采取"同等优先、适当放宽"的原则。①
产业政策要求	依照"指导外商投资方向暂行规定"、"外商投资产业指导目录"等相关规定投资。	原则相同,但是在执行上"同等优先,适当放宽",对"限制外商投资的项目,凡能改进生产工艺、提高产品性能和质量、符合生产力布局要求的项目,允许台商在内陆地区举办"。②
出资方式	现金、机器设备或其他实物、工业产权、专有技术、其他财产权利(场地使用权、经营特许权、抵押权等)。	基本相同。
审批、 注册登记	对审批机关、审批权限、审批期限,以及申请、登记、出资均有明确规范,	原则相同,但强调"台胞保护法"特别强调"审批机关审批台湾同胞投资,应当提高办事效率,减少管理层次,简化审批程序,做到管理制度统一、公开、透明"。此外台商企业的审批期限亦较短。③

① 参见《关于进一步发展海峡两岸经济关系若干问题的决定》第1项。

② 同上,第2项,第4点。

③ 《中外合资经营企业法实施细则》第8条规定:"审批机构自接到本条例第七条规定的全部文件之日起,3个月内决定批准或者不批准";而《台湾同胞投资保护法》第10条规定,设立台湾同胞投资企业,"应当向对外贸易经济合作部或者国务院授权的部门和地方人民政府提出申请,接到申请的审批机关应当自接到全部申请文件之日起45日内决定批准或者不批准"。

续表

身份 项目	一般外商	台商
企业营运	企业依照合同、章程进行经营管理活动，其经营管理自主权不受干涉；禁止向外资企业乱罚款、乱摊派。	原则相同，但强调规定：不得向台资企业摊派人力、物力、财力，不得随意对台资企业进行的检查、罚款，不得强制或者变相强制台资企业参加各类培训、评比、鉴定、考核等活动。①

资料来源：作者根据《中外合资经营企业法》等外商投资企业法律、法规，以及《台湾同胞投资保护法》等专项性涉台投资法律、法规整理。同时参见吴典城，《台商投资中国法网通》，第306－307页，台湾星定石文化出版有限公司，2001年版。实际上，大陆地方涉台立法还赋予了台商以大量的优惠待遇，由于篇幅限制，未列入本表。

对于台商在大陆投资相对外商、港商而言享有“最优惠待遇”否有违WTO规则而应予以调整一直以来争议不断。由于WTO规则适用范围是货物贸易、服务贸易、与贸易有关的知识产权和与贸易有关的投资措施，并不涵盖成员间的全部经贸事务，WTO所规范的投资政策也仅限于《与贸易有关的投资措施协议》中的内容，其中“投资措施”主要指当地含量要求、贸易平衡要求、进口用汇规定、国内销售要求，因此，入世后大陆对台商投资继续实行鼓励和保护措施与WTO规则抵触之处并不多见。当然，由于从理论上看，大陆涉台投资立法同时适用于生产性投资企业与服务性投资企业，因此长期单方以最优惠方式来维系两岸经济关系的竞争利基似非长远之计。从另一角度看，自从2001年加入世贸组织后，大陆开始积极推动与周边国家或地区成立自由贸易

① 《台湾同胞投资保护法实施细则》第23条规定：“国家机关对台湾同胞投资企业收费的项目和标准，应当与大陆其他同类企业相同。任何机关或者单位不得对台湾同胞投资企业另立收费项目或者提高收费标准。任何机关或者单位不得向台湾同胞投资企业摊派人力、物力、财力，不得对台湾同胞投资企业进行法律、法规规定以外的检查、罚款，不得违反国家规定强制或者变相强制台湾同胞投资企业参加各类培训、评比、鉴定、考核等活动。台湾同胞投资企业对违反上述规定的行为，有权拒绝并向政府有关部门举报。接受举报的政府部门应当依法作出处理，并为举报人保密。”

区,并取得了一定成效,这一发展态势将可能造成两岸经济交流的法律环境优势相对弱化。面对此种形势,两岸如能秉持"资源共享"、"互利互惠"的区域合作精神成立自由贸易区,不仅将有利于突破长期以来无法解决的两岸经济交流中的一些法律症结,也有助于台商现有在大陆所享有的较外商优惠的待遇和竞争利基不会丧失。

(二)台湾方面:"非歧视待遇"与"差别待遇"

与大陆方面不同,WTO"非歧视待遇"对台湾当局有关大陆经济立法的影响集中表现为"差别待遇"问题。

在强调"国家安全"、"台湾优先"的指导思想下,长期以来,台湾大陆经济立法与其一般性涉外经济立法比较,在内容上呈现明显的"差别待遇"。在贸易领域,"差别待遇"主要体现为两方面内容,第一,"限制性"。台湾承诺于加入 WTO 时,除椰子一项外,取消农工产品的地区限制措施,以不同的方式开放进口。然而,台湾对大陆产品的进口却设置了诸多限制,至今仍然禁止大陆两千多项产品出口台湾;第二,"防御性"。入世以来台湾虽然开放了两岸直接贸易、许可进口类产品的比重也逐步增加,但与此同时也设置了大陆物品特别防卫机制等限制两岸贸易往来的措施,这些特别防卫条款的弹性很大,对大陆产品将可能造成较大损害。在投资领域,"差别待遇"主要表现为管制性规范的强化和鼓励、保护性规范的缺位。比较台商在大陆及在大陆以外的其他国家或地区投资的两种法制可见,台湾当局对台商大陆投资的投向、金额、审批与监督等方面均设置了一系列特殊的管制措施,在投向方面,台湾当局迄今仍将高达436 项农产品列入禁止赴大陆投资项目内,占农产品总数的28.8%,;在投资金额方面,台湾相关法令分别就"个人、中小企业"及"实收资本额逾新台币8000 万"两种类别大陆投资案的累计金额或比例进行了详细限制,其中最令人诟病的是在相当长时间内明令台商投资大陆不能超过40%净值的上限限制;在投资审批与监督方面,台湾当局对申请在大陆从事投资案实行的是简易审查与专案审查双轨制,凡个案累计投资金额逾2000 万美元的,实行专案审查制,由主管机关以书面方式会商各相关机关意见后,报提"经济部"投资审议委员会委员会议审查。除一般的审查程序外,台湾当局还要求业者对企业财务计划、技术转移、输出设备、在台相对投资等作出具体承诺，并同意接受“实地查核”。另一方面，台湾相关法令有关台商投资大陆以外的其他国家或地区享有的一系列鼓励、保护性措施，如可依“‘中国输出入银行’办理海外投资融资及保证要点”申请海外投资融资，可依“‘中国输出入银行’办理海外投资保险要项”申请海外投资保险，是否惠及大陆台商似乎尚不确定，①台商大陆投资保护性规范存在一定的缺位现象。相对于台商大陆投资问题而言，台湾当局对陆资入台的限制性则更为严格。虽然2003年“两岸关系条例”修订后陆资对台投资已有“法律”层面的依据，但台行政部门始终未制订“陆资对台投资许可办法”，2002年8月出台的“大陆地区人民在台湾地区取得设定或移转不动产物权许可办法”则从陆资准入、陆资营运等环节对陆资重重设限，陆资对台投资因而成效甚微。除投资、贸易等问题外，更为重要的是，在相当长的时间里，台湾当局未能开放两岸“三通”。

长期以来尤其是陈水扁执政期间在两岸经济交流设置的上述种种限制性措施严重制约了两岸经济关系的发展，并随时可能对两岸经济关系形成新的壁垒，其中禁止大陆二千多种产品输入台湾，拒不开放两岸直接“三通”，明显违背了WTO规则，②而拒不实质性准许大陆服务性投资企业对台投资亦与WTO规则有所不符。实际上，在两岸经济交流问题上，台湾当局一直是以政治而非以经济为优先考量，对WTO规则更是有选择的适用，即在某些议题上力争按WTO规则行事，在另一些议题上则将WTO规则置之一边。台湾再次“政党轮替”后，上述种种限制已经将继续大幅解除，两岸经济关系将逐步迈向正常化，但两岸经济交流中的“差别待遇”短期内难以彻底改变。

近20年来，两岸互涉性经济立法伴随着两岸经济关系的跌宕起伏而曲折前行，取得了一定的成效，也存在诸多有待完善的空间。本文从演进路径、体系构成及待遇等层面就大陆与台湾互涉性立法进行了尝试性分析，主要结论如下：第一，从两岸互涉性经济立法的演进路径考察，大陆方面历经了从法规

① 陈安：《浅议台商大陆投资保险可行途径》，北京“海峡两岸WTO法律论坛”论文，2005年12月。

② 2006年WTO秘书处对台湾进行首次贸易政策检讨时，就两岸没有直航、2000余项大陆产品禁止进口等议题表示重点关切。

到法律的发展过程，而台湾则历经了从“法律”到法规的发展过程；第二，从两岸互涉性经济立法的框架构成考察，大陆方面存在涉台投资立法的高位阶与其他经济立法相对低位阶的问题，台湾方面则存在行政立法“泛化”与“缺位”并存的问题；第三，从两岸互涉性经济立法的内容考察，大陆方面的“同等优先、适当放宽”的“最优惠待遇”将继续适用，而台湾方面的“差别待遇”在再次政党轮替后将大幅调整，但短期内难以彻底改变。

政治与经济的角力：台湾当局两岸经贸关系“立法”之演进分析*

彭　莉

1949年以来，随着岛内外政经局势的不断变化，台湾当局有关两岸经贸关系的主流法理结构历经了以绝对主观主义为主导向相对主观主义为主导的嬗变，两岸经贸交流的也由“法律上的绝对不可能”渐次转变为“有限制的法律上的可能”。本文拟就近60年来台湾当局的大陆经贸“立法”演进进程作全面的分析。

一、两岸关系隔绝时期的大陆经贸“立法”：以刑事规范为主要内容

1949年10月，中华人民共和国正式宣告成立，以“政府继承”的方式取代了“中华民国”成为中国的合法政府。中华人民共和国的成立，标志着“中华民国”及其法统的最终结束。但是，由于种种历史原因，国民党退台后长期对台湾行使所谓的“治权”，并宣称其“宪法”之“适用领域及于整个中国”，1948年5月公布施行的“戡乱时期临时条款”更违背潮流，开始实施一套与平时有别的“动员戡乱时期法制”。在大一统的“宪法”“逻辑架构”及以“戡科中共叛乱”为目标的“动员戡乱法制”下，台湾当局视中华人民共和国政府为“伪政权”、“叛乱团体”，台湾的大陆经贸“立法”由此陷入绝对主观主义主导阶段，即从根本上“否定”大陆政权之存在，完全隔绝海峡两岸间的经贸联系。

---

* 本文原载于《台湾研究》，2009年第2期。

“动员戡乱法制”有关经济方面的法令主要有“非常时期农矿工商管理条例”、“贪污治罪条例”、“戡乱时期贪污治罪条例”、“戡乱时期盗窃犯赃物保安处分条例”、“惩治叛乱条例”等。其中对两岸经贸往来影响最大的条款之一当属“惩治叛乱条例”第4条第1款第6项，按照该项规定，凡“为叛徒征募财务或供给金钱资产者”，将处以死刑、无期徒刑或10年以上有期徒刑。1950年4月台“立法院”通过了“惩治叛乱条例”修正案，基本精神在于：以治乱世用重典为原则，对“叛徒”采取更严厉的处罚。① 这一时期台湾当局人为隔绝两岸经贸往来的另一重要“立法”是“取缔匪伪物品办法”。由于国民党当局退台后一系列阻隔两岸经贸正常交流政策法令的陆续出台，大陆货物尤其是台湾本地无法产制的大陆货物走私台湾成为必然。为杜绝这一现象，从另一面向切断两岸经贸联系，台湾当局出台了种种政策法令，明令禁止及严惩大陆货物走私台湾，其中20世纪70年代年颁行的以“为加强对匪经济作战，禁止匪伪物品进口”为“立法”目的“取缔匪伪物品办法”是台湾方面有关大陆货物走私行为最重要的“法律规范”，办法明定：所谓“匪伪物品，系指匪伪生产、制造、加工等物品，有匪伪标志（文字或图案），或虽无匪伪标志而经鉴定确系匪伪之物品”，“匪伪物品除供医疗用之中药，在未有代用品以前，经由经济部国际贸易局核准进口者外，一律禁止进口”。② 由于长期以来台湾当局一直对“惩治叛乱条例”进行扩大解释，同时将除未有替代用品的中药材以外的大陆产品皆视为所谓“匪伪物品”而禁止进口，因此，上述规定实际上禁止了海峡两岸之间任何形式的经贸往来。

由上可见，在两岸关系隔绝时期，台湾当局的大陆经贸“立法”主要以刑事规范为内容，两岸交流居于“法律上的不可能”状态下，人之交往有“匪谍”之嫌，物之交流则有“资匪”、“走私”之嫌。

---

① 如规定对所谓“叛徒”，可以没收其全部财产等等。

② 台湾“取缔匪伪物品办法”第2、3条。

二、两岸关系松动时期的大陆经贸“立法”：刑事规范向行政规范转变

20世纪70年代末期全国人大常委会发布了《告台湾同胞书》,《告台湾同胞书》的发布标志着大陆对台方针的根本性变化，两岸关系由此出现了历史性的转折。基于政治因素的考虑，20世纪80年代后台湾当局在原则上和公开场合仍继续声称禁止两岸经贸交往，但是，在具体作为上已有所改变，即对两岸出现的间接贸易行为采取消极默许态度。政策面的变动必然导致法规面相应的调整，20世纪80年代中后期，台湾当局有关大陆经贸“立法”一定程度上由单纯的刑事规范逐步向行政性规范转换。

（一）“取缔匪伪物品办法”的废除

20世纪80年代后期，随着两岸经贸关系的迅猛发展及台湾岛内政经局势的变化，“取缔匪伪物品办法”日益显得不合时宜。“大陆土产品进口，纯属商业行为，并无被中共利用作为统战宣传之可能”,① “政府应考虑在转口贸易方式之下，对某些台湾此间民间甚为需要的大陆土产品，允许其正式进口，（如此）既可化暗为明，杜绝走私之弊，又可以正常贸易方式为政府增加税收”,② “取缔匪伪物品办法，充其量只是一项行政命令而已，缺乏法律上的强固地位”。③ 在岛内舆论的强大压力下，1989年6月台湾当局终于被迫废止了“取缔匪伪物品办法”。

（二）“权宜性”行政命令的订定

“取缔匪伪物品办法”废除后，为使大陆地区物品进入台湾有据可循，1989年台湾当局公布了“大陆地区物品管理办法”，正式开放大陆地区物品间接输入，准许间接进口的大陆产品范围包括“经济部”公告准许输入之物品，“国贸局”核准进口的中药材和农工原料，以及“财政部”核定并经海

---

① 《请考虑有条件开放大陆十产品进口》，台湾《中国时报》，1986年5月30日。

② 同上。

③ 同上。

关公告准许入境旅客携带进口的物品等。1990年8月台湾当局又公布了“对大陆地区间接输出货品管理办法”，将以往的“转口输出”改为“间接输出”,① 即大陆物品输出方式应经由国外地区为之，其买方应为大陆地区以外且经“政府”列为准许直接出口之国家或地区之厂商,② 间接贸易从此成为两岸货物往来的合法渠道。另一方面，鉴于1987年11月台湾当局开放大陆探亲后，台湾厂商不顾种种禁令纷纷奔赴大陆投资设厂，1990年10月台湾当局出台了“对大陆地区从事间接投资或技术合作管理办法”，确定了“原则禁止、例外许可”的台商大陆间接投资原则，按照该办法，台湾地区人民、法人、团体或其他机构依规定对大陆地区从事间接之投资或技术合作需经由其在第三地区投资设立之公司、事业为之，具体项目由主管机关会商目的事业主管机关订定公告。③ 由于这一时期台湾当局并未从“宪法”、“法律”层面解决两岸经贸交流的“合法性”问题，由此，上述法令有较强的“权宜性”。

(三)“司法院”、“高等法院”对“资匪”罪之“决议”

由于两岸经贸交流日趋热络，针对台湾商人与大陆贸易之行为，是否构成“惩治叛乱条例”第4条第1款第6项所指“资匪罪”而加以严惩，台湾法律界出现了正、反不同两种意见。正方意见就此持肯定态度，其理由为：第一、某甲之上述进出口生意，虽旨在意图营利，然因该行为足以繁荣中共之经济，壮大其军事力量，其在主观上难以无图利于中共政权之认识；第二、“惩治叛乱条例”第4条第1款第6项所称之“图利叛徒罪”(即“资匪罪”)，其性质属于间接图利“叛徒”，与第1项、第2项所规定之属于直接图利“叛徒”者迥异，故而行为人如以迂回方法以达其图利“叛徒”之目的者，亦无解于该罪之成立；等等。反方意见则持否定态度，其主要理由为：第一、某甲即在意图营利，而其进出口生意又系对商业行为，从而在主观上已难谓其有为“叛徒”供给金钱资产之犯意；第二、某甲与之为贸易行

① 曹小衡：《海峡两岸经贸政策互动拐点与宁台经贸合作机遇》，http：//www.huaxia.com/ssjn/2007/00667793.html。

② 台湾“对大陆地区间接输出货品管理办法”第2条。

③ 台湾“对大陆地区从事间接投资或技术合作管理办法”第4、5条。

为者虽为大陆所属之营利事业机构，惟其贸易标的即属战略物资以外之一般商品，且系对待给付之有偿行为，显与一般买卖之性质无殊，从而在客观上亦难谓有其图利之事实；等等。讨论结果为：如纯系贸易行为，多数赞成乙说；如借贸易之名，而以迂回之方法以达“资匪”之目的，则采甲说。台湾“司法院”核定意见为：同意高等法院研讨结果。①

20世纪80年代尤其是80年代中后期，随着“‘司法院’、‘高等法院’对‘资匪’罪之决议”的出台，“大陆地区物品管理办法”等非制度化行政命令的订定及“取缔匪伪物品办法”的废止，台湾当局的大陆经贸“立法”总体上呈现日趋放宽的发展态势，逐步由单纯的刑事规范一定程度转变为行政规范，两岸经贸交流活动也在“法律混乱脱序”中找到突破口，并因此而日趋活跃。

三、李登辉执政时期的大陆经贸“立法”框架的建构与调整的滞后

20世纪90年代初期，台湾岛内的政治生态发生了巨大的变化。1990年李登辉正式当选台湾第八任“总统”后“就开始寻求一个崭新的大陆政策，而这个政策的主要内涵便是替两岸找到适当定位的解释”。② 1991年2月，台湾“国家统一委员会”第三次全体会议通过了第一份系统的、制度化的大陆政策文件——“国家统一纲领”。1991年5月台湾当局公布了第一次“宪法”增修条文，在“宪法”层面将两岸关系定位为“一国两区”。③ “一国两区”是一个中性、含糊的用语，它表明台湾当局的大陆法制基本价值理念一定程度的变化，其后果之一即确立了两岸经贸交流的所谓“宪法”基础，

① 台湾“‘司法院’、‘高等法院’对‘资匪’罪之决议”，以及“郭树某、林关某‘叛乱案’”具体内容，见台湾蔚理法律编辑室编《资匪有罪无罪判决选集》，台湾蔚理法律出版社，1992年版。

② 刘国深：《台湾当局的大陆基本政策及其引发的法律问题》，载陈安、陈动主编：《海峡两岸交往中的法律问题研究》，北京大学出版社，1997年版。

③ 台湾“宪法”增修条文第10条中规定：“自由地区与大陆地区间人民权利义务关系及其他事务之处理，得以法律为特别之规定”。

进而为两岸经贸交流“立法”提供了空间，台湾方面的大陆经贸“立法”框架在这一时期得以迅速构建。但是，20世纪90年代中期后，由于李登辉“戒急用忍”政策的出笼，台湾当局的两岸经贸关系“立法”呈现出明显的调整滞后的现象。

（一）大陆经贸“立法”框架的建构

1. 出台“台湾地区与大陆地区人民关系条例”

以“宪法”增修条文第10条为依据，1992年7月台湾“立法院”三读通过了以“确保台湾地区安全与民众福祉，规范台湾地区与大陆地区人民之往来，并处理衍生之法律事件”“台湾地区与大陆地区人民关系条例”（下称“条例”）。① “条例”是一部全面规范两岸人民交往法律问题的综合性“立法”，内容广泛涉及民事规范、经济规范、行政规范及刑事规范。制定之初的《条例》虽然严重脱离两岸经贸交往的现实情况，带有相当的保守性，但也一定程度上为两岸经贸交流提供了依据。

2. “条例”配套经贸子法的制定

“条例”作为概括性的“母法”，大量的“授权立法”是其一大特色，在经贸条款上更是如此。以条例第35、36等条文为依据，台湾当局出台了大量有关两岸经贸交流的相关法令，主要有“台湾地区与大陆地区贸易许可办法”、“在大陆地区从事投资及技术合作许可办法”、“台湾地区与大陆地区金融业务往来许可办法”等等，台湾当局的大陆经贸法令框架由此构建。

（二）大陆经贸“立法”调整的滞后

自1992年7月台湾当局正式制颁“条例”到2000年国民党失去政权的近10年时间里，条例历经了5次修订，时间分别1993年2月、1994年9月、1995年7月、1996年7月、1997年5月。考察历次修订内容可见，除在1997年第5次修订中涉及经贸条款的变动，如增订了“台商自新”条款外，② 其余条款基本未有变动，在敏感的“三通”问题上，更是以“安全”为理由持负面反对的政策立场，反映在“立法”上即“条例”规范“三通”

① 台湾“台湾地区与大陆地区人民关系条例”，第1条。

② 台湾“台湾地区与大陆地区人民关系条例”，第35条。

问题的第28条始终坚持："'中华民国'船舶、航空器及其他运输工具，不得私行运送大陆地区人民前往台湾地区及大陆地区以外之国家或地区、台湾地区人民不得利用非'中华民国'船舶、航空器或其他运输工具，私行运送大陆地区人民前往台湾地区及大陆地区以外之国家或地区"。

这一时期，"条例"配套经贸子法也呈现明显的调整滞后的现象，除"台湾地区与大陆地区贸易许可办法"外，其余均少有调整，规范台商大陆投资法律事务的"在大陆地区从事投资及技术合作许可办法"自始未作任何调整（详见下表）。

1992年7月至2000年5月"两岸人民关系条例"重要配套子法修订一览表

名称	修订次数	修订时间
在大陆地区从事投资及技术合作许可办法（1993年3月）	0	
台湾地区与大陆地区贸易许可办法（1993年4月）	3	1994年7月、1995年5月、1996年10月
台湾地区与大陆地区金融往来许可办法（1993年4月）	1	1995年9月
台湾地区与大陆地区证券及期货业务往来许可办法（1997年4月）	0	
台湾地区与大陆地区保险业务往来许可办法（1994年9月）	1	2000年3月

资料来源：根据台湾"法源法律网"自行整理。

综上可见，李登辉执政后期，"条例"中的经贸条款及其配套子法不论就"立法"精神还是就具体规则而言调整范围均极为有限。这一状况与这一时期两岸经贸关系的实际发展需求是不相适应的，究其原因，主要在于1996年李登辉"戒急用忍"政策的出笼。"戒急用忍"是一种以政治干扰经济的做法，不仅违背了经济规律，也背离了岛内民众要求发展两岸关系的愿望，然而，基于政治因素的考量，“戒急用忍”政策自出台后的5年时间，台湾当局始终将其作为大陆经贸政策的总体原则，并在一定程度上导致其大陆经贸“立法”难以有所作为。

四、陈水扁执政时期的大陆经贸“立法”摇摆于开放与管制之间

2000年陈水扁执政以来，基于岛内外的种种压力，尤其是受2002年海峡两岸先后加入WTO的影响，台湾当局不得不对原有大陆经贸政策“立法”作一定程度的调整，以改变两岸经贸互动方式。但是，由于“台独”意识形态的左右，陈水扁执政时期的大陆经贸“立法”始终摇摆于开放于管制之间。

2001年8月由各党派、工商界组成经济发展咨询委员会通过了322项“共识意见”，其中最引人注目的是两岸组提出的涉及两岸关系的36项共识，将实施多年的“戒急用忍”的两岸经贸政策调整为“积极开放，有效管理”，2002年4月及2003年10月台湾“立法”机关两度修订了“条例”以配合这一政策的调整。2002年4月“条例”的修订在经贸方面主要涉及三方面的问题，第一，以许可制开放陆资赴台投资不动产；第二，允许未经核准赴大陆投资厂商补办登记；解决大陆投资盈余汇回重复课税问题。2003年10月台“立法院”对“条例”进行了再次修订，“条例”的此番修订被台湾媒体称为是近10年来最大的一次变动，其中与两岸经贸往来有关的变动主要有建立复委托机制、维持直航许可制、适度开放大陆人民经许可在台湾从事投资行为、开放大陆物品在台湾从事广告活动、放宽民众携带小额大陆币券进出台湾地区、增订境外航运中心与“小三通”法源依据，等等。

与李登辉时代不同，陈水扁执政期间就“条例”配套子法也进行了频繁的修订（详见下表）。

陈水扁执政期间“两岸人民关系条例”配套子法修订一览表

行政命令名称	修订次数	修订时间
在大陆地区从事投资及技术合作许可办法	4	2002年4月、2002年7月、2004年2月、2007年11月
台湾地区与大陆地区贸易许可办法	6	2001年3月、2001年9月、2001年10月、2001年11月、2002年2月、2003年4月
台湾地区与大陆地区金融往来许可办法	6	2001年6月、2001年11月、2002年8月、2003年8月、2004年2月、2005年3月
台湾地区与大陆地区证券及期货业务往来许可办法	4	2000年9月、2003年1月、2004年2月、2004年2月
台湾地区与大陆地区保险业务往来许可办法	4	2000年9月、2002年8月、2003年6月、2004年2月

资料来源：根据台湾“法源法律网”自行整理

从上述“条例”及其子法大幅的、频繁的变动来看，陈水扁执政后的两岸经贸政策法规表面上似乎有较大松动，然而，由于受“台独”意识的影响与自信心的不足，其“限制性”大陆经贸政策“立法”并没有实质上的改变。陈水扁当局在修改两岸经贸关系法时始终坚持“开放与管制”并存原则，一方面开放了两岸直接贸易、台商对大陆直接投资，放宽了两岸金融交往和人员往来限制，另一方面也设置了一般性防御条款、平衡税及反倾销税条款、农产品特别防卫措施、大陆物品特别防卫机制等限制两岸贸易往来的措施，建立了所谓“动态调查机制”和“专案审查机制”等阻碍台商大陆投资的制度，这些新规定随时可能对台商大陆投资形成新的壁垒。在陆资赴台投资方面，陈水扁执政期间虽然就开放陆资从事土地及不动产订定了配套子法，但其已完成“立法”程序的陆资赴台投资土地及不动产“立法”从陆资准入、陆资营运等环节明显违背了“非歧视待遇”原则。在“三通”方面，虽然新“条例”中18个月内必须拟定两岸通航许可办法的“三通条款”被认为对当局企图拖延两岸

“三通”具有一定的制约作用，但该通航办法迟迟未能出台。① 上述种种限制性措施充分显示出陈水扁执政时期大陆经贸政策“立法”的调整始终摇摆于开放于管制之间，其表面意义大于实质意义。

五、马英九时期的大陆经贸“立法”以开放、松绑为主轴

2008 年马英九代表国民党参加第 12 届台湾地区领导人选举。马英九宣布参选后就两岸经贸关系提出了一系列理念和政策：在两岸三通方面，承诺执政后将立即展开两岸三通谈判，并同步推动全面小三通与两岸节日包机常态和正常化；在两岸通航方面，主张两岸直航，不再绕道香港等第三地，只要周末包机常态化后，将立即进行全面直航谈判。至于两岸直航航线的定义，既非国际也非国内而是特殊航线，名称就叫“两岸航线”；② 第三，在两岸观光方面，提出两岸观光应从目前的“单向消费”，改为“双向互惠”，就任后即将大陆客来台观光人数由每天 1000 人次提高到 3000 人次，4 年增加到每天 1 万人次；在两岸合作机制方面，签署两岸投资保障与租税协议、两岸农业合作协议，推动两岸共同市场。此外，马英九就两岸金融、贸易、陆资入岛等议题也提出了具体的主张。马英九的两岸经贸政见是国民党大陆政策中不可或缺的一部分，代表着国民党大陆政策的发展方向。

上述政策的落实大多牵涉到法令的调整，为此，马英九执政半年来就有关大陆经贸“立法”进行了密集的修订。由于台湾规范两岸关系问题的“母法”即“条例”采行的是高度“授权”的“立法”模式，行政部门的行政法规长期以来一直是执政当局制约两岸经贸关系发展的重要工具，为此，近半年来，台湾当局不仅就“条例”中的相关经贸条款进行了修订，而且就相关配套法规命令亦进行了频繁调整。

---

① 彭莉：《近年来台湾经济立法评析》，《台湾研究集刊》，2004 年第 4 期。

② 马英九：《两岸直航非国际非国内，是特殊航线》，http://news.qq.com/a/20070811/000751.htm。

（一）“两岸人民关系条例”的修订

基于拉抬岛内股市提振经济景气，以及改善两岸经济关系的需要，马英九执政后出台了一系列推动两岸金融交流与合作的政策措施，主要集中在开放人民币兑换和开放资本市场两方面。由于开放人民币兑换涉及“两岸人民关系条例”第38条等条文的修订，为此，2008年6月，台湾“立法院”三读通过了“两岸人民关系条例”第38条等条文修正案，为开放人民币兑换提供了“法源”依据。修订后的“两岸人民关系条例”第38条规定为，“大陆地区发行之币券，除其数额在行政院金融监督管理委员会所定的限额以下外，不得进出台湾地区，但其数额逾所定限额部分，旅客应主动向海关申报，并由旅客自行封存于海关，出境时准予携出”。

（二）“两岸人民关系条例”配套子法的修订

与两岸金融交流问题不同，台湾当局开放两岸投资、旅游、人员往来的主要涉及“两岸人民关系条例”配套法规命令的修订。

1. 松绑台商大陆投资限制

为落实“深耕台湾、连接全球”的施政理念，台“经济部”于2008年6至9月间两度修订了《在大陆地区从事投资或技术合作许可办法》，同时完成了《在大陆地区从事投资或技术合作审查原则》、《在大陆地区从事投资或技术合作服务业禁止类经营项目》部分条文修正案，大幅松绑了台商大陆投资限制，与此同时“金管会”也经完成了《发行人募集与发行有价证券处理准则》第7条，以及《发行人募集与发行海外有价证券处理准则》第9条之修正案，以配合“经济部”松绑企业赴大陆投资政策的落实，其主要内容包括：首先，放宽大陆投资金额上限规定。投资人对大陆投资累计金额不得超过法定投资金额或比例上限，其中个人为每年500万美元；中小企业为新台币8000万元，或净值或合并净值之60%；其他企业为净值或合并净值之60%；其次，审查方式便捷化。申报或申请在大陆地区从事一般类项目之投资或技术合作案件，审查方式如下：第一，申报案件：投资人个案累计投资金额在100万美元以下者，得以申报方式为之；第二，专案审查案件：大陆地区投资事业个案累计投资金额每逾5000万美元者，由“投审会”会商相关机关后，提报“投审会委员会议”审查。第三，简易审查案件：大陆地区投资事业个案累计投资金额在5000万美元以下或逾5000万美元但非属专案审查案件者，以简易审查方式办理，等等。

2. 放宽大陆民众赴台观光限制

2008年6月台“内政部”修正发布了《大陆地区人民来台从事观光活动许可办法》，以配合扩大开放大陆民众赴台观光。办法修正重点包括：第一，组团人数由每团人数限“15人以上、40人以下”修正为“10人以上、40人以下”；第二，大陆民众赴台观光的审批流程由台湾旅行商业同业公会全联会代申请送件及转发许可证给旅行业的规定，简化流程修正为由经观光局核准的接待旅行社直接向“移民署”申请，由“移民署”依申请案次序依序核发数额；第三，其他有关入出境管理措施的修订，包括考虑大陆带团领队实务需求，增订得发给一年多次入出境许可证；等等。

3. 全面开放“小三通”

全面开放“小三通”是马英九竞选期间提出的重要主张之一，2007年6月马英九走访金门时承诺，如果当选“总统”，就任当天即宣布台湾民众都能“小三通”到大陆，并谈判开放“大三通”。“5.20”以来，台湾当局分别于2008年6月、9月、10月三度对《试办金门马祖于大陆地区通航实施部分》进行了密集的调整，修订主要内容包括：第一，将“小三通”适用范围扩大到台湾全体民众；第二，开放大陆旅客经由金门、马祖“小三通”渠道中转台湾本岛；第三，大幅简化人员进出的行政管理程序；第四，澎湖小三通常态化，等等。

4. 拟从宽认定进口大陆物品逃避管制

依“财政部”2000年10月及台“财关第0890550460号函”示，海关缉获厂商违章进口尚未开放准许间接进口之大陆物品，将认定为涉及逃避管制的案件，不因事后取得专案输入许可证件或公告准许进口等事实，而得免予论罚。但长期以来海关执行大陆物品查缉时，引发许多通关认定的争议案件，为消除争议并疏解讼源，2008年10月“财政部”表示将针对海关缉获厂商违章进口的大陆物品，研拟放宽逃避管制认定的标准，同时停止适用上述函令。

5. 实现两岸全面三通

海运直航是两岸直接“三通”的主要内容之一。由于台湾当局政策的限制两岸海运通航一直停留在局部、单向、间接的状态，远远无法满足两岸人员往来和经济贸易的巨大需求。2008 年 11 月 4 日，备受瞩目的两会最高领导人会谈首度在台北举行，双方就两岸海运、空运、邮政、食品安全等问题方面取得重要共识四大议题取得重要共识，并签署了《海峡两岸海运协议》、《海峡两岸海运协议》、《海峡两岸食品安全协议》、《海峡两岸邮政协议》四项协议，协议的签订标志着两岸制度化协商进入正常的轨道，也意味着两岸关系正继续朝和平发展的方向迈进。依据两岸签署的协议内容，台“交通部”等相关机关快速订定及修订了《台湾地区与大陆地区海运直航许可管理办法》、《台湾地区与大陆地区贸易许可办法》、《台湾地区与大陆地区金融业务往来许可办法》、《大陆信件处理要点》等相关配套法规。其中，《台湾地区与大陆地区海运直航许可管理办法》的订定最为引人注目，其主要内容包括：第一，台湾地区与大陆地区直航港口包含下列港口：国际商港、国内商港、工业港。第二，依法经许可得从事台湾地区与大陆地区间海上客货直接运输之船舶，以下列为限：第一，台湾地区或大陆地区资本，并在两岸登记之船舶。第二，台湾地区或大陆地区资本，并在香港登记之船舶。第三，本办法施行前，已从事境外航运中心运输、两岸三地货柜班轮运输或砂石运输业务之台湾地区或大陆地区船舶运送业营运之外国船舶。第四、大陆地区船舶入出台湾地区直航港口期间，船舶悬挂公司旗，船艉及主桅不挂旗。《台湾地区与大陆地区海运直航许可管理办法》的制定标志着台湾方面长期以来制约两岸三通的法令障碍终于消除。

6. 开放陆资对台投资

在海峡两岸资本往来方面，长期以来只有台商对大陆的投资及相关的商务活动，大陆资金却无法对台投资，形成两岸单向的投资格局，2009 年 4 月，海峡两岸关系协会会长陈云林与台湾海峡交流基金会董事长江丙坤在南京举行会谈，就大陆资本赴台投资事宜充分交换意见，达成共识。2009 年 5 月，商务部、国台办正式发布《关于大陆企业赴台湾地区投资或设立非企业法人有关事项的通知》，以明确大陆企业赴台湾地区投资的办理程序。同年6月台湾方面出台了《大陆地区人民来台投资许可办法》、《大陆地区之营利事业在台设立分公司或办事处许可办法》等，确立了事先许可制、严把监管门槛、证券投资超过一定比例视同直接投资、订定防御条款理、建立后续查核机制等陆资对台投资“五大原则”。大陆资金的注入对拉动台湾生产总值、提高就业都大有好处，不仅将使目前尚处低潮的台湾企业受益，大陆企业也将因此而增强自身的竞争力，两岸产业将通过“强强联合”实现互补双赢。2009年6月台湾当局公布了开放陆资赴台投资项目，第一阶段将开放100项，其中制造业64项、服务业25项、公共建设11项。

马英九执政期间“两岸人民关系条例”主要配套子法变动一览表

行政命令名称	修订次数	订定或修订时间
在大陆地区从事投资及技术合作许可办法	2	2008年8月、2008年8月
在大陆地区从事投资或技术合作审查原则	2	2008年3月、2008年8月
台湾地区与大陆地区贸易许可办法	1	2008年1月
台湾地区与大陆地区金融往来许可办法	4	2008年3月、2008年12月、2009年6月、2009年7月
台湾地区与大陆地区证券及期货业务往来许可办法	1	2008年8月
台湾地区与大陆地区保险业务往来许可办法	4	2000年9月、2002年8月、2003年6月、2004年2月
试办金门马祖与大陆地区通航实施办法	0	
台湾地区与大陆地区海运直航许可管理办法	2	2008年12月订定　2009年9月修订
大陆地区人民来台投资许可办法	1	2009年6月订定

资料来源：根据台湾“法源法律网”自行整理。

展望未来，马英九执政期间台湾方面的大陆经贸“立法”将随着两岸经贸关系的发展，持续向松绑、开放的方向推进，长期以来台湾方面在两岸经贸交流中设置的种种“歧视性”待遇将逐步解除。

第五篇　两岸文化关系研究

中国新文学思潮脉络在当代台湾的延续*

朱双一

台湾文学研究不仅在当前具有重要的现实政治意义，对于中国现当代文学学科而言，也具有不可替代的重要的学术理论价值。台湾文学代表着不同于大陆社会制度下中国文学发展的另一种可能；它所涌现的诸多具有个性特征的优秀作家作品，是对中国文学宝库的丰富；它因社会发展程度和与世界接触程度的差异所造成的某些先行现象（如现代派和后现代文学、都市文学等的先于大陆产生和发展），无论其经验或教训，都可成为当代大陆文学的借镜。更重要的理论意义或许在于：缺少台湾文学的中国现当代文学史的书写将是残缺、不完整的。中国新文学的某些思潮脉络（如现代主义、“自由派”、“三民主义文艺”乃至批判现实主义等）在当代大陆文坛其势不彰，或断续不整，在台湾等地却延续下来甚至有较大发展，将它们纳入中国新文学史的书写中，才能使20世纪中国文学的历史过程和经验得以全面、完整地呈现。

“三民主义文艺”的扭变

某种意义上说，新中国成立后中国大陆的文学是延安解放区文学的延续和发展，而1945年以后的台湾文学，则是国统区文学的延续和发展。在50年代前期鼓噪一时的“反共文艺”，也有着中国现代新文学的脉络渊源可寻。换句话说，它是作为国民党官方意识形态和文艺政策的“三民主义文艺”，

---

* 本文原载于《台湾研究集刊》，2007年第1期。

在50年代台湾这一特殊时代、特殊环境下的一种扭曲变形和极端化的产物。

"三民主义文艺"的鼓吹最早见于1928年下半年，它是国民党宣传部门及文艺人士深感文坛上左翼势力迅速扩张，而国民党自身的文艺表现却疲软无力而作出的反应，但提出后并没有产生多少创作的实绩和影响①。1942年9月，张道藩在《文化先锋》创刊号上发表《我们所需要的文艺政策》一文，提出"六不"和"五要"，某种意义上成为国民党文艺政策的纲领性文件。该文刊出后，引起一些反响和讨论，《文化先锋》于第1卷第8期、第20期和第21期三次推出《文艺政策讨论特辑》。讨论中除了王梦鸥提出些微不同看法（认为"文艺"和"政策"是不同的事物，应将它们分开）外，最大的质疑之声来自梁实秋。当然更多的是附和、捧场的文字。其实不管别人反应如何，张道藩等早已一再声称：文艺之需要政策已不成问题，所要讨论的只是技术问题了。②

据赵友培称，三民主义文艺提出后，在重庆的刊物如《文艺青年》、《三民主义周刊》、《中山月刊》，广东的《民族文化》、《海潮红》，江西的《大路》、《三民主义文艺季刊》等，都有专论或相关文章刊出，各地响应甚为热烈。③ 王集丛于1942～43年间在江西撰写了《三民主义文学论》及《怎样建设三民主义文学》二书。作者称它们是在江西、湖南、广东、福建等省的三民主义文化和文学运动形成一股潮流的背景下写成的。④ 1952年此二书在台湾合成一书重版，无形中成了"三民主义文学"思潮在台湾延续的一个实证。

"三民主义文学"在40年代同样没有多少创作实绩，但在解放战争时期，却有一个较大的泛起和爆发，就是赋予了文学、文化以所谓"戡乱"的任务，这实际上已是50年代台湾"反共文艺"的前奏和先声。1947年8月31日《文艺先锋》，第11卷第2期上，有柏樟所撰《描写匪区》一文，宣

---

① 参见倪伟：《"民族"想象与国家统制》，上海教育出版社，2003年版。

② 《编后记》，《文化先锋》，第1卷第21期，第8页。

③ 赵友培：《攻玉篇（与同学论中国近百年来文艺思潮）》，《文艺先锋》，第11卷第1期，1947年7月31日。

④ 王集丛：《三民主义文学论·再版序言》，1952年8月再版。

称他提出的“描写匪区”运动，至今将近五个月了，得到《太平洋》、《北方杂志》、《救国日报》、《文艺先锋》等的响应。由此可知，明确打出旗号的“反共文艺”运动，至迟在1947年4月间就已发动。1947年8月11日“中央文化运动委员会”举办的暑期文艺讲座上，张道藩作了题为《文艺作家对于当前大时代应有的认识和努力》的演讲，应代表着国民党高层对此的正式表态和鼓吹。张氏在抨击了苏联“趁火打劫”后，又将社会混乱、民不聊生的罪过归于共产党，号召“贡献文艺力量来帮助政府消灭祸国殃民的共党匪徒”①。这里张道藩不仅不再提“六不”中的“不挑拨阶级的仇恨”之类的说法，而且开始暴露其将文艺纳入“反苏反共”政治架构中的企图。

1947年9月10日《文化先锋》第7卷第2/3期卷首冠以张道藩的《对剿匪戡乱应有的认识——在中国文化界戡乱救国总动员会成立大会演讲》，某种意义上是“反共文艺”的总动员令。该演讲用“扰乱和平，阻碍建设”、“武装叛变集团”、“人类的公敌”等严重措词来訾骂共产党，宣称要动员全国之力加以“讨伐”、“剿灭”，充满了火药味和腾腾杀气。此外，唐际青《集中意志戡乱救国》、曾问吾《陕北匪区闻见实录》以及其他同类文章，几乎占去了刊物的所有篇幅。此后“先锋”两刊继续鼓吹“反共”“戡乱”文学，如余公敢的《我们需要戡乱文学》、叶青的《戡乱与理论斗争》②等，并大量刊载此类“作品”。“反共戡乱”作品主要渲染所谓共产党“祸国殃民”的“罪行”或“暴行”，以及对其的“反抗”和剿灭。体裁遍及小说、散文（报导）、诗歌、戏剧乃至大鼓词等通俗文学形式。如小说方面的作者就有数十名之多，且多不知名，这和50年代台湾“反共文艺”的情况十分相似。

这时期“反共戡乱”文艺的发动具有如下几个特点。一是官方高层直接出面，将其纳入政治需要、政治运动的范畴内加以提倡，运用政治力加以推动。二是运用“奖金”等经济手段加以刺激，诱使更多的作者投入。《文化

① 张道藩：《文艺作家对于当前大时代应有的认识和努力》，《文艺先锋》，第11卷第2期，1947年8月31日。

② 叶青：《戡乱与理论斗争》，《文化先锋》，第9卷第4期，1948年8月31日。

先锋》第8卷第8期上有一“杂讯”写道：“中国文化界戡乱救国总动员会，近日公布张膺之广播剧《啄木鸟》，获得该会戡乱建国剧本奖金，该剧系描述一和平乡村，被共匪占据后，展开其毁灭人性的宣传伎俩，致少数无知愚民，蒙受其毒……寓意深刻，即将在《文艺先锋》发表”，说明当时国民党官方已开始采用金钱奖励等方式，来鼓动“戡乱”文学的书写。三是此类作品大多以直接煽动情绪为目标，呈现了一种歇斯底里的叫骂气质。大约为了增加“宣传”作用，部分作品还采取了“大鼓词”等通俗形式，如孙玉明“通俗小词”《剿匪歌》，老向的大鼓词《剿匪建国》等。这同样让人想起50年代的台湾。总的说，在政治力的推动下，所谓“反共戡乱”文艺在当时已有一定的规模；不过，也正因为它们是政治军事形势、文艺政策的产物，其虚假、滥情、概念化等毛病也已普遍暴露出来。

1949年国民党退逃台湾后，总结其“一捆一条痕”的教训①，将其失去政权主要归咎于文艺工作上的失策而造成的左翼文学的得势。为此，他们加强了对文艺工作的管制，一是控制报刊及出版事业；二是以金钱奖赏笼络作家；三是组织官营文艺社团以全面占领文艺阵地。这些措施使“反共文艺”盛极一时，成为当时文坛主潮。值得注意的，张道藩在40年代初提出的“六不”中包括“不表现浪漫的情调”，到了1954年撰写《三民主义文艺论》长文时，却有了很大的修正。作者在《后记》中写道：自1949年大陆“沦陷”后，“我对于今后中国文艺的新发展问题，曾作多次深沉的探索与思考”，去年蒋介石《民生主义育乐两篇补述》出版，“其中对文艺方面的指示，给予我很大的启发”，于是“慎重的也大胆的”写出对“今后中国文艺新发展”的见解和主张。与《我们所需要的文艺政策》相比，对于“浪漫主义”的认可和提倡，是二者最大的区别之一。他明确指出三民主义文艺“从写实主义出发，绝不可能止于写实主义”，“应以写实的创作方法为主体，综合一部分浪漫派的表现技巧”。他宣称：“民族主义的反侵略反极权的各种战斗的现实，固须写实的方法来作周详生动的刻画；而民族大众反侵略

① 1968年蒋介石在“第一次全国文艺会谈”大会的“训词”，转引自尹雪曼主编：《“中华民国”文艺史》，台北：正中书局，1975年版。

反极权战斗的热情，常常超越了各种现实，向遥远的理想境界飞翔，发而为革命的浪漫主义，放纵而不可羁勒，这便须运用浪漫派的技巧来表现它。一般的浪漫主义，从个人主义出发，常流于消极和颓废……革命的浪漫主义，基于民族主义的革命理想，从民族主义出发，是积极的战斗的……对现实的建设多于破坏，在破坏的分崩离析中，已见出新世界宏丽伟大的远景。所以描写民族主义革命诸种事物，描写一切革命者追求理想的热情，都须以写实主义的创作方法来和浪漫派的技巧相综合，也可说是'浪漫的写实主义'"。①

文中所谓"反侵略反极权战斗的热情"、"积极的战斗的"、"向遥远的理想境界飞翔"等语，都可见特定时代和环境的明显投影。或者说，这时张道藩所说的"写实"是假，因为当时国民党的现实处境不堪入目，要"写实"也只能将敌手扭曲了来写；对随国民党逃到台湾的人员来说，更重要的是要鼓气、打气，最好能对眼前的现实视而不见，而"向遥远的理想境界飞翔"，将希望寄托于"反攻大陆"的未来。张道藩的这种"浪漫"转变，是对蒋介石《民生主义育乐两篇补述》中对文艺提出的所谓"培养民族的正气"，"鼓舞战斗的精神"，"发扬蹈厉的气概"等要求的呼应，而其他国民党主要宣传干部，也紧紧跟上。如叶青（任卓宣）在《战斗文学的问题》一文中写道："三民主义的文学非是战斗文学不可"，它"要带上一种革命色彩"，"作品之中应有紧张的场面、惊险的镜头、热情的情绪、英勇的行为、雄伟的气魄、健壮的声调。"② 王集丛在《战斗文艺论》中则做了更详细的阐述："战斗文艺的主要特质，是它富战斗性，并能激发奋斗情绪和战斗精神"；"我们的战斗文艺和我们反共抗俄的战斗一样，是有远大理想的，是热情奔放的，是有高度的爱与恨的，因而也是超越现实的，重主观的"；"这样既重现实，又富理想，既重客观也重主观的战斗文艺，在创作观点上接近印象主义和新浪漫主义。"③

---

① 张道藩：《三民主义文艺论》，载道藩文艺中心主编：《张道藩先生文集》，第656－657页。

② 叶青：《战斗文学的问题》，载陈纪滢等：《战斗文艺与自由文艺》，文坛社，1955年版，第24页。

③ 王集丛：《战斗文艺论》，同上，第33－35页。

1956年《文艺创作》杂志和“文奖会”的停办和取消，标志着“反共文艺”走过其高潮期。随着形势的逐渐缓和，国民党对其文艺政策略作调整，一方面将“反共文艺”重点放在军内推行；另一方面也抹去了一些赤裸裸的政治色彩。这使“三民主义文艺”从扭曲、变形、极端化逐渐走回常态。六七十年代，国民党中央制定《当前文艺政策》等文件，除了重复“坚持文艺的反共立场”、“达成光复大陆、重建中华的任务”等旧调外，并将“确定文艺创作应以服务人生为主旨，认清文艺的价值，即在增进生活的情趣，扩大心灵的境界，以滋润人生，充实人生，美化人生”、“创造纯真、优美、至善的文艺，使思想、信仰、力量融贯于作品之中……以照耀人性的光辉，启示生命的意义”等列入其“创作路线”中，并称之为“新人文主义”。蒋介石强调以一个“仁”字去开创三民主义新文艺运动。1971年的“中央文艺工作研讨会”确定了三点准则与方针，其中包括“以伦理道德为中心思想，以民族风格为表现方式”、“发挥以‘仁’为极致的中国文化精义，弘扬民族的正气，照耀人性的光辉”等内容。

尽管有了柔软包装，“三民主义文艺”作为文艺政策的根本性质并没有改变，特别是40年代后期起明确标举的“反共”，直到80年代以后才消退，这使它的与政治联系过于紧密、意识形态性太强和概念化的缺陷始终存在着，为许多文艺作家所不齿和规避，影响了它的艺术素质和被接受程度。不过，“三民主义文艺”对于民族主义的强调，对于写实主义的服膺，对于现代派文学的拒斥，对于阶级斗争描写的反对，以及后期对于“仁爱”、“人性”、“纯真、优美、至善”、“美化人生”的标榜和鼓吹，结合其“官方”的政治地位，仍对当代台湾文学产生了相当的影响，并形成了自己的作家队伍，具有一定的创作实绩。1977年爆发的“乡土文学论战”，主要即是这种“官方文艺”与乡土文学的论争和对抗。80年代后，随着国民党“政治力”的日益消退，“三民主义文艺”趋于无疾而终。尽管如此，它作为中国新文学思潮之一脉在台湾的延续演变及其提供的经验和教训，仍是文学史上值得谈论的一个话题。

五四“人的文学”的承续

50年代以《自由中国》文艺栏和《文学杂志》为核心，集合了一批秉持自由主义、人文主义文学理念的著名作家，如梁实秋、林海音、吴鲁芹、聂华苓、夏济安、夏志清、余光中、於梨华、彭歌、徐訏等。胡适标举的“自由的文学”和“人的文学”，成为他们的旗帜和宗旨。所谓“自由的文学”，直接针对着国民党官方文艺政策及其卵翼下形成的口号式、八股化的“反共文艺”时潮。而“人的文学”则意味着文学应以“人”为中心，全面、真实、深刻地描写人生、挖掘人性，成为他们的追求目标和艺术标准。他们认为普通人和帝王将相一样，都可以充当最深刻的悲剧的主角，写“身边琐事”往往更能扣合人生的常态，切入人性的底蕴，而不必每一篇文章都得忧国忧民，达成某种“伟大的使命”。这种文学倾向在当时发挥了冲淡文坛极端政治化倾向的作用，而在后来对于台湾文学的发展具有深远的影响。如台湾文学出现了“大时代，小儿女”这样一种经久不衰的主题模式，整体而言显得“儿女情多，风云气少”，与大陆长期热衷于阶级斗争等重大题材，形成明显的区别。

50年代台湾文坛的这一自由人文主义脉流，显然与“五四”思潮中的自由主义、人文主义以及提倡“人的文学”的一脉有密切的渊源关系。除了胡适之外，傅斯年、罗家伦等，也是五四精神在台湾延续的标志性人物；而对傅斯年“人化”文学主张的介绍①，说明《自由中国》很早就开始了对于“人的文学”的张扬。直接师承于白璧德新人文主义的“新月”作家梁实秋的影响，显得更为直接和深远。梁实秋以普遍人性论为基石建构其文学理论体系，反复强调：“文学的终极目的是人性的描写刻画”，“伟大之文学家能洞悉人生的奥妙，能彻悟人性之最基本的所在。所以文学作品之是否伟大，要看它所表现的人性是否深刻真实。文学的任务即在于表现人性，使读者能以深刻的了解人生之意义。”从这一基本信条出发，梁实秋一手反对“工具

① 毛子水：《傅孟真先生传略》，台北“自由中国”4卷1期，1951年1月1日。

论”，一手反对“纯艺术论”；一方面宣称：“凡是宣传任何主义的作品，我都不以为有多少文艺价值的”，另一方面又认为文学既取材于人生，当然不能没有深厚的道德性，在真善美三者中，文学当最注重“善”，不应从广大的人生退到“美”的陶醉那样的牛角尖里去①。梁实秋从白璧德有关人生三境界的说法中得到启示，认为最普遍的人群乃介于禽兽和圣贤之间，人之所以为人，即在以理智控制欲念，以道德——内心的一种抉择节制的力量去制约兽性②，“人在超越了自然境界的时候，运用理智与毅力控制他的本能与情感，这才显露人性的光辉”。在文风上，梁实秋倾心于古典、理智和节制。他认为，文学的效用不在激发读者的狂热，文学在抒泄情感之际，自有一个相当的分寸，须不悖于常态的人生，须不反乎理性的节制，这样健康的文学，才能产生伦理的效果。此外，梁实秋在五四全盘反传统的文化主流下，对中国传统文化仍持审慎、保守的态度，希望在吸收西方思想的同时，注意挖掘和保持儒家文化的某些固有美质。他宣称，白璧德强调西哲理性自制的精神，孔氏克己复礼的教训，释氏内照反省的妙谛，影响所及，“使我踏上平实稳健的道路”。③ 50年代，梁实秋将他这些文学理念带入了台湾。

《文学杂志》创办之时，夏济安等曾有敦请梁实秋担任社长之议，吴鲁芹则坦承：“我们打拳的路数”和梁实秋比较接近④。刊物表现出的一些鲜明特点，也证实了吴鲁芹的这种说法。首先是远“政治”而重“人生”的倾向。在创刊号的《致读者》中，编者开宗明义地赋予刊物以“文学”的定位：要办得让读者认为它“还称得上是一本‘文学杂志’”。这一看来有点奇怪的表白，实际上是针对着当时甚嚣尘上、早已沦为政治附庸的所谓“战斗文艺”而发的。10天后（即1956年10月1日）出版的《自由中国》第15卷第7期上刊出周弃子《脚踏实地说老实话——读〈文学杂志〉》一文，实际上将上述《致读者》中的一些隐曲的话加以挑明。《文学杂志》正是在避免沦为政治工具或遁入象牙之塔的两个极端中，建立起文学描写人生、发掘人性的主要方

---

① 梁实秋：《梁实秋论文学》，台北：时报文化出版公司，1981年版，第540、340、524页。
② 梁实秋：《文学的境界》，台北《文学杂志》，第1卷第2期，1956年10月。
③ 梁实秋：《梁实秋论文学》，第525、1195页。
④ 吴鲁芹：《琐忆〈文学杂志〉的创刊和停办》，台湾《联合报》，1977年6月1日。

向。它认为，对丰富复杂的“人性”的挖掘，是文学存在的价值之所在。而要达到这一目的，则需通过人生的全面观察和描写，展现个人内心和人与人关系间存在的微妙复杂的种种状态。为此，夏济安强调中国作家通过了解旧文化以摸透“中国人的脾性”，才能对善、恶有现实的认识，知晓人心活动的来龙去脉。① 夏志清在评说包括张爱玲在内的中国现代小说时，常强调作品应提供“比较深刻的、具有道德意味的了解”，要能“经得起我们道德性的玩味”，这种对“道德性”的强调，和梁实秋如出一辙。夏志清还曾表达了一种对灵肉关系的认知：人是有灵肉二重生活的；灵肉本是一物的两面，不是对抗的二元；而古人的思想，却以为两元分立，永远冲突。这种灵肉二元的思想，表现于文学上，也就成了两派：崇尚理性的文学多为政治和宗教服务，抑压人的情性；描写人类本能的文学，则每每流于色欲、暴力和幻想的渊薮中。它们中的任何一派，都不能把人性的全面刻画出来，代之而起的该是一种把人看作理性动物，维护人类尊严的文学②。这一说法，不仅直接引用了周作人的《人的文学》，也令人想起梁实秋阐发的“人生三境界”说。

其次，《文学杂志》提倡朴实、理智、冷静的作风，表现出融汇中、西的“中庸”色彩。甫创刊，编者就表示要“苦干、硬干、实干”，推崇“作家的学养与认真的态度”，宣称不想标新立异，只想脚踏实地，用心写好几篇文章，“我们并非不讲求文字的美丽，不过我们觉得更重要的是：让我们说老实话。”而这种朴素文风，也是针对“战斗文艺”的伪浪漫文风的一种反拨。《文学杂志》一方面积极地介绍西洋文学作品及其观念，常以欧美文学为参照系指出中国文学的某些缺陷和不足（如心理描写的不足）；另一方面，又大量发表有关中国古典文学的论文，明确表示要“继承数千年来中国文学伟大的传统，从而发扬光大之”，以“孔子的道理”为“我们的南针”③。这些都和梁实秋的文学理念相当吻合。

由此可知，梁实秋到台湾后，虽然不再是文学思潮浪尖上的人物，但他

---

① 夏济安：《旧文化和新小说》，《文学杂志》，第3卷第1期，1957年9月。
② 夏志清：《中国现代小说史》，台北：传记文学社，1985年新版，第10－11、420、413页。
③ 《致读者》，《文学杂志》创刊号，1956年9月。

那一以贯之的人文主义理念，在台湾文坛仍具有深远的影响。当然这种影响并非仅代表个人，而是代表着中国现代新文学中的一脉对当代台湾文学的重要影响。至于为何是非五四主流的自由主义、人文主义而不是主流的人道主义左翼文学出现于50年代的台湾文坛，实有深刻的社会、历史背景和原因。夏志清在《文学革命》等文中，颇为清晰和深刻地勾勒了五四到30年代中国现代文学的谱系脉络，同时也表明了自己的文学传承。他认为主导中国五四新文化运动的留学生大致以留日的或是留美、英的为分野，形成“激进派”和“自由派”的不同的两类。占据主流的是留日学生，他们格外倾心于俄国文学，对其表现的社会同情心及摆脱传统枷锁、改革社会现状的倾向产生强烈共鸣（周作人是一例外）。相对而言，留英、美的中国学生其兴趣多浸淫在浪漫文学和维多利亚文学的氛围中。由于这传统所代表的一切与当时中国亟待解决的问题无直接的关系，其影响实在有限。在五四即开始分流的这些中国知识精英，在其后的发展中，留日派大多与共产党有较紧密的关系；而留英美派则与国民党有较密切联系，或标榜超越二者的自由主义道路。因而到了1949年，前者较多地选择了共产党而留在大陆，而后者中则有不少追随国民党到了台湾。① 胡适、梁实秋等本身即是五四自由派知识分子的重要代表，而夏氏兄弟显然也是这一派的文学、文化观念的承继者。他们在台湾推动了自由人文主义文学脉流的形成和发展，然而，他们与国民党当局若即若离乃至貌合神离的关系并没有改变，其难成大气候，并不奇怪。随着《文学杂志》、《自由中国》、《文星》等的相继停刊，这一脉流似乎也偃旗息鼓，仅存“文学描写人性”的理念发生着深远的影响。尽管如此，它使文学应描写广袤人生、发掘深邃人性这样一种认知，成为台湾不同派别作家共同的价值取向，构成了台湾文学与长期否定“人性论”的中国大陆文学颇为不同的总体文学风貌和特征。这一脉流对于当代台湾文学发展（当然也是中国新文学的发展）的重要意义和价值，是不应被忽略的。

---

① 夏志清：《人的文学》，台北：纯文学出版社，1988年版，第155-156页。

现代主义的振兴和光大

现代主义在中国现代文坛不绝如缕，如20世纪20年代有李金发的“象征派”，30年代有戴望舒的“现代派”和穆时英等的“新感觉派”，40年代则还有“九叶诗派”，但却一直未成主流。新中国成立后，现代主义长期被当做资产阶级的意识形态而受到贬责，直到70年代以后才略见转机，有所发展。然而在台湾，却于五六十年代成为文坛主流，构成中国文学史上规模最盛大、发展最充分的现代主义文学运动。除了对“反共文艺”的艺术突围的需要外，它的产生还与中国现代新文学中现代主义一脉在台湾的延续紧密相关。

在这场运动中“登高一呼，应者云集”的纪弦承续了戴望舒等的“现代”诗精神。早在30年代，他先是以路易士的笔名为《现代》杂志写诗，后与杜衡合办《今代文艺》，共组“星火文学社”，1936年还与戴望舒、徐迟出资合办《新诗》。其诗集《行过之生命》、《火灾的城》、《爱云的奇人》等，成为30年代现代诗运动创作实绩的一部分。曾有论者将当年现代派诗的特点概括为：放逐抒情，客观、冷漠，反“即兴”①，纪弦在50年代发表的各种现代派宣言可说与之一脉相承。还有论者指出纪弦的现代派“信条”中的“知性”和“纯粹性”这两点“渊源于中国新诗二三十年代的象征派和现代派”②。另一位重要人物覃子豪在30年代初就读中法大学孔德学院预科时，就受到波特莱尔、马拉美、魏尔伦、蓝波等的影响，抗战时期辗转于东南沿海各省，诗风趋向与民族共觉醒的浪漫主义呐喊和现实主义描绘。到台湾后，现实的失意和热情的冷凝使他重归于对象征主义的喜爱。作为“蓝星”诗社的掌门人，特别是担任“中华文艺函授学校”诗歌班主任而培养了众多的年轻诗人，对五六十年代台湾现代诗坛具有不容低估的影响。与上述二人同称当代台湾诗坛三元老的钟鼎文，30年代也曾以“番草”笔名成

① 蓝棣之：《现代派诗选》，人民文学出版社，1986年版。

② 刘登翰等主编：《台湾文学史》（下卷），海峡文艺出版社，1991年版，第111页。

为《现代》、《现代文艺》、《今代文艺》等的一员。[①]“三老”较集中体现了台湾现代主义诗运动与中国现代新文学的直接渊源。正如李欧梵所说：“1953年（纪弦）创办的《现代诗》杂志，显然又使三十年代那点微末的遗绪复活起来。”[②]

此外，在一些到台湾后才成名的稍晚一辈诗人身上，也间接体现了这种中国现代诗的薪传关系[③]。如余光中的早年诗创作曾受到郭沫若、臧克家、冯至、卞之琳以及新月派诸诗人的影响，1949年他在厦门所撰《烙印——臧克家的诗》等文即可为证[④]。痖弦对《预言》时期的何其芳情有独钟，乃至其早期诗作不乏《预言》的痕迹，后来所著《中国新诗研究》，则对废名、朱湘、王独清、孙大雨、辛笛、绿原、李金发、刘半农、戴望舒、刘大白、康白情等诗人诗作逐一加以论评。洛夫自称他21岁随军来台时“行囊中仅军毯一条，冯至及艾青诗集各一册”[⑤]。叶维廉在1950年前后的香港曾遍访书肆，“对五四到三、四十年代的诗及理论曾选抄过四五本”。[⑥] 他多次指出台湾的现代诗承续了卞之琳、戴望舒等，“洛夫早期的诗吸收了艾青……那种叙述性的句法；卞之琳后期的诗、还有辛笛在意象上的处理，都对我有一定的影响。”[⑦] 由此可知，尽管遭到人为的禁绝，但中国现代新文学的某些传统和因素还是会随着一些曾亲炙这一文学传统的作家到达海峡彼岸，在那里生根和繁衍。

以“九叶派”为代表的40年代现代诗人的文学史意义及台湾现代诗与之的关系，近来有越来越多的人提及。其实叶维廉早就对此多所论述。五六十年

---

① 刘登翰、朱双一：《彼岸的缪斯——台湾诗歌论》，百花洲文艺出版社，1996年版，第33页。

② 李欧梵：《中国现代文学的现代主义》，台北《现代文学》，复刊第14期，1981年6月。

③ 本段论述参见刘登翰等：《彼岸的缪斯——台湾诗歌论》，百花洲文艺出版社，1996年版，第33–34页。

④ 朱双一：《余光中在厦门的若干佚诗和佚文》，香港《现代中文文学研究》，第3期，1995年6月。

⑤ 洛夫：《洛夫自选集·年谱》，台北：黎明文化事业公司，1980年版，第2页。

⑥ 叶维廉：《叶维廉自选集·年表》，黎明文化事业公司，1975年初版，1978年版，第2页。

⑦ 梁新怡等：《与叶维廉谈现代诗的传统和语言》，《叶维廉自选集》，黎明文化事业公司，1978年3版，第249–250页。

代时叶维廉就发现当时诗坛普遍存在着“语言艺术缺乏美学考虑”的情况，因此在介绍艾略特的诗和美学观念时，即针对着这种情况而发，并对五四以来的问题以及五、六十年代台湾现代诗中语言的策略与发明，多所印证。叶维廉虽然在《论现阶段中国现代诗》（1959）中提到五六十年代承传三、四十年代的痕迹，“但并没有把卞之琳所代表的三十年代，承传他的一些四十年代的诗人和艾略特、奥登等人的关系作一个历史的说明”，比如艾略特的“情感的等值”，卞之琳便曾发挥并引申至“思想感觉化”的要求。“‘思想感觉化’正是四十年代诗人创作的信条之一。而六十年代的诗人，下意识里承传的，实在与此意念很密切。我后来在论四十年代的诸篇中，便是着重这方面美学历史的迹变。”① 这里叶维廉指出了台湾现代诗人与卞之琳、九叶诗人等在“思想感觉化”美学方式上一脉相承的关系，是颇为精辟和深刻的。这种传承关系也说明，台湾现代诗人对于中国现代新诗传统的传承是有所选择的。他们对于那些“过度说教化、散文化”的创作倾向并不满意，他们格外倾心并努力效法的，是那些注重于感觉、意象、象征等美学经营的诗人们。

虽然以王文兴、七等生、白先勇等为代表的现代派小说未必能找到与中国现代新文学明显的直接渊源，但在80年代以后林燿德为代表的台湾“都市文学”作家那里，却又可看到对于30年代“新感觉派”的主动接续。

批判现实主义的承传

乡土文学是中国现代新文学的重要脉络之一。台湾偏于版图一隅的地理位置以及与大陆主体较长时间隔离的历史际遇，使其文学呈现较明显的地域性特色，从日据时期直至当代，乡土文学一直是台湾文学最重要的组成部分。

一般认为中国现代文学存在着两种类型的“乡土文学”，或可以“启蒙批判”型（如鲁彦、许杰等）和“田园牧歌”型（如废名、沈从文等）称之。

① 叶维廉：《秩序生长的历程——〈秩序的生长〉新版序》，《秩序的生长》，时报文化出版公司，1986年版，第15页。叶维廉这里所说60年代，其实指50年代，因提到的《论现阶段中国现代诗》作于1959年。

有人认为还存在着另一种描写东北、华北沦陷时期民众苦难的乡土文学。应该说，除了“田园牧歌”型之外，另外两种都具有批判现实主义的质地。1949年以后，大陆一度盛行“社会主义现实主义”或“两结合”创作方法，加上社会主义制度下可供“批判”的社会丑恶、黑暗现象急遽萎缩，批判现实主义自然不彰。在台湾，日据时期就形成了十分强大的“启蒙批判”型和“描写（殖民地）苦难”型乡土文学。此外，台湾还存在着由其特定地域文化所孕育的“扎根土地”型乡土文学。当代台湾乡土文学经过50年代的潜流，60年代的再出发，70年代击败现代主义蔚为文坛主流，其间既有台湾自身日据时期乡土文学传统的传承，也有中国新文学乡土文学传统的接续。

在光复初期至50年代最为兴盛、六七十年代后仍延绵不绝的“描写殖民地苦难”型乡土文学具有批判现实主义倾向，而在70年代乡土文学高潮时期最大宗的，是“启蒙批判”型乡土文学。一些描写社会转型中城乡冲突、现代价值和传统价值的摩擦和碰撞的作品，往往融合了“批判”和“启蒙”二端。而最具批判力度的则是：对于美日“新殖民主义”的经济、文化入侵的揭发和批判；对于台湾社会仍存在阶级矛盾、阶级斗争以及诸多黑暗面的揭示和批判等。正是这二者引来当时具有官方色彩的人士将乡土文学作家扣上“工农兵文艺”的帽子，并引发了乡土派、现代派和“御用”文人混战一场的大规模“乡土文学论战”。不过，从“工农兵文艺”的“罪名”中，却可看到台湾乡土文学与祖国大陆新文学的某种密切渊源。

80年代以后，海峡两岸文坛从隔绝状态中走出，有了越来越密切的直接交往。大陆文坛自身也有了深刻的变化：以前断裂的一些新文学脉络（如现代派、“人的文学”），或多或少开始接续；而自我封闭的解除使大陆文坛和台湾一样，能够比较及时引进西方最新思潮和理论。因此两岸文学正减少所谓20年的“时间差”，出现了较多的同步或准同步的文学现象。或者说，两岸文学正走向深层次的整合。将两岸纳入共同的文学史书写在今后也许会越来越容易些。然而，尽管难度不小，20世纪中国文学史或中国当代文学史的书写，却绝对有必要将台湾文学纳入视野，融入其中，这样，才能较全面地呈现中国新文学诸多思潮脉络产生、发展和演变的完整图像。

台湾都市文学与海派文学*

张　羽

1990 年，台湾都市文学的领军人林燿德前往上海拜访了海派①代表人物施蛰存，后来公开发表的二人合影照片的标注是："20 年代末崛起的都市作家施蛰存与 80 年代出发的都市文学提倡者林燿德"②，此语初步点明了二者之间的隔代文缘。更重要的是，二人都以文字记录了这次聚会，年届 90 高龄的施蛰存赠林燿德以《白马》诗，诗中有云："八十年代的现代派，/从香港云游而来/访问三十年代的现代派/……'我来接受你的衣钵。'/'迟了，我的衣钵已在牛棚里——化为腐蛆。'/'我在海外开山，得向大陆寻根，继承佛统。'/'没了，大陆久已灭佛，连根拔起。'/'怎么办？难道我是无花之果？'/'没关系，岂不闻芒草无根？'"③ 诗中充满了佛家案语，面对林燿德捧奉于眼前的"寻根"④ 礼遇，施蛰存真实坦诚了自己既感动，又无奈的心绪。如果说《白马》诗展现了一位智慧老人对年轻台湾后生的感激与歉疚，那么，林燿德则以台湾都市文学创作为例，言语确凿地指出在大陆已经"灭佛"的现代派，在台湾却是开花结果。他对老人说：现在的台湾

---

* 本文原载于《台湾研究集刊》，2007 年第 1 期。

① 本文所指称海派作家的范围既有 30 年代新感觉派作家刘呐鸥、穆时英、施蛰存，也有 40 年代的张爱玲、苏青、予且等人。需要指出的是，施蛰存与林燿德对"新感觉派"的认知上，有一定的分歧，林燿德将施蛰存看成新感觉派大师，并对新感觉派的都市文学创作进行褒扬，不过施蛰存本人却对新感觉派的称谓不以为然，他更愿意以"现代派"来概括称谓包括穆时英、刘呐鸥和他自己在内的活跃于上海的这批文学家。

② 郑明娳、林燿德：《中国现代主义的曙光——与新感觉派大师施蛰存先生对谈》，《联合文学》，第 6 卷第 9 期，1990 年 7 月。

③ 杨宗翰：《现代派的隔代会遇——施蛰存与林燿德》，《幼狮文艺》，第 570 期，2001 年第 6 期。

④ 在《白马》诗前的小引中，施蛰存写道有人见到郑明娳和林燿德写下的《中国现代主义的曙光——与新感觉派人师施蛰存先生对谈》这篇文章，曾问他："此八十年代台湾现代派来大陆寻根也。"

文学界还有很多与施蛰存的写法相似的小说创作，这显然不是善意的安慰，而是确有其实。阅读林燿德等人的都市小说，我们可以明确感受到他们力图延续海派文学的余绪。正是在这一意义上，二人看似偶然的会面却具有极大的文学史意义，它暗示了海派文学与台湾都市文学的某种内在因缘，并为现代派文学技法的隔代传承打下了确切的证言。

其实没访问施蛰存之前，林燿德为了给新感觉派正名，就曾批评过夏志清的《中国现代小说史》“结构破绽太多”，对上海2、30年代现代主义新感觉派作家毫无涉及，非常“令人惊讶”，因而成为“意识形态偏见和文学史谬误的‘巨著’”①。随后，1990年访问施蛰存的时候，当时大陆对海派文学的评价普遍很低，林燿德却以其敏锐的文学感悟，对新感觉派小说给出了颇高的评价，他说：“我一直认为，自1928年起，上海新感觉派的开始，乃是中国现代文学首度真正跟世界文学同步发展，…世界观也重新铸模了，例如当时都市文化的思考方式等。”② 随后他更确切地划分了都市文学的图谱，明确指出：“新感觉派小说可以说是中国近代第一次都市文学的崛起，第二次是50年代纪弦、林亨泰等诗人提倡现代派，第三次则是80年代林燿德等作家的新都市文学。”③ 在其他论文中，林燿德也一直坚持这种划分和评价态度④，为什么林燿德的一系列文学活动都一直对新感觉派情有独钟，这可能与他在80年代后期的台湾文坛上，一直致力于尝试以多种文类建构宏伟的都市文学建筑有关，上海新感觉派关于都市文化的独特性思考无疑给他提供了某种借镜，也因此一直不肯将自己文学定位的林燿德却自愿归队于海派文学的延长线上。正是在这种文学史脉络里，以施蛰存和林燿德开启的这场海派文学与台湾都市文学的主动对话，就促使我们去深入探讨这相隔半个世纪都市文学的内在变迁，力求解析两岸都市文学文本中的诸种相似和变异问题：如不同时段内文坛上的都市建筑风格；电影和现代资讯等现代文化对都

---

① 林燿德：《观念对话》，汉光出版社，1989年版，第190页。

② 郑明娳、林燿德：《中国现代主义的曙光——与新感觉派大师施蛰存先生对谈》，《联合文学》，第6卷第9期，1990年7月。

③ 同上。

④ 林燿德：《观念对话》，汉光出版社，1989年版，第182页。

市文学的影响；两岸都市作家呈现出的都市欲望化叙事以及政治的迂回路线等等一系列问题。

一、海峡两岸文坛上的都市建筑群

20世纪初，在租界的影响下，上海成为世界最主要的金融中心和工业都市。在《游戏》、《上海狐步舞》、《白金女体塑像》、《春阳》等一系列上海新感觉派的小说中，摩登上海的形象是通过接踵而来的赛马场、夜总会、电影院及富豪别墅的都市空间，还有穿梭其中的少爷和舞女、资本家、姨太太和公司职员等都市人物来呈现的，这里有炫目的色彩，强刺激音响和富有诱惑力的曲线，上海被建构成一个声色迷离的都市审美意境。由刘呐鸥等人构筑的上海洋场文化既不同于左翼对都市的意识形态叙事，也有别于京派对都市的文化叙事，第一次独立凸现了都市摩登的文学意涵，他们笔下的都市街景、都市人生、都市文化给中国现代小说带来了鬼马跳脱的现代都市意象。不过，都市在40年代海派作家张爱玲、苏青等人的眼中却失去了这层绚丽的光环，沦陷时期的都市只担当了最原初的意义——普通的生活空间，从而形成了由新感觉派的“视觉都市”转向了“人间都市”的鲜明转变。

80年代中期以降台湾社会在机械文明和商业异化的双重挤压下，性别、消费、情爱成为台湾都市小说中的首要选题，新世代作家自黄凡、东年、王幼华、张大春、林燿德以至骆以军、林裕翼、王文华、邱妙津、陈裕盛、纪大伟等等都力图构筑都市文学的崭新图谱。首先，台湾新世代作家笔下的都市与新感觉派小说所营造的摩登都市非常酷似，外在感观上的摩天大楼、广场建筑、霓虹灯等等都作为都市符号来加以描摹，他们笔下的“新人类”逡巡的空间多是迪斯科舞厅、夜总会（台湾都市文学有电子游戏室、网吧）等等都市动感地带。如林燿德的《大东区》中外在的井然有序城市假面与实质内容暗灰芜杂的舞厅，构成了人和物不分、灵与肉无差别、繁华而颓废的都市面貌，一方面具有与刘呐鸥、穆时英等人所展现炫异的都市界面的同质性，另一方面又具有了施蛰存心理挖掘的深度倾向；其次，台湾新世代作家也力图展现张爱玲、苏青等人塑造的平凡的都市生存空间，但关注的焦点有所挪移，更强调都市在沧桑巨变中带来的复杂心灵感受。如黄凡在《梧州街》和《命运之竹》等都市小说中，将笔触伸及载满都市历史记忆的老城区，力求展现昔日的繁华处，如今衰落颓唐，带有强烈的怀旧情绪。至于朱天心的篇名出典于川端康成同名小说的《古都》所叙述的也是在摩登的台北中，一个“老灵魂”以旅行的姿态对历史沧桑里的古都进行深刻审读，寻找的是不同时段内城市的不同图像。至于林燿德的一些小说力求展现都市的现代性和物质的畸形发展对人造成的全面压制等主旨，这似乎又与张爱玲笔下的都市压抑主题有了更多的亲近之感，也不免让人想起林燿德曾是“三三集团”（其成员多心仪张爱玲）的一员。最后，最能展现都市书写现代意涵的是，台湾都市空间不仅仅停留于摩天大楼、股票中心，而是更进一步展现了由现代资讯文明带来的崭新的资讯结构、资讯网路控制下的都市生活，在这里，人成为偌大程序中的一个小零件，在这一层面上，都市空间的扩大成为台湾都市文学区隔于海派小说家所构筑的都市建筑群最前卫的部分，这里不仅有都市的硬性建构，还有了软件方面的充实。在小说集《恶地形》中，林燿德进一步揭示了以电脑为中心的复制、传播功能高度发达情况下，人类面对机械常有的荒诞、自我失落感，从而展现了现代资讯文明带来了人的异化。而陈裕盛的小说《骗局》其实质就是电脑程序介入个体生活，人成为网络控制下的一个棋子，从而造成步步为营的人生困境，这篇小说就是一个全程想象化的虚拟空间。由此看来，台湾新世代作家营造的城市空间更力求探索一个城市的多重身世或都市文化的多义分歧，这种对都市的差异性症候解读的原因大概来源于两方面，一方面 80 年代以来台湾快速崛起为新兴的工业都市，并进而转变为以流行文化为导向的消费都市，作家短期内目睹了多种都市的意义变迁，形成了多重的都市记忆，从而带来文本中不同都市空间脉络的凝视、混合与对话。另一方面，随着全球化和资讯化的趋势，地球村和流动性的都市空间取代了固定的地方空间，台湾也在网路之中改变了城市空间的社会意义和逻辑内涵。

在这相隔了近半个世纪的都市空间的经营中，我们仍然可以在偌大的语言张力场中寻找到一些酷似的建筑零件，如有些观念或词语以固定的言语方式延续下来，其中有文化商品（如爵士乐、电影、唱片、游戏机）、消费物质（鸡尾酒、咖啡）、娱乐空间（如夜总会、街景、电影院、妓院、公寓）和娱乐项目（飙车、赌博、狎妓）……在这类风格化的文字描述下，我们得以窥见海峡两岸的都市文学根基于一些基本词根构筑起来的都市建筑。不过，阅读海峡两岸的都市书写，又会有不同的都市感受：如果说刘呐鸥和穆时英更多是在摩登上海中徜徉；施蛰存以现代人的意绪书写“晚唐余韵”；张爱玲以世俗之眼观照城市；林燿德、黄凡等台湾作家则深陷都市之中，警醒地关注都市背后的文化喧嚣与孤寂……由此可见，在不同时段中，都市书写展现了不同的城市与人文，并在呈现反传统秩序的艺术形式和思想主题的试练方面，浮现了各自不同的都市文化选择。

二、城市疯癫主题下的“欲望化叙事”

在傅柯的论述中，“疯癫”（Madness）和“文明”（Civilization）已经不再是相互对立的命题，疯癫所衍生出的幻景和知识想象往往属于精神上的憧憬和膜拜，其行为已经超越了带着人格面具的文明人，并对理性所架构出的文明社会采取“非理性”的态度，在某种程度上，都市文学的欲望叙事正是建立在对现实的绝望情绪上，是文明社会中个人苦闷的极端体现。

20世纪初，传统的封闭性市镇被打破，现代的都市文明逐渐生成，畸形的繁华也随之而来。上海新感觉派小说就应和了当时的时代氛围，主题多集中于物质主义的享乐快感、金钱原则和以实用性、交易性、功利性为核心的生存原则，这里有闪电式爱情游戏（《两个时间的不感症者》）、金钱至上的性爱法则（《热情之骨》）、人性变态（《圣处女的感情》）、冲突的纯真爱情与现代物欲（《梅雨之夕》）、疯狂的节奏对神经的刺击（《魔道》、《凶宅》）、以黄金的枷锁禁锢自己也劈杀儿女的曹七巧（《金锁记》）……这些作品从不同角度和侧面，通过人物半疯狂的精神状态折射出物欲的疯狂膨胀和生理本能的恣意放纵，再现了都市文明的负面效应。和刘呐鸥、穆时英将主要兴趣放在对都市生活景观的直接描摹不同，施蜇存更注重对人性心理的剖析与探踪，因而其人性解剖最有深度和力度。《在巴黎大戏院》、《四喜子的生意》里的男主角原本本分，但迷乱氛围却使他们受欲望的驱使，最终犯案。至于张爱玲的情欲书写更为含蓄，她的野火花的譬喻让人浮想联翩，给人更多的是诗意的美；苏青的小说总是掺入琐碎，展现的多是破碎化的都市空间。总体而言，海派作家以集束的文学创作展现了文明的演进带来的人性异化、压抑和扭曲。

与前行的海派文学相似的是，台湾新世代作家也乐于描写浮萍般的爱情，两性关系具有飘忽性、随意性，不过，台湾新世代作家更夸大了人性中“疯癫”与“欲望”，我们由台湾新世代作家的作品中可以再度窥探到都市摩登女、地痞、都市暴走卒等“新感性族群”的情欲世界，展现了后现代文化体系中都市青年的放纵机制：两性之间的交往媾和，就如同喝咖啡、看电影一样平常，不受道德规范的束缚，这里展现的即可以是性欲望的对象、也可以是社会论述的角力场。我们先来看林燿德的欲望书写，《大东区》里，小克和乔芳妮吸食毒品后，处于极度的性亢奋状态中，写至此作者却挡开一笔，更多转向两人幻觉的描写，两人不停地自言自语，但彼此无法对话，这里借助意识流以内聚焦叙事来刻画人物的心理活动，尽管不一定完全来自施蛰存的影响，但更可看出林燿德善于调动起一些资源试图将幻想、欲望、潜意识等与现实巧妙地联系起来，使意识流写作更加自然，这使得其笔下的大东区不再停留在地理名词的意义上，而是成为具有文化都市的心理名词。由此可以让我们更自然地想到，施蛰存之所以能打动林燿德，原因就在于二人都具有消解英雄、崇高、神圣的反理性企图。

台湾都市情欲书写在酷儿写作中达到了极端的呈现，先有朱天文的获奖小说《荒人手记》以一个男性同性恋者的口吻展现了都市社会畸零族群的爱欲生活，荒人遭到社会遗弃，展露了同性恋隐蔽的欲情世界，这些自恋的新型的性爱观念更新了都市的情欲纪录。稍后，新锐小说家陈雪的《恶女书》、曾晴阳的《裸体上班族》、纪大伟的《感官世界》、洪凌的《异端吸血鬼列传》被冠上“新感官小说”的标签出版，有的发表时就直截了当地写上

"儿童不宜"，这些小说多以近似倾斜的笔法写出了人类在性欲面前的沉沦、挣扎、失落和追求，直接提供给读者最原始的感官。此类同性恋书写力求以都市边缘的情感姿态获得掌控文坛的能力，如纪大伟曾说过："我希望在文学之内/之外看见错乱逾越的狂欢节，因为错乱才能释放出被主流文化掌控的能量和空位，平时被忽视的欲念和主题才能获得基本的位置和相量"①，从边缘对峙主流文化的态势可见一斑。此外，张大春的《长发的假面》里的性感女生打醒了男老师、王文华的《校园连环泡》里导演的非强暴案、朱天心的《我的朋友阿里萨》朋友的阳痿、李元贞的《爱情私语》的何来明在美国阅历性爱后成为成熟女人……一系列都市小说都或多或少地与情欲惹上关系，致力于描写爱欲分离、男性的无能和女性的觉醒等。一系列情欲写作其实质都是为了抗争主流文化，诉求边缘族群的身份问题和爱欲问题，所谋求的是在权力场域中进行"自我身份"和"自我身体"的再确认。

综上所述，无论是色彩斑斓的上海夜生活，再或者是色乱情迷的台北，都市中的男欢女爱都具有疯癫的色彩，有违常理，呈现出一种私我公开化的趋向。在"情色乌托邦"里，性不再负担繁殖后代的使命，性本身即是目的。相对比较而言，上海和台北的欲望书写都是充满色彩和想象的刺激世界，缺少精神对于物化欲望的克制，二者的产生同样源于社会转型期的思想风潮的影响，先是海派面对以儒家伦理为枢轴的中国传统文明的迅速解体，代之崛起的以物质生活为鹄的都市文明，形成了截然对立的审美心理的蜕变，赤裸裸的欲望与快节奏的书写正是这种主体心理、审美态度变迁的集中体现。而台湾新世代作家则是解严带来了台湾社会久被压抑的感性狂潮，肆无忌惮地展现都市欲望，对享乐和淫荡等现象带着一种欣赏的笔调与情绪。这种对传统的反叛，显然与波德莱尔的"从恶中发掘美"的审美观念是相通的。从以上的简要梳理中我们可以看到，欲望使整个都市社会变成了一个疯狂的战场，对人们物欲本能的极度推崇，造成了个体心灵的无所依傍，偏执地再现了单纯物质文明的现代化的巨大偏颇。值得指出的是，此类都市欲望

① 洪凌、纪大伟：《同性恋书写：新世代的冷酷观点》，台湾《中国时报》，1995年9月23日。

的书写一直受到批判，刘呐鸥的《都市风景线》一出现，就被沈从文指责为“邪僻”，近年来，台湾文学评奖活动中，也有评委对这些极端暴露倾向小说进行批判，这些都可以看做是现代高雅知识分子向艺术另类所发起的质疑。为什么屡受质疑，却又屡写不衰，我们大概可以这样来解释，一方面性与政治一样，一直是社会主导权力者最为禁忌的言说话语，但性却比政治更能广泛商业化，作为一个更易高速散播的武器，在这里，“被保留用作探索有效知识的特点的术语是色情和肉欲，而不是稳定性。”①其令人瞠目结舌的欲望化叙事最充分地体现了现代社会的最本质的文化氛围——消费性，文本中不绝如缕的情欲、同性恋、雌雄同体更多展现了资本主义高度发达后带来的人的心灵被物质空间充塞的实况。

三、政治叙事的迂回和反讽路线

20世纪20、30年代的中国，社会政治矛盾不断加剧，刘呐鸥、施蛰存、穆时英等人曾在政治意识上一度显现出激进的姿态，《无轨列车》和第一线书店皆因宣传赤化而被国民党查禁，他们也尝试过左翼革命小说与农村生活的摹写，后来却发生转向，这可能与日本新感觉派作家横光利一从左翼转出有一定的关联。随后，上海新感觉派毅然提倡软性电影（娱乐的消费的文艺），从而与当时的主流——标举写实主义文艺观的左翼文艺界划分了界限。在历时两三年之久的“软性电影”与“硬性电影”的争论中，新感觉派作家把文艺的表现和反映的领域集中在自我与艺术的层面上，反对从阶级立场出发进行电影批评。现在看来，这场争论事实上和电影艺术本身关系不大，更多体现了以电影为场域进行政治话语权的争夺战。在文学理念、电影理念等一系列争执中，虽然海派作家均以自由主义的姿态来面对，但不能否认的是，左联的严肃批判还是给海派作家带来一定的压力，以施蛰存为例，在《梅雨之夕》“自跋”中，他说：“读者或许也会看出我从《魔道》写到《凶

① 王岳川、尚水编：《后现代主义文化与美学》，北京大学出版社，1992年版，第171页。

宅》，实在是已经写到魔道里去了”①，这里带有反讽意味的“承认”错误，不管是情愿还是不情愿，多少都呈现了他所承受的压力。限于当时的政治文化情境，现代派的技法难以尽兴发挥，于是施蛰存干脆放弃了现代派小说的创作，1936 年出版的《小珍集》已经不再遵循魔幻现实主义的路线，转而向当时流行的现实主义写作手法靠拢，不久，施蛰存放弃了文学创作，转向唐诗研究，这种不得已的“逃遁”行为使中国现代文学从此失去了一个现代派令旗的擎旗者。再看张爱玲，她似乎因为胡兰成的牵扯，以避开政治意识形态的女性个人话语方式，进入到都市民间的精神层面，《倾城之恋》和《金锁记》等小说还原了都市民间各色人物的精神状态，流露出特有的都市民间气息。苏青的《结婚十年》与《续结婚十年》更是显现都市女人的辛劳与悲酸，在“絮絮叨叨”的小事体中避开了对政治大事件的关注。在沦陷区特定时空中，张爱玲和苏青等人回避政治议题致力于开辟通往都市民间的道路，以现代知识分子对都市民间文化的参差关照，塑造了政治掩映下更为真实的民间生活。

我们再来看被比譬为“断裂的世代”的台湾新世代作家的政治文化情境，他们身处台湾当代剧烈演变的意识形态战场：本土作家群中出现“急独派”新世代与暧昧派旧世代之间的路线之争，外省籍新世代与外省前辈之间的批判与分歧……由此可看出政治话语权仍是台湾当代文坛中复杂而重要且必不可少的一个重要维度，不过台湾都市文学已经不单停留于政治话语层面，而是涉及文化、阶级、性别、种族等更广泛的领域，许多新世代小说家更愿意以疏离和反讽的姿态来面对台湾政治。以林燿德为例，其创作初期恰逢乡土文学论战，这场论战后来也与“文学”脱序，不过未对他产生太大的影响。不过发生于 1980 年的“神州”冤案，扭转了他理想而封闭的文学观，这与海派作家或身亡、或受批评而搁笔的严重挫伤相比，林燿德所受伤害可谓不是很大，不过自此他开始了以后现代的姿态进行政治戏谑，并在此基础上，提出一种流动主体性、多重自我与复合身份的概念，来阐释文化认同与语境之间的关联性，化解而不是加深文化认同危机，此举更显现其“文学世

① 王岳川、尚水编：《后现代主义文化与美学》，北京大学出版社，1992 年版，第 171 页。

界是超然于政治意识形态之上"① 的主导观念，正是此种见地让他将上海新感觉从政治话语的领地脱身出来的行为激赏为"这种忠于艺术的原则，把中国小说一向过度注重群治与淑世的观念矫正过来，使文学产生独立学科的尊严，拥有独立超然的地位。"② 林燿德曾表白过他看重新感觉派小说的原因在于其注重"内在现实"的"意识流"与"超现实主义"的痕迹。至于他提出的"都市文学"则是在此基础上，致力于"兼容个人意识川流与集体潜意识"呈现"贯时的文化暗示、民族之梦和并时的社会潜意识"③。因此这里的疏离更多是为了获得更客观的文化审视，他曾力图通过认清政治行为背后的文化与语言属性问题，从而达到对文化主体性与历史过程中的理论与实际权力关系的批判。他于1987年发表的《信息纪元——〈后现代状况〉说明》一诗中，声称要"揭露政治解构、经济解构、文化解构的现象；以开放的胸襟、相对的态度倡导后现代艺术观念、都市文学与信息思考，正视当代'世界——台湾'思潮的走向与流变。(《都市终端机》，第204页）这首诗似乎是他开启'后现代'的正式宣言。不仅是诗歌，这一时段的小说主题也大多指向社会边缘人群，如黑道、学生、妓女、艺术家等，但这并不是甘守边缘，从文化政治角度来看，这是一种从边缘向中心进发的生存策略，也是一种有效的策略。在黄凡的小说中，我们也常常发现其暧昧的叙说之中实有辛辣的政治讽喻，其近年新作《躁郁的国家》和《大学之贼》都是对充满暴发户、投机者、文化小丑、政客、狂热分子等嬉笑怒骂的揶揄和讽刺。李昂90年代以后的《迷园》、《北港香炉人人插》等作品，更糅入了政治、国族、资本化等等都市社会的题材，作品中充满了对强势权力结构下被支配和主宰的命运的关注。又如朱天文和吴念真编剧的《悲情城市》表面上看是以重大历史事件为题材，其核心的主题却是用来表现"历史如何侵犯了不涉政治的平凡人生活的故事"④，这些小说都带有明显地远离政治的倾向，但

① 郑明娳：《神乎、魔乎、人乎——阅读燿德》，《香港文学》，第193期。

② 郑明娳、林燿德：《中国现代主义的曙光——与新感觉派大师施蛰存先生对谈》，《联合文学》，第6卷第9期，1990年7月。

③ 林燿德：《观念对话》，汉光出版社，1989年版，第182页。

④ 张诵圣：《朱天文与台湾文化及文学新动向》，《中外文学》第262期，1994年3月。

其主旨却是为了揭示政治带给人类以怎样的结构性影响。与前行代的海派文学相比，80 年代出发的都市书写充满了暴力、末世情调，由个人私欲或政治私欲延伸而来的暴力，更侧重于人类的终极关系和世界的终极命题的探讨。此类由“后现代欲求”引发的暴力书写与施虐的本质揭示，呈现了台北后现代主义社会中的无中心、无权威、多声部、多样化和求新求奇的特点。

四、电影、戏剧、电玩等对小说结构的进犯

电影为小说形式的“革命”提供了可资模仿的榜样，其对都市书写产生最大的影响就是小说文本中出现了“电影眼”① 观察下机械主义的密集型意象群的迭现，表现出小说空间形式的“破碎”，随之而来的就是情节的破碎，电影眼的呈现形式最适合表现不绝的、变换着的“流动映像”。其观察下的都市书写让我们感到一种奇特的重建都市秩序的感觉：小说追求都市真相的行为变成了真实再现都市无序的状态。小说创作中借鉴电影手法，首推上海新感觉派，这些小说家每日必备的娱乐项目是“看电影”和“逛舞场”②。刘呐鸥在经营书店失败之后，“转而去从事电影”③，创办了《现代电影》，还与黄嘉谟等人引发了中国电影史上著名的“软硬之争”。穆时英也是个影谜，他熟悉好莱坞电影到了如数家珍的地步。30 年代的好莱坞电影多利用对白或插入字幕的说明文字来配合画面帮助观众进行理解，这些解说语言无疑启发了新感觉派的创作，直接影响表现在小说言语方式的变化：出现一些不连续的句子，造成了描写的中断，产生类似摄影机镜头摄制下的不断显现、

① 电影眼简单地说就是摄影机之眼。1932 年，刘呐鸥在《电影周报》连载电影评论《影片艺术论》谈到了维尔托夫的“影戏眼”。刘呐鸥是这样解释的：“具有快速度性，显微镜性和其他一切科学的特性和能力的一个比人们的肉眼更完全的眼的。……一切现象均得被它解体、分析、解释，而重新组成一个与主题有关系的作品”（《影片艺术论》，《刘呐鸥全集·电影集》，第 267 页。）

② 施蛰存：《我们经营过的三个书店》，《新文学史料》1985 年第 1 辑。

③ 1931 年，刘纳鸥自编自导言情片《永远的微笑》。1934 年，他发表《现代表情美造型》。1936 年，刘呐鸥曾为艺华制片厂编导《初恋》，为中央电影摄影场编剧《密电码》。艺华影业公司 1938 年 4 月首映了由刘呐鸥编剧《初恋》。这部影片被左翼电影运动称为“软性电影”爱情题材影片的代表作。

变换的多个空间效果。如刘呐鸥的《A Lady to Keep You Company》就被施蛰存称为“小说型的短脚本”。还有直接从电影故事中取材的，如刘呐鸥的《赤道下》就直接拷贝好莱坞电影《蛮荒双艳》、《蛮荒天堂》表现文明人与野蛮人之间奇风异俗的故事。穆时英的《街景》也以电影眼观察到的人物与现实之间支离破碎……小说中出现了大量的事件、时间、概念的不分明，场景随意转换，既无铺垫也无照应，与电影的快速节奏相适应，突然的插入、闪回和跳跃的拼接充满了运动感，与急促忙乱的都市生活特点完全吻合在一起。这样，这类小说不再由故事或人物的发展的内容组成，而由无数个画面、场景的碎片组成，抛弃了场景之间相互转换所需的连贯性叙述程序。与刘呐鸥和穆时英喜欢用短镜头的快速交叉组接形成一种快节奏不同，施蛰存等人更偏爱单调的长镜头组接造成郁闷的慢节奏，如《将军的头》等小说，这恐怕要归因于他关注的对象不是繁华的街景，而是人物内心细腻的流动，致力于将人的幻觉、回忆、理想甚至极为微妙复杂的下意识的内心活动，都用视觉形象表现出来，这种表现比用人物的语言说出来，或用在戏剧式的冲突人物的动作表现出来，要更直接生动、强烈、真实，具有更大的感染力。至于张爱玲的小说更可以看出她非常娴熟地运用电影中的淡出、淡入、定格、特写等技巧，展现出更为独特的魅力，关于其文本中的电影素质已经有多篇文章论述过，此处不再赘述。

进入80年代，电影、动漫画、电玩、网络游戏一起对小说文本产生新的进犯，为文体提供了多种选择的可能，其影响已经不仅仅流于个别的技巧和手段，而且扩及题材内容和整体范式，至此，都市书写已经显示出善于吸纳电影文化、网络文化和电动游戏等等具有现代资讯特质的文化潜力。更年轻的新锐作家甚至是从网络语言和电视语言的模仿中开始处女作的写作，这涉及台湾当下作家的学养问题，又是另外的议题。一生都在尝试突围艺术典范的林燿德尝试过电影剧本、舞台剧本和漫画写作，他甚至将流行音乐、网际交流和电动游戏化成文本中重要部分。小说《大东区》借鉴了电影镜头快速转换、跳跃的手段，把恐怖与繁华、淫荡与颓废的场面音响组接在一起，在时空错杂之间形成强烈的反差和对比，这一点与刘呐鸥、穆时英等人的书写极其相似，他们都对电影的视觉表现手法进行自觉借用，强调电影的“感觉性”，即审美感受性，也就是所谓电影应当是“给眼睛吃的冰淇淋，给心灵坐的沙发椅”①。但与刘呐鸥、穆时英杂乱运用电影技法从而造成了叙述的零乱不同的是，林燿德突出了快镜头剪接时的叙事机制和诗性特质，他更善于寻找刺激观众的“感觉扳机”，以结构上频频横生枝节所引发的震惊性反应来延续下一段电影场景的借用，在打断故事的时间流的同时，又强调对微观历史的尽量呈现，并力求呈现其对后现代文化的诊断性解读。值得注意的是，《大东区》开篇用很大篇幅讲述“火の一族”电玩游戏，令习惯于开篇就直接进入小说情节的读者有些不知所措。实际上，作者无疑将电玩视为一个重要的隐喻，一方面它作为消费文化的符号，体现了都市青年的游戏性格，并成为这些“感性族群”的日常与非日常、当下意识与记忆之间的一个媒介体。另一方面，这个电玩游戏为小说染上了都市寓言的色彩，结尾处，“都市青年们的渺小身影沉默地步行在一具具巨大的墓碑间”，恰好应和了开篇的电玩游戏，再现了与永恒相对而言的人生的暂时性，借助这一现代化的游戏系统构成了一个语言伸缩往复运动的装置，成为一个意义衍生的有机体。由于电玩的存在而成功地创造了隐喻结构，他还为自己的作品添加了电影常用的技法——电影音乐，如果说刘呐鸥的小说中爵士乐完全是个点缀，成为城市的一个音码，在林燿德这里音乐则成为小说发展的关键性因素，如小说《黑色胶囊》中不停出现通俗歌曲是破案的关键性因素。此外如罗青的诗作《录影诗学》、黄凡的《东区连环泡》、王幼华的《健康公寓》、张大春的《公寓导游》等小说，都以摄像机的快速扫描镜头呈现了台湾社会的零散、纷乱、杂沓的现代都市众生相，其叙述机制来源于镜头的来者不拒，不需矫饰。

与前行代都市书写不同的是，现代资讯对台湾新世代作家的小说文本的进犯，还表现在小说中充满了并列性的拼凑、解释上的跳跃，以及时髦而无稽的结论，离题的闲扯等等，很多小说都带有游戏的拼贴性质，林燿德曾为此解释说：“都市小说能让都市中的建筑空间变成一种有机正文，充满着里面的动感、方位的诱导性、透视感，进而提供读者

---

① 《刘呐鸥全集·形象集》，台南县文化局编印，2001 年版，第 103 页。

（或作者）某种或多种与空间交谈的可能性。”① 正是这种以“剪贴”的方式来勾勒都市的开放性，构成了台湾都市文学中的自由出入的叙述机制。如纪大伟的《去年在马伦巴》就以电脑网页作为小说的基地，一些空间名词如大厅、大包厢等既是一个指令按键，也是小说分段标题，作者在叙述中，自由使用指令按键，就会让人物随机而随意到达任何一个指令的现场，完全不需要交代前因后果，打破了原来空间建构依赖于叙事关系的文本结构，由此制造了小说空间的无限膨胀感。大量台湾都市小说已经不再拘泥于狭义的小说定义，成为电影小说、剧本对话、情色文学、科幻小说等多种文体的拼贴体，一系列书写都成为遵照电脑语言模式的虚拟基地，容纳了80年代以后台湾的异质都市空间和虚拟实境空间的互典对照，带来了都市小说在书写策略上的全新视野，包括媒体、消费、休闲脉络化互相连接的新文学形式的可能趋势。如果说刘呐鸥和穆时英的新感觉小说颇像当时的好莱坞电影，施蛰存更像心理实验剧，那么，张爱玲和苏青的小说更像家庭室内剧，诸多海派作家以新奇的艺术实验，提示了“视觉都市”和“民间都市”的存在。台湾新世代作家的都市书写则在综合了上述都市书写的特质基础上，集中了性、恐怖等等富于卖点的因素，更带有商业电影的性质，这一系列都市小说中都灌注两项重要的讯息——运动感和变化感，这几乎是隔了半个世纪的都市书写共同的特征。

综上所述，由于所处背景不大相同，30年代上海新感觉派将都市文化的殖民地性质推向顶峰的年代，因而其创作被称为“洋场文学”；赓续其后，40年代的海派作家还原出一个琐碎的民间都市的空间，到了台湾新世代作家笔下则从新的起点塑造了一个集民间、私我和文化等多因子的都市场域，包容了更大的阐释空间。无论世代如何变化，这些都市书写都以“感觉”为媒介，借鉴电影蒙太奇手段刻意颠覆故事情节的连贯性和人物性格的完整性，对欲望的异乎寻常的关注为特质，既革新了传统小说的全知全能、首尾贯通的叙事模式，又迥异于社会剖析下的都市文学，或是文化观照的下的都市文

---

① 林燿德：《空间剪贴簿》，载郑明娳主编：《当代台湾都市文学论——世纪末视角透视文学书写中的都市形象》，时报出版公司，1995年版，第287－326页。

学，在小说的审美形态、叙述角度、结构方式、语言风格等方面，表现出特有的创新度和开放度。这样，海峡两岸都市书写虽游走于不同的历史时段与文坛地域，但其文本因为同样诞生于只有都市才具有的多种现代化文化因子跨媒介的领域中，从而建立了属于现代都市文学独有的艺术领域。

从祖国接受和反思现代性*

——以日据时期台湾作家的祖国之旅为中心的考察

朱双一

日据时期，祖国大陆是除日本外台湾同胞外出旅行旅居的另一主要目的地，其原因之一，在于通过大陆之行，可寄托其难以消解的民族情感，如洪弃生多年怀抱游历中土的宿愿并最终得以实现。另一主要目的，则在于扩大视野和接受现代文明，如张我军就曾表白，在鼓浪屿居留两年，让他“领略了海的感化和暗示”，从此跳出“如在葫芦底的故乡了”①，此后就学北京更使他成为向台湾引入五四新文学的旗手。一种流行观点认为，日本殖民统治带给台湾现代化，台湾人主要通过日本接受现代文明。此说不无偏颇。自古以来，祖国大陆即是台湾最主要的文明输入来源。历史上台湾同胞作为从闽粤等地跨海而来开发蛮荒海岛的移民，大陆原乡历来是其心目中的“文明中心”，他们从祖国携来农耕技术、儒家观念制度等，其后代也仍不断地从父祖之乡接收文明成分，而且由于语言相通、血缘相接、民族同一，这种“惯性”并不会那么快就消失和转变。进一步言，从祖国接收“现代”“文明”，还能满足其民族情感以及避免殖民现代性②的为害。台湾同胞意识到此，必然会加以权衡和选择。祖国作为殖民统治下台湾同胞接受现代性的另一重要来源，其例证不胜枚举。

一、赖和：认知医治国人精神病症的重要性

1918年2月至1919年7月，赖和服务于鼓浪屿的博爱医院，因此有了

* 本文原载于《台湾研究集刊》，2009年第4期。

① 张我军：《南游印象记》，《台湾民报》，1926年2月14日。

② 这里所谓“殖民现代性”，指殖民者固然会给殖民地带来一些现代事物，或在殖民地从事一些现代化建设，但这种建设的主要目的在于加强殖民掠夺，经常给殖民地带来深重的灾难。

一段对他一生有重要影响的大陆经验。赖和此行的动机，除了因长男早夭，心情郁闷外，可能还由于反日而离开台湾，并以总督府医官的身份为掩护，欲施仁术以救济大陆同胞的病苦，且方便观察中国的政情①。笔者以为，从赖和由厦门博爱医院挂冠时作《归去来》② 一诗中的“吾生仍坠忉利宫”、“冥蒙秽毒神所弃，复为摈之东亚东”、“四顾茫茫孤岛峙，昂头无隙见苍穹”、“欧风美雨号文明，此身肮脏未由沐”、“雄心郁勃日无聊，坐羡交交莺出谷”等诗句中，或还可推测赖和不愿拘囿、困守于台湾孤岛上，希望通过大陆之行，开阔眼界，接受更多现代文明的洗礼。后来赖和鼓励其五弟贤颖赴厦门入集美学校，而陈虚谷游大陆时，他对其“驱车万里入幽燕，更上长城瞰北边”深表羡慕，并有“人方览胜恣行乐，我值强权妄肆威”之叹③。这说明赖和对台湾人前往大陆旅行，一般加以正面肯定。

一年半的时间里，赖和广游厦、泉、漳等地的山水名胜特别是与郑成功相关的历史古迹，纪游诗中充满历史兴亡的感叹和强烈民族认同感。《登观日台》则是眺望台海之作：“夜宿留云洞，晓登观日台。秋心正无着，倦眼忽惊开。金厦双拳小，台澎一水来。凭高意何限，临去首重回。”④ 既表达了浓郁的乡情，又呈现了登高望远，视野豁然开阔的意境。

祖国是当时自觉“吾生仍坠忉利宫”的台湾同胞的寄望所在，因此祖国的局势牵动着赖和的心：“乱世奸雄起并时，中原残局尚难知。茫茫故国罹烽火，飒飒西风陨旧枝……”⑤。尽管他无能为力，但仍寄望于国人的觉醒和有志青年的奋起：“今日中原无净土，匡时大任属青年”、“眼看兵匪交为患，心惜官民尚晏眠”⑥；“袖里乾坤伤迫仄，眼前故国叹沉沦；吾曹往日乘

① 林瑞明：《赖和与台湾新文学运动》，《台湾文学与时代精神》，允晨文化公司，1993 年版，第 18 页。

② 赖和：《归去来》，载林瑞明编《赖和全集 · 汉诗卷》（下），前卫出版社，2000 年版，第 394 页。

③ 赖和：《赠满盈君》，同上，第 450 页。

④ 赖和：《登观日台》，同上，第 387 页。

⑤ 赖和：《中秋寄在台诸旧识》，同上，第 385 页。

⑥ 赖和：《赠满盈君》，同上，第 450 页。

风志，好向中流击楫频。”①

除了关心全国局势外，赖和将更多视线投向周遭现实世界。当时中国贫弱混乱、民不聊生的状况，给赖和深刻印象，对于他后来救国救民志向和反帝反封建文学主题的确立，应有深刻的影响：“万家烟突几家生，破屋斜阳户不扃。零乱瓦砖余劫火，流离骨肉感飘萍。数声野哭云沉黑，满眼田荒草不青。匪患初安兵又到，一村鸡犬永无宁。”他还看到了某些台湾来的“浪人”，依仗日本帝国的权势保护，在厦门胡作非为：“门牌国籍注分明，犯禁公然不少惊；背后有人凭假借，眼中无物任纵横。”② 赖和对此极为反感，写诗痛加揭露和抨击。此外，赖和在厦时正值五四运动爆发，与追求科学的时代精神相呼应，《仙洞》③ 等诗呈露了对封建迷信的不满和戒心。此后赖和作品中常见的反迷信主题，在此已露端倪。

赖和厦门经验中最深刻的，是认识到中国国民的精神病症问题。《同七律八首》之四写道：“茫茫大陆遍疮痍，虫病方深正待医。蠢豕直成真现象，睡狮犹是好名词……”④《于同安见有结帐幕于市上为人注射玛琲者趋之者更不断》更深刻地提到了医治国病的问题：“人病犹可医，国病不可医。国病资仁人，施济起垂危……”⑤ 诗人似乎已认识到还有比医治个人肉体病痛更为重要的，就是医治国家政经制度之病，国民精神之病。而这也正是鲁迅“弃医从文”的原因。这或许是赖和的厦门之行对他后来文学生涯产生最深远影响之所在。

1922 年往厦门求学，此后又考上北大，并成为赖和阅读大陆书刊重要管道的赖贤颖，其小说《女鬼》⑥ 写了人物旅厦后所受新思潮的冲击和洗礼。在殖民当局愚民政策下，当时台湾相对守旧，封建礼教、迷信等昌炽，林家城医学院毕业后不愿回乡开医院，却往厦门去了，回来后说出“老人可以讨

---

① 赖和：《送虚谷之大陆》，同上，第 417 页。

② 赖和：《厦门杂咏》，同上，第 385 页。

③ 赖和：《仙洞》，同上，第 390 页。

④ 赖和：《同七律八首》，第 376 页。

⑤ 赖和：《于同安见有结帐幕于市上为人注射玛琲者趋之者更不断》，同上，第 393 页。

⑥ 赖贤颖：《女鬼》，载《台湾新文学》，第 1 卷第 2 号，1936 年版；收入钟肇政等编：《植有木瓜树的小镇》（《光复前台湾文学全集》⑦），远景出版社，1979 年版。

伙计（小老婆），倒不准许少年人娶个意爱的女子”之类“古怪”的话，因此得了“古怪先仔”的称呼。但那时的世界本身不就是古怪的吗？什么坦克、潜水艇、瓦斯炮接踵而至，“林家城当时在厦门……适逢那四三千年来的老大国，又正乱着洪洪洋洋地吼叫着新生的大合唱，精壮结实的一般青年，全都擎起了新的建设的旗帜，直向光明的去处迈进着”，林家城难免为之所动。返台后听到的又尽是“诸种税款愈征愈重了”“物件越腾贵了”等等“挣扎着只求一活的呻吟”，加上将被迫与无智识的陌生农村女子成亲，于是脸上越发浮现“干涩钝凝的微笑”。小说写出了在大陆受到五四新思潮激荡的回乡台湾青年与相对落后、保守的台湾社会环境的矛盾。林家城被称为“古怪先仔”，其实真正“古怪”的是这个社会。这与章太炎、鲁迅等书写“疯子”、“狂人”，具有相同的旨趣。

二、谢春木：深刻感知“殖民现代性”

如上述，即使台湾同胞处于异族统治下，祖国仍是他们接受现代性的主要来源之一。无论是赖和从医治同胞身体疾病扩展为对医治国人思想精神病症的急迫性的认知，或是赖贤颖刻画在厦门受到新思潮激荡的人物形象，都代表着来自大陆的启蒙现代性的接受。在日本和大陆都居住有年的谢春木，则在充分的中、日比较中，看到表相下面的本质，对于不同类型的现代性，特别是殖民者在殖民地从事一些现代化建设，但其目的和效果是加强了殖民掠夺的所谓“殖民现代性”，有了更为深刻、全面的认识。

谢春木（后改名谢南光）早年留学东京，1929 年作为殖民地台湾民众的代表，前往南京参加孙中山的奉安大典，顺道访问了江浙上海、东北诸省和青岛、厦门等地，撰写了《新兴中国见闻记》①，为其亲身经历的实时记录。

---

① 谢春木：《新兴中国见闻记》为氏著《台湾人如是观》第二编，其部分章节原连载于台湾《民报》，后全文收入郭平坦校订《谢南光著作选》，海峡学术出版社，1999 年版。

这趟旅行作者向往已久，“尽情地观看中国”① 是其主要目的。由于取道日本，作者有了观察、比较日本五年来变化的机会。日本都市、交通建设等确实有巨大进展，然而作者看到了掩盖在现代化成就下面的巨大问题：电铁公司经营的资本雄厚的百货店拼命赚钱，在强者为王的资本主义定律下，小本生意人受到排挤，只能坐以待毙，“同我们台湾人走上了同一条道路”。此外，一方面是百货店、舞厅繁荣和泛滥，另一方面却是监狱人满为患。无产阶级饱受经济不景气之苦，金融资本家却越来越有钱，繁华热闹、脂粉香气四溢的舞厅和爬满臭虫的刑务所形成鲜明的对照。② 显然，谢春木已有对现代性加以反思的视角和能力：日本固然取得了现代化的成就，但社会底层不仅未能享受这一成果，反而陷入破产的危机之中，这种情况也见于殖民地台湾。

上海是近代以来中国接受西方现代文明的主要窗口，也是谢春木祖国之行的第一站。这里固然可见一些现代化现象，如成为“多国文明的展览馆”，且因其交通枢纽地位而能将这种现代文明辐射到全国各地，然而上海的这种“繁荣”、“现代”却是畸形的：它主要依附于租界，而“租界是列强侵略中国的策源地”，这是谢春木的最大感触。一进上海港，作者就发现停泊的大多是外国船只，像这样“海运实权握在外国人手里”，大笔钱流入外国人腰包，可说史无前例。上岸后，发现上海是一个娼妓最多的地方，新兴国民政府已厉行禁娼，然而各地各类的娼妓，却集中到租界里来，“野鸡”、“夜莺”和“拉皮条”的充斥街头。显然，租界成为帝国主义长在中国躯体上的毒瘤。又如，狂热的“赛犬”、“赛马”也是一绝，但从中赚钱的是外国资本家，受害的则是上海广大市民，作者“不得不叹服帝国主义的诡计多端”。不过，谢春木坚信：“租界终究要走向灭亡”，而“租界消灭的速度，与中国实力的发展速度成正比”。③

旅行中，谢春木也发现了某些国民性弱点。如他听说一个故事：英国的

---

① 谢春木著、郭平坦校订《谢南光著作选》，第160页。

② 同上，第153－156页。

③ 谢春木：《谢南光著作选》，第161－170页。

工厂让中国人参观而拒绝日本人入内，因前者心不在焉看看就回去了，后者则细致观察，能马上把大多数东西学到手。作者由此反省道：我们中华民族的中心观念是“差不多主义”、“模模糊糊”之类，缺乏正确对待事物的良好习惯。有“世界门卫”之称的印度人与此类似。蓄留胡须、戴着头巾的印度人警卫，已成为上海街头一大景观，“他们用肉体做成的围墙，保卫着帝国主义的享乐”，古老民族的盛衰荣枯令人触目惊心。现在三亿印度人被十万英国人奴役着，“是因为他们七零八落，一盘散沙”。作者指出：我们汉民族也正跋涉在一条和他们有着共同悲惨命运的道路，“我们台湾人”是“更悲惨的亡国奴”；然而印、中两民族的人数合计达到八亿人，当他们觉醒和崛起时，世界历史将重新改写。英国之所以实行彻底的愚民政策且惨无人道地镇压其觉醒运动，原因即在此。① 可见，谢春木对于现代性兼具接受和反思两种面向，一方面，他认为中国民众必须接受现代的启蒙，改变固有的精神弱点，国家也必须进行现代化建设，增强实力，才能自立于世界民族之林；另一方面，他也看到帝国主义带来的“现代”、“文明”，其实包含着巨大的陷阱和危害，值得国人加以省思和警惕。

南京及周边江浙一带，是谢春木大陆之行的第二站。千百年来这一地区经常演出抵抗外敌、忠君爱国的历史活剧，因此不断唤起作者的历史幽情和民族情感。在南京，作者想到“我们台湾人的第一次大移民是在明末，作为今天的台湾人，是当时不甘屈从清朝统治的人们占大部分”，因此“一踏上这块土地，一种思念、亲切、喜悦的感觉油然而生。”② 杭州吸引他的并非“博览会”，而是历代仁人志士的遗迹，如有秋瑾、徐锡麟遗物和黄花岗、五卅惨案烈士相关场面的“革命馆”，让作者驻足良久，并视之为这次旅行中“最欣慰的记忆”。在散发尿臊味的岳王庙秦桧跪像前，由于警察局禁止小便，“我们不得已用手杖猛打秦桧的头颅三次，以尽一个凭吊岳墓者的义务”。③ 加上整篇游记中不时出现的“我们中华民族”“我作为中华民族的一

① 谢春木：《谢南光著作选》，第 166 – 167 页。
② 同上，第 191 页。
③ 谢春木：《谢南光著作选》，，第 215 – 218 页。

员”之类的表述①，可以深刻感受这位殖民地子民对于祖国、民族的强烈认同感，而这种认同感将有助于作者对殖民现代性的认知。

在这一带旅行，不同于租界乌烟瘴气的是一派欣欣向荣的建设景象，作者心情豁然开朗。在南京，由于国民政府严禁卖淫、鸦片、麻将，昔日声色场所的秦淮画舫已成旧梦；城市建设时，严格划分了商业、工业、行政、学校、林园等城区，并特意将工人住宅区规划在莫愁湖附近。无锡是当时中国三大工业带之一，“不管战乱，到处荡漾着活气四溢的气氛，真是一个朝气蓬勃、富有活力的城市。”② 作者由此得出了在新兴中国，封建城市正在崩溃的结论。

江浙之行后，作者又依次游览了青岛、东北、厦门等地。这些地方都有较强的日本势力，与台湾颇多相似，因此作者也较多涉及了殖民现代性的问题。

青岛、大连等“都是帝国主义列强对华侵略和榨取华人血汗的策源地”。青岛除了德式建筑外，又可发现“日本人到处建神社，植樱花，以此作为日本势力的象征”，令作者“感慨良多”。他感触最深的是“闯关东”移民潮：为躲避灾荒战乱而从山东移民满洲的人，拖家带口，长途跋涉，途中常病饿疲劳而死。他们不能理解日本人靠军舰、大炮、机关枪开道来向海外发展的做法。在长春和沈阳，谢春木发现类似情况：中国人做买卖依靠的是自然力，而日本人依靠的是庞大的组织，前者付出的辛苦与所得相比悬殊太大。此外，作者发现中华民族的个人建设能力极其旺盛，新道路尚未建成，店铺却紧追其后盖好了；倘若结束战乱，政府进行有组织的建设，并和这民族的奋斗毅力相结合，用不了几年，中国就会焕然一新。③ 这是作者对祖国未来的期待和展望。

在沈阳，谢春木最关注“满铁”的情况，因“满铁”是日本在东北的主要经济机构，也是殖民现代性表现得最明显的例子。通过“满铁”，日本

---

① 谢春木：《谢南光著作选》，第169、173页。

② 第201页。

③ 同上，第220－222页。

掠夺走了大量的资源。“满铁”固然给东北带来了工业文明，但并没有给东北人带来幸福。作者参观其宿舍：工人大多无法成家，住的是简陋的工棚，挤得像沙丁鱼罐头似的；工资只有三十余钱，吃的是爬满苍蝇、“满铁”引以为豪的“卫生面包”，其他日用品也由满铁附属的酒保供应，结果工资的99%又回到了“满铁”。“满铁”繁荣了，而工人却在一批一批地更换。①

返台路上，谢春木游览了厦门。厦门给谢春木印象最深刻的仍是建设事业的突飞猛进。台湾人祖先大多来自漳、泉，“厦门对于我来说，丝毫没有是在外国的感觉”。然而谢春木也发现，在厦台湾人的人缘很差，他们反复造下的罪恶并不少，使得其他台湾同胞到大陆不得不隐瞒身份，以防遭受报复。深感痛切的作者因此写道：“居住在对岸的台湾同胞，有必要调整一下心态，最好为推进新中国的建设事业出一份力量。这对台湾人来说，难道不也是发展上的大事?”② 这展现了作者可贵的自省态度。

谢春木总结这趟行程：两个月里前后往返六千余里，这是托机械文明的福，同时到处看到了机械文明引导人们进行狂风暴雨般斗争的场面，“从一方面看，中国革命也是在向机械文明挺进，它荡涤着封建社会的污泥浊水……从另一方面看，又是对机械文明的抗议。这两者之间看上去似乎有很大矛盾，但事实上并非如此。现在中国机械文明的发展，几乎控制在外国人手里，因而，严重制约着后进中国的发展。这也是作为革命手段进行总罢工和抵制外货作为有力的战术而使用的原因所在。外国人能允许中国的机械文明发展到什么地步？这是对华政策的重点，也关系着是否诱发第二次世界大战。”③ 这段表面看来平常无奇的话，其实敏锐、深刻地触及了中国特殊的重层现代性现象：社会现代性、反思现代性和殖民现代性等的同时出现、相互纠葛。一方面，人们追求着科学、民主、法制、工业革命等“现代化”价值；另一方面，西方资本主义发展到高峰后显露出其弊端，对此加以质疑和批判的反思现代性也已出现；更重要的，祖国大陆与台湾相似，同样存在着

① 谢春木：《谢南光著作选》，第252页。

② 同上，第255－257页。

③ 同上，第259页。

殖民现代性的种种现象。这种情况源于中国（包括台湾）作为殖民地或半殖民地落后社会的现实背景，对此的思考，牵涉到如何对待和处理外国资本主义对本国的入侵和在本国的发展、本国的“现代化”控制在谁手里等重要问题。这不能不说是谢春木这趟大陆之行的最重要收获。

三、大陆经验与台湾新文学的创立和发展

台湾新文学的创立与台籍青年学生的大陆经验密切相关。除了张我军等之外，最早发表中文新诗的鹿港青年施文杞，也是一个明显的例子。当时留学上海的施文杞不仅自己多所创作寄回发表，而且将多位同学一起拉进来，使得张我军出现之前《台湾民报》上的新诗园地，几乎是一群上海南方大学学生的天下。与此同时，施文杞还发表了寓言小说《台娘悲史》①，成为台湾新文学最早的小说作品之一。篇中将台娘（台湾）写成华大（中国）的心肝宝贝般美丽女儿，满姐（满洲）为华大的媳妇，日本则冠于“日猛”之名，都颇为恰切和传神。小说对于近代中国的历史境遇、中日各自的文化性格以及两国间的关系，海峡两岸人民对于强权的抵抗等重要问题，都有极为深刻的认识和表述。特别值得注意的细节有：日猛让台娘打扮得漂亮以供自己取乐，却不愿意让她学点东西以便将来立足社会，当台娘以近来女权伸张提出的口号向日猛要求自己的权利时，却遭受日猛更为野蛮暴戾的管制。这其实触及了殖民现代性的问题：日本在台湾从事一些现代化的建设（让台娘打扮），其实只是为了自己的殖民利益（供自己取乐），而非真的要引导台湾走上现代化的道路；相反，当台湾试图接受“现代”的理念，真正进行“现代”转变时，即遭遏止。对于台湾人民而言，追求“现代”只是一种奢望，换来的是殖民统治的加强。小说作于1923年底，作者在当时即有如此深刻的认识，是难能可贵的。写作的地点为上海，则提示了作者接受祖国新文化运动和新文学思潮影响的可能。实际上从清末民初起，妇女解放运动就在中国大地上如火如荼地展开，其信息通过前往大陆的台湾人的渠道传回台

① 施文杞：《台娘悲史》，台湾《民报》，第2卷第2号，1924年2月11日。

湾，连雅堂、玉鹃女士等，都是明显的例子。施文杞小说中的争女权的细节，应是大陆正当其盛的妇女解放运动的投影。

陈虚谷是位优秀的汉诗作者，又在台湾新文学的成长中扮演了重要的角色。1926 年 11 月他发表《驳北报的无腔笛》，批评台湾一群旧诗人，与上山满赴任时所作《任台湾总督书感》一诗相唱和。虚谷称："他来台湾做总督，自有他的抱负，他离别他的美丽山河、知心亲友，自有他的感情，他要抒他的抱负，写他的感情……他是为着自己做诗，不是为你们做诗"，因此作诗唱和，并非出自真情实感，而是奉承谄媚的行为。虚谷认为诗人的要件有四：敏锐的直观，奔腾的热情，丰富的想象，纯真的品行，"究竟诗是什么？诗就是我们的心里有热烈的感情的时候，将这感情用有音节的文字表现出来"，无论是华滋渥斯，或是中国新诗人康白情、郭沫若、田汉，乃至宋朝朱熹，都如是说。虚谷据此加以发挥："不错！诗是人间感情涨到最高潮时的声。"中国大诗人郭沫若的一段话引起虚谷强烈的共鸣："我想诗人的心境，比如一湾清澄的海水，没有风的时候，便静止着，如像一张明镜，宇宙万汇底印象，都涵映着在里面，一有风的时候，便要翻波涌浪起来，宇宙万汇的印象，都活动在里面，这风便是所谓直觉、灵感，这起了的波浪，便是高涨着的情调，这活动着的印象，便是徂徕着的想象，这些东西，我想来，便是诗的本体，只要把他写了出来，他就体相兼备。"虚谷从心底赞同道："着（对）啊！诗是从心底涌来的，换句话说，就是要感触极深的时候，不容不倾吐出来的。"① 应该说，脱却虚假和伪饰，追求真诚和自然，正是五四个性主义思潮的核心观念之一。1920 年至 1926 年，虚谷长期居留于集中了不少中国新文学作家的日本，并短期到中国大陆旅行，其文学观念受到五四新文学的影响，是十分明显的。

因着大陆旅行或旅居经验而使其创作路线发生重大调整和改变的，王白渊是一个突出的例子。王白渊生性天真热情，与谢春木是从小一起长大的挚友。年轻时面对台湾"唯一的救星"中国的军阀混战的现实，深感苦闷。偶尔读到日本自由主义者工滕好美的《人间文化的出发》一书，感动之余，立

① 陈虚谷：《驳北报的无腔笛》，台湾《民报》，第 132 号，1926 年 11 月 21 日。

下了要当“台湾的密列”的志向，向往着“站在象牙塔里，过着我的一生”，于是前往日本就读美术学校。最初感觉“东京竟是一个好地方”，不愧是世界五大都市之一，不仅有“草木幽翠的公园”，而且有比台湾高很多的文化，具有生活和研究的自由。但是不久之后，“周围的环境，世界的潮流，特别是中国革命和印度的独立运动”，使其民族意识“猛烈地高涨起来”。他写道：“象牙塔里的美梦，当然是人生的理想，又是多情多感的我所好。但是一个民族屈在异族之下，而过着马牛生活的时候，无论任何人都不能因自己的幸福和利害，而逃避这个历史的悲剧。”① 于是在“艺术”与“革命”两条似乎难以并立的道路中，王白渊最终选择了后者，这与诸多中国现代文学作家的创作道路是十分相似的。1931 年初版的王白渊《荆棘的道路》中，收有《伫立扬子江》等写于上海的诗作及大陆作家左明独幕剧《到明天》的日译，且《献给印度人》一诗之主题立意与谢春木《新兴中国见闻记》中相关叙写如出一辙，因此可推断 1931 年 6 月前王白渊就曾到过中国大陆。1933 年王白渊受谢春木鼓励再次前往上海，直至抗战爆发后被日军逮捕回台，关入监狱。

《荆棘的道路》中的诗作大多浪漫抒情，具有美的构图，表达诗人的苦闷和对自由、理想的追求，但全书愈后部分的作品，却有愈强烈的政治意识，无形中显现了作者从“艺术”向“政治”的转向。1926 年的小说《偶像之家》抨击男尊女卑旧习，肯定女性做人的尊严，延续了五四“个性解放”的主题。如果将人物夫妻关系视为日本和台湾关系的象征，小说或许还涉及了殖民现代性的问题。小说中富翁对妻子说：“家里钱有的是，况且房子漂亮得很。下女下男都有，你什么也不必做光玩就可以。还有比这更幸福的吗？……这样，你还觉得不平，未免太过分了。”妻子答道：“你忽略了一件最重要的事情，你践踏了世上最重要的东西。”② 这就是人的尊严和自由。1930 年的译作《到明天》，主题转向富人欺侮穷人、穷人面临饿死的阶级剥

① 王白渊：《我的回忆录》，载王白渊撰、陈才昆译：《王白渊·荆棘的道路》（下册），彰化县立文化中心，1995 年版，第 259－263 页。

② 王白渊：《偶像之家》，载《王白渊·荆棘的道路》（上册），彰化县立文化中心 1995 年版，第 135 页。

削和压迫的问题。《伫立扬子江》则有“青年中国的普罗列塔利亚/枪林弹雨中/到底对我们要诉说些什么?”“葬送吧！葬送一切的过去！/封建余滓与殖民地的压抑/青年中国和扬子江一起/觉醒了振翼在飞翔”等诗句①，无疑可列入左翼文学之列。

政治主题更为强烈和深刻的是两篇论说文。写于1927年的《诗圣泰戈尔》② 是作者心仪泰戈尔的产物，文章最后根据泰戈尔的思想引申发挥：19世纪乃是个没有理想和信仰的时代，人们追求功利和权力，于是政治上遂变成了帝国主义，思想上遂变成了自然主义。帝国主义系长在牺牲他人之上的不人道的政治思想，自然主义则是一种肯定人的欲望之非理想主义的思想。这种文明必然把人引向斗争的世界，是弱肉强食和不道德的食人族的文明。亚细亚当前的不幸、苦恼与反抗，即是这个文明的可悲赐物。作者揭示和抨击西方文明发展到19世纪后出现的弊端，难能可贵地具有了反思现代性的视野。作于1930年的《甘地与印度的独立运动》则转向对泰戈尔有所怀疑，因为泰戈尔的诗歌再美妙也无法抚慰饥饿者的痛苦：泰戈尔系一只幸福的小鸟，站在永恒的废墟上欢欣歌唱；他肯定一切，从永恒的立场看待事物，认为印度被英国支配，系因欧罗巴对人类贡献更多之故，其堂堂的言词，超越了世上一切的争执与时代的局限，或许是人类曾经听过的最崇高的语言表现之一。然而印度迫切的是眼前的问题，印度并非如同泰戈尔所说的那只幸福的小鸟，印度这只小鸟自己寻获的食物已经中途遭人抢夺，想歌唱也唱不出任何声音。甘地曾就此批评泰戈尔：“我四周的人都快要饿死的时候，我唯一能够做的是给他们粮食。”此外，王白渊还看到：“列强争夺下的最后最大的殖民地支那，由于孙文三民主义革命克服了被瓜分的危机，从破坏跨入了建设的第一步。唯独一个印度，酷似在度着漫漫长夜”③，因此呼唤亚细亚青年团结起来，共同反抗殖民统治。这两篇文章或许提示了作者从“艺术”走向“革命”的根本原因：再美妙高超的艺术也解决不了饥饿者的生存问

① 王白渊：《伫立扬子江》，同上，第128页。
② 王白渊：《诗圣泰戈尔》，同上，第142－166页。
③ 王白渊：《甘地与印度的独立运动》，同上，第198、208页。

题，在这种时刻躲入艺术的象牙塔，绝不是有理想有道德的青年所应为。这其实也是许多中国现代文学作家走过的道路，甚至可说是其很难拒绝的“宿命”。这从另一角度证明了王白渊文学道路的形成与中国现代文学思潮的紧密关系。

四、周定山：鲁迅影响的又一典型个案

与赖和、陈虚谷、杨守愚等相似，周定山也是一位身跨新、旧文学的台湾作家，其汉诗创作有相当高的造诣。与众不同的是，他到大陆次数多，范围广，不单是观光旅游，还曾当过报社编辑，也有过军旅生活，所以其诗作不光是描景抒情，而且较多对现实社会的观察和记录，而其诗之感时忧国、孤愤激昂、悲天悯人、血泪交织，又为他人诗作中所罕见。现存《大陆吟草》和《倥偬吟草》二种，前者为1925年作者因家贫往大陆任职报社，游历华南诸省及上海的记录，后者为1938年应日军征召前往上海历时两月的书写。《大陆吟草·题首》写道：“以羁縻之身，入雄勃之国，宛如初脱幽囚，畏见天日，是以云情水意，都感光怪陆离。”① 诗人在台湾已知大陆正陷入军阀混战之中，所谓“鹬蚌坚持感喟深，中原人物久消沉”、“民正避兵官走贼”、“军阀横行感慨多”、“愤他孺子祸江山，兔雀争衡指顾间”；同时他将大陆局势与台湾紧密相连，所谓“锦绣河山锋镝里，伤心红尽劫羊灰”、“回首鲲溟肠欲断，风吹热泪洒寒涛”；此外更有“热肠和泪写余哀，护树残枝忍弃材”，“天方悔祸国需才”，“凭谁手整旧山河”、“不管风云何太急，渐收泪过八闽关”等诗句表达其报国情怀②。《有题拙著大陆吟草依韵答之》诗云：“烽火中原祸已深，忍教沟壑让冤沉；渐抛孤愤倾肝胆，且共凭栏发浩吟”“自惭覆瓿与虫吟，也得风怀赏识深；故国危亡人有责，相期洗劫起衰沉”。1938年最后一次到大陆，由于日军身份特殊，诗人心情较

① 周定山：《大陆吟草·题首》，载施懿琳编：《周定山作品选集》下册，彰化县立文化中心，1996年版，第358页。

② 上述诗句见于周定山《将之大陆感赋并留别诸亲友》、《舟发基隆》、《舟中无事凑成数绝》等诗，施懿琳编：《周定山作品选集》下册，第359－360页。

为复杂，却更见其民族立场的表白："莫信生公能说法，我来全不学低头"①，"纳凉耻傍无根草，耐冷欣栽晚节花"②。在一秋月重圆之宵，诗人孤灯难寐，"对婵娟而增悲，望河山以殒涕"，遣愁无方，苦吟驱病，"卧听鼓角声，细吟兴亡兆"，直至曙色侵窗，诗成方止。③

除了表达民族气节和情怀外，诗人笔触更广被现实生活，这是周定山的特点之一。周定山数次到过上海，对于帝国主义者建设上海的真正目的，有着清醒的认识。英国人经营的公园前挂有"中国人与犬不可入"的牌子，周定山在《兆丰公园》序言中痛斥"辱国辱族，莫此为甚!"其诗则写道："我疆我土辟洋场，小巧经营数亩中。毒辣居然标假面，一园先兆国兴亡"。张静茹指出："我疆我土"四字流露出他的国家认同，认为虽只占中国尺寸之地，列强锐意经营却非出于公利；平日惺惺作态或可欺瞒一时，包藏祸心却人尽皆知。④ 这可说是由其国族认同而达到深刻认知殖民现代性的显著例子。

又如《东江惨战》写战乱造成"难民填路哭声号，血额村婆眼泪淘；大妇奔江儿被拉，残躯夜负此孙逃"的惨景⑤，《白骨墩》因眼见"如山白骨，占地成亩；风刀雨箭，鬼气迫人；铳痕剑创，凌乱残骸"的情景而作⑥。《党军入城书见》却写革命军得胜后入城情景："慰安军乐奏楼头，风鹤无虞战事休。市侩销声洋鬼子，党旗插遍汉神州。民因权贵争平等，官为劳农唱自由。一道惊奇新布告，罢工集会本潮流。"⑦ 1925 年上海"五卅"事件乃日本资本家与英国巡捕共同酿成，周定山目睹为抗议工友被杀，数万民众蜂拥工部局，当局开枪，倒毙数百，于是全市罢工、罢课、罢市，"弱族悲哀，誓雪前耻，民心未死，良用昭钦。身临惨境，未忍卒观，忍泪书

---

① 周定山：《生公石》，转引自施懿琳：《饶有闲情逃世易，绝无媚骨入时难——周定山生平与作品（代序）》，《周定山作品选集》上册。

② 周定山：《寓次感怀》，载施懿琳编：《周定山作品选集》下册，第 378 页。

③ 周定山：《睡难成》，同上，第 385 页。

④ 张静茹：《以林痴仙、连雅堂、洪弃生、周定山的上海经验论其身份认同的追寻》，台湾师范大学国文研究所 2003 年博士论文，第 210 页。

⑤ 周定山：《东江惨战》，载施懿琳编：《周定山作品选集》下册，第 361 页。

⑥ 周定山：《白骨墩》，同上，第 379 页。

⑦ 周定山：《党军入城书见》，同上，第 361 页。

痛”，而成《五卅惨劫书怆》①。特别值得注意的，周定山也看到当时中国还普遍存在的一些落后现象及国民性弱点，怀着“哀其不幸，怒其不争”的心情，希望通过针砭，引起疗治的注意。《永安舞场》对于国难当头，上海资产阶级仍夜夜笙歌，纸醉金迷加以讽刺②。1925 年首次旅华回台后，周定山曾有《长春医院落成寄林糊》一诗，其中有“狃俗顽迷民湎溺，得君妙手可苏醒”“轩槛栖霞意匠宏，春流橘井疗心盲”“丹调国脉术犹神，石脑从知可刷新”等句③。诗人显然与鲁迅、赖和一样，认识到医治国家的病症比医治个人的病症、医治人的精神病症比医治肉体的病症更为重要。

这一视角提示了周定山与鲁迅思想和文学的密切关联④。周定山的新文学创作有其不可替代的个性特征和贡献，承续鲁迅精神为其中重要一环。除了时常可见鲁迅语句词汇的穿插化用外，周定山的杂感中更直接引用了鲁迅的名言：“真的猛士，敢于直面惨淡的人生，敢于正视淋漓的鲜血”；“死者倘不埋存在活人的心中，那就真真死掉了”；“世上如果还有想要活下去的人们，就先该敢说、敢笑、敢哭、敢怒、敢骂、敢打。在这可诅咒的地方击退了可诅咒的时代!”⑤。而周定山《也是随笔》等杂文也有嬉笑怒骂皆成文章的特点，更写出了不少台湾文人、作家敢说、敢笑、敢哭、敢怒，以不修边幅、酗酒狂饮、装疯卖傻、嘲笑讥讽等方式表达对殖民统治者的不合作乃至抵抗姿态。如有个警部补要与洪月樵会面，很礼貌地问道：“洪先生在家么?”他老先生直截说：“不在”。警部补诧异道：“岂不是先生吗?”他忽盛气说：“怎么，连我自己给你说不在，也不相信么?”⑥ 台湾文人敢笑敢骂、傲岸不屈的品格，通过这一细节表现出来。

周定山曾总结早期台湾小说的主题，列出主要的三项：（一）专描写普罗阶级的惨况，失业者的苦痛，揭穿有闲阶级假面具的“阶级的文学”；

---

① 周定山：《五卅惨劫书怆》，同上，第 364 页。

② 周定山：《永安舞场》，同上，第 380 – 381 页。

③ 周定山：《长春医院落成寄林糊》，同上，第 367 页。

④ 据宋泽莱转述周定山生前所言：他游历大陆时曾获鲁迅资助路费得以返台，此说有待进一步查证。

⑤ 周定山：《也是随笔》，载《周定山作品选集》上册，第 127、128、119 – 120 页。

⑥ 同上，第 121 页。

（二）专刻画青年男女的苦闷、婚姻制度的缺陷的“恋爱的文学”；（三）专暴露贪官污吏黑幕的“政治的文学”。[①] 如果考虑到当时台湾所谓“贪官污吏”就是日本殖民者，那这三个主题正对应于中国现代文学的三大主题——“革命”（阶级矛盾和斗争）、“启蒙”（个性解放）、“救亡”（抗日）。周定山的这一总结，既来自台湾文学的现实情况，应也与他到过大陆并对中国现代新文学多所接触有关。从周定山自己的小说创作中，也可看到这三个主题的展开，甚至还可看到鲁迅影响的明显痕迹。《摧毁了的嫩芽》既写了因家贫而将女儿送人当养女，也批评父权至上、缺乏对“人”的尊重的传统习俗和价值观。《乳母》反映了因农村凋敝而造成失业者的痛苦和无奈：素云为富家当“乳母”，自家婴孩却生病死去，此后她经常只是“陈尸般把干枯的两眼，呆视着纺绸蚊帐的波动”的呆滞失神状态，让人想起鲁迅笔下的祥林嫂。《旋风》中出现了“留着仁丹须”，骂着“马鹿”，挥动藤拐杖驱赶一群农工干活的人物形象。小说中的臭万妻，家中土地被骗走，还被迫卖掉乖巧标致的女儿，“近来常失神地独自呆坐着，精神上像丧去了一种什么重要的机灵似的，小孩的啼饥也忘记了喂乳。做起事来，已不同前那么有劲”，想到将来要如何度日，就陷于悲惨的绝望中，眼前一花，仿佛四围都是张牙舞爪的猛兽，作势欲噬人，从这以后，逢人便嚷着：“哎哟！救人呵，要咬我！”[②] ——这何尝不是又一个祥林嫂，而最后“救人呵，要咬我！”的呼喊，也难免让人想起鲁迅的《狂人日记》。显然，取法五四新文学对于周定山创作主题的形成和深化都有一定的助益，而通过这一例子，也可窥视台湾作家的大陆经验在台湾新文学发展中的价值和意义。

五、结　语

日据时期台湾作家前往祖国旅行或旅居不仅增强了他们的民族认同感，而

---

① 周定山：《还是乌烟瘴气蒙蔽文坛当待此后》，载施懿琳编：《周定山作品选集》下册，第329－330页。

② 周定山的《摧毁了的嫩芽》、《乳母》、《旋风》等小说见于《周定山作品选集》上册，第25－35、42－55、65－81页。

且具有扩大视野，从祖国接受现代文明成分的意义。他们目睹了祖国的壮丽河山，也看到了贫穷战乱以及某些国民性弱点，却仍保持着固有的民族认同，盼望着祖国的苏醒和进步，因祖国是他们的寄望所在。如果说赖和、赖贤颖等着重从其大陆行中接受某些“现代”因素，赖和并据此建立了对医治“国病”和国人精神病症重要性的认识，那谢春木对于“现代化”则兼具“接受”和“反思”两种面向，从而发现中国大陆作为半殖民地，与台湾一样存在着殖民现代性——帝国主义列强向中国输入“现代”“文明”，其实包含着掠夺的目的，并没有给中国人民带来幸福，反而带来痛苦和危害。在这一点上，大陆和台湾实具有共同的遭遇。此外，具有大陆经验的台湾作家还从五四新文学中吸取营养，促进了台湾新文学的兴起和发展。施文杞留学大陆使其成为台湾新诗创作的先锋；王白渊在“艺术”和“革命”两条道路中最终选择了后者，这其实也是20世纪中国现代文学及其众多作家的共同“宿命”；周定山更与中国现代文学主题和鲁迅风格有相当程度的契合。中国经验对日据时期台湾文学创作的重要意义是毋庸置疑的，值得吾人加以深入探究和梳理。

高等教育规模扩张中
两岸高校专业设置与调整之比较*

张宝蓉

专业①是高校最核心的组织建制，也是整个高等教育系统得以正常运行的基础，是高校集教学、科研、社会服务于一体的最基层单位。因此，专业是高等教育之所以为高等教育的根基。随着两岸高等教育大众化的发展，高等教育规模都持续扩大。2006 年，台湾高等教育毛入学率高达 83.58%；2007 年，大陆高等教育毛入学率达到 23%。高等教育规模的扩张过程，实质是高校专业规模不断扩张的过程。因此，在高等教育规模扩张过程中，两岸高校究竟都设置了哪些专业，侧重点有何不同，专业设置与调整机制有何异同，两岸高校专业设置与调整的主要影响因素是什么等均是值得深思与探索的问题。对这些问题的回答，有助于更好地揭示两岸高等教育规模扩张过程中高校专业设置与调整的异同，并为祖国大陆高校专业设置与调整提供借鉴。

一、大陆高等教育规模扩张过程中
高校专业设置与调整

（一）高校专业种类缩减，增设专业布点是实现高校扩招的主渠道

始于 1999 年的高等教育扩招政策，从根本上触动了大陆原有的高等教

* 本文原载于《台湾研究集刊》，2008 年第 2 期。

① 新中国成立初期，大陆学习苏联的教育模式，开始按照“专业”划分培养人才。台湾地区承袭欧美旧制，在大学下面设立各种学院，学院下面再设立学系与研究所；而专科的科则称之为“系科”、“类科”，研究生专业称为“所”。为保持研究的统一性，本文中把所研究的台湾高等学校的“系所”，统称为专业。

育体制，普通高校从2000年的1041所增加到2005年的1 795所。① 高等教育扩招的最主要问题，是如何“消化”和“吸收”新增加的大量学生。除了新设高校外，专业规模扩张是吸收新增学生的另一捷径。

从专业种类扩张的角度看，1998年大陆普通高校专业种类数为779个，2006年减少至615个，整体上呈现逐年减少的趋势。可见，大陆高等教育规模扩张并不是依靠增加高校专业种类数来实现的（见表1）。这主要是因为，该时期，大陆高校学科专业结构调整的主导思想是改变高校学科专业结构中存在的专业划分过细、管理过于僵化、专业面过窄、单一科类院校过多等弊端，大幅度压缩学科专业种类，拓宽专业口径。可以说，这次专业口径拓宽比以往力度更大，其调整压缩的幅度是新中国建立以来最大的一次。② 从专业布点数的变化趋势看，1998年大陆1 022所普通高校共设置有20 501个专业布点，校均专业布点数为20.06个。2006年，大陆普通高校共设置有54 150个专业布点，校均专业布点数为29个。可见，1999年以后高校专业布点数扩张趋势显著。专业布点的扩张主要集中在人文社会学类和工学类的相关专业（见表2）。从每个专业在校生规模变化情况看，1999年至2006年，每个专业布点平均在校生规模从188人增加到341人；每个专业种类的平均在校生规模从5 512人增加到29 991人，生均增加幅度更大。可见，大陆高等教育规模扩张在增加专业布点数的同时，也大量扩大各专业布点的招生人数。

表1 1998－2006年大陆普通高校专业种类

单位：个

种类	合计	哲学	经济	法学	教育	文学	历史	理学	工学	农学	医学
1998	779	9	35	26	19	108	16	75	381	52	58
1999	781	12	35	26	19	109	16	74	378	54	58
2005	583	4	17	36	43	87	8	79	181	34	47

① 数据取自《2006年大陆高等教育招生计划暨大陆教育事业“十一·五”规划工作会议报告》。

② 林惠青：《高等学校学科专业结构调整研究》，厦门大学博士学位论文，2006年，第98页。

种类	合计	哲学	经济	法学	教育	文学	历史	理学	工学	农学	医学
2006	615	5	18	36	45	93	8	82	191	34	48

注： 2005 年、2006 年的总专业种类数中包括了管理学的 47 个和 55 个专业种类。

资料来源： 根据 1998 年至 2006 年《中国教育统计年鉴》整理所得。

表 2　1998－2006 年大陆普通高校专业布点数

单位：个

布点	合计	哲学	经济	法学	教育	文学	历史	理学	工学	农学	医学
1998	20 501	56	3 132	772	773	3 227	363	2 253	8 080	951	894
1999	22 940	58	3 546	838	859	3 569	380	2 500	9 180	1 017	993
2005	49 733	61	2 612	2 006	2 185	8 070	258	4 259	16 616	1 399	2 255
2006	54 150	68	2 775	2 027	2 299	8 860	260	4 610	18 145	1 485	2 404

注： 2005 年、2006 年总专业布点数中包括了管理学的 10 012 个和 11 217 个专业布点。

资料来源： 同表 1。

（二）高校专业设置趋同化明显，进一步朝综合化、多科性发展

20 世纪 90 年代，大陆高等教育体制改革进入了一个全新的阶段，在“共建、调整、合并、合作”的思想指导下，大陆掀起了自 1952 年以后新一轮全国性院系调整热潮。院校的学科专业覆盖面与 20 世纪 80 年代相比有了很大的扩展，单一科类院校逐渐消失。至 2003 年，大陆共有 788 所高校参与了合并，组建成 318 所高校，出现一批文、理、工、医、法、管理、教育等学科门类齐全的综合性大学。① 据统计，2003 年，大陆单一科类院校仅为 28 所，而且这些学校基本上是医学类、艺术类和语言类等少数特殊性质的院校。② 2004 年又有 31 所院校合并组建成 15 所院校，2005 年有 10 所院校合并组建成 5 所院校。③ 经过这一轮规模空前的高校合并高潮，过去许多单科

① 王根顺、陈蕾：《新中国成立后两次高校合并历史经验的理性探析》，《教育探索》，2006 年第 6 期，第 33 页。

② 林惠青：《高等学校学科专业结构调整研究》，厦门大学博士学位论文，2006 年，第 141 页。

③ 阚宏鸣、杨国辉：《两次高校调整合并与高等教育的发展》，《长江大学学报》（社会科学版），2006 年第 2 期，第 209 页。

性学院，逐渐被"理工大学"、"理工学院"、"工业大学"、"科技大学"或具有综合性质的"大学"、"学院"所取代。那些仍以单一科类命名的高校，内部学科专业设置已经为多科性所替代，而且几乎每所院校都在设置与自己原先专业无关的专业，这类专业的数目在专业总数中的比例不断提高。如政法、航空航天、电力、石油、化工类等院校，都横跨5至6个科类。

不同高校专业设置趋同化现象进一步加剧，是大陆高等教育规模扩张中高校专业设置存在的显著特点之一。当前雷同专业主要是集中在所需投入少的文科和管理类专业，比如英语、计算机科学与技术、法学、工商管理、国际经济与贸易、会计学、市场营销、行政管理、信息管理与信息系统、公共事业管理、旅游管理等专业（见表3）。其中，尤以新设专业存在的雷同性更为明显，对于本来专业数就不多的地方院校，新专业在数量上更是远远多于老专业数，专业雷同问题就更加严重了。目前，我们还无法预测趋同化带来的后果，因为高校发展趋同导致的后果是长期和潜在的，甚至是致命的。①

表3　2003年、2005年大陆普通高校部分专业布点情况

单位：个

专业名称	2003年		2005年		专业名称	2003年		2005年	
	布点数	占本科校比例	布点数	占本科校比例		布点数	占本科校比例	布点数	占本科校比例
英语	500	73.1%	590	84.17%	艺术设计	325	47.51%	408	58.2%
计算机	481	70.32%	555	79.17%	电子信息	297	43.42%	365	52.07%
法学	351	51.32%	424	60.49%	会计学	285	41.67%	336	47.93%
国际经贸	328	47.95%	397	56.63%	通信工程	221	32.31%	260	37.03%
工商管理	326	47.66%	363	51.78%	人力资源	149	21.78%	202	28%

资料来源：邓岳敏：《改革开放以来中国高校人才培养与劳动力市场的对接问题研究》，厦门大学博士学位论文，2007年，第199页。

① 邬大光、俞俏燕：《我国高等院校趋同现象解析——以单科性院校发展为例》，《大学·研究与评价》，2007年第1期，第20页。

（三）影响高校专业设置的因素日趋多元，市场力量逐渐凸显

长期以来，大陆高校专业设置与调整主要受行政力量和学科自身发展逻辑所主导。政府行政主管部门代表国家成为专业设置的主体，高校得到开办某个专业的授权，从而以专业为单位从国家那里获取办学资源。专业受制于行政管理当局“学科专业目录”的制约。可以说，大陆高校专业设置是一种较为典型的“计划供给”模式。与此同时，高校专业更多按学科知识的内在逻辑进行划分设置，以学科自身内在逻辑发展为依据和基础，关注学科本身的发展，体现出明显的“学科中心”色彩，而较少参照社会经济建设及劳动力市场的需要。就高校在选择专业时，尤其是对重点院校而言，都是选择在原有专业基础上进行交叉、整合形成新专业，遵循着学科的内在逻辑来设置专业。高等教育规模扩张时期，随着市场经济的发展，经济或市场的因素对大陆高校专业设置与调整的影响逐渐显现。具体体现在：一方面，高校专业结构调整中开始重视发展国家急需的一些专业和高新技术产业、信息产业相关的专业，如计算机、信息工程、电子信息、环境保护、国际经济与贸易、工业设计、城市规划、英语等；另一方面，高校开设了大量的热门专业以满足生源市场的需求（见表4）。

表4　2005年大陆本科及高职招生最多的20个专业

单位：万人

本科				高职			
专业	招生人数	专业	招生人数	专业	招生人数	专业	招生人数
英语	11.8	土木工程	4.9	计算机应用	10.8	市场营销	5.0
计算机	9.3	电子信息	4.4	会计电算化	7.5	旅游管理	4.6
艺术设计	7.5	应用数学	3.7	护理	7.5	英语教育	4.6
国际经贸	6.9	市场营销	3.6	电子商务	7.4	模具设计	4.3
法学	6.8	信息管理	3.4	商务英语	7.1	软件技术	4.2
文学	5.9	自动化	3.2	物流管理	6.9	应用英语	4.0

本科				高职			
机械设计	5.7	电气工程	2.9	机电一体化	6.8	应用电子	3.9
临床医学	5.3	金融学	2.9	计算机网络	6.2	建筑工程	3.7
会计学	5.2	通信工程	2.8	会计	6.1	国际商贸	3.5
工商管理	5.0	旅游管理	2.8	数控技术	6.0	初等教育	3.5

资料来源：根据《2006年大陆高等教育招生计划暨大陆教育事业“十一·五”规划工作会议》会议资料整理所得。

（四）高校专业设置权限适度下放，目录外专业得到发展

20世纪90年代以前，大陆高校专业设置权集中在中央教育主管部门，尽管地方教育主管部门在学科专业审批过程中有建议权，但最终还是要由中央教育主管部门审批并备案。随着高等教育规模的扩张以及高等教育管理体制改革的不断深入，高度集权式的高校专业设置管理模式的弊端日益凸显。比如，由于专业点的设置与批准通常要申报和经政府层层审批，高校专业不能立即对市场的需要作出反应，从而造成时间上的浪费；专业管理过于刚性，学校自主权小，社会参与不足，高校专业设置自主权与政府行政管理的矛盾越来越尖锐等等。因此，20世纪90年代后期，大陆政府在高校专业设置与管理体制上开始了一些尝试性的改革。首先，政府适度下放专业设置与调整的权力，这表现在：高校和地方教育主管部门的意见得到更多的考虑和尊重，虽然在程序和形式上没有本质的变化；高校专业设置与调整开始朝总量控制的方向发展；部分高校具备了完全的专业设置自主权等。其次，专业目录外专业得到较快速的发展。最近几年，大陆高校开始出现了部分专业目录外专业。随着国家和社会的发展，政府更加重视新兴学科专业和特色专业的建设，这为目录外专业的发展提供了契机。以2005年为例，大陆本科专业目录外专业已设275种，布点数近2 800个（见表5）。

表 5　2005 年大陆普通高校设置目录本科专业情况统计

单位：个

学科门类	专业种类数			专业布点数		
	合计	目录内	目录外	目录内	目录外	合计
哲学	4	3	1	71	70	1
经济学	16	4	12	1 505	1 341	164
法学	30	12	18	1 357	1 321	36
教育学	41	9	32	1 339	990	349
文学	91	64	27	5 256	5 194	62
历史学	6	5	1	263	261	2
理学	57	30	27	4 433	4 286	147
工学	171	70	101	8 788	7 600	1 180
农学	24	16	8	769	701	68
医学	37	16	21	1 385	1 245	140
管理学	45	18	27	5 342	4 681	661
合计	522	247	275	30 508	27 690	2 812

资料来源：林惠青：《高等学校学科专业结构调整研究》，厦门大学博士学位论文，2006 年，第 140 页。

二、台湾高等教育规模扩张过程中高校专业设置与调整

20 世纪 80 年代中后期以后，随着台湾地区传统产业的升级以及高新技术密集型产业的发展，台湾社会的急剧变迁，以及世界高等教育改革与发展的影响，尤其是随着政治上的“解严”，台湾高等教育规模扩张进入了 20 世纪 70 年代中期以来最快速的时期。本文主要对 1985 年以来台湾高等教育规模扩张时期的高校专业设置与调整概况进行分析。

（一）高校专业种类与布点双向增长，尤以扩充工商学类专业为主

1985 年，台湾共有高校 105 所。2006 年，高校增加到 163 所。这一时

期，高校专业布点数增长非常快。1985 年，高校的总专业布点数为 1 131 个，1993 年增加到 1 862 个，2005 年更是高达 5 954 个，与 1993 年比，年均增长 341 个；校均布点数由 1993 年的约 15 个提高到 2005 年的约 37 个，校均专业布点规模比 1993 年翻了一番多。可见，1994 年以后，台湾高校新专业的设置进入了快车道，普通大学依然是高校专业扩充的主体。值得关注的是这一时期技术学院和科技大学的成长快速，两者的总专业布点数逼近于普通大学。从不同学科类别专业布点数的集中趋势看，工程学类和商业管理学类的专业布点数最多，2005 年分别达到 1 217 个和 1 134 个，分别占总数的 20.44% 和 19.05%。专业布点数最少的是法律、工业技艺、运输通讯、大众传播和体育等学类。

1994 年以后，台湾高校专业布点数增加的同时，专业种类数也大量增加。2005 年专业种类数达到了 1 605 个，比 1993 年多出 992 个，这一时期新增的专业种类数大大超过了 1946 年至 1993 年所增加的专业种类数。工程、商业管理学类的专业种类依然最多，分别占专业总数的 16.89% 和 11.65%。这一时期专业种类数变化最大的是艺术学类，由 1993 年的 27 个增加到 2005 年的 109 个。教育、人文、经社心理、自然科学和农林渔牧学类的专业种类保持较快的增长速度，所占的比例也较大（见表 6）。

表 6　1985 年、1993 年、2005 年台湾高校专业设置的布点数与种类数

单位：个

学科门类	专业布点数			专业种类数		
	1985	1993	2005	1985	1993	2005
教育	45	122	294	23	38	108
艺术	34	52	228	19	27	109
人文	93	142	527	33	42	108
经社心理	70	117	269	34	49	109
商业管理	171	303	1 134	47	63	187
法律	12	19	72	2	4	18
自然科学	87	125	261	38	51	91

学科门类	专业布点数			专业种类数		
	1985	1993	2005	1985	1993	2005
数学计算机	58	128	559	15	16	70
医药卫生	92	167	468	44	70	172
工业技艺	7	3	10	7	6	4
工程	299	432	1 217	80	98	271
建筑都市规划	19	37	124	9	16	41
农林渔牧	82	103	183	53	70	96
家政	17	29	170	11	16	44
运输通讯	16	21	0	16	16	38
观光服务	5	16	156	2	4	47
大众传播	18	29	106	12	20	41
体育	6	14	96	3	7	40
其他	0	0	10	0	0	7
总计	1 131	1 862	5 954	448	613	1 605

注：表格中的数据是对 1985 年、1993 年及 2005 年的 105 所、125 所、162 所大专院校设置的专业数统计整理所得。资料来源：（台）“教育部”统计处：大专院校系别学生数（1982 - 2005 学年度），http：//www. edu. tw/EDU_ WEB/EDU_ MGT/STATISTICS/EDU7220001/service/sts4 - 61. ht. 2007 - 01 - 01。

（二）劳动力市场需求成为专业设置的主动力，大量实用导向型专业兴起

20 世纪 80 年代至 90 年代中期，台湾产业结构重心逐渐由劳动密集型工业转向资本及技术密集型工业，劳动力市场发展进入结构调整阶段。工业部门对劳动力的吸收能力减弱，服务业逐渐兴起。劳动力市场对中级技术劳动力的需求保持持续的增长状态。这一时期，高校专业的设置不管是在布点还是种类上、质或量上都得到了提升，尤其是本科与研究生层次的各类专业得到不断发展与繁荣。在高等技职教育体系中，各技术学院也都竞相设置研究生层次的专业，招收各科类研究生。20 世纪 90 年代中期以来，台湾经济的发展进入了高科技产业及服务业并重时期。随着产业对资本及知识的需求的提升，劳动力市场对高技术劳动力的需求上升，对低技术劳动力的需求下降。产业结构调整过程中服务行业发展对高级劳动力的巨大需求，知识社会转型过程中对管理和专业人员的巨大需求，共同推动了高校专业的发展。

台湾高校专业设置与调整的总体方向是以实用导向性为主，充分显示市场力量的影响。尤其是近十几年来新增的专业，绝大部分为实用导向型专业，仅少数为非实用取向的基础学科与文化语言领域的专业。当前台湾高校新设专业的主要方向包括：电子通讯材料、生物科技、新兴管理、世界语言、管理、医药、工程、环境资源、大众传播、艺术、生活休闲、教育福利、高龄社会、景观设计等。① 专业设置的实用性导向在私立高校以及高等技职院校表现得尤为明显，即使是以“研究高深学问为主”的大学，也未能摆脱实用主义导向的影响。

台湾人力规划与经建计划同步，进一步引导教育发展，使得高校专业设置与劳动力市场关系更为密切。每期人力规划都是在对当时劳动力结构作描述的基础上，并且评估近期的劳动力需求后，根据不同行业、职业劳动力的分布与需求提出高校专业与调整的建议。这种影响作用在20世纪80年代以前表现得尤为明显。80年代以后，随着社会的自由开放与民主改革，影响高校专业设置与调整的因素也逐渐增多，然而为了适应产业的升级，提高国际竞争力，以推动科技的研究发展为重点所进行的人力规划依然起着很大的作用。

（三）高校专业设置强调科际整合，进一步朝学群整合方向发展

早在20世纪80年代台湾工商业转型时期，高等技职教育便开始根据社会需求全面调整高校专业的设置，以利于专业能力与行业互换的衔接。这一时期，配合产业结构变迁迅速、就业机会增加的需求，以集群理念重新规划课程架构的做法开始在高校中萌发，比如，工业类被分成机械群、电机电子

① 王秀槐：《台湾大学近年来新设科系分布形态与趋势之研究》，《“提升高等教育竞争力：二十一世纪大学教育的发展国际学术研讨会”论文集》，台北：台湾大学教育学程中心，2003年版，第17－18页。

群、营建群、化工群及工艺群等五群。① 尤其是近些年来，台湾的研究生教育改革的一个突出特点就是注重克服专业过细，课程面狭窄的倾向，积极推行整合策略，努力发挥教育的整体功能。第一，整合专业结构，使之能形成相互作用的学科体，更好地突出某些专业设置的优势。学校通过研讨某一学位的最佳知识结构，使基础课、专业基础课和专业实践课以及通识课达到最佳搭配。同时，导师可根据学生实际，指导学生选修一些最有利于自己发展的科目，达到最佳整合。第二，强调科际整合，倡导联合讲学，发挥整体优势，提高教学和科研水平。各大学拟订科际整合计划，逐步将性质相近的专业合并，然后利用其整体优势进行大型的科学研究计划，整合性质相近的实验室和实习设备，并建立“弹性学程”，即联合不同领域不同专长的教师共同针对某一学科开设一系列的课程，这种为共同开设课程而结合的群体，可视实际需要成立或解散。在许多研究所中，从其名称我们就知道它们不仅是一种应用型的研究机构，更是在突出多学科、跨学科、交叉学科的研究。例如，工程学类中下设了一个生医光电工程研究所，这是一个典型的多学科研究机构，涵盖了生物学科、医药学科、物理学科以及工程学科等几个学科领域。台湾高等教育对多学科研究的重视，一方面适应了科学技术以综合化为主导的发展趋势，另一方面，也是台湾地区培养创造性、复合型高级专门人才的一条重要渠道。

近些年，台湾高校专业设置开始朝学群的方向发展。所谓学群，即把性质相近的专业归类在一起。台湾高等教育现共有信息学群、工程学群、数理化学群、医药卫生学群、生命科学学群、生物资源学群、地球与环境学群、建筑与设计学群、艺术学群、社会与心理学群、大众传播学群、外语学群、文史哲学群、教育学群、法政学群、管理学群、财经学群、体育学群等 18 个学群。比如生命科学学群学习内容统整了相关基础学科，并结合生物科技中各领域的最新技术，具体包括了生物、生命科学、生物科技、动物、植物等相关专业。在台湾未来高校专业的设置发展中，将会更加强调专业群集约

---

① 黄春鳞：《高等职业教育专业设置的理论与实践》，西安电子科技大学出版社，2003 年版，第 101 页。

建设，进一步朝科际整合和学群整合的方向发展，实行柔性的课程组织和富有个性的人才培养模式，以培养具有各自特色的人才。

（四）高校专业设置由“政府”主导下的“市场匹配”朝向“市场自由竞争”

台湾高校专业设置管理制度是一种“政府”主导下的“市场匹配”模式。一方面，台湾高校专业的设置管理模式具有典型的“计划供给”特色，当局对高校专业设置与调整进行严格的控制。劳动力市场需求借助“政府威权控制”的权力优势形成人力规划，直接指导高校专业设置与招生人数的多寡。另一方面，台湾高校专业设置与调整还具有典型的“市场匹配”模式的特征。台湾劳动经济学者或当局通过对台湾劳动力运用调查资料的分析，得出劳动力市场中高级劳动力的就业情形，并及时反馈给高校和高等教育需求者即高中升学者，高校根据劳动力的就业情形和高等教育需求者的升学意向适时调整高校专业及招生人数。20 世纪 90 年代中期以来，随着市场化或市场机制被引进高等教育，台湾高校专业设置也由过去对市场的被动适应朝向主动迎合社会需求，积极迎接市场的竞争与挑战。“政府”、市场和高等教育之间的关系发生了相当程度的改变。高校专业的设置由以往的“政府主导”逐渐朝向“市场自由竞争”的趋势发展。高校在专业设置中的自主权进一步扩大，高校专业设置制度也从原本的严格控制形态转变成总量控制。总量管制即指除特殊专业（博士班、涉及当局相关部门订有人力培养总量管制的专业如法律和医学类专业、与师资培养相关的专业如教育学专业及公立大学申请增加教师名额等）仍须提交计划经“教育部”审查外，各高校均可自主规划设置其他专业，依据学校特色及发展方向自行增、删及调整专业，“教育部”不再进行个别审查。

由于台湾当局在高校招生名额与专业设置上，变过去的“微观控制”为现在的“宏观管理”，无疑对高校所设置专业的质与量的平衡问题提出更大的挑战。为保障台湾高校不同专业的办学质量，以专业为对象的评估与退场机制的建立成为当前台湾高等教育发展的重中之重。从严格意义上说，在台湾，专业评估迄今已走过了 30 多年的发展历程，形成了一套相对稳定的专业评估制度，并在不断地完善过程之中。高等教育的评估主体也由“教育部”主办逐渐改为由“教育部”委托专业学会或民间团体负责实际执行。① 2005年年底，由“教育部”及153所高等学校共同捐助的第一个非“政府”非营利性的评估组织——“财团法人高等教育评鉴中心基金会”正式成立。自此，台湾更是大力推动以专业为对象的高等教育质量评估，并结合退场机制，借此建立系统化、周期性的教学评估机制，促进高校专业设置能够朝优胜劣汰方向发展，促使台湾高等教育逐渐与世界接轨。

三、结论与启示

从前文分析可以看出，在两岸高等教育规模扩张过程中，两岸高校专业的布点、种类、质量、规章、制度等方面都经历了一个不断变化、调整的过程，既有共同特征，又有不同之处。

（一）两岸高校专业设置与调整的共同点

1. 从管理体制看，两岸高校专业设置与调整都体现出明显的政府主导性特点。大陆高校专业设置与调整主要是在行政力量的规划下进行的，行政力量是大陆高校专业设置与调整的主导力量。虽然20世纪80年代中期以来，高等教育体制改革从未停止过，但由于高等教育管理体制改革是教育体制改革中的重点和难点，时至今日，大陆高校专业设置与调整仍是典型的集权式管理。台湾高校专业设置管理体制的一个突出特点也是“政府”主导，这同样与其集权化的高等教育体制紧密相关。近年来，台湾高等教育界追求大学自主的呼声甚高，但当局对高校专业设置与调整的控制作用依然很大。

2. 从目标导向看，两岸高校专业设置与调整都以实现经济现代化为重要目标。在大陆，近年来，政府把调整学科、专业结构和提高教育质量作为高等教育发展的战略重点，学科、专业结构调整的主要推动力之一来自经济社会发展对高等教育的迫切需要。对于台湾而言，促进经济发展历来是高校专

① 杨莹：《台湾大学评鉴制度实施之探讨》，黄乃荧主编：《教育政策科学与实务》，台北：心理出版社股份有限公司，2006年版，第270页。

业设置与调整的重要目标。

3. 从政策走向看，两岸高校专业设置与调整都在朝总量控制的方向发展。总量控制政策的实施意味着高校具有一定的专业设置自主权，能在教育主管部门批准设置的专业范围内，根据社会需要和自身条件自主调整专业方向。

4. 两岸高校专业“重设置”、“轻调整”的情况都比较突出。在两岸高校专业设置与调整过程中，都存在着追求拥有专业的总量，而较不重视进行专业调整和改造的情况，尤其是专业的退出机制无法得到建立或健全。

（二）两岸高校专业设置与调整的不同点

两岸高等教育规模扩张时期，由于其社会、政治、经济、教育发展的背景不同，更重要的是由于专业建设所承袭的高等教育制度不同（大陆是学习苏联的专业教育模式，台湾是承袭欧美旧制），使得两岸高校专业扩张的侧重点、发展动力、影响因素、专业生成机制等都不同。具体体现在：

1. 两岸对高校专业的认识不同。在大陆，专业作为一个实体组织，在高校中居于相当重要的位置，每一个专业都必须有一系列的硬件作支撑和保障，在专业形成模式上，人们认同的是“职业—专业—课程”模式，即当社会有某种职业需要的时候，就在一定学科的基础上设置专业，然后再做课程设计。而在台湾，专业虽然也是作为一个实体存在，但更把它视为一种柔性的课程组织，人们认同的是“职业—课程—专业”模式，即社会对新的职业的需求，反映在高校中首先不是以专业的形式出现，而是先以课程的形式出现。

2. 两岸高校专业的生成机制不同。从各个具体专业的建设或生成过程来看，台湾高校专业的建设遵循的是一种较为自然的生成过程，大陆高校专业的建设是一种人为的或行政干预下的生成过程。

3. 两岸高校专业设置与调整的价值取向不同。大陆的专业更多按学科知识的内在逻辑进行划分设置，体现较为鲜明的“重学术”的价值取向。反观台湾，如前文所述，台湾高校专业设置体现出鲜明的职业导向，大量开设实用导向型专业。

4. 两岸高校专业设置与调整对劳动力市场反映的敏感度不同。大陆高校专业设置与调整对劳动力市场的反映显得较为滞后与被动。尽管近些年来市场因素的影响开始日愈明显，但是离“自由竞争”的阶段还很远。相较之下，台湾高校专业设置与调整对劳动力市场的反映更加灵敏。

（三）台湾高校专业设置与调整对大陆高等教育的启示

两岸高等教育都经历几十年的发展与完善，在高校专业设置与调整方面也都积累了相当丰富的实践经验。在此主要谈谈台湾高等教育对大陆未来高等教育的改革与发展特别是对高校专业设置与调整、高等教育专业结构优化的借鉴意义。

1. 从微观控制到宏观管理：调整政府在高校专业设置与调整中的角色。高校专业设置与调整合适与否，在很大程度上取决于政府是否更多地为高校专业设置与调整提供一个较宽松的制度环境。因此，大陆应该重新界定政府主管部门的权责，规范政府主管部门在专业设置与调整中的角色，变过去的微观控制为宏观管理，在政府、市场、社会与学校之间建立以参与、协商、监管为特征的权力关系。

2. 从片面强调学科逻辑到市场导向：强化劳动力市场对高校专业设置与调整的导向作用。目前，大陆高校专业设置与调整存在一个明显的误区，即片面强调按学科自身发展逻辑来设置专业，并带有明显的模仿西方发达国家专业设置的痕迹。台湾高校在不同经济发展阶段所进行的专业设置的经验告诉我们，大陆在从粗放型经济向集约型经济转轨过程中，应该推行高等教育本土化，紧密配合劳动力市场的发展，把最大限度地促进经济发展作为办教育的准则之一，优先发展科技和应用性专业。

3. 从被动执行到主动调整：充分发挥高校在专业设置与调整中的自主调节作用。高校在专业设置与调整过程中，应变被动为主动，充分发挥自身在专业设置与调整中的自主调节作用，充分发挥自身的主动性和积极性。

4. 从统一规划到分类指导：突出高校办学特色，避免专业设置趋同化。目前台湾高校除了普通（综合）大学外，其他高校专业的设置具有一个比较明显的特点，即单科性院校一般都开设单科性学校学科领域本身所能涵盖的专业，极少开设非类专业（非单科性院校学科领域本身所能涵盖的专业）。在大陆，专业设置的趋同化现象正在进一步加剧。因此，如何实施分类指导，引导高校根据自身性质和定位，突出办学特色，避免专业设置趋同化是大陆高等教育机构分类发展的当务之急。

5. 从“刚性”设置到“柔性”设置：强调“柔性”化专业结构模式的建立。随着社会职业结构变化加快，职业流动性日益凸显。因此，实现专业结构的柔性设置已是发展的必然。欲达到这一目标最为关键的一点是能建立一种既符合“通才教育”培养模式，又适应“专门化”职业需求的两全其美的灵活适应机制。①

6. 建立健全高校专业质量的评估、退场机制。大陆的专业评估是从1985年5月中央颁布了《中共中央关于教育体制改革的决定》以后才真正开始的。总体而言，大陆专业评估的历史较短，经验不足，理论与体系还不够完善；专业评估单纯由政府部门组织，缺乏民间的机构与组织；评估的结果多以政府文件的形式公布，缺乏公众的监督，也未与退场机制相联系。一句话，大陆的专业评估尚处于断断续续、分散的状态，缺乏完善的制度体系。因此，要实现高等教育专业结构优化，应尽快建立健全专业的评估、退场机制。

---

① 郭洁：《新中国高等教育专业结构改革的历史研究》，陕西师范大学硕士学位论文，2004年，第28页。